海德格尔文集

孙周兴　王庆节　主编

存在与时间

（中文修订第二版）

陈嘉映 王庆节　译

熊　伟　校

陈嘉映　修订

商务印书馆
创于1897 The Commercial Press

2019年·北京

Martin Heidegger

SEIN UND ZEIT

根据 Max Niemeyer Verlag，Tübingen，2006 年版译出

国家社会科学基金重大项目成果

中文版前言

德文版《海德格尔全集》于1975年启动，迄今已出版了80余卷（按计划将编成102卷）。已出版者包含了海德格尔著作（含讲座、手稿等）的基本部分（即全集第1—3部分），余下未出版者多为书信、札记等（全集第4部分，第82卷始）。随着德文版《海德格尔全集》出版工作的顺利推进，世界范围内的海德格尔翻译和研究已呈蓬勃之势，目前至少已有英、法、意、日四种文字的全集版翻译，据说西班牙文和阿拉伯文的全集版翻译也已经启动。相比之下，汉语的海德格尔翻译仍然处于起步阶段，甚至不能与亚洲邻居的日、韩两国比较，严肃的译著至今只有十几种而已。这种状况是令人羞愧的。

为让中文世界更完整、更深入地理解海德格尔思想，经反复酝酿，我们计划根据《海德格尔全集》版，编辑出版中文版《海德格尔文集》，收录海德格尔的代表性著作30卷，其中前16卷为海德格尔生前出版的全部著作（我们依然认为这一部分是《海德格尔全集》中最值得关注的，包含了作者已经稳定下来的思想），而其余14卷为海德格尔的重要讲座稿和手稿。我们假定，这30卷属于海德格尔的“基本著作”，基本上已能呈现海德格尔思想的总体面貌。当然，我们也并不因此否认其他卷本（讲座稿和手稿）的意义，而且我们也愿意认为,中文世界对海德格尔思想的深入研究和完整理解,仍然要基于对《海德格尔全集》的系统译介。但我们选译的30卷至少已经走出了第一步,也或可为将来可能的中文版《海德格尔全集》的工作奠定一个基础。

所选30种著作中,约半数已有成熟的或比较成熟的中文译本,少数几种已经译出了初稿,其余约十余种则有待新译。已出版的译著在编入《海德格尔文集》时,将根据德文全集版重新校订,因为其中有几种原先只是根据单行本译出的,也有几种在译文品质上是稍有欠缺的。

由于是多人参与的多卷本(30卷)译事,又由于众所周知的海德格尔语文表达方面的奇异性,中文版《海德格尔文集》在译文风格上是难求统一的,甚至在基本词语的译名方面也不可能强行规范划一。这是令人遗憾的,不过也可能为进一步的义理辨析和讨论留下空间。我们唯希望能够尽量做到体例方面的统一,以便至少让人有一套书的整体感。

按照我们的计划,中文版《海德格尔文集》每年出版5种左右,约五、六年内完成全部30卷的翻译和出版工作。我们希望藉此为中国的海德格尔研究事业提供一个基础性的讨论平台,也愿学术界有识之士为我们的工作提供批评、建议,帮助我们做好这项大型的学术翻译事业。

孙周兴　王庆节

2011年12月8日

写在《存在与时间》中译本前面

海德格尔的《存在与时间》问世于一九二七年，中国读者初读此书也逾半个世纪了。笔者于三十年代初听了他的课，总觉不是灌输知识，而是启发人思，而且是诗意地思与诗意地说。他少写黑板，写时几全是希腊文。德国学者汉·格拉赫云："海德格尔在他对古希腊残篇断简的所有随心所欲的注释中都强调说，事情不只是涉及文字上的准确翻译，因为准确的译文有时候可能对真正的义理搔不着痒处。"这就是说，进行翻译也好，阅读翻译也好，总是要搔着痒处，否则就不幸了。海德格尔于一九四二年在一封致麦·考默芮尔的信中写道："每一篇对我的哲学的陈述必致不幸，直至《存在与时间》本身亦致不幸矣。"可见翻译《存在与时间》是一件艰巨的事。六十年代有所译出，搔痒者稀。而风云变幻，搔痒乎？冒不韪乎？学而不思则罔。八十年代莘莘学子搔痒日勤，不幸趋少，故宜及时出此译本。希望沿袭古译佛经遗风，后续年代以至后续世纪更出新译。

熊伟

一九八六、六、二十六，北京。

中译本修订版前言

《存在与时间》是德国哲学家海德格尔的代表著作，1926 年写就，翌年出版。它也是 20 世纪最重要的哲学著作之一，不仅影响了此后多种重要哲学流派和重要哲学家，而且在文学批评、社会学、神学、心理学、政治学、法学等多种领域产生了广泛而深刻的影响。

熊伟先生在 60 年代初曾译出本书的一些重要文节，第四、六、九、十四、二十六、二十七、三十八、四十、四十一、五十三、六十五、七十四诸节，收入商务印书馆 1963 年出版的《存在主义哲学》一书中。全书的翻译工作始于 1981 年，至 1984 年底基本译就。所根据的先是 1960 年的第九版，后是 1979 年的第十五版(Max Niemeyer 出版社，图宾根)。翻译中还经常参考 John Macquarrie 和 Edward Robinson 的英译本，并从英译本选用了几条脚注。熊伟、刘全华、王炜、杜小真及美国学者 Joseph Kockelmans 都曾为这个译本提供中肯的意见。

经过甘阳、赵越胜等友人和三联书店的共同努力，在熊伟、贺麟、王玖兴、王太庆、杨一之、周辅成等老先生的支持下，译本 1987 年由三联书店出版。

《存在与时间》思想深奥，颇多费解之处，而且文字极为艰涩。

书中术语不少是海德格尔生造的，有些虽是传统的哲学概念，却被赋予不同以往的意义，此外，书中的概念之间盘根错节，又往往利用语义上或字形上的关联来做文字游戏，凡此种种，都增加了翻译的困难。若译得太“硬”，由于中文没有冠词、词尾、大小写等手段，势必使文句无法读通；若译得太“活”，一个术语依上下文便宜译作不同的中文词，译文虽会流畅些，读者却又无法知道好几个译名其实对应的是同一个德文概念。我们的方针是尽量使重要译名一一对应，宁调整句型，不调整译名，这和海德格尔极重视术语概念的关联是相适配的。

我们对几组最重要的译名做了些讨论，以“一些重要译名的讨论”为题收在书后作为附录一。我建议读者在研读正文之前先读一读这个附录。值得单独列出来讨论的概念很多，我只能选出这么几组做较充分的讨论，并通过这种讨论表明我选择译名的一般原则。我们借中译注讨论了另一些译名，以及只在局部出现的一些文字游戏。另有些文字游戏，我们只在正文里标出德文原文词，读者可以看出这里有个文字游戏就行了，不再另行加注说明。关于译名，读者还可查阅附录二“德—汉语词对照表”和附录三“汉—德语词对照表”。

1987 年出版的这个译本，译文不尽如人意，排版印刷方面的讹误尤多。翌年，台湾桂冠出版社要出版繁体字版，我借此机会做了一些修订。此后十年间，我对此书理解和研究多少有点儿长进，对重要的译名也反复考虑，译本东一处西一处不断修改着。去年，三联书店有意再版此书，于是我重新校读，做成这个修订本。这个本子在译文上稍有改进，总的说来比初版好读些；改动了不少译名，多数改动在附录二“德—汉语词对照表”中注明；删去了大段的拉丁文引文和希腊文引文，因为这些引文对译本的一般读者没有什么用处；附录一“一些重要译名的讨论”完全重写；删去了附录二“海德格尔生平和重要著作”，因为现在已有其他中文书刊提供了更为翔实的资料；删去了不大要紧的附录五“拉丁文—中文语词对照表”、附录六“希腊文—中文语词对照表”。缩减了附录二和附录三的篇幅，主要包括全书不断使用的术语以及在本书中用法很特别的语词。

修订译文过程中，曾向学界同仁多方请教，倪梁康、靳希平、张祥龙曾在繁忙的学术工作中拨冗逐条列出他们对某些译名和译文的修改意见，王炜、王庆节、孙周兴、陈小文、张灿辉、刘国英也曾贡献意见。当今学术发展一日千里，令人望而兴叹，所幸者中国之大，还容得三二迂腐詹詹雕虫。此书印行之后，译者仍盼望细心的读者提出批评，俾再出新版时可进一步改善。

本书脚注分为原注、中译注、英译注，尽行标明。脚注中凡有“本书第×页”字样者，均指德文原书页码，见中译本边码。正文中的〔〕用来标明a.有必要标明的德文、拉丁文、希腊文原文，有时是为了使读者看到原文两三个语词的字面联系；b.原书中希腊文拉丁文的中译；c.少量增添以补足语气的文字。

翻译不能代替对原著的研究，这个译本所希望的，是使一般读者了解此书，并为专家研究原著提供参考。

1998年6月

附记

趁《存在与时间》中译本又要重印，我又做了少量修订。这些修订主要受益于张湛、杨立华、刘梁剑、倪胜诸君在阅读中译本过程中向我提出的建议。他们读书的认真细心让我感动，这些年轻人的帮助让我衷心感激。他们提出的另一些建议我尚在考虑之中，未立即采用。我经常有机会和一些朋友尤其是和孙周兴讨论海德格尔翻译问题，例如，孙周兴建议仍应恢复原书中的希腊文、拉丁文部分，这些建议我也在考虑之中。总之，今后我仍希望得到读者的慷慨指正。不存在人人满意的完善译本，但在学界同仁的帮助下，消灭误译、印刷错误、明显不妥的译法，应当是可能的。

陈嘉映

2005 年 10 月，于上海

中文修订第二版前言

近三十年来,《存在与时间》中译本做过大大小小多次修订,这一次,趁译本转由商务印书馆出版,又做了一些修订。其中有很多来自李涛博士的建议——他很细心,发现了一些多年来疏漏的细节错误。这一版还补入了原版中所有的希腊文、拉丁文部分。此外,这次译出了海德格尔在他自用本《存在与时间》上所做的批注。

陈嘉映,2014 年 6 月于北京

献　给

埃德蒙特·胡塞尔

以示敬意和友谊

黑森林·巴登·托特瑙堡

1926年4月8日

目　录

〔第一部 依时间性阐释此在，解说时间之为存在问题的超越的视野〕

第一篇 准备性的此在基础分析

1953年第七版序言

《存在与时间》最早于1927年春发表在胡塞尔主编的《哲学和现象学研究年鉴》第八卷上，同时出版了单行本。

这个第七版在内容上未做更动，但在引文和标点符号方面重新做了检查。新版的页码与以前诸版的有些细微差别。

本版删去了一直标有的"第一部"的字样。时隔四分之一个世纪，第二部将不再补续，否则就必须把第一部重新写过。但是，即使在今天，这条道路依然是必要的，对存在问题的追问正激荡着作为此在的我们。

为了弄清这一问题，可以参看我的《形而上学导论》，那是我在1935年夏季学期授课时的教本。它与本书的这个新版本一道由同一出版社出版。

马丁·海德格尔

…δῆλον γὰρ ὡς ὑμεῖς μὲν ταῦτα(τί ποτε βούλεσθε σημαίνειν ὁπόταν ὂν φθέγγησθε) πάλαι γιγνώσκετε,ἡμεῖς
1 δὲ πρὸ τοῦ μὲν ᾠόμεθα,νῦν δ'ἠπορήκαμεν…“当你们用到‘存在着’这样的词,显然你们早就很熟悉这些词的意思,不过,虽然我们也曾以为自己是懂得的,现在却感到困惑不安。”[①]我们用“存在着”意指什么?我们今天对这个问题有了答案吗?没有。所以现在要重新提出**存在的意义**的问题。然而我们今天竟还因为不懂得“存在”这个词就困惑不安吗?不。所以现在首先要唤醒对这个问题本身的意义的重新领悟。具体而微地把“存在”的意义问题梳理清楚,这就是本书的意图。其初步目标则是对作为任何一种一般存在的理解的可能视野[②]的时间进行阐释。

在此之前,我们还需要一篇导论来说明我们为什么设立这一目标,说明我们的意图将包含和要求哪些探索,说明达到这一目标需要选择何种道路。

---

① 柏拉图《智者篇》244a。——原注

② Horizont,大致有如下含义:地平线、海平面、水平面、视野、精神领域的广度。我们译作“视野”。——中译注

导　　论 2

概述存在意义的问题

第一章　存在问题的必要性、结构和优先地位

第一节　突出地重提存在问题的必要性

我们的时代虽把重新肯定"形而上学"当作自己的进步，但这里所提的问题如今已久被遗忘了。人们认为自己已无须努力来重新展开γιγαντομαχία περὶ τῆς οὐσίας〔巨人们关于存在的争论〕。然而，这里提出的问题却绝不是什么随随便便的问题。它曾使柏拉图和亚里士多德为之思殚力竭。当然，从那以后，*它作为实际探索的专门课题*，就无人问津了。这两位哲人赢得的东西，以各式各样的偏离和"润色"一直保持到黑格尔的"逻辑学"之中。曾经以思的至高努力从现象那里争得的东西，虽说是那么零碎那么初级，早已被弄得琐屑不足道了。

不特如此。根据希腊人对存在的最初阐释，逐渐形成了一个教条，它不仅宣称追问存在的意义是多余的，而且还认可了对这个问题的耽搁。人们说："存在"是最普遍最空洞的概念，所以它本身就反对任何下定义的企图；而且这个最普遍并因而是不可定义的概念也并不需要任何定义，每个人都不断用到它，并且也已经懂得

他一向用它来指什么。于是，那个始终使古代哲学思想不得安宁的晦蔽者竟变成了昭如白日不言而喻的东西，乃至于谁要是仍然追问存在的意义，就会被指责为在方法上有所失误。

在这部探索之处，我们不可能详尽地讨论那些一再散布存在
3 问题为多余的成见。这些成见在古代存在论中有其根源。然而反过来，如果就范畴的论证是否适当是否充分来考虑存在论基本概念所产生的基地，则只有以澄清和解答存在问题为前提，古代存在论本身才能得到充分的阐释。所以，我们愿意把对这些成见的讨论限制在一定的范围内，只要它能让人明见到重提存在的意义问题的必要性就行了。下面分三个方面来说。

a 1."存在"是"最普遍的"概念：τὸ ὄν ἐστι καθόλου μάλιστα πάντων[1]〔存在是一切之中最普遍的〕。Illud quod primo cadit sub apprehensione，est ens，cuius intellectus includitur in omnibus，quaecumque quis apprehendit."无论一个人于存在者处把握到的是什么，这种把握总已经包含了对存在的某种领会。"[2]但"存在"的"普遍性"不是属上的普遍性。如果存在者在概念上是依照属和种来区分和联系的话，那么"存在"却并不是对存在者的最高领域的界定；οὔτε τὸ ὄν γένος〔存在不是属〕。[3] 存在的"普遍性"超乎一切属上的普遍性。按照中世纪存在论的术语，"存在"是"transcendens〔超越者〕"。亚里士多德已经把这个超越的"普遍〔者〕"的统一性视为**类比的统一性**，以与关乎实事的最高属概念的

---

① 亚里士多德：《形而上学》B4，1001 a 21。——原注

② 托马斯·阿奎那：《神学大全》Ⅱ.1 qu.94a2。——原注

③ 亚里士多德：《形而上学》B3，998b 22。——原注

多样性相对照。不管亚里士多德多么依附于柏拉图对存在论问题的提法，凭借这一揭示，他还是把存在问题置于全新的基础之上了。诚然，连他也不曾澄明这些范畴之间的联系的晦暗处。中世纪的存在论尤其在托玛斯学派中和司各脱学派中对这一问题进行了各种各样的讨论，但是没能从根本上弄清楚这个问题。黑格尔最终把“存在”规定为“无规定性的直接性”并且以这一规定来奠定他的《逻辑学》中所有更进一步的范畴阐述，在这一点上，他与古代存在论保持着相同的眼界，只是亚里士多德提出的与关乎实事的“范畴”的多样性相对的存在统一性问题，倒被他丢掉了。因此人们要是说：“存在”是最普遍的概念，那可并不就等于说：它是最清楚的概念，再也用不着更进一步的讨论了。“存在”这个概念毋宁说是最晦暗的概念。

2.“存在”这个概念是不可定义的。这是从它的最高普遍性推 4
论出来的。[①] 这话有道理——既然 definitio fit per genus proximum et differentiam specificam〔定义来自最近的属加种差〕。确实不能把“存在”理解为存在者，enti non additur aliqua natura〔没有任何性质被添加到了存在上〕：令存在者归属于存在并不能使“存在”得到规定。存在既不能用定义方法从更高的概念导出，又不能由较低的概念来表现。然而，结论难道是说“存在”不再构成任何问题了吗？当然不是。结论倒只能是：“存在”不是某种类似

① 参见帕斯卡：《思想录》（布鲁施维克辑）巴黎 1912，第 169 页：“人无法在试图确定存在（是）的同时不陷入这样一种荒谬之中：无论通过直接的解释还是暗示，人都不得不以‘这是’为开始来确定一个词。因此，要确定存在［是］，必须说‘这是’并且使用这个在其定义中被确定的词”。——原注

a 于存在者的东西。所以，虽然传统逻辑的“定义方法”可以在一定限度内规定存在者，但这种方法不适用于存在。其实，传统逻辑本身就根植在古代存在论之中。存在的不可定义性并不取消存在的意义问题，它倒是要我们正视这个问题。

3.“存在”是自明的概念。在一切认识中、一切命题中，在对存在者的一切关联行止中，在对自己本身的一切关联行止中，都用得着“存在”。而且这种说法“无需深究”，谁都懂得。谁都懂得“天是蓝的”、“我是快活的”等等。然而这种平均的可理解不过表明了不可理解而已——它挑明了：在对存在者之为存在者的任何行止中，在对存在者之为存在者的任何存在中，都先天地有个谜。我们向来已生活在一种存在之领会中，而同时，存在的意义却隐藏在晦暗中，这就证明了重提存在的意义问题是完全必要的。

“自明的东西”，而且只有“自明的东西”——“通常理性的隐秘判断”（康德语）——应当成为并且应当始终保持为分析工作的突出课题即“哲学家的事业”。如果确实如此，那么，在哲学的基础概念范围内，尤其涉及“存在”这个概念时，求助于自明性就实在是一种可疑的方法。

以上对这些成见的考虑同时也使我们明了：存在问题不仅尚无**答案**，甚至这个问题本身还是晦暗而茫无头绪的。所以，重提存在问题就意味着：首先要充分讨论一番这个问题的**提法**。

5

第二节　存在问题的形式结构

存在的意义问题还有待**提出**。如果这个问题是一个基本问题或者说唯有它才是基本问题，那么就须对这一问题的发问本身做一番适当的透视。所以，我们必须简短地讨论一下任何问题都一般地包含着的东西，以便能使存在问题作为一个与众不同的问题映入眼帘。

任何发问都是一种寻求。任何寻求都有从它所寻求的东西方面而来的事先引导。发问是在“其存在与如是而存在”〔Das-und Sosein〕的方面来认识存在者的寻求。这种认识的寻求可以成为一种“探索”，亦即对问题所问的东西加以分析规定的“探索”。发问作为“对……”的发问而具有问之所问〔Gefragtes〕。一切“对……”的发问都以某种方式是“就……”的发问。发问不仅包含有问之所问，而且也包含有被问及的东西〔Befragtes〕。在探索性的问题亦即在理论问题中，问之所问应该得到规定而成为概念。此外，在问之所问中还有问之何所以问〔Erfragtes〕，这是真正的意图所在，发问到这里达到了目标。既然发问本身是某种存在者即发问者的行为，所以发问本身就具有存在的某种本己的特征。发问既可以是“问问而已”，也可以是明确地提出问题。后者的特点在于：只有当问题的上述各构成环节都已经透彻之后，发问本身才透彻。

存在的意义问题还有待提出。所以，我们就必须着眼于上述诸构成环节来讨论存在问题。

作为一种寻求，发问需要一种来自它所寻求的东西方面的事先引导。所以，存在的意义已经以某种方式可供我们利用。我们曾提示过：我们总已经活动在对存在的某种领会之中了。明确提问存在的意义、意求获得存在的概念，这些都是从对存在的某种领会中生发出来的。我们不知道“存在”说的是什么，然而当我们问道"'存在'**是**什么?"时,我们已经栖身在对"是"("在")的某种领会之中了,尽管我们还不能从概念上确定这个"是"意味着什么。我们从来不知道该从哪一视野出发来把握和确定存在的意义。但**这种平均的含混的存在之领会是个事实**。

这种存在之领会不管怎样摇曳不定时隐时现,甚而至于仅流于单纯字面上的认识,但这种向来已可供利用的存在之领会的不
6 确定性本身却是一种积极的现象,虽然这种现象还有待廓清。探索存在意义的工作不宜在开端处就来阐发这种现象。只有凭借成形的存在概念,阐释平均的存在之领会的工作才能赢得它所必需的指导线索。借助于存在概念以及这一概念本身所包含的明确领会这一概念的诸种方式,我们将能够弄清楚:变得晦暗的或尚未照亮的存在之领会意指什么?有哪些方式可能或必然使存在的意义变得晦暗,可能或必然阻碍鲜明地照亮存在的意义?

平均且含混的存在之领会复又浸透着流传下来的关于存在的理论与意见。这些流传下来的理论作为这占统治地位的领会的源头,却又始终暗藏不露。——存在问题所寻求的东西并非全然陌生,虽然在最初的确完全无法把握它。

在这个有待回答的问题中,**问之所问**是存在——使存在者之被规定为存在者的就是这个存在;无论我们怎样讨论存在者,存在者总已经是在存在已先被领会的基础上才得到领会的。存在者的存在本身不"是"一种存在者。哲学领会存在问题的第一步在于μῦ-θόν τινα διηγεῖσθαι,"不叙述历史"[①],也就是说,不要靠把一个

---

① 柏拉图:《智者篇》242 c。——原注

存在者引回到它所由来的另一存在者这种方式来规定存在者之为存在者，仿佛存在具有某种可能的存在者的性质似的。所以，存在作为问之所问要求一种本己的展示方式，这种展示方式本质上有别于对存在者的揭示。据此，**问之何所以问**，亦即存在的意义，也要求一种本己的概念方式，这种概念方式也有别于那些用以规定存在者的意义的概念。

只要问之所问是存在，而存在又总意味着存在者的存在，那
么，在存在问题中，**被问及的东西**恰就是存在者本身。不妨说，就
是要从存在者身上来逼问出它的存在来。但若要使存在者能够不
经歪曲地给出它的存在性质，就须如存在者本身所是的那样通达
它。从被问及的东西着眼来考虑，就会发现存在问题要求我们赢
得并事先确保通达存在者的正确方式。不过我们用“存在着”
〔seiend〕一词可称谓很多东西，而且是在种种不同的意义上来称
谓的。我们所说的东西，我们意指的东西，我们这样那样对之有所 7
关联行止的东西，这一切都是存在着的。我们自己的所是以及我
们如何所是，这些也都存在着。在其存在与如是而存在中，在实
在、现成性、持存、有效性、此在中，在“有”〔es gibt〕中，都有着存 a
在。我们应当从哪种存在者掇取存在的意义？我们应当把哪种存 b
在者作为出发点，好让存在开展出来？出发点是随意的吗？抑或
在拟定存在问题的时候，某种确定的存在者就具有优先地位？这
种作为范本的存在者是什么？它在何种意义上具有优先地位？ c

如果我们确实应该突出地提出存在问题，并且充分透视这个问题，那么，依照前此所作的说明，可以知道：要想解决这个问题，就要求把审视存在的方式解说清楚，要求把领会意义、从概念上把

捉意义的方式解说清楚，要求把正确选择一种存在者作为范本的可能性准备好，把通达这种存在者的天然方式清理出来。审视、领会与形成概念、选择、通达，这些活动都是发问的构成部分，所以它们本身就是某种特定的存在者的存在样式，也就是我们这些发问者本身向来所是的**那种**存在者的存在样式。因此，彻底解答存在问题就等于说：就某种存在者——即发问的存在者——的存在，使这种存在者透彻可见。作为某种存在者的存在样式，这个问题的
d 发问本身从本质上就是由问之所问规定的——即由存在规定的。这种存在者，就是我们自己向来所是的存在者，就是除了其他可能的存在方式以外还能够对存在发问的存在者。我们用**此在**〔Dasein〕这个术语来称呼这种存在者。存在的意义问题的突出而透
e 彻的提法要求我们事先就某种存在者〔此在〕的存在来对这种存在者加以适当解说。

然而，这样做不是显然莽撞地堕入了一种循环吗？必须先**就存在者的存在**来规定存在者，然后却根据此在这种存在者才提出存在问题，这不是兜圈子又是什么？只有这个问题的答案才能够提供的东西不是在解答这个问题的时候就被“设为前提”了吗？在原理研究的领域中，人们随时都能轻易地引出论据来指责研究工作陷入了循环论证；但在衡量具体的探索途径时，这种形式上的指责总是徒劳无益的。它丝毫无助于领会事情的实质，反而妨碍我们突入探索的园地。

何况，在问题的上述提法中实际上根本没有什么循环。存在者满可以在它的存在中被规定，而同时却不必已经有存在意义的
8 明确概念可供利用。苟非若此，至今就还不可能有存在论的认识，

然而实际上确有这种认识却恐怕是无法否认的。迄今为止的一切存在论当然都把"存在""设为前提"，不过却并没有把存在当作可供利用的**概念**——并没有把存在当作我们正在寻求的东西。存在之被"设为前提"具有先行着眼于存在的性质，也就是说，一旦着眼于存在，给定的存在者就暂先在它的存在中得到解说。这种起引导作用的着眼方式生自平均的存在之领会。我们自己就活动在这种平均的存在领会之中，而且它归根到底属于此在本身的本质建 a
构。这种"设为前提"同假设一个基本命题并由此演绎出一串命题之类的事情毫不相干。存在的意义问题的提出根本不可能有什么"循环论证"，因为就这个问题的回答来说，关键不在于用推导方式进行论证，而在于用展示方式显露根据。

存在的意义问题里面并没有什么"循环论证"，只不过在这里问之所问（存在）明显地"向后关联到或向前关联到"发问活动本身，而发问又是某种存在者的存在样式。存在问题最本己的意义中就包含有发问活动同发问之所问的本质相关性。但这也只是说：具有此在性质的存在者同存在问题本身有一种关联，它甚至可能是一种与众不同的关联。然而，这样一来，不是已经摆明了某种确定的存在者具有存在的优先地位吗？不是已经给定了那应当充 b
任存在问题**首须问及的东西**的、作为范本的存在者吗？前此的讨论还没有摆明此在的优先地位，也还没有断定它可能乃至必然充任首须问及的存在者来起作用。不过，此在具有优先地位这一点已经初露端倪了。

第三节　存在问题在存在论上的优先地位

以上我们循问题之为问题的形式结构为线索，描述出了存在问题的特征，这样，我们就弄清楚了：存在问题是一个独特的问题，要清理出存在问题乃至解决存在问题，我们需要进行一系列基本的考察。但只有对存在问题的作用、意图与起因加以充分界说之后，存在问题的与众不同之处才会呈现出来。

到现在为止，我们是这样说明重提存在问题的必要性的——
9 首先因为这个问题源远流长，但尤其是因为它没有一个确定的答案，甚而至于根本还没有一种令人满意的提法。但人们满可以要求了解：这个问题有什么用？它是否始终只是或根本只可能是对最普遍的普遍性所作的一种虚无缥缈的思辨？——**抑或它是最富原则性的又是最具体的问题？**

存在总是某种存在者的存在。存在者全体可以按照其种种不同的存在畿域分解为界定为一些特定的事质领域。这些事质领域，诸如历史、自然、空间、生命、此在、语言之类，又可以相应地专题化为某些科学探索的对象。科学研究简单粗糙地把这些事质领域划分开来并开始加以固定。藉事质领域的基本结构清理出这个领域，这件事情已经先于科学工作而由对存在畿域的经验与解释完成了，因为事质领域本身就是以存在畿域来划分的。这样生长出来的“基本概念”始终是开始具体开展事质领域的指导线索。虽说〔科学〕研究始终侧重于这种实证性，但研究所取得的进步却主要不靠收集实证研究的结果，把这些结果堆积到“手册”里面，而主要靠对各个领域的基本建构提出疑问，这些疑问往往是以反其道而行之的方式从那种关于事质的日积月累的熟知中脱颖而出。

真正的科学“运动”是通过修正基本概念的方式发生的，这种修正的深度不一，而且或多或少并不明见这种修正。一门科学在何种程度上**能够承受**其基本概念的危机，这一点规定着这门科学的水平。在科学发生这些内在危机的时候，实证探索的发问同问题所及的事质本身的关系发生动摇。当今，在各种不同学科中都有一种倾向醒觉起来，要把研究工作移置到新基础之上。

貌似最严格构造的最稳固的科学，即**数学**，陷入了“基础”危机。如何赢得和保证那种本原的方式，借以通达应当成为这门科学的对象的东西——围绕着这一问题展开了形式主义与直观主义之争。**物理学**中则有一种倾向，要把自然本身固有的联系如其“自在”的那样提供出来；相对论就生于这种倾向。相对论是为通达自然本身的道路提供条件的理论，所以它试图把一切都规定为相对 10
性，借以保全运动规律的不变性；这样一来，它就和它固有的研究领域的结构问题，和物质问题冲撞起来。在**生物学**中，对机体和生命曾有过机械论的与活力论的种种规定，现在则有一种倾向醒觉起来，要反过头来深入到这种种规定之后进行追问，要重新规定生命体之为生命体的存在方式。在具有**历史学性质的人文科学**中，透过承传下来的东西、透过这些东西的表现方式及传统而直趋历史现实本身的倾向日益强烈；文献史应当成为问题史。神学则正尝试着更源始地解释人向上帝的存在，这种解释以信仰本身的意义为范本，并且依然留在信仰的意义之内。神学又慢慢地重新领会到路德的见地——神学教条的系统栖止于其上的基础本身并不主要生自某种信仰问题，实则，信仰问题的概念方式对神学问题不仅不够用，而且还遮盖了它、瓦解了它。

一门科学的所有专题对象都以事质领域为其基础，而基本概念就是这一事质领域借以事先得到领会（这一领会引导着一切实证探索）的那些规定。所以，只有相应地先行对事质领域本身作一番透彻研究，这些基本概念才能真正获得证明和"根据"。但只要任何一个这样的领域都应该从存在者本身的畿域赢得，那么，创建基本概念的先行研究无非就意味着：按存在者的基本存在建构来解释存在者。这种研究必须跑在实证科学前头；它也**能够**做到这一点。柏拉图和亚里士多德的工作为此提供了证据。这样为科学奠定基础的工作原则上有别于跛足随行的"逻辑"。"逻辑"不过是按照一门科学的偶然状况来探索这门科学的"方法"而已。奠定基础的工作是生产性的逻辑，其意义是：它仿佛先行跳进某一存在畿域，率先展开这一畿域的存在建构，把赢获的结构交给诸门实证科学，使实证科学能够把这些结构作为透彻明晰的对发问的提示加以利用。于是，举例来说，从哲学上讲首要的事情就不是构造历史学概念的理论，也不是历史学知识的理论，而且也不是历史学对象的历史理论；首要的事情倒是阐释历史上本真的存在者的历史性。同样，康德的纯粹理性批判的积极成果也在于着手清理出一般地
11 属于自然的东西，而不在于一种知识"理论"。他的先验逻辑是关于自然这一存在领域的先天的事质逻辑。

然而，这样的发问，亦即不偏倚任何一种存在论流派及其倾向的最广意义上的存在论，其本身还需要指导线索。与实证科学的存在者层次上的发问相比，存在论上的发问要更加源始。但若存

在论在研究存在者的存在时任存在的一般意义不经讨论，那么存在论发问本身就还是幼稚而浑噩的。存在论的任务在于非演绎地构造各种可能方式的存在谱系，而这一存在论的任务恰恰须对“我们用‘存在’这个词究竟意指什么”先行有所领会。

所以，存在问题的目标不仅在于保障一种使科学成为可能的先天条件（科学对存在者之为如此这般的存在者进行考察，于是科学一向已经活动在某种存在之领会中），而且也在于保障那使先于任何研究存在者的科学且奠定这种科学的基础的存在论本身成为可能的条件。**任何存在论，如果它不曾首先充分澄清存在的意义并把澄清存在的意义理解为自己的基本任务，那么，无论它具有多么丰富多么紧凑的范畴体系，归根到底它仍然是盲目的，并背离了它最本己的意图。**

业经正确领会的存在论研究本身将给予存在问题以存在论上的优先地位，而不止于重新拾起某种可敬的传统或促进某个至今未经透视的问题。但这种事质上的、科学上的优先地位并不是唯一的优先地位。

第四节　存在问题在存在者层次上的优先地位

科学一般地可以被规定为通过诸真命题的相互联系而建立起来的整体。这个定义既不完全也不中肯。诸种科学都是人的活动，因而都包含有这种存在者（人）的存在方式。我们用此在这个术语来表示这种存在者。科学研究既不是这种存在者唯一可能的

12 存在方式，也不是它[①]最切近的可能存在方式。此在本身就还有与其他存在者的突出不同之处。现在就应把这种与众不同之处先摆到眼前来。这番讨论预演着以后将要进行的真正展示内容的分析。

此在是一种存在者，但并不仅仅是置于众存在者之中的一种存在者。从存在者层次上来看，其与众不同之处在于：这个存在者在它的存在中与这个存在本身发生交涉。那么，此在的这一存在建构中就包含有：此在在它的存在中对这个存在具有存在关系。而这又是说：此在在它的存在中总以某种方式、某种明确性对自身有所领会。这种存在者本来就是这样的：它的存在是随着它的存在并通过它的存在而对它本身开展出来的。**对存在的领会本身就**
a **是此在的存在的规定**。此在在存在者层次上的与众不同之处在于：它在存在论层次上**存在**。

在这里，存在论层次上的存在还不是说：营造存在论。因此，如果我们把存在论这个名称保留给对存在者的意义作明确的理论追问的话，那么这里所说的此在的存在论存在就须标识为前存在论的存在了。不过这不是简简单单地意味着在存在者层次上存在着〔ontisch-seiend〕，而是说以对存在有所领会的方式存在着。

b 此在能够这样或那样地与之发生交涉的那个存在，此在无论
c 如何总要以某种方式与之发生交涉的那个存在，我们称之为生存〔Existenz〕。这个存在者的本质规定不能靠列举关乎实事的“什么”来进行。它的本质毋宁在于：它所包含的存在向来就是它有待

---

① Dasein是个中性德文词，所以我们译作“它”而不是“他”。——中译注

去是的那个存在[①]；所以，我们选择此在这个名称，纯粹就其存在来标识这个存在者。

此在总是从它的生存来领会自己本身：总是从它本身的可能性——去是它自身或不去是它自身——来领会自己本身。此在或者自己挑选了这些可能性，或者陷入了这些可能性，或者本来就已经在这些可能性中成长起来了。只有此在以抓紧或者耽误的方式自己决定着生存。生存问题总是只有通过生存活动本身才能弄清楚。**以这种方式**进行的对生存活动本身的领会我们称之为**生存上的领会**。生存问题是此在的一种存在者层次上的“事务”。为此并不需要对生存的存在论结构作理论的透视。追问生存的存在论结构，目的是要解析什么东西组建生存。我们把这些结构的联系叫 d
作**生存论建构**〔Existenzialität〕。对生存论建构的分析所具有的不是生存上的领会的性质，而是**生存论上的**领会的性质。对此在作生存论上的分析的任务，就其可能性与必要性看来，已在此在的 13
存在者层次上的建构中先行描绘出来了。

但是只要生存规定着此在，对这个存在者的存在论分析就总需要对生存论建构做一番事先的考察。但是我们把生存论建构领会为生存着的存在者的存在建构。而在这样的存在建构的观念中却也有着一般存在观念。于是对此在进行分析的可能性又系于对追究一般存在的意义问题预先做一番清理。

各种科学都是此在的存在方式，在这些存在方式中此在也对那些本身无须乎去存在的存在者有所交涉。此在本质上就包括：

① 可参见本书第九节。——中译注

存在在世界之中。因而这种属于此在的对存在的领会就同样源始地关涉到对诸如“世界”这样的东西的领会以及对在世界之内可通达的存在者的存在的领会了。由此可见，凡是以不具备此在式的存在特性的存在者为课题的各种存在论都植根于此在自身的存在者层次上的结构并由以得到说明，而此在的存在者层次上的结构包含着前存在论的存在之领会的规定性。

因而其他一切存在论所源出的**基础存在论**〔Fundamentalontologie〕必须在**对此在的生存论分析**中来寻找。

由此可见，同其他一切存在者相比，此在具有几层优先地位。第一层是**存在者层次上**的优先地位：这种存在者在它的存在中是通过生存得到规定的。第二层是**存在论上**的优先地位：此在由于以生存为其规定性，故就它本身而言就是“存在论的”。而作为生存之领会的受托者，此在却又同样源始地包含有对一切非此在式的存在者的存在的领会。因而此在的第三层优先地位就在于：它是使一切存在论在存在者层次上及存在论上〔ontisch-ontologisch〕都得以可能的条件。于是此在就摆明它是先于其他一切存在者而从存在论上首须问及的东西了。

而生存论分析归根到底在**生存活动**上有其根苗，也就是说，**在存在者层次**上有其根苗。只有把哲学研究的追问本身就从生存上理解为生存着的此在的一种存在可能性，才有可能开展出生存的生存论结构，从而也才有可能着手进行有充分根据的一般性的存在论问题的讨论。
14 于是存在问题在存在者层次上的优先地位也就显而易见了。

早有人见到了此在在存在者层次上及存在论上的优先地位，

虽然还不曾就此在天生的存在论结构把握此在，甚至还不曾提出以此为目标的问题。亚里士多德说：ἡ ψυχὴ τὰ ὄντα πώς ἐστιν（人的）灵魂以某种方式是一切存在者。[①] 这个构成人的存在的“灵魂”，在它去存在的两种方式即αἴσθησις〔感觉〕和νόησις〔思想〕之中，从其存在与如是而存在的方面着眼，揭示着一切存在者，亦即总是在一切存在者的存在中揭示存在者。这个命题可以一直回溯到巴门尼德的存在论论点；后来托马斯对此进行了颇具特色的讨论。托玛斯从事的工作是推导出诸超越性质：存在的某些性质超出存在者的一切可能的关乎实事的一类属的规定性之外，超出一切 modus specialis entis〔存在者的特殊式样〕之外，同时却又是无论什么东西都必然具有的。这项任务也包括阐明 verum〔真理〕即是这样一种超越者〔transcendens〕。这需要求助于这样一种存在者才能做到：这种存在者依其存在方式本身就有与任何一个存在者“与生俱来”的特点。这种与一切可能的存在者与生俱来的与众不同的存在者〔ens, quod natum est convenire cum omni ente〕就是灵魂〔anima〕。[②] 此在对其他一切存在者的优先地位在这里显露出来，虽然还未从存在论上加以澄清。显然，这种优先地位同把存在者全体恶劣地加以主观化的做法毫无共同之处。

要阐明存在问题在存在者层次上及存在论上的与众不同之处，首须提示出此在在存在者层次上及存在论上的优先地位。但是对存在问题的这样一种结构分析（第二节）碰到了这种存在者在

---

① 《论灵魂》Γ8.431 b 21，参见同书Γ5.430 a 14 及以下。——原注

② 《真理问题》qu. Ia. lc。参见在《自然的起源》一文中对超越者所进行的在当时看来颇严密的但有所偏离的“演绎”。——原注

问题的提法本身范围之内的与众不同的功能。如果追问要变成透彻明晰的追问，此在就得展露自身为首须从存在论上弄得足够清楚的存在者。现在事情摆明了：对此在的存在论的分析工作本身就构成基础存在论，因而此在所充任的就是原则上首须**问及**其存在的存在者。

如果任务是阐释存在的意义，那么此在不仅是首须问及的存
15 在者；更进一步，此在还是在其存在中向来已经对这个问题之所问有所交涉的存在者。所以，追问存在问题无他，只不过是对此在本身所包含的存在倾向刨根问底，对前存在论的存在领会刨根问底罢了。

第二章　厘清存在问题的双重任务；本书的方法及构架

第五节　此在的存在论分析——崭露用以阐释一般存在意义的视野

当我们表明“提出”存在问题这一任务时，我们曾指出：我们不仅必须确定充任首先被问及的东西的那种存在者，而且也必须明确占有和保障正确通达这一存在者的方式。我们已经讨论了在存在问题范围之内，何种存在者承担着特殊的角色。然而，应当如何通达这种存在者即此在呢？如何在领会和解释过程中牢牢盯准这个存在者呢？

上文证明了此在在存在者层次上及存在论上的优先地位。这种优先地位可能会导致一种错误意见：仿佛这种存在者一定也是既在存在者层次上又在存在论上首先给予的存在者——不仅可以“直接”把捉这个存在者，而且其存在方式同样是“直接”给定的。确实，此在在存在者层次上不仅是切近的，甚或还是最切近的——我们自己甚至一向就是此在。虽然如此，或恰恰因为如此，此在在存在论上又是最远的。此在具有某种存在之领会，此在向来已经处在对存在的某种解释之中，这些都属于此在最本己的存在。但这却绝不等于说：我们可以把这种关于此在自己的存在的解释——最切近的、前存在论的解释——当作适当的指导线索承接过来，就好像对最本己的存在建构的存在论专题思考一定源出于这种存在之领会似的。根据它本身的一种存在方式，此在倒倾向于从它本质上不断地和最切近地与之有所交涉的存在者方面来领
a 会本己的存在，也就是说，从“世界”方面来领会本己的存在。在此在本身之中，因此也就在此在本己的存在之领会中，有这样一种情况，我们将把这种情况展示为：对世界的领会从存在论上返照到对
16 此在的解释之上。

所以，此在特有的存在建构（如果把它领会为属于此在的“范畴”结构）对此在始终蔽而不露，其根据恰恰就是此在在存在者层次上及存在论上的优先地位。此在在存在者层次上离它自己“最近”，在存在论上最远，但在前存在论上却并不陌生。

目前我们不过指出了：对这种存在者的阐释面临着独特的困难，这些困难的根源在于这一专题对象的存在方式本身，在于专题化活动的存在方式本身；这些困难并非由于我们的认识能力天然就有缺陷，或由于欠缺某些似乎不难补足的适当的概念方式。

存在之领会不仅一般地属于此在，而且随着此在的种种存在方式本身或成形或毁败，因此，可以对存在之领会做出多种解释。哲学、心理学、人类学、伦理学、政治学、诗歌、传记、历史记述一直以形形色色的方式和等等不同的规模研究着此在的行止、才能、力量、可能性与盛衰。这种种解释在生存上也许都是源始的；但问题却是它们在生存论上是否也同样曾以源始的方法得出？生存上的

解释同生存论上的解释不一定比肩为伍,但也不互相排斥。如果哲学认识的可能性和必然性确实得到了理解,生存上的解释就会要求进行生存论分析。唯当我们鲜明地依循存在问题本身制订方向,借以把此在的基本结构充分清理出来,此在解释工作至今所赢得的东西才会在生存论上言之成理。

于是,此在的分析工作必须保持为存在问题中的第一要求。然而,赢得并确保通达此在的主导方式这一问题就因而愈发焦灼。用否定的方式说:不允许把任何随意的存在观念与现实观念纯凭虚构和教条安到这种存在者头上,无论这些观念是多么“不言而喻”;同时,也不允许未经存在论考察就把以这类观念为范本的“范畴”强加于此在。毋宁说,我们所选择那样一种通达此在和解释此在的方式必须使这种存在者能够在其本身从其本身显示出来。也就是说,这类方式应当像此在**首先与通常**〔zunächst und zumeist〕所是的那样显示这个存在者,应当在此在的平均的**日常状态**中显示这个存在者。我们就日常状态提供出来的东西不应是某些任意 17
的偶然的结构,而应是本质的结构;无论实际上的此在处于何种存在方式,这些结构都应保持其为规定着此在存在的结构。从此在的日常状态的基本建构着眼,我们就可以循序渐进,着手准备性地端出这种存在者的存在来。

如此这般加以把捉的此在分析工作始终还是对准解答存在问题这一主导任务来制订方向的。由此也就规定了这一分析工作的界限。它不会打算提供一种完备的此在存在论;如果要使“哲学”人类学这样的东西站到充分的哲学基地上面,此在存在论自然还必须加以扩建。如果意在建立一种可能的人类学及其存在论基础，下面的阐释就只是提供出了某些“片断”，虽然它们倒不是非本质的。此在的分析不仅是不完备的，而且最初还只是浅近的。这一分析仅仅把此在的存在提出来，而不曾阐释存在的意义。这一分析毋宁是要做好准备工作，以便崭露借以最源始地解释存在的视野。一旦赢获了这一视野，我们就将要求在更高的和本真的存在论基地上来重复准备性的此在分析工作。

到这里，**时间性**将被展示出来，作为我们称为此在的这种存在者的存在之意义。先前浅近加以展示的此在诸结构将作为时间性的诸样式重新得到阐释；时间性之为此在存在的意义这一证明也由这一解释得到检验。把此在解释为时间性，并不就算为主导问
a 题即一般的存在意义问题提供了答案，但却为赢得这一答案准备好了地基。

我们曾提示，此在包含有一种前存在论的存在，作为其存在者层次上的建构。此在以如下方式**存在**：它以存在者的方式领会着存在这样的东西。确立了这一联系，我们就应该指出：在隐而不彰地领会着解释着存在这样的东西之际，此在由之出发的就是时间。我们必须把时间摆明为对存在的一切领会及解释的视野。必须这样本然地领会时间。为了摆明这一层，我们须得**源源始始地解说时间性之为领会着存在的此在的存在，并从这一时间性出发解说时间之为存在之领会的视野**。总揽这一任务的同时，就须在这样
18 赢获的时间概念和对时间的流俗领会之间划清界限。把沉淀在传统时间概念之中的时间解释检阅一番就可以明白看到这种对时间的流俗领会；而自亚里士多德直到柏格森，这种传统时间概念不绝如缕。在这里还须弄清楚传统的时间概念与对时间的流俗领会正

源出于时间性，以及它们如何源出于时间性。这样一来，我们就明白了流俗的时间概念也自有其道理——这同柏格森的论点正相反对，那个论点是：流俗的时间概念所意指的时间乃是空间。

很久以来，"时间"就充任着一种存在论标准或毋宁说一种存在者层次上的标准，借以素朴地区分存在者的种种不同领域。人们把"时间性的"存在者（自然进程与历史事件）和"非时间的"存在者（空间关系与数量关系）划分开来。人们习惯于把道出命题的"时间性的"过程同"无时间的"命题意义区别开来。再则，人们发现"时间性的"存在者与"超时间的"永恒者之间有一条"鸿沟"，人们试图为二者搭桥。在这里，"时间性的"向来说的只是存在"在时间中的"，而这个规定本身当然也够晦暗的。实际情况是：在"在时间中存在"这种意义上，时间充任着区分存在领域的标准。时间如何会具有这种与众不同的存在论功能，根据什么道理时间这样的东西竟可以充任这种标准？再则，在这样素朴地从存在论上运用时间的时候，是否表达出了一种可能与这种运用相关的本真的存在论上的东西？这类问题迄今还无人问津。在时间的流俗领会的视野内，"时间"仿佛"本来"就落得了这种"不言而喻的"存在论功能，并把这种不言而喻的功能保持至今。

与此相反，在解答存在的意义问题的地基上，应可以显示：**一切存在论问题的中心提法都植根于正确看出了的和正确解说了的时间现象以及它如何植根于这种时间现象。**

如果我们确应从时间来理解存在，如果事实上确应着眼于时间才能理解存在怎样形成种种不同的样式以及怎样发生种种衍化，那么，我们也就可以摆明存在本身的——而不仅仅是存在"在时间中"的存在者的——"时间"性质了。于是"时间性的"就不再可能只等于说"在时间中存在着的"。"非时间的东西"与"超时间的东西"就其存在来看也是"时间性的"。而且，并非由于与"时间性的东西"相对，即与"在时间中"的存在者相对，"非时间的东西"与"超时间的东西"才在某种褫夺的意义上是"时间性的"；它们在
19 积极的意义上就是"时间性的"，诚然这种意义还有待澄清。不过，因为"时间性的"〔zeitlich〕这个词的上述含义已经被哲学的和先于哲学的语言用法遮盖了，因为在后面的探索中我们还要把这个词用于另一种含义，所以，我们凡从时间出发来规定存在的源始意义或存在的诸性质与诸样式的源始意义，我们就把这些规定称为**时间状态上的**〔temporal〕规定[①]。从而，阐释存在之为存在的基础存在论任务中就包含有清理存在的**时间状态**的工作。只有把时间状态的问题讲解清楚，才可能为存在的意义问题提供具体而微的答复。

因为只有着眼于时间才可能把捉存在，所以，存在问题的答案不可能摆在一个独立的盲目的命题里面。靠着对这个答案以命题形式道出的东西学舌一番并不就是理解了这个答案。若把这个答案当作漂浮无据的结论人云亦云一番，结果也不过认识了某种"立

① Zeitlichkeit 和 Temporalität 是海德格尔用来说明时间的一组概念。在本书中，Temporalität 和 temporal 出现得很少，其意义及 Zeitlichkeit 和 unzeitlich 也没多大区别。海德格尔《现象学的基本问题》里说(1975 年德文版第 389 页)，当我们把时间视为有所领会地把握存在的视野之际，Zeitlichkeit 即为 Temporalität。但我们仍须从字面上区分这两个词，把 Zeitlichkel 译为"时间性"，把 Temporalität 译为"时间状态"。与此相关，zeitlich 译为"时间性的"，unzeitlich 译为"非时间的"，zeitlos 译为"无时间的"，überzertlich 译为"超时间性"。——中译注

场”,而这种“立场”也许还同开篇至此的处理方式南辕北辙,更不能说是理解了这个答案。这个答案“新”或“不新”无关宏旨,那始终是事情的外在方向。这个答案的积极的东西倒在于这个答案足够古老,这样才使我们能学着去理解“古人”已经准备好了的种种可能性。按照这个答案的最本己的意义,这个答案为具体的存在论研究提供了指示——在业经开放的视野内,以探索性的发问去开始具体的存在论研究,这也就是这个答案所提供的一切。

如果存在问题的答案正是这样成为研究的主导指示,那么问题就归结为:迄今为止的存在论特有的存在方式,这种存在论的发问、发现和失落的天命,它们作为此在式的必然,都从这个答案本身进入我们的洞见,只有这样,我们才能把存在问题的答案充分提供出来。

第六节　解构存在论历史的任务[①]

一切研究都是此在的一种存在者层次上的可能性,更不待言环绕存在这一中心问题的研究了。此在的存在在时间性中有其意义。然而时间性也就是历史性之所以可能的条件,而历史性则是此在本身的时间性的存在方式;至于此在是不是以及如何是一个“在时间中”的存在者的问题,在此不谈。历史性这个规定发生在人们称为历史(世界历史的演历)的那个东西之前。而历史性就意

① 本节加以概述的任务应由原计划写但未写出的第二部完成。——中译注

20 指这样一种此在的演历[1]的存在建构首须以此为基础，像“世界历史”这样的东西才有可能，这些东西才以演历方式成为世界历史的内容。在它的实际存在中，此在一向如它已曾是的那样存在并作为它已曾是的“东西”存在。无论明言与否，此在总是它的过去，而这不仅是说，它的过去仿佛“在后面”推着它，它还伴有过去的东西作为有时在它身上还起作用的现成属性。大致说来，此在的存在向来是从它的将来方面“演历”的，此在就其存在方式而言原就“是”它的过去，此在通过它当下去存在的方式，因而也就是随着隶属于它的存在之领会，生长到一种承袭下来的此在解释中去并在这种解释中成长。此在当下就是而且在一定范围之内总是从这种此在解释中来领会自身。这种领会开展着它的各种可能性并即调整着这些可能性。它自己的过去——而这总是说它的“同代人”的过去——并不是跟在此在后面，而是向来已经走在它的前头。

此在的这种基本的历史性也可能对此在自己还讳莫如深。但这种基本的历史性也可能以某种方式被揭示并得到培养。此在可能揭示传统、保持传统并明确地追随传统。揭示传统以及展开传统“传下”的内容与方式，这些都可能被把握为独立的任务。此在这样就把自身带进历史追问与历史研究的存在方式之中。但是历史学——说得更精确些，历史学之为历史学〔Historizität〕——之所以可能成为进行追问的此在的存在方式，只因为此在基于它的存在就是被历史性规定的。只要历史性对此在还讳莫如深，此在

① 德文词 geschehen 意指“发生”。作者在这里提醒我们注意它与 Geschichte〔历史〕同根。据此，我们将 geschehen 译为“演历”。——中译注

就没有可能对历史进行历史学追问与历史学揭示。没有历史学并不证明此在**没有**历史性；没有历史学，这作为此在存在建构的残缺样式，倒是此在具有历史性的证明。一个时代只是因为它是“有历史性的”，才可能是无历史学的。

另一方面，如果此在已经把握了它自身之中的可能性——它不仅能够明鉴自己的生存，而且能够追问生存论建构本身的意义，亦即先行追问一般存在的意义，如果在这样的追问中它已经放眼于此在的本质的历史性，那就不可能不洞见到：对存在的追问——前曾指出过这种追问在存在者层次上及存在论上的必要性——其本身就是以历史性为特征的。这一追问作为历史的追问，其最本己的存在意义中就包含有一种指示：要去追究这一追问本身的历 21
史，也就是说，要成为历史学的。要好好解答存在问题，就必须听取这一指示，以便使自己在积极地据过去为己有的情况下来充分占有最本己的问题的可能性。要追问存在的意义，适当的方式就是从此在的时间性与历史性着眼把此在先行解说清楚，于是这一追问就由它本身所驱使而把自身领会为历史学的追问。

在此在的最切近的和平均的存在方式中，此在也当下就历史地存在着，根据这种寻常存在方式对此在的基本结构作了这些预备性的解释，就会挑明：此在不仅有一种趋向，要沉沦于它处身其中的世界并依这个世界的反光来解释自身，而且与此同时此在也沉陷于它的或多或少明白把握了的传统。传统夺走了此在自己的领导、探问和选择。对于植根于此在的最本己的存在的那种领会，即存在论的领会，对于使这种领会成形的工作，这种情形尤为常见。

这样取得了统治地位的传统首先与通常都使它所“传下”的东西难于接近，竟至于倒把这些东西掩盖起来了。流传下来的不少范畴和概念本来曾以真切的方式从源始的“源头”汲取出来，传统却赋予承传下来的东西以不言而喻的性质，并堵塞了通达“源头”的道路。传统甚至使我们忘掉了这样的渊源。传统甚至使我们不再领会回溯到渊源的必要性。传统把此在的历史性连根拔除，竟至于此在还只对哲学活动可能具有的五花八门的类型、走向、观点感到兴趣，依这类兴趣活动于最疏远最陌生的诸种文化之中，试图用这类兴趣来掩藏自己的没有根基。结果是：此在无论对历史学多感兴趣，无论多热衷于文字学上“就事论事的”阐释，它仍然领会不了那些唯一能使我们积极地回溯过去即创造性地占有过去的根本条件。

在开头处（第一节）已经显示，存在的意义问题不仅尚未了结，不仅没有充分提出，而且不论人们对“形而上学”有多少兴趣，它仍被付诸遗忘了。希腊存在论及其历史通过形形色色的分流与扭曲
22 直到今天还规定着哲学的概念方式，而这证明：此在从“世界”方面来领会自己以及一般存在，这样成长起来的存在论沉陷于其中的传统使存在论降低为不言而喻之事，降低为只不过有待重新加工的材料（黑格尔就是这样）。这种无根的希腊存在论在中世纪变成了一套固定的学说。这份教材的系统化并非只是把承袭下来的诸构件凑合成一座建筑了事。在教条式地承受希腊对存在的基本看法的限度内，在这个系统的构造中还是做出了不少粗拙的工作。希腊存在论的本质部分盖上了经院哲学的印记，通过苏亚雷斯〔Suarez〕的形而上学论辩〔Disputationes metaphysicae〕，过渡到

近代的"形而上学"和先验哲学,并且它还规定着黑格尔《逻辑学》的基调和目标。在这个历史过程中,某些别具一格的存在领域曾映入眼帘并在此后主导着问题的提法(笛卡尔的我思、主体、我、理性、精神、人格);但同时,与始终耽搁了存在问题的情况相适应,人们从没有就它们的存在及其存在结构发问。人们反而把传统存在论的范畴内涵加以形式化,作为纯粹消极的限制加到这种存在者之上,或者为了在存在论上对主体的实体性做出解释而乞灵于辩证法。

如果要为存在问题本身而把这个问题的历史透视清楚,那么就需要把硬化了的传统松动一下,需要把由传统做成的一切遮蔽打破。我们把这个任务了解为:**以存在问题为线索**,把古代存在论传下来的内容**解构**成一些源始经验——那些最初的、以后一直起着主导作用的存在规定就是从这些源始经验获得的。

指出存在论基本概念的渊源,通过探索展示它们的"出生证",这与把存在论立场恶劣地加以相对化毫无共同之处。这种解构工作也没有要摆脱存在论传统的消极意义。这种解构工作倒是要标明存在论传统的各种积极的可能性,而这意思总是说:要标明存在论传统的限度;随着问题的一向提法,随着这些提法已经草描出的可能的探讨范围,那些限度实际上已经给出了。这个分析任务不是否定地对待过去,它的批判针对"今天",针对存在论历史上占统 23
治地位的处理方式,无论这种处理方式是谈学理的也好,是谈精神历史的也好,是谈问题历史的也好。但这一解构工作并不想把过去埋葬在虚无中,它有**积极**的目的;它的否定作用始终是隐而不露的,是间接的。

解构存在论历史的工作在本质上本来是存在问题的提法所应有的，而且只有在存在问题的提法范围之内才可能进行。不过本书的目的是要从原则上廓清存在问题本身。在本书的探讨工作框架之内，解构存在论历史的工作只能就存在论历史中原则上有决定意义的一些处所着手。

按照解构工作的积极倾向，首先就须提出这个问题：在一般存在论的历史发展过程中，对存在的解释究竟是否以及在何种程度上曾经或至少曾能够同时间现象专题地结合在一起？为此必须探讨的时间状态的成问题之处是否在原则上曾被或至少曾能够被清理出来？曾经向时间性这一度探索了一程的第一人与唯一一人，或者说，曾经让自己被现象本身所迫而走到这条道路上的第一人与唯一一人，是康德。只有当时间状态成问题之处已经确定了的时候，才能成功地引进光线来照亮图型说的晦暗之处。但通过这条途径也就可以显现出：为什么这个区域在其本身的维度及其中心的存在论功能方面对康德不能不始终是禁地。康德本人知道自己已闯入漆黑一团的区域："我们的知性的这种图型说，在涉及现象及其纯形式的时候，是潜藏在人们灵魂深处的一种技术，我们任何时候都将很难从自然手中获得破解这种技术的真正机关，把它无所遮蔽地摆在眼前。"[①]设若"存在"这个语词有一种可以指明的意义，那么康德在这里望而却步的东西，就必须作为专题从原则上得到洞察。在后面的分析中将在"时间状态"这一名称下摆出来的那些现象恰恰是"通常理性"的最隐秘的判断，而康德正是把这些

① 《纯粹理性批判》第二版第180—181页。——原注

判断的分析规定为“哲学家的事业”。

在以时间状态的成问题之处为线索来完成解构工作的过程中，本书的第二部将试图解释图型说那一章并由此出发去解释康 24
德的时间学说。同时还将显示：为什么康德终究无法窥时间问题之堂奥。有两重因素妨碍了他。一是他一般地耽搁了存在问题，与此相连，在他那里没有以此在为专题的存在论，用康德的口气说，就是没有先行对主体之主体性进行存在论分析。康德存在论教条地继承了笛卡尔的立场，虽然他在某些本质方面多少有所推进。另一重因素在于：尽管康德已经把时间现象划归到主体方面，但他对时间的分析仍然以流传下来的对时间的流俗领会为准，这使得康德终究不能把“先验的时间规定”这一现象就其自身的结构与功能清理出来。由于传统的这种双重作用，**时间**和“**我思**”之间的决定性的联系就仍然隐藏在一团晦暗之中，这种联系根本就没有形成为问题。

康德耽搁了一件本质性的大事：耽搁了此在的存在论，而这耽搁又是由于康德继承了笛卡尔的存在论立场才一并造成的。这次耽搁，就笛卡尔最本己的倾向来说，是决定性的耽搁。笛卡尔发现了“cogito sum”〔我思故我在〕，就认为已为哲学找到了一个可靠的新基地。但他在这个“基本的”开端处没有规定清楚的正是这个res cogitans〔思执〕的存在方式，说得更准确些，就是“**我在**”〔sum〕**的存在的意义**。对存在论历史进行分解回溯的第二步工作就是要把“我思我在”〔cogito sum〕的未曾明言的存在论基础清理出来。这一番解释不仅会证明笛卡尔不可能不耽误存在问题，而且也显示出：为什么笛卡尔会认为既然我思〔cogito〕绝对“是确实的”，就可以不管这个存在者的存在的意义问题。

然而就笛卡尔来说，事情还不止限于耽搁了此事因而使 res cogitans sive mens sive animus〔思执，无论其为心智还是灵魂〕在存在论上陷入全无规定之境。笛卡尔把中世纪的存在论加到他设立为 fundamentum inconcussum〔不可动摇的基础〕的那个存在者身上，以此来进行他在“沉思”〔Meditationes〕中的基本考察。Res cogitans〔思执〕从存在论上被规定为 ens〔物〕，而对中世纪的存在论来说，ens 的存在之意义被确定地领会为：ens 即 ens creatum〔物即受造物〕。上帝作为 ens infinitum〔无限物〕就是 ens increatum〔非受造物〕。最广义的受造就是某种东西被制造出来，这层意思上的受造乃是古代的存在概念的一个本质的结构环节。这个
25 徒有其表的哲学新开端，拆穿了，却是在培植一个不祥的成见，后世就是从这个成见出发才把以“心灵〔Gemüt〕”为主题的存在论分析耽搁下去的；这一分析原应以存在问题为线索，并同时对承袭下来的古代存在论加以批判剖析。

笛卡尔“依附于”中世纪经院哲学，使用的也是经院哲学的术语，这是任何熟悉中世纪的人都看得出来的。不过，只要还不明白中世纪存在论在后世对思执的存在论规定或无规定究竟产生了多么深远的原则性影响，“发现”这一事实在哲学上就将一无所获。要对这种影响做出估价，就首须以存在问题为准来指明古代存在论的意义与限度。换句话说，前述的解构到此又面临一项任务：看到时间状态的成问题之处并据此来解释古代存在论的基础。这样一来就挑明了：古代对存在者之存在的解释是以最广义的“世界”或“自然”为准的，而且事实上是从“时间”取得对存在的领会

的。关于这一点的外部证据——诚然也只有外部证据——就是：存在的意义被规定为παρουσία或οὐσία，这在存在论时间状态上的涵义是"在场"。[①] 存在者的存在被把握为"在场"，这就是说存在者是就一定的时间样式即"现在"而得到领会的。

希腊存在论像任何存在论一样，其成问题之处必须从此在本身觅取线索。此在，也就是说，人的存在，在流俗的"定义"中正如在哲学的"定义"中一样被界说为ζῷον λόγον ἔχον〔会说话的动物〕，即这样一种生命物，它的存在就本质而言是由能说话来规定的。如果我们着眼于存在谈及存在者[②]，从而使存在者前来照面，那么λέγειν〔说〕（参看第七节 b）就是一条指导线索，引导我们获得以这种方式前来照面的存在者的存在结构。因而在柏拉图时期形成的古代存在论就变成了"辩证法"。随着对存在论的进一步清理，也就是说，随着对λόγος〔逻各斯〕的"诠释"的进一步清理，就越来越有可能更彻底地把捉存在问题了。那曾使哲学狼狈不堪的"辩证法"这时变为多余之事了。亚里士多德之所以对辩证法"不

① 希腊文οὐσία这一名词是从不规则动词εἶναι〔是、存在〕的一种变化形式而来。尽管柏拉图著作的译者们更喜欢将οὐσία译为"本质""实存"或"在"，但在亚里士多德学派的传统中，它通常被译为"实体"。海德格尔提出οὐσία应该被视为与由它衍生的παρουσία〔在某时或某地存在、在场〕同义。他指出，就词源上来看，παρουσία与德语中的 Anwesenheit 近乎一致。Anwesenheit 也是由表"存在"意义的词根〔参见古高地德语 wesan〕加上表示"某地、某时在此"的前缀 an 而成。我们一般把 Anwesenheit 译为"在场"，把它的分词形式 anwesend 译为"在场的"。——英译注

② im Ansprechen und Besprechen。本书中，Ansprechen 和 Besprechen 通常连用，后者指谈及某存在者，前者指着眼于存在来谈，合在一起即"着眼于存在谈及存在者"。分别翻译的时候前者作"言谈所由"或"意涉"，后者作"（言）谈（所）及"。——中译注

再有所理解”，那是因为他把辩证法置于一个更彻底的基地上并扬
26 弃了它。在这之前，巴门尼德已经把νοεῖν〔思想〕——对现成的东西就其纯粹现成状态的单纯知觉——取作解释存在的线索了。λέ-γειν〔说〕本身或νοεῖν〔思想〕具有使某种东西纯粹“当前化”〔Gegenwärtigen〕的时间结构。这个在当前化中并为当前化而显现的存在者，这个被领会为本真存在者的存在者，就因此从当—前方面获得了解释，也就是说，这个存在者被理解为在场〔οὐσία〕了。

然而，当希腊这样形成了对存在的解释之时，人们对在其中起作用的线索仍不鲜明知悉，对时间的基础存在论的功能并不熟悉甚至全无了解，亦未见到这种功能的可能性的深处。相反，人们把时间本身当作与其他存在者并列的一个存在者，未曾明言地、质朴地以时间为准来领会存在，却又试图在这种存在之领会的视野里就时间的存在结构来把握时间本身。

本书意在从原则上廓清存在问题，在这一工作框架内不可能连带从时间状态上详细阐释古代存在论的基础——特别是它在亚里士多德那里达到的在科学上最高和最纯粹的阶段，只能不得已而对亚里士多德论时间的著作①做一点解释，因为这篇著作可以选来作为古代存在学说的根基与限度的判别者。

亚里士多德的时间论著是流传至今的对时间这一现象的第一部详细解释，它基本上规定了后世所有人对时间的看法——包括柏格森的看法。对亚里士多德的时间概念进行分析，同时就可以回过头来看清楚康德对时间的看法。他的看法就是在亚里士多德

---

① 《物理学》Δ10，217 b 29—14，224 a 17。——原注

制订出来的结构中打转的；这就是说，不管康德对问题的新提法与前人有多少不同，其存在论的根本方向依然是希腊式的。

只有通过一步步解构存在论传统，存在问题才会真正变得具体而微。这个过程将充分证明追究存在的意义问题是无可逃避的，并且将表明“重提”存在问题的意义。

在这一园地中，“事情本身是深深掩藏着的”[①]，在这块园地中的任何探索工作都要防止过高估计自己的成果。因为可能的情况是：随着这种追问不断向前驱迫，自有一片更其源始更其浩瀚的视野开展出来，那便是或能求得“存在”是什么这一问题的答案的视 27
野。唯当我们重新唤起了存在问题，争取到了一片园地以便展开可加控制的争论，才有希望认真谈到上面这些可能性，才有希望收获积极的成果。

第七节　探索工作的现象学方法

我们已把这部探索的专题对象（存在者的存在，或一般存在的意义）粗略地描述了一番。随着这番描述，探索的方法似乎也已经先行描绘出来了。使存在从存在者中崭露出来，解说存在本身，这是存在论的任务。当人们想从历史上流传下来的存在论以及诸如此类的尝试那里讨教的时候，存在论的方法却还始终颇成问题。由于对这部探索来说，存在论这个术语是在很广的形式上的涵义下使用的，所以，循着存在论历史来澄清存在论方法这样一条道路

① 康德：《纯粹理性批判》第二版第121页。——原注

本身就走不通。

而且，我们使用存在论这一术语，说的也不是某一门确定的哲学学科立在其他林林总总的学科之中。我们的任务远非在一门先行给定的学科范围内研究，情况倒相反：只有从某些特定问题的事质的必然性出发，从“事情本身”所要求的处理方式出发，才能够形成这样一门学科。

随着存在的意义这一主导问题，探索就站到了一般哲学的基本问题上。处理这一问题的方式是**现象学的**方式。但这部论著却并不因此误把自己归入某种“立场”或某种“流派”。因为，只要现象学正当地领会了自己，它就既不是某种“立场”也不是某个“流派”，而且也不可能成为这类东西。“现象学”这个词本来意味着一个**方法概念**。它不是从关乎实事的方面来描述哲学研究的对象是“什么”，而描述哲学研究的“**如何**”。而一种方法概念愈真切地发生作用，愈广泛地规定着一门科学的基调，它也就愈源始地植根于对事情本身的分析之中，愈远离我们称之为技术手法的东西，虽说即使在这些理论学科中，这类技术手法也很不少。

“现象学”这个名称表达出一条原理；这条原理可以表述为：
28 “面向事情本身！”[①]——这句座右铭反对一切漂浮无据的虚构与偶发之见，反对采纳不过貌似经过证明的概念，反对任何伪问题——虽然它们往往一代复一代地大事铺张其为“问题”。人们也许会反对说，这一座右铭原是完全不言自明的，此外，它所表达的

① Zu den Sachen selbst！是20世纪初以胡塞尔为代表的哲学现象学提出的一句著名口号。在一定意义上，它针对的是当时流行的新康德主义的口号：“回到康德去！”〔Zurueck zu Kant!〕——中译注

是无论哪种科学认识都具有的原则。人们看不出为什么要把这种自明性突出标识为某一门研究的名称。事实上,这里关系到的是我们想更切近地加以考察的一种"自明性",而这种切近考察对阐明这部论著的进程是很重要的。在这里我们将限于阐明现象学的先行概念。

现象学〔Phänomenologie〕这个词有两个组成部分:现象和逻各斯。二者都可上溯到希腊术语:φαινόμενον〔显现者〕与λόγος〔逻各斯〕。从外形上看,现象学这个名称就像神学、生物学、社会学这些名称一样。这些名称可以翻译为神的科学、生命的科学、社会的科学,因此现象学似乎就是**现象的科学**。我们应当把这个名称的两个组成部分即"现象"与"逻各斯"所意指的东西描述出来,把由它们**合成的**名称的意义确定下来;由此我们便可提出现象学的先行概念。据认为,现象学这个词产生于沃尔夫学派;不过,这个词本身的历史在这里无关宏旨。

a. 现象的概念

"现象"这个术语可追溯到希腊词φαινόμενον;而φαινόμενον则由动词φαίνεσθαι派生而来;φαίνεσθαι意味着:显示自身(显现)。因此,φαινόμενον等于说:显示着自身的东西,显现者,公开者。φαίνεσθαι本身是φαίνω的中动态,φαίνω的意思是:大白于世,置于光明中。φαίνω像φῶς一样,其词根是φα-,而φῶς的意思是:光、明,即某某能公开于其中的东西,某某能在其中就其本身显现而易见的东西。因此,"**现象**"一词的意义就可以**确定为:就其自身显示自身者**,公开者。于是φαινόμενα即"诸现象"就是:大白于世间或能够带入光明中的东西的总和；希腊人有时干脆把这种东西同τὰ ὄντα〔存在者〕视为一事。按照通达存在者的种种方式，
29 存在者又可以以种种不同的方式从其自身显现。甚至它可能作为它本身所不是的东西显现。存在者在这种显现中“看上去就像……一样”。这种显现称为显似。所以，φαινόμενον即现象这个词在希腊文中也就有下面的含义：看上去像是的东西，“貌似的东西”，“假象”。Φαινόμενον ἀγαθόν意指某种看上去像是不错的东西，但“实际上”它却不像它所表现的那样。称为φαινόμενον的东西有着两重含义，即作为自现者的“现象”与作为假象的“现象”。而要进一步领会现象概念，全在于看到这两种含义如何按现象概念的结构相互联系。唯当某种东西就其意义来说根本就是假装显现，也就是说，假装是现象，它才可能作为它所不是的东西显现，它才可能“仅仅看上去像……”。在作为“假象”的φαινόμεν-ον的含义中已经共同包含有源始含义（现象：公开者），公开者这种含义对假象这种含义具有奠基作用。我们在术语的用法上用“现象”这个名称来指φαινόμενον正面的和源始的含义，使之有别于假象这种现象。假象是现象的褫夺性变式。不过首要的是：这两个术语表达出的东西同人们用“现相”乃至“纯粹现相”[①]所称谓的东西风马

① 在德语的一般用法中，Erscheinung 和 Phänomen 是同义词。但海德格尔在本书中却加以区别，虽然他在后来的著述中放弃了这种高度造作的区别。我们用“现象”一词来译 Phänomen，而用“现相”一词来译 Erscheinung。“现相”意在表明 Erscheinung 通过自身显现呈报出一个不自身显现的它物，即仅是“像”而非“象”。同这两个概念一并出现的还有 Schein，译为“假象”。与上述三个概念相应的三个动词分别译为“显现”〔sich zeigen〕；“现相为”或“现相出来”〔erscheinen〕；“显似”〔scheinen〕。——中译注

牛不相及。

例如说到“病理现相”，它意指身体上出现的某些变故，它们显现着，并且在这一过程中，它们作为显现的东西“标示着”某种**不**显现自身的东西。这样的变故的发生和显现同某些现成存在着的失调并行不悖，虽然这些失调本身并不显现。因此，现相作为“某种东西的”现相恰恰**不是说**显现自身，而是说通过某种显现的东西呈报出某种不显现的东西。现相是一种不显现。但我们绝不可把这 a
个“不”同褫夺性的“不”搅在一起。褫夺性的“不”所规定的是假象结构。而以现相者的**那种**方式**不**呈现的东西，也绝不可能〔作为假象〕显似。一切标示、表现、征候与象征都具有现相的上述基本形式结构，虽然它们相互之间还有区别。

虽然“现相”不是并且绝不会是一种现象意义上的显现，但现相只有根据某某东西的显现才是可能的。然而这种显现虽然使现相也一道成为可能，它却不是现相本身。现相通过某种显现的东西**呈报**出来。所以，如果人们说，我们用“现相”这个词是指这样一种东西，在其中有某种本身不是现相的东西现相出来，那这还不是对现象概念进行界说，而是把现象概念**设为前提**了。不过，这一前 30
提仍然是掩蔽着的，因为在这般规定“现相”的时候，人们是在双重意义上使用“现相”这个词的。所谓在其中有某种东西“现相”，意思是说：在其中有某种东西呈报出来，亦即这一东西并不显现。而在“本身并不是‘现相’”这句话里，现相则意味着显现，但这个显现本质上却属于某种东西在其中呈报的那个“何所在”。因此，现象**绝不是**现相，虽然任何现相都提示出现象。如果人们借“现相”这个本身尚且含混不清的概念来定义现象，那就完全首足倒置了。

从这一基础上对现象学进行“批判”自然是古怪无稽之举。

“现相”这个词本身又可能有双重含义：一会儿是呈报意义上的**现相**——呈报而不显现，一会儿又是呈报者本身——它在其显现中指点出某种不显现的东西。最后，人们还可能用现相来称谓真切意义的现象，即显现。既然人们把这三种不同的情况都标识为“现相”，混乱就不可避免了。

由于“现相”还可以有另一种含义，于是上述混乱就从根本上加剧了。呈报者在其显现过程中指点着那不公开的东西。如果人们把这种呈报者把握为在那种本身就不公开的东西身上浮现出来的东西，或从那种东西那里辐射出来的东西，而这不公开的东西又被设想为根本**不会**公开的东西，那么，现相就恰恰等于呈献，或被呈献的东西，但这种被呈献的东西又不构成呈献者的本真存在。这种现相就是“单纯现相”意义上的现相。被呈献出来的呈报者虽然显现自身，但作为它所呈报的东西的辐射又恰恰在自己身上始终把它所呈报的东西掩藏了起来。但是，这种掩藏着的不显现又不是假象。康德就是在这种双重性中使用现相这一术语的。在康德看来，现相只是“经验直观的对象”，即在经验直观中显现的东西。但这种自身显现者（真正源始意义上的对象）同时又是另一种“现相”，即是由隐藏在现相里面的东西的有所呈报的辐射。

对于“通过某种呈现者呈报出来”这一含义下的“现相”来说，现象是起组建作用的；但现象又可能以褫夺方式演变为假象。只要是这样，现相也就可以变为纯粹假象。在某种特定的光照下，某
31 个人可能看上去双颊赤红，而这种显现着的赤红可能呈报着发烧的现成存在，而发烧复又标示着机体失调。

现象——就其自身显示其自身——意味着某种东西的特具一格的照面方式。而现相则相反,它意指存在者之中的某种存在者层次上的指引关联;而只有当指引者(有所呈报者)就其本身显现着,只有当指引者是"现象",它才能够发挥其可能的功能。现相和假象以形形色色的方式奠基于现象。人们用现象、假象、现相、单纯现相这些名称来称谓多种多样的"现象",而唯当我们一开始就把现象概念领会为"就其自身显现其自身",我们才能够廓清由此而生的混乱。

如果在这样把捉现象概念的时候始终不规定要把何种存在者认作现象,如果根本不管显现者究竟是某种存在者还是这种存在者的某种存在性质,那么我们所获得的还仅仅是形式上的现象概念。如果把显现者领会为可以通过康德意义上的经验直观来通达的存在者,那么,形式上的现象概念倒算得到了正确的运用。现象的这种用法只是具备了流俗的现象概念的含义,但还不是现象学上的现象概念。如果只限于康德对问题的提法,而且,先撇开这种提法与现象学所理解的现象有什么其他不同之处,那么我们就可以这样来描画现象学上所理解的现象——我们说:在现相中,即在流俗领会的现象中,向来已经有一种东西先行显现出来了,并始终显现着;它虽然不是以专题方式显现,却是能够通过专题方式加以显现的;这种如此这般就其本身显示自身的东西("直观形式")就是现象学的现象。因为,康德说空间是秩序的先天所在,而他若声称这是有真凭实据的先天命题,那么,空间与时间显然必须能够这般显现,它们必须能够成为现象。

且不管还能怎样更切近地规定显现者,凡要对现象学的一般现象概念有所领会,其无法回避的先决条件就是:洞见形式上的现象概念的意义,以及洞见在流俗含义下对这一概念的正确运用的意义。不过,在确定现象学的先行概念之前,还须得界说λόγος的含义,这样才能够弄清楚现象学究竟在何种意义下能够成为"关于"现象的"科学"。

32 b. 逻各斯的概念

在柏拉图与亚里士多德那里,λόγος这个概念具有多重含义;而且,这些含义相互抗争,没有一个基本含义在积极地主导它们。事实上这只是假象。只要我们的阐释不能就其本来内涵适当把握λόγος的基本含义,这种假象就会持续下去。如果我们说:λόγος的基本含义是话语,那么只有先规定了"话语"这词本身说的是什么,这种字面上的翻译才有用处。λόγος这个词的含义的历史,特别是后世哲学的形形色色随心所欲的阐释,不断掩蔽着话语的本真含义。这含义其实是够显而易见的。λόγος被"翻译"为,也就是说,一向被解释为:理性、判断、概念、定义、根据、关系。但"话语"怎么竟能变出这么多种模式,竟使λόγος得以意味着上列种种,而且还是在科学的语言用法范围之内?即使把λόγος的意义领会为命题,一旦把命题又领会为"判断",这种貌似正当的翻译仍然可能使λόγος的基本含义交臂失之;我们若在当今的任何一种"判断理论"的意义上来理解判断,那情况就尤其不妙。如果人们把判断领会为一种"联结"或一种选取角度(认可、反对),那么λόγος说的就不是判断,无论如何它本来并不等于说判断。

λόγος作为话语,毋宁说恰恰等于δηλοῦν〔显明〕:把言谈之时

"话题"所及的东西公开出来。亚里士多德把话语的功能更精细地解说为ἀποφαίνεσθαι〔有所展示〕[①]。λόγος是让人看某种东西φαίνεσθαι，让人看话语所谈及的东西，而这个看是对言谈者（中间人）来说的，也是对相互交谈的人们来说的。话语"让人"ἀπὸ〔从〕某某方面"来看"，让人从话题所及的东西本身方面来看。只要话语是真切的，那么，在话语ἀπόφανσις中，话语之所谈就当取自话语之所涉；只有这样，话语这种传达才能借助所谈的东西把所涉的东西公开出来，从而使他人也能够通达所涉的意思。这就是λόγος之为ἀπόφανσις〔展示〕的结构。当然，并非一切"话语"都具有这种意义上的"使……公开"的样式，这种"使……公开"的意义就是展示出来让人看。譬如请求（εὐχή）也使某种东西公开，但却是以其他的方式来进行的。

在具体的话语过程中，话语（让人看）具有说的性质——以语词方式付诸音声。λόγος就是φωνή〔发出语音〕，而且是φωνή 33
μετὰ φαντασίας——向来已有所见的发出语音。

λόγος之为ἀπόφανσις，其功能在于把某种东西展示出来让人看；只因为如此，λόγος才具有σύνθεσις〔综合〕的结构形式。综合在这里不是说表象的联结或纽结，不是说对某些心理上发生的事情进行操作——从诸如此类的联系方面会产生出这样的"问题"来：这些（心理上的）内在的东西是如何同外部物理的东西相符合的？συν在这里纯粹是展示的意思，它等于说：就某种东西同

① 参见《解释篇》第一章至第六章。又《形而上学》卷Z4与《尼各马可伦理学》卷Z。——原注

某种东西共处的情形来让人看，把某种东西作为某种东西来让人看。

再则，唯因λόγος是让人来看，所以它才可能是真的或假的。在这里，问题也完全系于不要沾染"符合"那种意义上的虚构的真理概念。这种观念根本不是ἀλήθεια〔去除掩蔽〕这一概念中的本来观念。λόγος的"真在"亦即ἀληθεύειν说的是：在λέγειν这种ἀποφαίνεσθαι中，把话题所及的存在者从其掩蔽状态拿出来，让人把它当作去除掩蔽的〔ἀληθές〕东西来看，也就是说，揭示话题所及的存在者。同样，"假在"即 ψεύδεσθαι说的是遮蔽这一意义上的欺骗，把某种东西放到一种东西之前（让人来看），从而〔把它挡住〕使它作为它所不是的东西呈现出来。

但正因为"真理"具有这一意义而λόγος则是让人来看的一种确定样式，所以λόγος才不可被当作真理的本来"处所"来谈。如今人们习以为常，把真理规定为"本真地"归属于判断的东西，而且还为这个论点援引亚里士多德；然而，不仅这种援引无道理可言，而且这首先是误解了希腊的真理概念。在希腊的意义上，"真"是αἴσθησις〔感觉〕对某种东西的素朴感性觉知，它比上面谈到的λόγος更其源始。只要一种αἴσθησις的目标是它自己的ἴδια〔专职〕，亦即这种存在者天生只有通过它并且只是为了它才可通达，譬如，看以颜色为目标，那么觉知总是真的。这等于说，看总揭示颜色，听总揭示声音。在这种最纯粹最源始的意义上，"真"只是有所揭示从而再不可能蒙蔽，就是纯粹νοεῖν〔思想〕，以素朴直观的方式觉知存在者之为存在者这种最简单的存在规定性。这样一种νοεῖν绝不可能进行遮蔽，绝不可能是假的，充其量它只能保留其为不觉知，即ἀγνοεῖν：不足以提供素朴的适当的通路。

如果揭示的形式不再是纯粹的让人来看，而是在展示过程中回溯到另外某种东西，从而让人把某种东西作为某种东西来看，那么，在这样一种综合结构里就有蒙蔽的可能性。“判断的真理”却只是这种蒙蔽的反例而已——也就是说，是一种另有几重根基的真理现象。实在论与唯心论都同样彻头彻尾错失了希腊的真理概念，结果人们从希腊的真理概念竟只能领会到一种可能性，即把“理念学说”之类当作了哲学认识。 34

因为λόγος的功能仅在于素朴地让人来看某种东西，在于让人觉知存在者，所以λόγος又能够意指理性。因为λόγος不仅使用在λέγειν的含义上，而且也使用在λεγόμενον〔言谈之所及〕的含义上，而且因为这个λεγόμενον不是别的，正是ὑποκείμενον：凡着眼于存在谈及存在者之际总已经现成摆在那里作为根据的东西，所以，λεγόμενον这种λόγος又等于说根据：ratio。最后，λεγόμενον这种λόγος又可以意味着这样一种东西：它作为某种由它谈起的东西，乃在它同某种东西的关系中才变得明白可见，即在它的“相关性”中才变得明白可见；所以，λόγος又具有关系与相关的含义。

对“有所展示的话语”所做的这一番解释大致也就足以弄清楚λόγος的本来功能了。

c. 现象学的先行概念

如果我们就眼下的目的来看待刚才我们解释“现象”与“逻各斯”之际所提出来的东西，那么，这两个名称所意指的东西之间的一种内在关联就跳入了眼帘。现象学这个词可以用希腊文表述为

λέγειν τὰ φαινόμενα。λέγειν则等于说ἀποφαίνεσθαι。于是，现象学是说：ἀποφαίνεσθαι τὰ φαινόμενα：让人从显现的东西本身那里如它从其本身所显现的那样来看它。这就是取名为现象学的那门研究的形式上的意义。然而，这里表述出来的东西无非就是前面曾表述过的座右铭："面向事情本身！"

所以，"现象学"这个名称就其意义来看实不同于诸如"神学"之类的名号。那些名称按照有关科学各自关乎何种实事来称谓这些科学的对象。"现象学"这一名称则既不称谓其诸研究对象，也
35 不描述这些研究关乎何种实事。无论应当在这门科学里论述什么，"现象学"这个词都只不过告诉我们如何展示和处理这种东西。现象"的"科学等于说：以这样的方法来把捉它的对象——关于这些对象所要讨论的一切都必须以直接展示和直接指示的方式加以描述。"描述性的现象学"具有同样的意义，这个用语其实是同语反复。在这里，描述并不意味着植物形态学之类的那样一种处理方法——这个名称还有一种禁忌性的意义：远避一切不加展示的规定活动。描述性本身就是λόγος特有的意义。只要从被"描写"的东西（有待依照与现象相遇的方式加以科学规定的东西）的"实是"〔Sachheit〕出发，才能够把描述性本身确立起来。无论现象概念的形式意义还是其流俗意义，都使我们有道理这样从形式上界定现象学：凡是如存在者就其本身所显现的那样展示存在者，我们都称之为现象学。

那么，形式上的现象概念若要脱其之为形式而化为现象学的现象概念，应当考虑些什么呢？如何区别现象学的现象概念与流俗的现象概念呢？现象学要"让人来看"的东西是什么？必须在与

众不同的意义上称为“现象”的是什么?什么东西依其本质就必然是突出的展示活动的课题?显然是这样一种东西:它首先与通常恰恰不显现,同首先与通常显现着的东西相对,它隐藏不露;但同时它又从本质上包含在首先与通常显现着的东西中,其情况是:它构成这些东西的意义与根据。 a

这个在不同寻常的意义上隐藏不露的东西,或复又反过来沦入遮蔽状态的东西,或仅仅“以伪装方式”显现的东西,却不是这种那种存在者,而是像前面的考察所指出的,是存在者的存在。存在可以被遮蔽得如此之深远,乃至存在被遗忘了,存在及其意义的问题也无人问津。因此,什么东西发自其最本己的事质内容而以一种与众不同的意义要求成为现象,它就由现象学作为专题对象收进了“掌握”之中。

无论什么东西成为存在论的课题,现象学总是通达这种东西的方式,总是通过展示来规定这种东西的方式。存在论只有作为现象学才是可能的。现象学的现象概念意指这样的显现者:存在者的存在和这种存在的意义、变式和衍化物。而显现并非任意的显现,更不是现相这类事情。存在者的存在绝不会是那样一种东 36
西——好像还有什么“不现相的东西”在它的背后似的。

在现象学的现象“背后”,本质上就没有什么别的东西,但应得成为现象的东西仍可能隐藏不露。恰恰因为现象首先与通常是未给予的,所以才需要现象学。遮蔽状态是“现象”的对立概念。

现象可能有各式各样的掩蔽方式。有时现象还根本未经揭示,它可能在这种意义上遮蔽着。关于它的存在,谈不上认识也谈不上不认识。再则,一种现象也可能被掩埋。这种情况是:它从前曾被揭示，但复又沦入遮蔽状态。遮蔽状态可以成为完完全全的遮蔽状态；但常规的情况是：从前被揭示的东西还看得见，虽然只是作为假象才看得见。然而，有多少假象，就有多少“存在”。这种作为“伪装”的遮蔽是最经常最危险的遮蔽，因为在这里，欺骗和引入歧途的可能性格外顽固。这一类存在结构虽然可资利用，但是它们的地基是否稳固，这一点还隐绰未彰。也许这些存在结构及其概念可以在某种“体系”的内部要求其权利。由于它们是作为建构环节被包括到一个体系里的，所以它们作为无须乎进一步辩护的、“清清楚楚的”东西出现，并因此可以作为出发点来开始进一步演绎。

无论把遮蔽把握为掩藏还是掩埋、还是伪装，遮蔽本身总又具有两重可能。有偶然的遮蔽，也有必然的遮蔽；后者植根于被揭示者的存在方式。所有从源头汲取的现象学概念与命题，一旦作为传达出来的命题，无不可能蜕化。这种命题会在空洞的领会中人云亦云，丧失其地基的稳固性，变为漂浮无据的论点。源始的“掌握”会僵化而变得不可掌握；在现象学本身的具体工作中就有这种可能性。这种研究的困难之处恰恰就是要在一种积极的意义上使这种研究对它本身成为批判的。

存在及其结构在现象这一样式中的照面方式，还须从现象学的对象那里**争**而后得。所以，分析的**出发点**，**通达**现象的道路，**穿越**占据着统治地位的掩蔽状态的通道，这些还要求获得本己的方
37 法上的保证。“本原地”、“直觉地”把捉和解说现象，这是同偶然的、“直接的”，不经思索的“观看”的**幼稚粗陋**相对立的。

我们已经界说了现象学的先行概念；在这一地基上，我们也就

能确定“现象的”〔phänomenal〕和“现象学的”〔phänomenologisch〕这两个术语的含义了。以现象的照面方式给予的以及可用这种方式解说的，称为“现象的”；现象的结构这种说法便由此而来。而所有属于展示方式与解说方式的东西，所有构成这种研究所要求的概念方式的东西，则都叫作“现象学的”。

因为现象学所领会的现象只是构成存在的东西，而存在又向来是存在者的存在，所以，若意在显露存在，则先须以正确的方式提出存在者本身。存在者同样须以天然通达它的方式显现出来。于是，流俗的现象概念在现象学上就变得大有干系。必须从“现象学上”保证那典型的存在者作为本真分析工作的出发点，而这一在先的任务已经由分析工作的目标先行描绘出来了。

就课题而论，现象学是存在者的存在的科学，即存在论。从前面对存在论任务的解说中曾产生出基础存在论的必要性。基础存在论把存在论上及存在者层次上的与众不同的存在者即此在作为课题，这样它就把自己带到了关键的问题即一般存在的意义这个 a
问题面前来了。从这种探索本身出发，结果就是：现象学描述的方法论意义就是**解释**。此在现象学的λόγος具有ἑρμηνεύειν〔诠释〕的性质。通过诠释，存在的本真意义与此在本己存在的基本结构就向居于此在本身的存在之领会**宣告出来**。此在的现象学就是诠释学〔Hermeneutik〕。这是就诠释学这个词的源始含义来说的，据此，诠释学标志着这项解释工作。但只要发现了存在的意义与此在基本结构的意义，也就为进一步对非此在式的存在者进行种种存在论研究提供了视野。如果确实如此，诠释学就也是另一重意义上的诠释学——整理出一切存在论探索之所以可能的条件。

最后，此在比一切其他存在者在存在论上都更为优先，因为它是在
38 生存的可能性中的存在者；与此相应，诠释学作为此在的存在之解释就具有第三重特殊意义：它是生存的生存论建构的分析工作——从哲学上来领会，这重意义是首要意义。这种意义下的诠释学作为历史学在存在者层次上之所以可能的条件，在存在论上把此在的历史性构建起来；只要是这样，那么，只可在派生方式上称作“诠释学”的那种东西，亦即具有历史学性质的人文科学的方法论，就植根于这第三重意义下的诠释学。

作为哲学的基本课题的存在不是存在者的属，但却关涉每一存在者。须在更高处寻求存在的“普遍性”。存在与存在的结构超出一切存在者之外，超出存在者的一切存在者状态上的可能规定
a 性之外。**存在地地道道是** transcedens〔**超越者**〕。此在存在的超越性是一种与众不同的超越性，因为最彻底的**个体化**的可能性与必然性就在此在存在的超越性之中。存在这种 transcendens 的一切开展都是**超越的认识**。**现象学的真理**（**存在的展开状态**）**乃是** veritas transcendentalis〔**超越的真理**〕。

存在论与现象学不是两门不同的哲学学科，并列于其他属于哲学的学科。这两个名称从对象与处理方式两个方面描述哲学本身。哲学是普遍的现象学存在论；它从此在的诠释学出发，而此在
b 的诠释学作为生存的分析工作则把一切哲学发问的主导线索的端点固定在这种发问所从之**出**且向之**归**的地方上了。

现象学以胡塞尔的《逻辑研究》开山。下面的探索只有在胡塞尔奠定的地基上才是可能的。对现象学的先行概念的解说表明：
c 从本质上说，现象学并非只有作为一个哲学“流派”才是**现实的**。

比现实性更高的是**可能性**。对现象学的领会唯在于把它作为可能性来把握[①]。

考虑到下面的分析中遣词造句之笨拙和“有欠优美”，应当为
此做一个注解：以讲述方式报道存在者是一回事，而在其存在中把 39
握存在者是另一回事。对后一项任务来说，不仅往往缺乏词汇，首先缺乏的是“语法”。希腊的存在分析就其水平而言是无可比拟的；如果我们可以引这种早期研究为例的话，那么我们可以拿柏拉图《巴门尼德篇》中关于存在论的段落、拿亚里士多德《形而上学》第七卷第四章同修昔底德的某一叙述性段落做一番比较。我们会看到，希腊哲人期待希腊人来理解的表述方式真是闻所未闻。我们的力量本质上较为薄弱，而且如今有待开展的存在领域在存在论上远比希腊人面临的存在领域来得艰难；在这种情况下，概念构造不免更其繁冗，表达也不免更其生硬。

第八节　本书纲目的构思

存在的意义问题是最普遍最空泛的问题。但追问这个问题却
也可能把这个问题本己地、最尖锐地个别化于每一此在本身。赢 a
获“存在”这一基本概念，草描出这一概念所要求的存在论的概念方式及这一方式的种种必然演变，这些工作需要一条具体的指导

① 如果下面的探索能在“事情本身”的开展方面前进几步，那么作者首先要感谢胡塞尔。作者在弗莱堡任助教时期，胡塞尔曾亲自给予作者以深入指导并允许作者极其自由地阅读他尚未发表的文稿，从而使本作者得以熟悉至为多样化的现象学研究领域。——原注

线索。存在概念的普遍性不排斥探索的“特殊性”；这种“特殊性”就是：通过对某种存在者即此在特加阐释这样一条途径突入存在概念，因为我们在此在中将能赢获领会存在和可能解释存在的视野。但这个存在者本身是“历史的”，所以，以最本己的方式从存在论上对这一存在者透彻地进行解说就必然成为一种“历史学的”解释。

于是，存在问题的清理工作就分为两项任务，本书也相应地分成两个部分：[①]

第一部：依时间性阐释此在，解说时间之为存在问题的超越的视野

第二部：依时间状态问题为指导线索对存在论历史进行现象学解析的纲要

第一部分成三篇：

1.准备性的此在基础分析

2.此在与时间性

b　3.时间与存在

第二部同样分为三篇：

40　1.康德图型说和时间学说——提出时间状态问题的先导

2.笛卡尔的“cogito sum”〔我思我在〕的存在论基础以及 res

---

① 海德格尔当时仅出版了此计划第一部分的第一、第二篇，此后也未能完成预定的写作计划。海德格尔在 1975 年整理出版的《现象学的基本问题》(1927 年夏季学期马堡大学讲课稿)导言部分的一个注释中指出，这部手稿可视为《存在与时间》未完的第一部分第三篇的底稿。至于《存在与时间》第二部分的基本内容，按照作者自己在本书德文第七版序言中所说，可参看作者 1953 年出版的《形而上学导论》。——中译注

cogitans〔思执〕这一提法对中世纪存在论的继承

3.亚里士多德论时间——古代存在论的现象基础和界限的判别式

〔第一部 41
依时间性阐释此在， a
解说时间之为存在 b
问题的超越的视野〕

第一篇

准备性的此在基础分析

在存在的意义问题中，首先被问及的东西是具有此在性质的存在者。准备性的此在存在论分析工作，按照它特有的方式，自身需要一种示范性的说明，以便同种种貌似与它平行的探索工作划清界限(第一章)。在确定了探索工作的开端之后，须得对此在的基础结构即“在世界之中存在”进行剖析(第二章)。此在解释中的这一“先天结构”绝不是拼凑到一起的一种规定性，它源始地始终地就是一整体结构。然而，它为考察各种组建它的环节提供了不同的着眼点。如果我们始终把这一结构的向来在先的整体保持在眼界之中，便可以把这些环节从现象上崭露出来。于是，要加以分析的对象就是：世界，就其之为世界而言(第三章)；作为共同存在与作为自身存在的“在世界之中存在”(第四章)；“在之中”本身(第五章)。基于对这一基础结构的分析，便可以浅近地提示出此在的存在。此在的生存论意义即是**操心**(第六章)。

第一章　概说准备性的此在分析之任务

第九节　此在分析的课题

任务是分析存在者，而在这里所分析的存在者总是我们自己。c
这种存在者的存在总是**我的存在**。这一存在者在其存在中对自己 d
的存在有所作为。作为这样一种存在的存在者，它已被交托给它 42
自己的存在了[①]。对这种存在者来说，关键全在于〔怎样去〕**存在**。a
这样来描绘此在的特征，就引出了下面两点：

1. 这种存在者的“本质”在于它去存在〔Zu-sein〕。如果竟谈 b
得上这种存在者是什么，那么它“是什么”〔essentia〕也必须从它怎样去是、从它的存在〔existentia〕来理解。而存在论的任务恰恰是要指出：如果我们挑选生存〔Existenz〕这个用语来称呼这种存在者的存在，那么这个名称却没有而且不能有流传下来的 existentia 这个术语的存在论含义，因为，按照流传下来的含义，existentia 在

① 意译：作为具有这种存在方式的存在者，此在是什么依赖于它怎样去是〔它自己〕，依赖于它将是什么。

存在论上差不多等于说现成存在；而现成存在这种存在方式本质上和具有此在性质的存在者的存在方式了不相干。为避免混乱起见，我们将始终用现成状态这个具有解释作用的表达式来代替existentia这个名称，而把生存专用于此在，用来规定此在的存在。

此在的“本质”在于它的生存。所以，在这个存在者身上所能清理出来的各种性质都不是“看上去”如此这般的现成存在者的现成“属性”，而是对它说来总是去存在的种种可能方式，并且仅此而已。这个存在者的一切“如此存在”首先就是存在本身。因此我们用“此在”这个名称来指这个存在者，并不表达它是什么（如桌子、
c 椅子、树），而是〔表达它怎样去是，〕表达其存在。

2.这个存在者在其存在中对之有所作为的那个存在，总是我的存在。因而此在永不可能从存在论上被把捉为某种现成存在者属中的一员和样本。现成存在者的存在对这种存在者本身是“无关紧要的”；或更确切些说，这种存在者是这样“存在”的：它的存在对它既不可能是“无关紧要”的又不可能是“有关紧要”的。而按照此在这种向来我属〔Jemeinigkeit〕的性质，言语涉及此在的时候总必须连带说出人称代名词来：“我是〔ich bin，我存
d 在〕”，“你是〔du bist，你存在〕。”

而此在又总以这样或那样去存在的方式是我的此在。此在以何种方式向来我属，它无论如何总已决定好了。这个在其存在中对自己的存在有所作为的存在者把自己的存在作为它最本己的可能性来对之有所作为。此在总作为它的可能性来存在。它不仅只是把它的可能性作为现成的属性来“具有”它的可能性。因为此在本质上总是它的可能性，所以这个存在者可以在它的存在中“选

择”自己本身、获得自己本身；它也可能失去自身，或者说绝非获得
自身而只是“貌似”获得自身。只有当它就其本质而言可能是**本真** 43
的存在者时，也就是说，可能是拥有本己的存在者时，它才可能已经失去自身，它才可能还没有获得自身。存在有**本真状态与非本真状态**[①]——这两个词是按照严格的字义挑选来作术语的——两种样式，这是由于此在根本是由向来我属这一点来规定的。但是，此在的非本真状态并不意味着“较少”存在或“较低”存在。非本真状态反而可以按照此在最充分的具体化情况而在此在的忙碌、激动、兴致、嗜好中规定此在。

此在的两种性质已经勾画出来了；一是它的existentia〔存在〕对essentia〔本质〕的优先地位，一是它的向来我属性质。这两种性质已经提示，在对这种存在者进行分析时，我们面对的是一个独特的现象领域。这个存在者没有而且绝不会有只是作为在世界之内的现成东西的存在方式，因而也不应采用发现现成东西的方式来使它成为课题。的确，如何正确地先行给出这种存在者远不是不言而喻的，其实对这种先行给予者进行规定本身就构成了这种存在者的存在论分析工作的一个本质部分。只有在正确可靠地给出这种存在者的同时，才有可能获得这种存在者的存在之领会。无论这一分析尚是如何地浅近，它总已经要求确保从正确的入手

---

① Eigentlichkeit是形容词eigentlich的抽象名词。eigentlich则出于eigen〔本己〕。本书中，作者通常在“本己的”、“真正的”两层意义上使用eigentlich，我们通常把它译为“本真的”，个别情况下译为“真正的”或“本来的”。Eigentlichkeit相应译为“本真状态”。与之相对，uneigentlich一般译作“非本真的”，Uneigentlichkeit译为“非本真状态”。——中译注

处入手了。

此在总是从它所是的一种可能性、从它在其存在中这样那样领会到的一种可能性来规定自身为存在者。这就是此在的生存建构的形式上的意义。但其中就有这种存在者的存在论阐释所需的提示：要从这种存在者的生存的生存论建构〔Existenzialität〕中发
a 展出它的存在问题的提法来。然而这却不是说，要用一个具体的可能的生存观念来组建此在。此在在分析之初恰恰不应在一种确定的生存活动的差别相中来被阐释，而是要在生存活动的首先与通常的无差别中来被发现。此在的日常状态的这种无差别相并不是无，而是这种存在者的一种积极的现象性质。一切如其所是的生存活动都从这一存在方式中来而又回到这一存在方式中去。我们把此在的这种日常的无差别相称作平均状态〔Durchschnittlichkeit〕。

正因为平均日常状态构成了这种存在者在存在者层次上的首先的情况，所以它过去和现在都在对此在的解说中一再被跳过了。这种存在者层次上最近的和最熟知的东西，在存在论上却是最远的和最不为人知的东西，而就其存在论意义而言又是不断被漏看的东西。奥古斯丁问道：Quiq autem propinquius meipso mihi?〔什么比我自己离我自己更近?〕他不得不答：ego certe laboro hic et laboro in meipso：factus sum mihi terra difficultatis et sudoris
44 nimii.〔我的确在这里劳作并在我自身上劳作，我自身成了满是艰辛和汗水的田地。〕[①]这段话不仅适用于此在存在者层次上的及前

① 《忏悔录》卷十，第十六章。——原注

存在论上的未被透视的情况，而且更适用于存在论的任务：不仅不可错过这个存在者在其现象上的最切近的存在方式，而且还要通过正面的特征描述使得这种存在方式成为可以通达的。

但此在的平均日常状态却不可被单单看作它的一个"方面"。在平均日常状态中，甚至在非本真模式中也先天地具有生存论结构。即使在平均日常状态中，此在仍以某种方式为它的存在而存在，只不过这里此在处于平均日常状态的样式中而已，甚或处于逃避它的存在和遗忘它的存在这类方式中。

但是，对处于平均日常状态中的此在的说明所得出的并不仅仅是在摇摆游移的不确定性那种意义上的平均结构。凡在存在者层次上以平均状态的方式存在的东西，在存在论上都满可以在一些适切的结构中被把捉到，而这些结构同此在的本真存在的种种存在论规定在结构上并无分别。

从对此在的分析而来的所有说明，都是着眼于此在的生存结构而获得，从生存论建构而得到规定，所以我们把此在的存在特性称为生存论性质〔Existenzialien〕。非此在式的存在者的存在规定则称作范畴。这两者须得加以严格区别。这里所用的"范畴"这个术语始终取其本来的存在论含义。古代存在论把在世界之内照面的存在者拿来作为它解释存在的范例式的基础。νοεῖν或λόγος则被认为是通达这种存在者的方式，而存在者就在其中来照面。但是这种存在者的存在必须在一种与众不同的λέγειν（让看）中才成为可把捉的，结果这一存在——作为它所是的而且在任何一个存在者中已经是〔存在〕的东西——先就变成可理解的了。在关于存在者的谈论〔λόγος〕中总已谈及存在，这就是κατηγορεῖσθαι〔谓述〕。这首先意味着：公开告发，当大家的面责问一个人。这个术语用于存在论意义下就是说：仿佛是责问存在者，责问它作为存在者向来已经是什么，也就是说，让所有人就其存在来看存在者。
45 κατηγορίαι〔范畴〕就是在这样的看中被看到和可以看到的东西。Λόγος以各自有别的方式就其存在说及存在者，而种种范畴就概括了可以这样说及的存在者的一切先天规定。**生存论性质**与范畴乃是存在性质的两种基本可能性。与这两者相应的存在者所要求的发问方式一上来就各不相同：存在者是**谁**（生存）还是**什么**（最广义的现成状态）。只有在已经澄清的存在问题的视野上才能讨论存在性质的这两种样式的联系。

在导论中已经提示过：在此在的生存论分析工作中，另一个任务也被连带提出来了，其迫切性较之存在问题本身的迫切性殆无逊色。要能够从哲学上对“人是什么”这一问题进行讨论，就必须识见到某种先天的东西。剖明这种先天的东西也是我们的迫切任务。此在的生存论分析工作所处的地位**先于**任何心理学、人类学，更不消说生物学了。如果我们把生存论分析工作的课题同这几种可能的关于此在的研究划分开来，那么生存论分析的课题就会得到更为鲜明的界说。这同时也将更进一步证明这一分析课题的必要性。

第十节　此在分析与人类学、心理学、生物学之间的界划

一旦正面描绘出某种研究的课题，指出不得使用的描述方法

就具有相当的重要性，虽然关于不得作什么的讨论常易流于无所
收获。我们应当指出，迄今为止以此在为目标的提问与探索虽然 a
在事实方面大有收效，但错失了真正的**哲学**问题，而只要它们坚持
这样错失哲学问题，就不可要求它们竟**能够**去成就它们根本上为
之努力的事业。把生存论分析同人类学、心理学与生物学区划开
来，这件事情根本上只是存在论上的问题。“从科学理论上”进行
这种划分必然是不充分的。这只须指出一点即可说明：当今之时，
上述各学科的科学结构——并非促进这些学科的工作者的“科学
态度”——极端地成问题，它们需要新的动力，而这种新动力只能
来自存在论问题的提法。

从历史角度着眼，生存论分析的意图就更加清楚了——人们
把对 cogito sum〔我思我在〕这一近代哲学发问的出发基点的揭示 46
归功于笛卡尔，而笛卡尔仅是在某种限度内探索了 ego 的 cogitare。尽管 sum 被设定为是同 cogito 一样源始的，笛卡尔却一任 sum 完全不经讨论。生存论分析将对 sum 的存在提出存在论的询问。只有规定了 sum 的存在，才能够把捉 cogitationes 的存在方式。

当然，这样从历史角度把生存论分析的意图加以例解也会使人误入歧途。分析工作的首要任务之一就是指明：从首先给定的“我”和主体入手就会完全错失此在的现象上的情形。尽管人们可以在存在者层次上起劲反对“灵魂实体”或“意识的物质化”这类东西，但任何“主体”观念——设若事先未经存在论基本规定加以净化——**在存在论上**都依然共同设置了 subjectum〔ὑποκείμενον〕这

个出发点①。因为物性本身的存在论渊源还有待查明，所以我们可以问一下：我们究竟应当如何正面领会主体、灵魂、意识、精神、人格这类东西的非物质化的存在？这些名称全都称谓着确定的、“可以成形的”现象领域。引人注目的是，使用这些名称的时候总仿佛无须乎询问如此这般标明的存在者的存在。所以，我们避免使用这些名称，就像避免使用“生命”与“人”这类词来标识我们自己所是的那种存在者一样，这可不是拘泥于术语。

另一方面，在一切科学的严肃的“生命哲学”——这个词就好像说植物的植物学——的正确领会的倾向中，都未经明言地有一
a 种领会此在的存在的倾向。但“生命”本身却没有作为一种存在方式在存在论上成为问题，这始终是很明显的，而且这就是生命哲学
b 的根本缺陷。

狄尔泰的研究是由不断追问“生命”得到激励的。他从生命本身的整体出发，试图依照生命体验的结构网络与发展网络来领会这种“生命”的“体验”。他的“精神科学的心理学”不愿再依循心理元素与心理原子制定方向，不愿再拼凑起灵魂生命；这种心理学毋宁以“生命整体”及其诸“形态”为鹄的。不过，不应在这里寻找这种“精神科学的心理学”在哲学上的中肯处——中肯处在于狄尔泰
47 在做这一切的时候，首先踏上了通向追问“生命”的途程。诚然，即

---

① ὑποκείμενον的意思是处在……之下的东西。Subjectum 是这个希腊词的对应拉丁词。这个词是西方哲学中最重要的概念之一，包括基质、实体、主体、主词等吉义。海德格尔则认为，传统哲学始终没有揭示出这一概念作为主体之根据的本意。——中译注

使在这里也极其强烈地表现了他对问题提法的限度，以及这种问题的提法不得不借以达乎言辞的那种概念方式的限度。不过，所有由狄尔泰和柏格森规定下来的“人格主义”流派，所有哲学人类学倾向，也都同狄尔泰和柏格森一道受制于这些限度。即使原则上更为透彻的现象学人格阐释也不曾进入此在的存在问题这一维度。尽管胡塞尔①与舍勒在问题的提法和处理方面、在世界观的倾向上大相径庭，但他们的人格阐释在否定方面却是一致的。它们都不再提“人格存在”本身的问题。我们选舍勒的阐释为例；这不仅因为他的阐释有文献可稽②，而且还因为他明确强调如其本然的人格存在，他把行动特有的存在同一切“心理的东西”划分开来，试图通过这种途径规定人格的存在。在舍勒看来，我们绝不可把人格设想为一物或一实体，人格“毋宁是直接被共同体验的生命体验之**统一**，而不是直接被体验的东西之后或之外的某种仅仅设

① 胡塞尔关于“人格”的研究至今尚未印行。问题提法的根本倾向早在《作为严格科学的哲学》这部论著中就表现出来了（逻各斯Ⅰ.1910年，第319页）。《纯粹现象学与现象学哲学的观念》（胡塞尔文集Ⅳ）的第二部分更为深入地推进了这一研究。这部著作的第一部分（参考本年鉴〔即哲学与现象学研究年鉴〕，1913年，第一期）提出“纯粹意识”问题的讨论，把它作为研究任何一种实在之建构的基地。第二部分进行了详尽的建构分析。它分成三篇来讨论：1.物质自然的建构。2.动物自然的建构。3.精神世界的建构（提出同自然主义相对立的人格主义主张）。胡塞尔用下面的话开始他的表述：“狄尔泰虽然把捉到了提供目标的问题，把握到了有待成就的工作的方向，但是他还不曾直捣问题的决定性的提法和在方法上使之得到切实的解决”。自从首次进行这一清理工作以来，胡塞尔一直更加深入地研究这些问题，他的弗莱堡讲演标示出了 a
这一研究的某些本质部分。——原注

② 参见本年鉴第一期，2，1913年和第二期，1916年，特别参见第242页及以下。——原注

想出来的物”[①]。人格不是任何物质实体性质的存在。而且，人格的存在也不会消解为具有某种规律性的理性行为的主体。

人格不是物，不是实体，不是对象。这里所强调的就是胡塞尔
48 提示[②]的东西——他要求为人格的统一提供一种建构，它本质上不同于使自然物得以统一的建构。舍勒把他就人格所说的话也用于表述行为：“但一件行为也绝不是一个对象；因为行为只在过程之中被体验，在反省中被给予，而这是属于行为存在的本质的。”[③]行为是某种非心理的东西，人格的本质就在于它只生存于意向性行为的施行过程之中，所以人格在本质上不是对象。任何心理客观化，也就是说，任何把行为把捉为某种心理的东西的做法，都等于非人格化。无论如何，人格都是作为意向性行为的施行者被给予的，而意向性行为则通过某种意义的统一联系在一起。所以，心理存在同人格存在毫不相干，行为被施行，人格是行为的施行者。但“施行”的存在论意义是什么？应当如何在存在论上正面规定人格的存在方式？不过，问题的关键还不止于此。问题指向整个人的存在——这个人惯常被把捉为肉体、灵魂、精神的统一。某些探索工作可以分别把肉体、灵魂、精神作为自己的课题加以解决，所以它们又称谓着那些特定的现象领域。在某种限度内，这些现象在存在论上的无规定性也许无关宏旨。但若我们问的是人的存在，那么却不可能靠把肉体、灵魂、精神的存在方式加在一起就算

① 参见本年鉴第二期，第243页。——原注

② 参见《逻各斯》Ⅰ，同上。——原注

③ 同上。第246页。——原注

出这种存在来;何况上述各种存在方式本身还有待规定。而且即使以相加的方式来进行存在论尝试,也一定把整体存在的某种观念设为前提了。是什么遮掩了或误导了此在存在的原则性问题?因为人们始终依循古代－基督教的人类学来制订方向。连人格主义与生命哲学都没有看出这种人类学的存在论基础是不充分的。传统人类学有两个要点:

1.把ζῷον λόγον ἔχον这一人的定义解释为:animal rationale,即理性的动物。在这里,ζῷον的存在方式是在现成存在和摆在那里这种意义上加以领会的。λόγος是一种比较高级的禀赋,但它的存在方式仍然晦暗不明,一如那个如此这般结合在一起的存在者的存在方式那样。

2.规定人的存在与本质的另一条指导线索是神学的线索καὶ
εἶπεν ὁ θεός ποιήσωμεν ἄνθρωπον κατ' εἰκόνα ἡμετέραν καὶ 49
καθ' ὁμοίωσιν, faciamus hominem ad imaginem nostram et similitudinem.〔神说:我们要照着我们的形象,按照我们的样式造人。〕①基督教神学人类学从这个定义出发,同时也连带吸收了古代的定义,获得了一种对我们称之为人的存在者的解释。但正如上帝的存在在存在论上是借助古代存在论得到解释的那样,ens finitum〔有限存在者〕的解释也是如此。近代以来,基督教所做的定义渐渐非神学化:人是某种超出他自身的东西。不过,这一"超越"的观念却在基督教教义中有其根苗,而人们恐怕不会说基督教教义曾使人的存在在存在论上成为问题。按照这一超越观念,人

① 《创世纪》Ⅰ,26。——原注

不止于一种理智的东西。这种超越观念曾通过各式各样的变形发挥作用。下面的引文或有助于解说这些演变形式的渊源:"His praeclaris dotibus excelluit prima hominis conditio, nt ratio, intelligentia, prudentia, iudicium non modo ad terrenae vitae gubernationem suppeterent, sed quibus transcenderet usque ad Deum et aeternam felicitatem.〔人的优越禀赋使他出类拔萃:依靠理性、理智、远虑、决断,人不仅足以驾驭尘世生活,甚至可以超越升腾,直达乎神与永恒福祉。〕"[①]"因人仰视得瞻神及其圣喻,故人明白显示:他依其天性生来即近乎神,紧步神之足迹,有达乎神之通路。凡此者咸无疑问,盖人依神之形象所创生也。"[②]

希腊的定义与神学的指导线索是同传统人类学紧密相关的两个源头,它们表明:在谈到"人"这种存在者的本质规定的时候,始终遗忘了这种存在者的存在问题;人们毋宁是把这种存在理解为不言而喻的,其意义等于其他受造物的现成存在。在近代人类学中,那两条指导线索又同从 res cogitans〔思执〕、意识、体验网络等出发的方法纠缠在一起。但只要 cogitationes〔思〕本身在存在论上也还未经规定,或未经明言地又被当作某种"不言而喻地给予的东西"接受下来,只要这种东西的"存在"不成为问题,人类学的问题的提法在其决定性的存在论基础上就仍然是未经规定的。

上面这些话对"心理学"也同样有效。如今已不难看清心理学所具有的人类学倾向。即使人们把心理学和人类学合建为一种普

① 卡尔文〔Calvin〕:《讲习录》Ⅰ.15,第八节。——原注

② 茨魏格利〔Zwingli〕:《论神喻之清晰确凿》〔德国论文集Ⅰ,58〕。——原注

遍的**生物学**，也仍然弥补不了它们所缺乏的存在论基础。就把握和解释的可能顺序来说，生物学作为“生命的科学”奠基于此在的存在论——即使不唯奠基于此。生命自有其存在方式，但本质上 50
只有在此在中才能通达它。生命的存在论是通过褫夺性的解释来进行的；这种存在论所规定的是：如果有某种仅只还有生命的东西能够存在，那它一定会是什么东西。生命既不是某种纯粹的现成存在，但也不是此在。另一方面，把此在看作为（在存在论上未经规定的）生命和任何别的什么东西，绝不能使此在在存在论上得到规定。

我们指出了，人类学、心理学和生物学都不曾为我们自己所是的这种存在者的**存在方式**问题提供出意义明确的、在存在论上加以充分论证的答案。但这绝不是在评判这些学科的实证工作。不过，另一方面我们也必须不断地意识到：事后从经验材料中得出的假说绝不可能开展出这些学科的存在论基础。倒不如说，我们还在**收集**经验材料的时候，存在论基础却也总已经在“此”了。实证研究看不见这种基础，把这种基础当作不言而喻的；但这却并不证明存在论基础不是基本的东西，也不能证明存在论基础不比实证科学任何一个论题在更为根本的意义上成为问题。①

① 但先天的东西的开展并不是“先天论的”虚构。通过胡塞尔，我们不仅重新领会了一切真实的哲学“经验”的意义，而且也学会了使用解决这个问题所必须的工具。只要一种哲学是科学的哲学而对其自身有所领会，“先天论”就是它的方法。正因为先天论同虚构毫不相干，所以先天的研究要求我们妥善地准备好现象基地。必须为此在的分析工作做好准备的切近的视野，就在此在的平均日常状态之中。——原注

第十一节 生存论分析工作与原始此在的阐释。获得“自然的世界概念”之困难

通过人类学可以在经验上识知此在的原始阶段；而就此在的日常状态来阐释此在同描述此在的原始阶段却不是一回事。**日常状态同原始状态不相涵盖**。即使当甚至恰恰当此在活动于某种高
51 度发达的和业已分化的文化之中时，日常状态仍是或更是此在的存在样式。另一方面，原始此在也有它的非日常存在的可能性，有**它自己**的特殊日常状态。不过，依循“原始民族的生活”来制订此在分析的方向仍能有其方法上的积极意义，因为“原始现象”往往较少掩蔽，不太复杂，虽然当时的此在已经广泛地进行着自我解释。原始此在往往更直接地从一种源始地消散于现象（就前现象学的意义而言）的状态中表露出来。若要天然地把现象的存在论结构端出来，那种在我们看来也许笨拙而粗糙的概念方式可能会有积极的助益。

然而迄今为止，我们关于原始人的知识都是由人种学提供的。而人种学还在最初“吸收”、筛选、加工材料的时候，就已经活动在关于人的一般此在的确定的先行概念与确定解释中了。人种学家所习用的日常心理学乃至科学心理学以及社会学能否为适当地通达、解释和转达那有待探究的现象提供科学的保证，这一点并非确定无疑。在这里显现出来的实情也同在前面提到的那些学科里一样。人种学本身就要求以充分进行此在分析为其指导线索。但因

为实证科学既不“可能”也不应当等待哲学的存在论工作，所以，进一步的研究进程将不是以“向前进展”的方式进行，而是以**重温**的方式，以在存在论上更透彻地纯化那在存在者层次上已经揭示了的东西的方式来进行。[①]

从形式上把存在论的寻问同存在者层次上的研究划分开来也 52
许并不难，但此在的生存论分析工作的进行，尤其是它的开端，却还不是易事。在这任务中包含有一**亟切之事**：**廓清“自然的世界概念”这一观念**。哲学久已为此事不安，但要完成它却又总是力不从 a
心。如今人们认知了形形色色、边边角角的文化以及此在形式，这些可资利用的丰富知识似乎为卓有成效地着手解决这一任务提供了方便。但这只是假象。其实这类泛滥的知识恰恰诱使人们认不出本真的问题。以调和方式把一切加以比较和分类并不就是已经自然而然地提供了真切的本质性认识。把形形色色的东西秩序井然地安排在一张表格上也并不保证实际领会了排在那上面的东西。真实的秩序原则自有它的事质内容，这种内容从不是通过排列才被发现，而是在排列中已被设定为前提。所以，排列世界图像

① 新近，卡西勒〔Emst Cassirer〕把神话的此在变成了哲学解释的课题，参考《符号形式的哲学》第二卷：神话的运思；1925 年。这里对某些概括的指导线索进行了探索，可供人们用于人种学的研究。但若从哲学问题的提法方面来看尚有疑问：解释的基础是否充分透彻？特别是康德《纯粹理性批判》的“建筑术”及其系统内容究竟能不能为这样一项任务提供可能的蓝图？或说这里是否需要一种新的源始的开端？卡西勒自己也看到了这样一项任务的可能性，始自第 16 页的注释指出了这一点。在那里，卡西勒提示了由胡塞尔开展出来的现象学视野。1923 年 12 月笔者曾在康德学会汉堡分会发表关于“现象学研究的任务与方法”的讲演，在这次讲演中已经勾画出了生存论分析工作的轮廓。在这次讲演会上，笔者曾有幸同卡西勒进行过辩论，那次辩论已经表明，在要求进行生存论分析工作这一点上，我们的意见是一致的。——原注

须得对世界一般具有明白的观念。如果“世界”本身就是此在的一个建构要素,那么要从概念弄清楚世界现象就要求对此在的基本结构有所洞见。

本章从正面做了一些特征描述,从反面也做了一些考虑。它们的目的都在于引导我们依循正确的轨道来领会后面阐释的倾向与提问。存在论只能间接地掖助现存的实证学科。对存在的寻问超出于收集关于存在者的知识的工作,它激励着一切科学探索;即使如此,它还自有其独立的目标。

第二章　一般的“在世界之中存在”——此在的基本建构

第十二节　依循“在之中”本身制订方向，从而草描出“在世界之中存在”

在准备性的讨论(第九节)中我们已曾把某些存在性质崭露出来。这些性质定当照亮进一步的探索;同时，它们又将在这一探索过程中获得结构上的具体化。此在是这样一种存在者:它在其存 53
在中有所领会地对这一存在有所作为。这一点提示出了形式上的生存概念。此在生存着，另外此在又是我自己向来所是的那个存在者。生存着的此在包含有向来我属性，那是本真状态与非本真状态之所以可能的条件。此在向来生存在这种或那种样式中，或生存在这两种样式未经分化的状态中。

但我们现在必须先天地依据于我们称为“**在世界之中存在**”的这一存在建构来看待和领会此在的这些存在规定。此在分析工作的正确入手方式即在于这一建构的解释中。

“在世界之中存在”①这个复合名词的造词法就表示它意指一

① In-der-Welt-sein 是作者在四个德文词之间加连字符造出的一个词，译为“在世界之中存在”。后面也经常为译文通畅而酌情译为“在世界之中”或“在世”。——中译注

个统一的现象。这一首要的存在实情必须作为整体来看。我们不可把“在世界之中存在”分解为一些复可加以拼凑的内容，但这并不排除这一建构的构成环节具有多重性。事实上可以从三种着眼处来看待这一术语所提示的现象。如果我们在先行把定了现象整体的前提下来研究它，那我们就可以摆出：

1.“世界之中”。从这一环节来看，我们的任务是追问“世界”的存在论结构和规定世界之为世界这一观念(见本篇第三章)。

2.向来以在世界之中的方式存在着的存在者。这里要寻找的是我们在问“谁?”的时候所追问的东西。在现象学的展示中应予规定的是：谁在此在的平均日常状态的样式之中(见本篇第四章)?

3.“在之中”本身。有待提出“之中”本身的存在论建构(见本篇第五章)。在这些建构环节中摆出任何一项都意味着摆出其他各项，这就是说：各自都是整体现象的寻求。诚然，在世界之中的存在必然是此在的先天建构，但这还远远不足以充分规定此在的存在。在以专题方式分别分析上面摆出的三种现象之前，我们应先尝试描述一下最后提到的这一建构环节，藉以制定方向。

“在之中”〔In-Sein〕说的是什么？我们首先会把这个词补足为在“世界”之中，并倾向于把这个“在之中”领会为“在……之中”。
54 这个用语称谓着这样一种存在者的存在方式——这种存在者在另一个存在者“之中”，有如水在杯子“之中”、衣服在柜子“之中”。我们用这个“之中”意指两件在空间“之中”广延着的存在者就其在这一空间之中的处所而相对具有的存在关系。水和杯子、衣服和柜子两者都以同一方式在空间“之中”处“于”某个处所。这种存在关系可以扩展开来，例如：椅子在教室之中，教室在学校之中，学校在城市之中，直到椅子在“宇宙空间”之中。这些存在者一个在另一个“之中”。它们作为摆在世界“之内”的物，都具有现成存在的存在方式。在某个现成东西“之中”现成存在，在某种确定的处所关系的意义上同某种具有相同存在方式的东西共同现成存在，我们把这些存在论性质称为**范畴**性质，它们属于不具有此在式的存在方式的存在者。

反之，“在之中”意指此在的一种存在建构，它是一种**生存论性质**。但却不可由此以为是一个身体物（人体）在一个现成存在者“之中”现成存在。“在之中”不意味着现成的东西在空间上“一个在一个之中”；就源始的意义而论，“之中”也根本不意味着上述方式的空间关系[①]。“之中”〔in〕源自 innan-，居住，habitare，逗留。“an〔于〕”意味着：我熟悉、我习惯、我照料；它具有 colo 的如下含义：habito〔我居住〕和 diligo〔我照料〕。我们把这种含义上的“在之中”所属的存在者标识为我自己向来所是的那个存在者。而“bin”〔我是〕这个词又同“bei〔缘乎〕”连在一起，于是“我是”或“我在”复又等于说：我居住于世界，我把世界作为如此这般熟悉之所而依寓之、逗留之[②]。若把存在领会为“**我在**”的不定式，也就是说， a
领会为生存论环节，那么存在就意味着：居而寓于……，同……相熟

① 参见雅各布·格里姆〔Jakob Grimm〕：《小文集》卷七，第 247 页。——原注

② 作者在这里主要利用的是格里姆《小文集》中的两篇短文（《论“in”〔之中〕》和《论“in”〔之中〕和“bei”〔缘乎〕》）的研究结论，强调首先应从其源初的动词意义上理解“in”，“an”，“bei”这些现代德文中常用的一些介词。——中译注

b 悉。因此,**“在之中”是此在存在形式上的生存论术语,而这个此在具有在世界之中的本质性建构**。

依寓世界而存在,这其中可更切近一层解释出的意义是:消散在世界之中。在这种意义下,“依寓”世界是一种根基于“在之中”的**存在论环节**。我们必须依照此在的源始存在结构的现象内涵来勾画诸存在概念,而在这些分析中,问题就在于**看到**此在的源始存
55 在结构。因为这一点,也因为流传下来的存在论范畴原则上把握不住这种结构,所以应当更切近地考察这个“依寓于”。我们选择的展示途径又有别于范畴上的存在关系,那是一种在存在论上有着本质不同的存在关系;但我们表述这种存在关系的语言手段是相同的。必须这样**明确地**从现象上再现出易遭抹杀的基本存在论的差别;甚至不惜冒险讨论“自明的东西”。存在论分析的现状表明,我们对这些自明性的解释还远远不到“了如指掌”的程度,更难得涉及它们的存在意义;至于用可靠的构词来获得适当的概念结构,那就更谈不上了。

依寓世界而存在,是一个**生存论环节**,绝非意指把一些现成物体摆在一起之类的现成存在。绝没有一个叫作“此在”的存在者同另一个叫作“世界”的存在者“比肩并列”那样一回事。当然我们的语言习惯有时也把两个现成东西的共处表达为:“桌子‘依’着门”,“凳子‘触’着墙”。严格地说起来,这里没有“触着”这回事。这倒不是因为要精确考察起来在凳子与墙之间其实总可以确定一个间隙,而是因为即使间隙等于零,凳子原则上也不可能触着墙。这件事的前提是:墙能够“为”凳子来**照面**。只有当一个存在者本来就具有“在之中”这种存在方式,也就是说,只有当世界这样的东西由

于这个存在者的"在此"已经对它揭示开来了，这个存在者才可能接触现成存在在世界之内的东西。因为存在者只能从世界方面才可能以接触方式公开出来，进而在它的现成存在中成为可通达的。如果两个存在者在世界之内现成存在，而且就它们本身来说是无世界的，那么它们永不可能"接触"，它们没有一个能"依"另一个而"存"。"而且它们是无世界的"这个补充句子是不可或缺的，因为那种并非无世界的存在者，譬如说此在本身，也现成存在在世界"之中"；说得更确切些就是：它可以在某种限度内以某种理由被看作仅仅现成的东西。必须完全不计或根本不看"在之中"的生存论建构才可能把"此在"看作某种现成的东西或某种仅只现成的东西。但我们不可把这种看法同此在特有的"现成性"方式搅在一起。要通达这种现成性，忽略此在的特殊结构是不行的，而只有靠事先领会这些结构才行。此在在某一种"事实上的现成存在"的意 56
义下[①]领会着它最本己的存在。然而，自己的此在这一事实的"事实性"在存在论上却根本有别于一块石头事实上搁在那里。每一此在总都就作为实际此在而存在，我们把实际此在的这一事实性称作此在的实际性[②]。要想把这一存在规定性的盘根错节的结构哪怕作为一个问题提出来加以把握，也得先在已清理出来的此在生存论上的基本建构的亮光朗照下方可进行。实际性这个概念本

① 参见本书第二十九节。——原注

② 本书中，作者强行区别 Faktizitat 与 Tatsächlichkeit。前者标示此在生存的实际性，译为"实际性"；后者一般标示现成事物的实际性，译为"事实性"。与此相应，faktisch 与 tatsächlich 译为"实际上的"与"事实上的"，Faktum 与 Tatsache 译为"实际"与"事实"，尽管作者不见得每一次使用其中一个词的时候都强调这种区别。——中译注

身就含有这样的意思:某个“在世界之内的”存在者在世界之中存在;就是说:它能够领会到自己在它的“天命”中已经同那些在它自己的世界之内向它照面的存在者的存在缚在一起了。

第一步就应当看到作为生存论环节的“在之中”与作为范畴的现成东西的一个对另一个的“在里面”〔Inwendigkeit〕这两者之间的存在论区别。我们用这种方式把“在之中”划分出来,却并不是说此在不具有任何种类的“空间性”。相反,此在本身有一种切身的“在空间之中的存在”,不过这种空间存在唯基于一般的在世界之中存在才是可能的。人们或许会说:在一个世界之中的“在之中”是一种精神特性,而人的“空间性”是其肉体性的一种属性,它同时总是通过身体性“奠定根基”的;这种存在者层次上的标画却也同样不能从存在论上澄清“在之中”。因为这样一来,人们见到的又是一个具有如此这般属性的精神物同一个身体物的共同现成存在,而这个如此这般合成的存在者本身的存在却依然晦暗莫测。只有领会了作为此在本质结构的在世,我们才可能洞见此在的生存论上的空间性。这种洞见将保证我们不会根本看不见或事先抹杀生存论空间性这一结构。这种抹杀的动机不是存在论上的,而是“形而上学的”——人们有一种天真的意见,认为人首先是一个精神物,事后才被放到空间“之中”。

此在的实际状态是:此在的在世向来已经分散在乃至解体在“在之中”的某些确定方式中。我们可以通过下面列举的例子指出“在之中”的这些方式确是形形色色:和某种东西打交道,制作某种东西,安排照顾某种东西,利用某种东西,放弃或浪费某种东西,从
57 事、贯彻、探查、询问、考察、谈论、规定,诸如此类。“在之中”的这

些方式都具有操劳[1]的方式，而对这种存在方式我们还将深入描述。操劳的方式也还包括：委弃、耽搁、拒绝、苟安等残缺的样式，包括一切“只还”同操劳的可能性相关的样式。“操劳”这个词首先具有先于科学的含义，可以等于说：料理、执行、整顿。这个词也可以意指“为自己弄到某种东西”。我们还把这个词用在一种很能说明问题的句子里：我操劳的是这件事情会弄不成。“操劳”在这里差不多意指担心恐怕之类。同这些先于科学的存在者层次上的含义相反，在这部探索中“操劳”一词是作为存在论术语（**生存论环节**）使用的，它标识着在世的可能存在**方式**。我们选用这个名称倒不是因为此在首先与通常是经济的和“实践的”，而是因为应使此在本身的存在作为“操心”映入眼帘。我们且必须把“操心”这个词把握为存在论上的结构概念（见本篇第六章）。这个词同在每一个此在的存在者层次上都可以发现的辛劳、“沮丧”和“生计操劳”完全不是一码事。只因为此在**在生存论上**被领会为操心，所以诸如此类的东西以及反过来像“无忧无虑”和“欢快”这样的东西在存在者层次上才是可能的。因为此在本质上包含着在世，所以此在的向世之存在本质上就是操劳。 a

按照我们上面所说的来看，“在之中”不是此在时可有时可无的属性，好像此在**没有**这种属性也能同有这种属性一样存在得好好的。并非人“存在”而且此外还有一种对“世界”的存在关系，仿佛这个“世界”是人碰巧附加给自己的。此在绝非“首先”是一个仿

---

[1] “操劳”是作者在本书中最常使用的概念之一，概括此在与世内存在者打交道的存在方式，和“操心”“操持”形成一组概念。参见本书第二十六节、第四十一节、四十二节等。——中译注

佛无需乎“在之中”的存在者，仿佛它有时心血来潮才接受某种对世界的“关系”。只因为此在如其所在地就在世界之中存在，所以它才能接受对世界的“关系”。在世这种存在不是这样建构起来的：仿佛在具有此在性质的存在者之外还有另一种存在者现成存在，并同具有此在性质的存在者聚会在一起。相反，这另一种存在者之所以能够“同”此在“聚会”，只因为它能够在一个世界之内从它本身方面显现出来。

如今人们常说“人有他的环境(周围世界)”。但只要这个“有”
58 仍未加规定，那么这句话在存在论上就等于什么都没说。“有”就其可能性而言根基于“在之中”的生存论建构。因为此在本质上是以“在之中”这种方式存在的，所以它能够明确地揭示从周围世界方面来照面的存在者，能够知道它们利用它们，能够有“世界”。“有一个周围世界”这句话在存在者层次上已是老生常谈，在存在论上却还是个问题。解决这个问题所要求的无非是先从存在论上充分规定此在的存在。虽说人们——尤其是自贝尔〔K.E.v.Baer〕以来——在生物学中常用到这一存在建构，我们却不可因为对这种存在建构在哲学上的利用而推想到“生物主义”上去。因为，既然生物学是一门实证科学，也就是说，生物学必须以这种结构为
a 前提并不断地利用到它，那么即使作为生物学专题对象的先天条件，这种结构本身也只有先被理解为此在结构才能在哲学上得到解说。要这样理解存在论结构并依之制订方向，则只有通过褫夺之途才能先天地界说“生命”的存在建构。无论在存在者层次上还是在存在论上，以操劳方式在世界之中存在都具有优先地位。这一结构将通过此在分析获得彻底的解释。

然而，开篇至此对这种存在建构提供的规定不全都是些否定
命题吗？我们听到的始终不过是：这种据说如此基本的“在之中”
不是这个不是那个。确实如此。但是否定的描述方法这样占了优
势不是偶然的。毋宁说，它倒宣泄出这种〔“在之中”〕现象的特殊
性质，因而它在一种适应于这种现象本身的真切意义下是肯定的。
在世的现象学展示具有斥伪去蔽的性质，**因为**在每一此在中，在世
这种现象总已经以某种方式被“看到”了。在世现象之所以已被
“看见”，是**因为**——就其随着此在的存在向来已经对此在的存在
之领会展开了这一点而言——它构成了此在的基本建构。但是这
种现象通常也总已经同样根本地被误解了，或者它所得到的解释 b
在存在论上是不充分的。不过，这种“以某种方式看见然而通常却
都误解”其本身就恰恰奠基在此在本身的这样一种存在建构之
中——按照这种存在建构，此在在存在论上首先从那种它自身所
不是的但却在它自己的世界之内来照面的存在者方面及其存在方 c
面来领会它自己本身，也就是说，领会它的在世。

在此在本身之中和对于此在来说，在世这一存在建构总已经
以某种方式是熟知的。但现在若要认识这种存在建构，**认识活动** 59
就突出出来，而它作为对世界的认识这样的任务恰恰把**它自己**弄
成了“心灵”对世界的关系之范本。因此，对世界的认识（νοεῖν），
或仅着眼于“世界”谈及“世界”（λόγος），就作为在世的首要样式
来起作用了，虽然在世之为在世还没有得到理解。因为在存在论
上还始终无法通达在世这种存在结构，而它在存在者层次上却已
被经验为存在者（世界）与存在者（灵魂）之间的“关系”；又因为人
们在存在论上执拗于存在者从而把存在首先领会为世界之内的存

在者，于是，人们就立足于这两种存在者并就它们的存在的意义来尝试着理解上述存在者之间的那种关系，也就是说，把这种关系理解为现成存在。虽然人们对于“在世界之中存在”有先于现象学的经验和熟悉，但由于存在论上不适当的解释，在世却变得晦暗不明了。直到如今人们还在这种不适当的解释的阴影下来认识此在的建构，非但如此，人们还把它当作某种自明的东西呢。于是乎，这种不适当的解释就变成了认识论问题或“知识形而上学”问题的“明白确凿”的出发点。因为：一个“主体”同一个“客体”发生关系或者反过来，还有什么比这更不言而喻呢？必得把这个“主客体关系”设为前提。虽说这个前提的实际性是无可指摘的，但它仍旧是而且恰恰因此是一个不祥的前提，因为人们一任这个前提的存在论必然性尤其是它的存在论意义滞留在晦暗之中。

人们往往专拿对世界的认识作为范本来代表“在之中”这种现象——这还不仅限于认识理论，因为人们把实践活动领会为“不是理论的”和“非理论的”活动。因为这种情况，也因为认识的这种优先地位把对认识的最本己的存在方式的领会引入迷途，所以我们应该从对世界的认识这一角度更尖锐地提出在世问题，把在世作为“在之中”的生存论“样式”收入眼帘。

第十三节　以一种另有基础的样式为例说明“在之中”。对世界的认识

如果“在世界之中存在”是此在的一种基本建构，如果此在不仅一般地活动在世界中，而且特别按日常生活的样式活动在世界

中，那么“在世界之中存在”也就一向已经在存在者层次上被经历着。完完全全的隐而不露将是不可思议的。尤其此在具有一种对 60
它自身存在的领会，尽管这种领会的作用可能还是那么地不确定。然而，往常只要一涉及“对世界的认识”这一现象，存在之领会总是陷入“外在的”、形式上的解释。这种情况的标志是：如今人们习以为常仍把认识当作是“主体和客体之间的一种关系”，而这种看法所包含的“真理”却还是空洞的。主体和客体同此在和世界不是一 a
而二二而一的。

即使“在之中”在存在论上首先由**进行认识**的在世来规定，首须解决的任务仍是从现象上描述认识之为在世界之中的存在和向着世界的存在。当对这种存在关系有所反思之时，被称作自然的那个存在者作为被认识者乃是当下给定了的。于这个存在者处碰不上认识活动本身。如果认识确乎“存在”，那么它只属于那个去认识的存在者。然而，即使在这个存在者身上，即在人这种物体身上，认识仍然不是现成的。认识无论如何不能像肉体属性那样从外部加以规定。既然认识属于这个存在者，同时却又不是外在性质，那么认识就一定是“内在的”。人们愈是这样明白无误地主张认识首先和本来是“内在的”，主张认识同物理的和心理的存在者的存在方式其实一无相同之处，人们就愈是无条件地相信：在认识的本质问题方面，在主客体关系的澄清方面，他们的见解已经深入了。因为只有现在才可能产生出这样的问题来：这个进行认识的主体怎么从他的内在“范围”出来并进入“一个不同的外在的”范围？认识究竟怎么能有一个对象？必须怎样来设想这个对象才能使主体最终认识这个对象而且不必冒跃入另一个范围之险？这一入手处尽可千变万化，但随之却始终漏过了这个认识主体的存在方式问题。诚然，当人们讨论这个主体的认识之时，这个主体的存在方式虽未明言却也向来已经在论题之中了。人们有时候也听到这样的担保：主体的“内”和主体的“内在范围”肯定不可被设想成一个“箱子”或一间“密室”那样。然而认识被首先锁闭于其中的那种内在的“内”的肯定的含义是什么，或认识的这种“在内”的存在性质如何奠基于主体的存在方式——对这些问题却都讳莫如深。认识究竟如何能从这个“内在范围”“出去”，如何获得“超越”？只要这个问题一提出来，那么，无论怎样来解释这个“内在范围”，事
61 情总已经摆明了：人们只是发现认识成了问题，而并没有首先去澄清这个出此谜团的认识究竟是什么以及它究竟如何存在。

哪怕最浅近地使认识现象成为课题，也就已经未曾明言地同时道出了：认识是此在在世的一种样式，认识在在世这种存在建构中有其存在者层次上的根苗。但是，人们滞留在前面说到的那一入手处，而置这一情况若罔闻。**认识是在世的一种存在方式**。当我们指明这一现象实情的时候，人们可能会反对说：这样来解释认识就会否定认识问题。世界原本得在主体的超越活动中才能达到，今若预先设定认识已经依于它的世界而存在，那还有什么要问的？在最后这个问题中，又出现了现象上未经证明的虚构出来的“立足点”。舍此不论，究竟由何种最高法庭来判定：是否应当有以及在**何种意义上**应当有一种认识问题，而这种问题同认识现象本身以及认识者的存在方式却是两码事？

如果现在追问，在认识本身的现象实情中自行显现出来的是什么，那么就可以确定：认识本身先行地奠基于“已经寓于世界的

存在”中——而这一存在方式就在本质上组建着此在的存在。这种“已经依寓”首先不仅仅是对一个纯粹现成的东西的瞠目凝视。在世作为操劳活动乃**沉迷于**它所操劳的世界。为了使对现成事物的观察式的规定性认识成为可能，首须“操劳着同世界打交道”的活动发生某种**残断**。从一切制作、操作等等抽手不干之际，操劳便置身于现在还仅剩的“在之中”的样式中，即置身于“还仅仅延留在某种东西处”这种情况中。这种向着世界的存在方式乃是这样一种存在方式：在世界内照面的存在者只还在其纯粹**外观**〔εἶδος〕中来照面。而只有**基于**这种向着世界的存在方式，并且作为这种存在方式的一种样式，才可能以明确的形式“观察”如此这般照面的 a
存在者。这种观察总已选定了某种特定的方向去观望某种东西，总已瞄准了某种现成的东西。它先就从照面的存在者那里取得了一种“着眼点”。这种观望自行进入一种样式：独立持留于世界内的存在者。在如此这般发生的“**滞留**”①中——这种滞留乃是对所有操作和利用的放弃——发生对现成东西的**知觉**。知觉的完成方 62
式是把某某东西看作某种东西，把它作为某种东西来**谈论**。在**解释**这种最广泛意义的基础上，知觉就变为**规定**。被知觉的东西和被规定的东西可以在语句中被说出，于是就作为这样被道出的东西保持和保存下来。有所知觉地保持关于某某东西的命题，这本

① Aufenthalt 通常意指停留、居留，但在这里，作者特别强调它与另外两个词，aufhalten 和 enthalten 有密切关系。aufhalten 指“持留于……”；enthalten 则指“放弃”，“抑制自己而不去做……”。从词形上讲，Aufenthalt 由 aufhalten 与 enthalten 合成。因此，作者使用 Aufenthalt 就有合另两者之义而为一的意图。中文颇难表达这层意思以及这三个德文词的词形关联，暂将 Aufenthalt 译为“滞留”，将 aufhalten 译为“持留”，而 enthalten 译为“放弃”。——中译注

身就是在世的一种方式,而不可被阐释为这样一种"过程",仿佛通过这种过程某个主体获得了关于某某东西的表象,它们作为如此被据为己有的表象始终保留"在内",于是对这些表象来说可能会发生出它们如何同现实"相符合"的问题来。

在指向某某东西之际,在把捉之际,此在并非要从它早先被囚闭于其中的内在范围出去,相反倒是:按照它本来的存在方式,此在一向已经"在外",一向滞留于属于已被揭示的世界的、前来照面的存在者。有所规定地滞留于有待认识的存在者,这并非离开内在范围,而是说,此在的这种依寓于对象的"在外存在"就是真正意义上的"在内"。这就是说,此在本身就是作为认识着的"在世界之中"。反过来说,对被认识的东西的知觉不是先有出征把捉,然后会带着赢获的猎物转回意识的"密室";而是:即使在知觉的收藏和保存中,进行认识的此在依然是作为此在而在外。"单纯地"知道存在者的存在联系;"仅仅地"表象存在者的存在联系;"单单地"想到存在者的存在联系;我在这些情况下就同我在原本字义上的把捉活动的情况下一样,我仍在世界中寓于外部存在者处。在对某某东西的遗忘中,对曾被认识过的东西的全部存在关系似乎都已消解了,但即使这种遗忘也必须被理解为源始的"在之中"的一种变式;对一切欺罔和各种错误也必须以同样的方式来理解。

上面展示出对于认识世界起组建作用的在世诸样式的根系联络。我们看到:通过认识,此在对在它自身中一向已经被揭示了的世界取得了一种新的存在之地位。这种新的存在可能性可以独立地组织起来,可以成为任务,可以作为科学承担起在世的领导。但是,认识并不首先创造出主体同一个世界的"commercium"〔交往〕，这种交往也并非从世界对主体的作用中产生出来。认识是此在的植根于在世的一种样式。因此，首要的工作是把“在世界之中存在”作为基本建构先行加以阐释。

63 # 第三章　世界之为世界[1]

第十四节　一般世界之为世界的观念

我们应当首先从“世界”这一结构环节着眼来廓清“在世界之中存在”。要把这一任务付诸实现，似乎轻而易举而又失于琐碎，以致人们总以为这件事情不做也罢。把“世界”作为现象描写出来，这说的是什么意思呢？是让看，是让人们看显现在世界之内的“存在者”身上的东西。在这里，第一步是把在世界“之中”所有的那些东西罗列出来：房子、树、人、山、星辰。我们可以把存在者的“外观”**描绘下来**并把在这个存在者身上以及随着这个存在者一道发生的各种事件**叙述出来**。但这显然还是一件先于现象学的“事务”，这一事务在现象学上根本还无关紧要。这种描写还停留在存在者身上。这种描写是存在者层次上的。要追寻的却是存在。从现象学的意义来看，“现象”在形式上一向被规定为作为

① Weltlichkeit是本书的一个基本概念，所意指的不是世界现象，而是指这一世界成之为世界，使这一世界成之为可能的东西，所以译成“世界之为世界”或“世界性”。与此相关的一组概念有“世界”或“世”〔Welt〕，“世界的”或“世间的”〔weltlich〕，“世界之内的”或“世内的”〔innerweltlich〕，“周围世界”〔Umwelt〕。——中译注

存在及存在结构显现出来的东西。

据此看来，以现象学方式描写“世界”就等于说：把世界之内的现成存在者的存在展示出来并从概念上范畴上固定下来。世界之内的存在者是物，自然物和“有价值的”物。这些东西的物性将成为问题之所在；而且只要“有价值的”物的物性建立在自然物性之上，自然物的存在、自然之为自然，就是首要的课题。自然物的存在性质是一切事物的基础；自然物的这种存在的性质、实体的这种存在的性质，就是实体性。什么东西构成实体性的存在论意义呢？这样一问，我们就把研究工作带到明白无误的方向上来了。

但我们这样问是在存在论的意义上追问“世界”吗？毫无疑问，已经标画出来的全部问题的提法都具有存在论性质。不过，即使这些问题自己竟成功地得到了自然的存在的最纯粹的解说，而这些解说又同数学式的自然科学就这种存在者所给出的那些基本命题相协调，这一存在论还是不沾“世界”现象的边际。自然本身是一个要在世界之内照面并通过各种不同的途径、在各种不同的阶段上得以揭示的存在者。

据此看来，难道我们应当首先执着于此在首先与通常持留于彼的那种存在者即执着于“有价值的物”吗？这些“有价值的”物不是“本质地”显示着我们生活于其中的那个世界吗？也许这一类物 64
确乎更可信地显示出了“世界”之类的东西。但是这些物却也是“在世界之内的”存在者。

对**世界之内的存在者，无论从存在者层次上加以描写也好，还是从存在论上对这种存在者的存在加以阐释也好，这样的做法中随便哪一种都不着“世界”现象的边际**。这两种欲达到“客观存在”

的入手方式都已经“预先设定”“世界”了，尽管是以不同的方式。

是不是我们其实根本不能把“世界”当作上述存在者的规定来谈呢？但我们却把那种存在者说成是在世界之内。是不是“世界”简直是此在的一种存在性质呢？那么，每一个此在“首先”就有它的世界？这样“世界”岂不变成“主观的”东西了吗？那么怎么还可能有一个我们竟都在“其中”的“共同的”世界呢？而如果追究“世界”的问题被提出来了，究竟是指什么样的世界呢？既不是指共同的世界，也不是指主观的世界，而是指一般世界之为世界。我们从什么途径去触到这种现象呢？

“世界之为世界”是一个存在论概念，指的是“在世界之中存在”的一个组建环节的结构。而我们把在世认作此在的生存论规定性。由此看来，世界之为世界本身是一个生存论环节。如果我们对“世界”作存在论的追问，那么我们绝没有离开此在分析的专题园地。“世界”在存在论上绝非那种在本质上并不是此在的存在者的规定，而是此在本身的一种性质。这并不排斥下述做法：对“世界”这一现象的研究必须通过研究世界之内的存在者及其存在的途径。对世界作现象学的“描写”这一任务还远没有大白于天下，以致仅仅要充分规定这个任务就已经要求作本质性的存在论澄清了。

从对“世界”这个词的上述考虑和大量使用中，可以看出这个词的含义甚多。廓清这些歧义，有助于提示出这各种不同的含义所意指的诸现象及其相互联系。

1. 世界被用作存在者层次上的概念，因而只能够现成存在于世界之内的存在者的总体。

2.世界起存在论术语的作用，其意思是指在第一项中所述的存在者的存在。也就是说，“世界”可以成为总是包括形形色色的存在者在内的一个范围的名称；例如在谈到数学家的“世界”时，世 65
界就等于指数学的一切可能对象的范围。

3.世界还可以在另一种存在者层次上的意义下来了解，这时，它不被了解为本质上非此在的存在者和可以在世界之内照面的存在者，而是被了解为一个实际上的此在作为此在“生活”“**在其中**”的东西。世界在这里具有一种前存在论的生存上的含义。在这里又有各种不同的可能性：世界是指“公众的”我们世界或者是指“自己的”而且最切近的“家常的”周围世界。

4.世界最后还指**世界之为世界**的存在论生存论上的概念。世界之为世界本身是可以变为某些特殊“世界”的任何一种结构整体，但是它在自身中包含有一般的世界之为世界的先天性。世界这个词作为术语，我们专门在第3项中规定的含义上使用。如果这个术语偶尔被用在第1项中所述的意义之下，那么这种含义将用双引号标出。

由此派生而来的“世界的”这一说法作为术语就是指此在的一种存在方式而绝对不是指世界“之内”的现成存在者的存在方式。世界之内的现成存在者我们叫作属于世界的或世界之内的。 a

放眼一观迄今为止的存在论即可看到，由于错失了在世这种此在建构，结果也就把世界之为世界的现象跳过去不加理会了。人们不理会这些，却力图从在世界之内现成的、然而绝非已经首先得到揭示的存在者的存在去解释世界，也就是说，人们力图从自然 b
去解释世界。从存在论的范畴的意义来了解，自然是可能处在世界之内的存在者的存在之极限状况。此在只有在它的在世的一定样式中才能揭示这种意义上的作为自然的存在者。这一认识具有某种使世界异世界化的性质。自然作为在世界之内照面的某些特定存在者的诸存在结构在范畴上的总和，绝不能**使世界之为世界**
c 得到理解。甚至在浪漫派的自然概念的意义之下的“自然”这一现象也只有从世界概念中，换言之，从对此在的分析中，才能在存在论上得到把握。

从对世界之为世界进行存在论分析这一问题着眼，流传下来的存在论——如果它还算见到了这一问题的话——就是在一条死胡同里兜圈子。另一方面，对此在的世界性以及此在世界化的诸种可能性与方式的阐释必将表明**为什么**此在在对世界进行认识这
66 一存在方式中，无论在存在者层次上还是在存在论上都跳过了世界之为世界的现象。这一实情却提醒我们：必须格外留心才能防止这一跳跃，找到现象上的正确出发点，踏上世界之为世界这一现象的道路。

前面已经提出了为此所需的方法上的指示。我们应从平均的日常状态（作为此在的最切近的存在方式）着眼使在世从而也使世界一道成为分析的课题。必须追索日常在世，而只要在现象上执着于日常在世，世界这样的东西就一定会映入眼帘。

日常此在的最切近的世界就是**周围世界**。本书采取的探索途径是从平均的在世这一生存论性质进到一般的世界之为世界的观念。我们通过对**周围世界**内最切近地照面的存在者做存在论的阐释一步步寻找周围世界的世界性质（周围世界之为周围世界）。周围世界这个词的“周围”〔Um〕就包含指向空间性之意。然而对周

围世界起组建作用的“周遭”〔Umherum〕首先却没有任何“空间”意义。空间性质无可争议地附属于一个周围世界，所以倒是要从世界只为世界的结构中才能说得清楚。由此出发，在第十二节中提示的此在的空间性才在现象的意义上得而可见。但是存在论恰恰力图从空间性出发去把“世界”的存在解释为 res extensa〔广延物〕。在**笛卡尔**哲学中表现出对这样一种“世界”存在论的最极端的倾向。这个“世界”存在论是同 res cogitans〔思执〕相对来制定方向的，而 res cogitans 无论在存在者层次上还是在存在论上都和此在不相涵盖。通过同这种存在论倾向划清界限，这里试图对世界之为世界进行的分析才能变得清晰。这一分析分为三个阶段进行：A. 对周围世界之为周围世界以及对一般世界之为世界进行分析。B. 同笛卡尔对世界的阐释相对照，崭露出世界之为世界的分析。C. 周围世界的周围性与此在的“空间性”。

A. 对周围世界之为周围世界以及对一般世界之为世界的分析

第十五节 在周围世界中照面的存在者的存在

从现象学角度把切近照面的存在者的存在展示出来，这一任务是循着日常在世的线索来进行的。日常在世的存在我们也称之
为**在**世界**中**与世界内的存在者**打交道**。这种打交道已经分散在形 67
形色色的诸操劳方式中了。我们已经表明了，最切近的交往方式

并非一味地进行觉知的认识，而是操作着的、使用着的操劳——操劳有它自己的“认识”。现象学首先问的就是在这种操劳中照面的存在者的存在。为了确保在这里所要求的“看”，先须对方法问题做一番注释。

在存在的展开和解说中，存在者总是先于课题并随同课题〔出现的〕东西；真正的课题则是存在。在当前的分析范围内，先于课题的存在者就是那种在操劳于周围世界之际显现出来的东西。而这种存在者不是对“世界”的理论认识的对象；它是被使用的东西、被制造的东西等等。它作为这样照面的存在者先于课题而映入“认识”的眼帘；而这种认识作为现象学的认识原本着眼于存在，它从这种把存在作为课题的活动出发，而把当下的存在者也共同作为课题。所以这种现象学解释不是对存在者的存在者层次上的属性进行认识，而是要确定存在者的存在结构。作为对存在的探索，现象学的解释乃是存在之领会的独立的和明确的实行方式；而存在之领会向来已经属于此在，并且在每一次同存在者打交道之际都已经是“活生生的”了。只有在投入这种操劳活动之际才可能通达现象学上的先于课题的存在者，即这里所说的被使用的东西、正在被制造的东西。严格说起来，“投入”这话也会引起误解，因为我们无须再去投入这种操劳打交道的存在方式。日常的此在总已经在这种方式中了。譬如，在开门之际，我已经利用着门把。为了找到通达如此这般照面的存在者的现象学通道，更好的办法倒是把如今人云亦云、泛滥成灾的解释排除掉。这些解释掩盖了如此这般“操劳”的现象，而且，这样一来又恰恰掩盖了存在者，掩盖了存在者在为它操劳的活动中如何从它自身方面来照面的情况。为了清楚地看到这些拘囚思路的见解的错误之处，我们的探索走到这一步须得追问：哪种存在者应当成为我们的先于课题的对象，哪种存在者应当被确定为先于现象的基地？

人们会回答说：物。然而，随着这个不言而喻的答案，所寻找的先于现象的基地可能已经交臂失之。因为把存在者说成是“物”
(res)，这种说法中就有一种未曾言明却先入为主的存在论描述。68
再进一步追问这个存在者的存在，这种分析就碰上了物性和实在。存在论解释可以一步步找到实在性、物质性、广延性、并存之类的存在性质。然而，在操劳活动中，照面的存在者就它的存在而言前存在论就已经隐蔽起来了。人们把物称为“当下给定的”存在者，这样一来，即使人们在存在者层次上其实意指着别的什么东西，人们在存在论上也已经误入歧途。人们真正在意指什么仍是未确定的。人们也可能把这些“物”描述为“具有价值”的物。在存在论意义上，何为价值？如何在范畴上把握这种“具有”和“具有的存在”？撇开“具有价值”这一结构的晦暗不明不提，我们是否涉及了在操劳打交道之际照面的东西在现象上的存在性质呢？

希腊人有一个适当的术语用于“物”；πράγματα这就是人们在操劳打交道〔πρᾶξις〕之际对之有所作为的那种东西。然而希腊人在存在论上却恰恰任这种πράγματα所特有的“实用”性质掩
蔽不露而“首先”把它们规定为“纯粹的物”。我们把这种在操劳活 a
动中照面的存在者称为**用具**。在打交道之际发现的是书写用具、
缝纫用具、加工用具、交通工具、测量用具。用具的存在方式还 69
有待摸索，其线索就是先行界说使一件用具成为用具的东西，亦即先行界说用具性。

严格地说，从没有一件用具这样的东西"存在"。属于用具的存在的一向总是一个用具整体。只有在这个用具整体中那件用具才能够是它所是的东西。用具本质上是一种"为了作……的东西"。有用、有益、合用、方便等等都是"为了作……之用"的方式。这各种各样的方式就组成了用具的整体性。在这种"为了作"的结构中有着从某种东西指向某种东西的指引。后面要对指引这一名称所提示的现象就其存在论的根源做一番分析，从而廓清这一现象。眼前要做的则是从现象上把形形色色的指引收入眼帘。用具就其作为用具的本性而言就出自对其他用具的依附关系。书写用具、钢笔、墨水、纸张、垫板、桌子、灯、家具、窗、门、房间。这些"物件"绝非首先独自显现出来，然后作为实在之物的总和塞满一房间。切近照面的东西——虽然不曾专题加以把握——是房间，而房间却又不是几何空间意义上的"四壁之间"，而是一种居住工具[①]。"家具"是从房间方面显现出来的，"家具"中才显现出各个"零星"用具。用具的整体性一向先于个别用具就被揭示了。

打交道一向是顺适于用具的，而唯有在打交道之际用具才能依其天然所是显现出来。这样的打交道，例如用锤子来锤，并不把这个存在者当成摆在那里的物进行专题把握，这种使用也根本不晓得用具的结构本身。锤不仅有着对锤子的用具特性的知，而且它还以最恰当的方式占有着这一用具。在这种使用着打交道中，操劳使自己从属于那个对当下的用具起组建作用的"为了作"。对

---

① "居住工具"自然是个极其别扭的构词，这里只是为了应付 Zeug〔用具、工具〕在上下文中的联络。这样的例子还多，不一一说明了。——中译注

锤子这物越少瞠目凝视，用它用的越起劲，对它的关系也就变得越源始，它也就越发昭然若揭地作为它所是的东西来照面，作为用具来照面。锤本身揭示了锤子特有的"称手"，我们称用具的这种存在方式为上手状态[①]，用具以这种状态从它自身将自身公布出来。只因为用具不仅仅是摆在那里，而是具有这样一种"自在"，它才是最广泛意义上的称手和可用的。仅仅对物的具有这种那种属性的"外观"做一番"观察"，无论这种"观察"多么敏锐，都不能揭示上手的东西。只对物做"理论上的"观察的那种眼光缺乏对上手状态的领会。使用着操作着打交道不是盲目的，它有自己的视之方式，这种视之方式引导着操作，并使操作具有自己特殊的把握。同用具打交道的活动使自己从属于那个"为了作"的形形色色的指引。这样一种顺应于事的视乃是寻视〔Umsicht〕。

"实践的"活动并非在茫然无视的意义上是"非理论的"，它同理论活动的区别也不仅仅在于这里是考察那里是行动，或者行动为了不致耽于盲目而要运用理论知识。其实行动源始地有它自己的视，考察也同样源始地是一种操劳。理论活动乃是非寻视式地

① Zuhandenheit〔上手状态〕和 Vorhandenheit 相对，是本书最常用概念组之一。本来，vorhanden 与 zuhanden 两者并无太大区别，只不过前者常见而后者已经很少用到了，但从字形上看，vorhanden 里的 vor 似比较静态，而 zuhanden 的 zu 则较富动态，因此，作者用 zuhanden 来标示事物原初来照面的方式，而用 vorhanden 标示事物转变为准静观对象时的状态。要找到两个中文词形成这种对照，同时又都包含 Hand〔手〕这个成分，难乎其难。我们通常把 vorhanden 译为"现成的"，有时则译为"摆在手头的"或"现成在手的"，zuhanden 通常译为"上手的"，有时则译为"上到手头的"或"当下上手的"。这是在字面上强作区别，两组词在义理上的差别则在正文中表述得相当清楚。与此相关的概念 zur Hand 也译为"上手"，handlich 则译为"称手的"、"手头的"或"手的"。——中译注

单单观看。观看不是寻视着的，但并不因此就是无规则的，它在**方法**中为自己造成了规范。

上手的东西根本不是从理论上来把握的，即使对寻视来说，上手的东西首先也不是在寻视上形成专题。切近的上手事物的特性就在于：它在其上手状态中就仿佛抽身而去，为的恰恰是能本真地
70 上手。日常打交道也非首先持留于工具本身；工件、正在制做着的东西，才是原本被操劳着的东西，因而也就是上手的东西。工件承担着指引整体性，用具是在这个整体中来照面的。

要制做的工件作为锤子、刨子、针等等的“**何所用**”也就有用具的存在方式。制做鞋是为了穿（鞋具），装好的表是为了读时。在操劳打交道之际首先照面的是工件；我们在劳作中和工件相遇，工件本质上就包含有是否合用。工件通过是否合用总已让它自己的合用性的何所用也一同来照面。订制的工件唯基于其使用以及在这种使用中揭示出来的存在者的指引网络才是它本身。

然而，要制做的工件不仅仅对某某东西是合用的，制做本身就是把某某东西用**来做**某某东西。在工件中同时有指向“质料”的指引。被指向的是毛皮、线、钉子等等。毛皮又是由生皮子制成的。生皮子来自兽类，它们是由他人来畜养的。在世界内也有不经畜养的兽类，而且即使在畜养中这种存在者仍以某种方式自行生产着。这样看来，在周围世界中，那些天生不用制造的总已经上手的存在者也变成可通达的了。锤子、钳子、针，它们在自己身上就指向它们由之构成的东西：钢、铁、矿石、石头、木头。在被使用的用具中，“自然”通过使用被共同揭示着，这是处在自然产品的光照中的“自然”。

这里却不可把自然了解为只还现成在手的东西，也不可了解为**自然威力**。森林是一片林场，山是采石场，河流是水力，风是“扬帆”之风。随着被揭示的周围世界来照面的乃是这样被揭示的“自然”。人们尽可以无视自然作为上手事物所具有的那种存在方式，而仅仅就它纯粹的现成状态来揭示它、规定它，然而在这种自然揭示面前，那个“澎湃争涌”的自然，那个向我们袭来、又作为景象摄获我们的自然，却始终深藏不露。植物学家的植物不是田畔花丛，地理学确定下来的河流“发源处”不是“幽谷源头”。

制好的工件不仅指向它的合用性的何所用、它的成分的何所来；在简单的手工业状况下，它同时还指向承用者和利用者。工件是依他量体剪裁而就，在工件的产生过程中他也一道“在”那里。71
在批量生产中绝不缺乏这种具有组建作用的指引，只不过这种指引是不确定的罢了，它指向随便哪些人，指向平均。这么看起来，随着工件一起来照面的不仅有上手的存在者，而且也有具有人的存在方式的存在者。操劳活动所制作的东西就是为人而上手的。承用者和消费者生活于其中的那个世界也随着这种存在者来照面，而那个世界同时就是我们的世界。操劳所及的工件在不仅工场的家庭世界中上手，而且也在**公众世界**中上手。**周围世界的自然**随着这个公众世界被揭示出来，成为所有人都可以通达的。在小路、大街、桥梁、房舍中，自然都在一定的方向上为操劳活动所揭示。带顶棚的月台考虑到了风雨，公共照明设备考虑到了黑暗，也就是说，考虑到了日光间有间无的这种特殊变化，考虑到了“太阳的位置”。在钟表中则考虑到了宇宙系统中的一定的星辰位置。当我们看表的时候，我们不知不觉地使用了“太阳的位置”，官方天文学就是按照“太阳的位置”来调整时间量度的。在使用当下而不显眼地上手的钟表设备之际，周围世界的自然也就共同上手了。任何消散在最切近的工件世界中的操劳都具有揭示功能。这种揭示功能的本质就是：按照消散于工件世界的方式，那个在工件中——亦即在起组建作用的指引中——被连带指引出的世内的存在者总是在种种不同的明确程度上、在寻视所突入的种种不同深度上保持其为可揭示的。

这种存在者的存在方式是上手状态。然而，不可把上手仅仅
a 领会为具有某种看法的性质，好像我们把这样一种“看问题的角度”加在当下照面的“存在者”头上，好像一种当下就其本身而言是现成在手的世界材料以这种方式“涂上了主观色彩”。这样的阐释忽视了：若依上面的说法，存在者就必须首先被领会和揭示为纯粹现成在手的东西，在揭示着、占有着同“世界”打交道的过程中，这种首先作为纯粹现成在手事物的存在者也就必须具有优先地位和领导地位。但这已经同认识的存在论意义相乖背。我们已曾展示出认识乃是在世的另**有根基**的样式。而在世之存在先要**越过**在操劳活动中上手的东西才能推进到对仅只现成在手的东西的分析。**当下上手状态是存在者的如其“自在”的存在论的范畴上的规定。**但是只有在现成在手事物的基础上才“有”当下上手者。但是，如果承认了这个论题，是不是又要推论说：当下上手的东西在存在论上奠基于现成在手的东西呢？

72 但是，即使在更加深入的存在论阐释中果真能够证明上手状态乃是在世界内首先被揭示的存在者的存在方式，甚至证明上手状态对纯粹在手状态的源始性，迄今所讲的东西是否就使我们略

许增益了对世界现象的存在论领会呢？其实我们在阐释这种世内存在者之际总已经“预先设定”了世界。世内存在者的拼合并不产生作为总和的“世界”这样的东西。那么，世内存在者的存在究竟能引导我们把世界现象展示出来吗？①

第十六节　在世内存在者身上呈报出来的周围世界的合世界性

世界本身不是一种世内存在者。但世界对世内存在者起决定性的规定作用，从而唯当“有”世界，世内存在者才能来照面，才能显现为就它的存在得到揭示的存在者。但怎么就“有”世界？如果此在在存在者层次上是通过在世组建起来的，如果此在对其自身的存在之领会无论多么不确定，却都在本质上属于它的存在，那么此在不就具有一种对世界的领会吗？——虽然这种领会是前存在论的领会，缺乏或至少可能缺乏确切的存在论洞见。对于操劳在世来说，随着世内照面的存在者，也就是说，随着存在者“在世界之内存在”这一基本性质，世界这样的东西不是已显现出来了吗？世界现象不是先于现象学就映入眼帘吗？它不是无需乎要求存在论的专题阐释就前存在论就总已经处在先于现象学的眼界之中了吗？此在操劳消散于上手的用具。在这个环围里面，此在本身不是具有这样一种存在之可能性吗——即操劳所及的世内存在者的

① 这里想要注明的是，关于对周围世界的分析以及一般的对此在的“实际状态的诠释学”已在笔者 1919/1920 年度冬季学期以来的课程中多次讲授。——原注

世界性随着这种存在者一齐以某种方式向此在亮相？

如果确能够在操劳交往的范围之内展现出此在的这种存在之可能性，那么，追究这种如此这般亮相的现象的途径就敞开了；我们可以沿这条途径试着"调整"这种现象，询问它的就其自身显现出来的结构。

73 操劳的样式包含在在世的日常状态中。它们让操劳所及的存在者这样来照面，即让世内存在者的合世界性随之一同映现出来。在操劳活动中，可能会碰到一些切近上手的用具，它们对自己的确定用途来说是不合用的或不合适的。工具坏了，材料不适合。无论如何，在这里用具是上手了。然而，靠什么揭示出"不合用"？不是通过观看某些属性来确定，而是靠使用交往的寻视。在对不合用性质的揭示活动中，用具触目了。触目在某种不上手状态中给出上手的用具。这里面却有这样的情况：不能用的东西不过是摆在这里罢了，它显现为看上去如此这般的用具物；而在它的上手状态中，它作为看上去如此这般的用具物也曾始终是现成在手的。单纯的在手状态于用具身上呈报出来，但却是为了重新退回到被操劳的东西的上手状态中去，也就是说，退回到有待重加修整的东西的上手状态中去。不能用的东西的这种在手状态还不就是根本没有任何上手性，像这样在手的用具还不就是随便在什么地方的物。用具的损坏还不就是单纯的物的改变，还不就是在一个现成东西身上发生的属性变动。

操劳交往不仅会碰上在已经上手的东西范围之内的不能用的东西，它还发现根本短缺的东西。这些东西不仅不"称手"，而且它根本不"上手"。这种方式的缺失又具有某种揭示作用，即发现某种不上手的东西；它在某种“仅仅现成在手的存在”中揭示着当下上手的东西。在注意到不上手的东西之际，上手的东西就以窘迫的样式出现。我们愈紧迫地需要所缺乏的东西，它就愈本真地在其不上手状态中来照面，那上手的东西就变得愈窘迫，也就是说，它仿佛失去了上手的性质。它作为仅还现成在手的东西暴露出来。如果没有所短缺的东西之助，就不能把它推进分毫。面对所短缺的东西束手无措，这是操劳的一种残缺样式，它揭示着上手东西的仅还现成在手的存在。

在同世界操劳交往之际，照面的不上手的东西不仅可能是不能用的东西或根本缺乏的东西。不上手的东西还可能恰恰不缺乏，也并不是不能用，但它却在操劳活动面前“挡着路”。操劳不肯趋就的东西，操劳“无暇”顾及的东西，都是不上手的东西：其方式
是不相干的东西，未完成的东西。这种不上手的东西搅人安宁，它 74
挑明了在其他事情之前先得操劳处理之事的腻味之处。随着这种腻味，上手的东西的在手状态就以一种新的方式宣告出来——那就是总还摆在眼前要求完成的东西的存在。

触目、窘迫和腻味这些样式具有一种功能，即在上手的东西那里把在手性质映现出来。但在这里，上手的东西仍然不是仅仅作为在手的东西被考察被审视；业经宣告出来的在手状态仍然联在用具的上手状态上。用具还并未把自己掩饰为单纯的物。用具成了人们想要摆脱的东西，成了这种意义上的“家伙”。但在这种摆脱倾向中，上手的东西在其岿然不动的在手状态中却显现为始终仍上手的东西。

我们已经指出了上手的东西来照面的变式，现成在手的东西

之现成性就在这里面暴露出来。但这对阐明**世界现象**有什么用呢？即使通过对这种变式的分析，我们仍然停留在世内存在者的存在上面，并不就接近了世界现象。但我们现在虽然还没有把握住世界现象，却已经行进了一步，有可能把世界现象收入眼帘了。

在触目、窘迫和腻味中，上手事物这样那样失去了上手的性质。但在同上手事物打交道之际，上手状态已经得到了领会，尽管是非专题的领会。上手状态并非简单地消逝了，而仿佛是：它在不能用的东西触目之际揖手道别。上手状态再一次显现出来；恰恰是这样一来，上手事物的合世界性也显现出来了。

上手事物之为用具，其存在结构是由指引来规定的。切近之"物"特有的自明的"自在"是在那种使用着它们却不曾明确注意它们的操劳中来照面的。这种操劳也可能碰上不能用的东西。一件用具不能用，这就暗含着："为了作某某之用"〔Um-zu〕指向"用于此"〔Dazu〕的指引构架被扰乱了。指引本身并没有得到考察，但在操劳置身于其中之际，它们已经在"此"。在**指引发生扰乱**之际，即在不合……之用的情况下，指引却突出而醒目了。虽说就是现在也还不是作为存在论结构突出醒目，而是在存在者层次上对碰上了工具损坏的寻视而言突出醒目。这样就在寻视上唤醒了指向
75 各个"所用"的指引；随着这种指引的被唤醒，各个所用本身也映入眼帘。而随着各个"所用"工件的联络，整个"工场"，也就是操劳总已经逗留于其间的地方，也映入眼帘。用具联络不是作为一个还从未看见的整体来亮相的，它是在对事先已不断视见的整体加以寻视的活动中亮相的。而世界就随着这一整体呈报出来。

上手的东西的缺失同样是寻视中所揭示的指引联络的**中断**。

上手事物的日常存在曾是那样不言而喻，乃至我们丝毫未加注意。唯当缺失之际，寻视一头撞进空无，这才看到所缺的东西曾为何上手，何以上手。周围世界重又呈报出来。如此这般亮相的东西并不是种种上手事物中的一种，更不是根基于上手用具的在手事物。它先于一切确定和考察，就在"此"之中。只要寻视始终面向存在者，寻视就无路可通达它本身；但它却向来已经对寻视展开了。以后我们将把"开展"和"展开状态"当作术语来使用，它们意味着"开敞"和"敞开状态"。因此，"开展"绝不意指"通过某种推论而间接去获得"之类。①

世界不是由上手事物"组成"的。这一点可以在很多情况中看出。这里的情况是：世界一旦在操劳的上面阐释的样式中亮相，上手事物的异世界化便同时发生。结果在它身上就映现出"仅仅现成在手的存在"。为了在对"周围世界"的日常操劳之际能够让上手的用具在它的"自在"中来照面，寻视"消散"于其中的指引与指引整体性就得对寻视保持其为非专题的，当然，它更得对非寻视的、"专题的"把捉保持其为非专题的。世界不来呈报，这是上手事物之所以可能不从它的不触目状态中走出来的条件。上手的存在者的自在就在这里面组建起它的现象结构。

不触目、不窘迫、不腻味这些褫夺性术语意指着首先上手事物

① 在一般的德语用法中，erschließen〔开展〕并不仅仅意味着"揭示"，而且有依循着某种结构进行推论，即从前提推出结论之意。海德格尔在这里故意删去了这后一种解释，虽然他也在个别的地方使用这后一种意思。按照海德格尔的想法，erschließen的本来意义要由它的同源动词aufschließen（公开）来解释。说一样东西被"揭示"、"公开"，并不意指先认识其全部细节，然后它"被揭示"，而是说它无保留地按照它被给予的样子向我们开展。——英译注

的存在所具有的一种正面的现象性质。这些“不”意指着上手事物守身自在的性质。当我们说到自在的时候，眼中所见的就是这种情况；但我们却把它“首先”归给现成在手的东西，即可以专题把握的东西。这一点很能说明问题。如果人们首要地乃至唯一地依循现成事物制定方向，那就在存在论上对“自在”根本无所阐明。要
76 想让“自在”这话在存在论上有点儿分量，那就还得另做一番解释。人们往往从存在者层次上强调引称存在的自在性；这在现象上诚然是有道理的。但人们以为他们这样引称就给出了**存在论上**的命题，其实那**存在者层次上**的引称并不曾满足存在论命题的要求。至此的分析已经弄清楚了，只有依据于世界现象，才能从存在论上把握世内存在者的自在存在。

但若世界能以某种方式亮相，那它就必须是开展了的。寻视操劳可以通达世内上手的东西。但凡在通达之际，世界总已经先行开展了。所以，世界就是此在作为存在者向来已曾在其中的“何所在”，是此在无论怎样转身而去，但纵到天涯海角也还不过是向之归来的“何所向”。

按照前此的阐释，在世界之中存在就等于说：寻视而非专题地消散于那组建着用具整体的上手状态的指引之中。任何操劳向来都已经如其所是地依据于对世界的熟悉。在这种熟悉中，此在可能失落自身于室内照面的东西，可能神魂颠倒于这些东西。此在所熟悉的东西是什么？世内东西的合世界性为什么能够亮相？切近来说，既然寻视“活动”处在指引整体性之中，既然指引整体性可能发生残断从而把存在者的在手状态迫到眼前，那么，应当怎样来领会指引整体性呢？

这些问题的目的在于把世界之为世界的现象与问题清理出来。为了回答这些问题就要求进行具体的结构分析，而正是在这种结构的建架网络中，我们才可深入地追问上述问题。

第十七节　指引与标志

通过对上手的东西（“用具”）的存在结构所做的浅近阐释，指引现象映入了眼帘。那里的提示还很粗略，但同时我们已强调了就其存在论渊源来揭示这种现象的必要性。此外，我们还廓清了：指引与指引的整体性在某种意义上对世界之为世界能具有组建作用。到此为止我们所看到的，都是世界以某种操劳于周围世界上手事物的方式并为了这种方式亮相的，也就是说，这种亮相还是**随着**上手事物的上手状态进行了。所以，今后我们对在世内存在者的存在的领会中突入得愈深远，依以剖析世界现象的现象地基就愈宽广牢靠。 77

我们现在再次从上手事物的存在出发，不过这次的意图是更细密地把握**指引现象**本身。为了这个目的，我们将尝试对这样一种用具进行存在论分析——在这种用具身上，人们可以在多重意义下揭明“指引”。我们发现诸种标志就是这类“用具”。标志这个词称谓着形形色色的东西：不仅各个**种类**的标志，而且“是某某东西的标志”本身就可以被形式化为一种**普遍的关系方式**，这样，标志结构本身就为一切存在者的一般“描述”提供了一条存在论指导线索。

但标志首先也是用具。它特有的用具性质在于**显示**。诸如此类的标志有路标、界石、为航船设置的风暴报警标、信号、旗帜、丧葬标志等等。显示可以被规定为指引的一个"种属"。极端地从形式上来看，指引是一种关系。指引大概可以分化为标志、象征、表达、含义等等。关系却不是作为这些"种属"的类来起作用的。关系是一种形式上的规定。借助于"形式化"的途径我们总可以在各种实事情况与存在方式的每一联系那里撷取出关系这样一种形式规定来。①

一切指引都是关系，但并非一切关系都是指引。一切"显示"都是指引，但并非一切指引都是显示。此中就暗含着：一切"显示"都是关系，但并非一切关系都是显示。这样一来，关系的形式上的普遍性质就摆到明处了。要想探究指引、标志乃至含义这类现象，
a 靠把它们标画为关系终将一无所获。甚至我们最终还要显示：由于其形式上普遍的性质，"关系"本身在存在论上还源于某种指引呢。

眼下的分析限于针对指引现象来解释标志。既然是这样，我
78 们就不可能对所有可能的形形色色标志都进行恰当的探索。在种种标志中有症候、预警、遗迹、提示、标签，它们的显示是各各不同的。这里，我们完全撇开了充当这些标志的东西不谈。从这些"标志"中可以区分出：痕迹、残留物、纪念碑、文件、物证、象征、表达、现相、含义。我们不难根据这些现象的形式上的关系性质把它们形式化。而今我们尤其容易具有一种倾向，那就是循这样一种"关

① 参见胡塞尔：《纯粹现象学与现象学哲学的观念》，本年鉴第一卷第一部分，第十节及以下。还可上溯至《逻辑研究》第一卷，第十一章。关于标志与含义的分析见《逻辑研究》第二卷的第一研究。——原注

系”为主导线索，使一切存在者都服从于某种“阐释”，这种“阐释”总是“入调”的，因为它根本什么都没说，犹如那种不费吹灰之力的形式内容表。

我们将选择这样一种标志来作范本：它在以后的分析中还能从其他角度发挥范本作用。新近在机动车上安装了一种可旋转的红色指向标，它的位置每次都（例如在十字路口）显示车要往哪条路上开。指向标的位置是由司机来调整的。这种标志是一种用具，它不仅仅在司机的操劳活动（驾驶）中是上手的。并不同车的人，而且恰恰就是这些人，利用着这些用具，其方式就是闪避到相应的一边，或者站住不动。这个标志在交通工具和交通管理用具的联络整体中都是世内上手的。作为一种用具，这一显示用具是通过指引组建起来的。它具有“为了作”的性质，具有确定的效用。它的存在就是为了进行显示。我们可以把标志的这种显示把握为“指引”。但这时须得注意：作为“显示”的这个“指引”并不标明这种用具的存在论结构。

毋宁说，作为显示，“指引”奠基于用具的存在结构，奠基于“对某某东西有效”。效用并不就使存在者成为标志。“锤子”这种用具也是由效用组建起来的，但锤子并不就因此成了标志。显示这种“指引”把效用的何所用在存在者层次上加以具体化，向着这个何所用来对用具加以规定。相反，“对某某东西有效”这种指引则是用具之为用具的存在论的范畴规定。效用的何所用在显示中获得了具体化，这对用具的建构本身来说是偶然的。从标志这个例子已经可以粗略看到作为效用的指引与作为显示的指引之间的区
别的。这两种指引根本不是碰巧合在一起，倒唯有它们的统一才 79

可能使某些确定的用具种类得以具体化。不过，虽然就用具建构来说，显示确乎从原则上有别于指引；但无可否认，显示同周围世界向来上手的用具整体及其合世界性的存在方式复又有一种特殊的乃至高标特立的联系。用来显示的用具在操劳交往活动中具有优越的用途。单把这种实情确定下来，这在存在论上却是不能令人满意的。我们必须阐明这一优点的根据与意义。

标志的显示说的是什么？要想获得答案，我们只有先把同显示用具打交道的适当方式规定下来。在这里我们也就必须本然地把握住显示用具的上手状态。怎样才算是对标志恰当地“有所作为”？若以前面提到的指向标为例，那就必得说：相应于照面的标志的活动（存在）是面对着装有指向标的驶近的车辆“闪避”或“站住”。闪避也是选择方向，它本质地属于此在在世的存在。此在无论如何总已定了方向，总已走在途中，“站”和“停”只是这个定了向的“走在途中”的极限情况。这个标志寄于一种特定的在世即空间上的在世。我们注视这个标志之时，把它当作摆在那里的显示物加以规定之时，恰恰不是我们本真地“把握”这个标志之时。即使我们举目追随指向标所显示的方向，举目观看指向标指向的地带之内现成存在的东西，标志也仍然没有本真地来照面。标志有赖于操劳交往的寻视，就是说，在这样与标志同行之际，寻视追随着标志的显示，把当下围绕着周围世界的东西带进了明确的“概观”。寻视概观并不把捉上手的东西；毋宁说它获得了周围世界之内的一种定向。用具的经验的另外一种可能性则是：指向标作为一件属于车子的用具来照面，这时无须乎已经揭示了它的特殊用具性质。它要显示什么，它如何显示，这些可能还是完全不确定的。然而这样照面的东西并不是纯粹的物。对物的经验要求对用具的形形色色获得它所特有的**确定性**；这同对用具的经验相反，它切近发现的用具的形形色色同样是很不确定的。

上述方式的标志让上手事物来照面；更确切地说，它让上手事物的某种联络成为可通达的，其方式是：操劳交往取得了并确保了一种方向。标志不是一种同另一物具有显示关系的物。它是**一种** 80
用具，这种用具把某种用具整体明确地收入寻视，从而上手事物的合世界性便随之呈报出来了。在症候与预警中，“正在到来的〔kommt〕东西”“显现出来”，但这个显现的意义并非某种将要现成的〔vorkommt〕东西添加到〔hinzukommt〕已经现成的东西之上。“正在到来的东西”是那样一种东西：我们使自己对它有所准备〔sich gefasst machen〕，或者，我们原来在从事着〔befassen〕别的事情而对它“不曾有所准备”。借助遗迹，寻视便可通达已曾发生过的事情。提示则显示出人们当时“何所在”。标志首先总是显示着人们生活的“何所在”、操劳持留的“何所寓”以及这些东西都又有何种因缘。

在“设置标志”的活动中，标志特有的用具性质就变得格外清楚了。这种活动是在寻视上的先行视见之中并以这种先行视见为出发点来进行的。这种先行视见需要一种上手的可能性，即能够让当下的周围世界随时通过某种上手事物向寻视呈报出来。但是，世内上手事物的存在具有前面曾描写过的那种守身自在、裹足不前的性质。因此，在周围世界中的寻视交往就需要一种上手的用具，这种用具的性质就在于能够承担起**让**上手事物变得**触目**的“工作”。所以，在制作这种用具（标志）的时候必须先考虑到它是否触目。虽然标志是触目的，但人们仍不是让它们随随便便现成存在，它们是为了便于通达而以确定的方式“配置”起来的。

设置标志并不见得要制作出一种根本还没上手的东西。标志还可以靠把一种已经上手的东西取作标志而产生出来。在这种样式中，设置标志的活动公开出一种更加源始的意义。显示不仅使寻视在制定方向之际可以利用某种上手的用具整体以及一般周围世界；设置标志的活动甚至还能起到最初的揭示作用。取为标志的东西唯通过它的上手状态才能成为可通达的。例如，农耕时节，人们把南风当作雨的标志，南风对于雨来说具有标志效能，而这种“效能”或“附着”于南风的这种存在者上的“价值”，并不是某种附加物，附加到一种已经自在地现成在手的东西上面，附加到具有某种确定的地理方向的运动气流上。在气象学上，南风大概可以作为这样一种只不过摆到那里的东西；但南风却绝不是首先作为仅
81 只现成的东西存在，而后才偶尔承担起预兆的功能。毋宁说，恰恰是农耕的寻视以有所计较的方式才刚揭示出南风的存在。

不过，人们会反对说：被取作标志的东西却先已就其本身成为可通达的了，它在设置标志之前就得到把握了。诚然，人们必定发现它确已经以某种方式摆在那里。问题只在于：在这种先行照面之际，存在者是如何得到揭示的？它是作为摆在那里的纯粹的物得到揭示还是恰恰相反，作为未经领会的用具——即作为上手的东西得到揭示？先前，人们面对这种上手事物还一直不知道“拿它怎么办”，因而对寻视来说，它先前还一直隐绰未彰。在这里，上手事物的用具性质还不曾通过寻视得到揭示，但即使在这里，仍不可以把这种未经揭示的用具性质阐释为单纯物性，仿佛对于那种把

握仅仅现成事物的活动来说，这种单纯物性是先行给定的。

标志在日常交往中上到手头。人们可以为各种目的、以各种方式使标志触目。标志的这种上手存在和它的触目性质不仅证明了切近上手的东西本来是不触目的，而且，标志本来就是从不触目处获取其触目的。这种不触目是日常生活中“不言而喻地”上到手头的用具整体所具有的。上面所说的，可以由人所周知的“手帕饰钮”这种标记为例加以说明。这个标记所要显示的东西，向来就是日常生活的寻视所要操劳的东西。这种标志可以显示很多事情，可以显示最不相同的种种事情。但这种标志可以显示的东西越广，对它的理解和使用便越窄。标志之为标志大多只对“设置者”是上手的。不仅如此，就连设置者本人也可能无法通达那个标志，结果就得设立第二个标志，以便使第一个标志能够为寻视所用。这样一来，不能用作标志的饰纽不仅失去它的标志性质，而且还获得了某种切近上手的东西的骚扰窘迫性质。

人们也许曾试图用原始存在大量使用“标志”（偶像与魔法之类）来说明标志在日常操劳活动中对领会世界本身所起的优越作用。诚然，在标志的这类使用中，其所固有的标志设置活动不是为理论目的也不是以理论思辨的方式进行的。这种标志使用还完全停留在“直接的”在世之内。然而更进一步的审查将会弄清楚：循标志线索来解释偶像与魔法根本不足以把握在原始世界中照面的 82
存在者的“上手存在”的方式。从标志现象着眼，可以提供下列阐释：对原始人来说，标志和所指的东西是共生的。标志不仅在替代的意义上能够代表所指的东西。而且标志本身其实始终**就是**所指的东西。标志和所指的东西值得注意的共生倒不在于标志物业已经历了某种“客观化”,不在于它被经验为单纯的物,不在于它同所指的东西一道被错置到在手东西的同一存在领域里面。这种“共生”并不是先前孤立的诸东西达到了同一,而是说标志还不曾摆脱所标志的东西。这样的对标志的使用还完全融化在向着所指者的存在里面,乃至标志之为标志还根本不曾能够从中解脱出来。共生并非由于开始出现了客观化,而是由于完全缺乏这样一种客观化。但这又等于说:标志根本没有作为一种用具得到揭示;归根到底,世内“上到手头的东西”根本不具有用具的存在方式。也许连这条存在论线索(上手状态与用具)对于源始世界的阐释也根本无济于事;物性存在论当然更不值一提了。但若存在之领会确实对源始此在与源始世界具有组建作用,那么就更紧迫地需要把世界之为世界的“形式上的”观念清理出来,或者说把这样一种现象的观念清理出来——这种现象固然可以发生种种形变,乃至在给定的现象联络中某种东西尚不是如此这般或不再是如此这般,但所有存在论命题却仍然能够从它所不是的东西那里获得一种积极的现象意义。

上面对于标志的阐释只是为了标画出指引而提供现象上的支点而已。标志与指引的关系有三重:1.显示是效用之“何所用”的可能的具体化,从而其根基在于一般用具结构,在于“为了作”(指引)。2.标志的显示是上手事物的一种用具特性,从而属于用具整体,属于指引联络。3.标志不仅同其他用具一道上到手头,而且在它的上手状态中,周围世界明确地对寻视成为可通达的。标志是一种存在者层次上的上手事物,它既是这样一种确定的用具,同时又具有指点出上手状态、指引整体性与世界之为世界的存在论结

构的功能。这种上手事物在寻视操劳所及的周围世界之内的优越
之处就植根于其中。既然指引在存在论上应是标志的基础，那么 83
指引本身就不可被理解为标志。指引不是某种上手事物在存在者层次上的规定性，它倒是在上手事物那里组建起上手状态本身。那么，指引在何种意义上是上手事物在存在论上的“前提”？作为这种存在论基础，它又在何种程度上是一般世界之为世界的组建环节？

第十八节　因缘与意蕴，世界之为世界

上手的东西在世界之内来照面。因此，这种存在者的存在即上手状态无论以何种方式总归在存在论上同世界及世界之为世界有关系。在一切上手的东西中，世界总已在“此”。任何东西只要
照面，世界总已先行得到揭示，虽然不是专题的揭示。但世界也能 a
够以某种同周围世界交往的方式亮相。正是世界使上手的东西由之上到手头。世界如何能让上手的东西来照面？前此的分析显明：世内照面的东西就其存在向着操劳寻视开放出来，向着有所计较开放出来。这个先行开放说的是什么？如何能把这种开放领会为世界在存在论上的与众不同之处？对世界之为世界的寻问又面临着哪些疑难？

我们曾指出上手的东西的用具建构是指引。世界如何能把具有这种存在方式的存在者就它的存在开放出来？为什么这种存在最先来照面？我们曾提及效用、不利、合用等等，把它们当作某些特定的指引。效用的何所用与合用的何所为向来已先行描绘出可

能的指引的具体化。标志的“显示”，锤子的“锤”，这些却不是存在者的属性。如果属性这个名称标识的是物的可能的规定性的存在论结构，那么，“显示”和“锤”就根本不是什么属性。上手的东西至多不过具有适合性〔Geeignetheiten〕和不适合性〔Ungeeignetheiten〕，而它的“属性”〔Eigenschaften〕就仿佛还缚在适合不适合上，就像现成在手状态既然为上手事物的一种可能存在方式，就缚在上手状态上一样。但效用（指引）这种用具状况也还不是某一存在者的适合性，而是存在者之所以能够由适合性来加以规定的存在上的条件。那么指引说的应该是什么？上到手头的东西的存在具有指引结构，这就是说：它于其本身就具有**受指引**的性质。存在
84 者作为它所是的存在者，被指引向某种东西；而存在者正是在这个方向上得以揭示的。这个存在者**因**已而与某种东西**结缘**了。上手的东西的存在性质就是**因缘**。因缘中包含着：一事因其本性而缘某事了结[①]。这种“因……缘……”的关联应该由“指引”来指明。

因缘乃是世内存在者的存在：世内存在者向来已首先向之开放。存在者之为存在者，向来就有因缘。有因缘，这是这种存在者的存在之**存在论**规定，而不是关于存在者的某种存在者层次上的规定。因缘的何所缘，就是效用的何所用与合用的何所为。随着效用的何所用，复又能有因缘。例如，我们称之为锤子的那种上手

---

① Bewenden lassen mit etwas bei etwas 的意思是：任一事了结在某事或某种状态中。于是有 Bewandtnis：现状、事态。海德格尔用这些表达式来说明上手事物各有其用向并缘其用向而是它本身。我们把 Bewandtnis 译为“因缘”，把 Bewendenlassen，译为“了却因缘”；其中“所因”〔Womit〕指所了结之事，“所缘”〔Wobei〕指“所因”与之结缘并了结于其中之事。译这些表达式的变形时则多有变通。我承认，用“因缘”来理解上手事物是太重了，但一时找不到更妥帖的译法。——中译注

的东西因其自身同锤打有缘(所以我们才称之为锤子);因锤打,又同修固有缘;因修固,又同防风避雨之所有缘;这个防风避雨之所为此在能避居其下之故而“存在”,也就是说,为此在存在的某种可能性之故而“存在”。某种上手的东西何因何缘,这向来是由因缘整体性先行描绘出来的。例如,因缘整体性构成了在一个工场中上到手头的东西的上手状态。所以,因缘整体性“早于”单个的用具。某一农庄及其所有农具与地产的关系之因缘整体性亦复如是。但因缘整体性本身归根到底要回溯到一个“何所用”之上。这个“何所用”就不再有因有缘。这个“何所用”本身不是一种以世内上手事物的方式存在的存在者;相反,这种存在者的存在被规定为“在世界之中的存在”,它的存在建构中就有世界之为世界本身。这个首要的“何所用”不再为了做什么,不是因缘的某种可能的“所缘”。首要的“何所用”乃是一种“为何之故”。这种“为何之故”却总同此在的存在相关,这个此在本质上就是为存在本身而存在。我们这样就提示出:因缘结构导向此在的存在本身,导向这样一种本真的、唯一的“为何之故”。但我们现在还不准备深究这种联络。我们先还须要在一定程度上澄清“了却因缘”,从而使我们能够对世界之为世界这种现象加以规定;这样我们才能够从根本上对这种现象提出问题来。

了却因缘在存在者层次上意味着:在某种实际操劳活动中让
一个上到手头的东西像它现在所是的那个样子存在,让它因此能 a
像那个样子存在。我们要从存在论原则上把握“让它存在”(“随它 85
去”)的这种存在者层次上的意义。我们以此来阐释世内首先上到
手头的东西的先行开放的意义。先行让它“存在”却不等于说才刚

把它带入存在或把它制作出来，而是说就其上手状态把向已“存在 [a] 者”揭示出来，从而让它作为具有上手存在方式的存在者来照面。此在在存在者层次上同照面的存在者打交道的时候，可以在存在者层次上的意义上任存在者了却其因缘。而上手事物之所以能以这种方式来照面，其条件就是那个“先天的”了却因缘。从存在论上加以领会的了却因缘则相反，它涉及的是**一切**上手事物之为上手事物的开放——无论这种上手事物从存在者层次上看是得以了却抑或不得了却其因缘。上手事物首先与通常是操劳所及的东西：我们不让被揭示的存在者如其所是地“存在”，而是要加工它、改善它、粉碎它。

这个把某种东西向着因缘开放的“向来了却其因缘”是一种**先** [b] **天的完成时**，它描述着此在本身的存在方式。从存在论上加以领会的了却因缘就是：先行把存在者向其周围世界之内的上手状态开放。因缘的“何所因”是从了却因缘的“何所缘”方面开放出来的。“何所因”就作为这样上手的东西向操劳活动照面。只要向操劳活动显现出来的是某种**存在者**，也就是说，只要这种东西是就其存在得到揭示的，那么它向来就已经是从周围世界上到手头的东西，而恰恰不“首先”是仅只现成在手的“世界材料”。

只有在先行揭示了因缘整体性的基础上，才可能揭示因缘本身，即揭示上手事物的存在。所以，在揭示了的因缘之中，也就是说，在上到手头来照面的东西之中，我们曾称之为上手东西的合世界性的那样一种东西已经先行揭示出来了。这种先行揭示了的因缘整体性包含着与世界的某种存在论关联。了却因缘把存在者向因缘整体性方面开放出来，这必定已经以某种方式把它向之开放的东西本身开展出来了。从周围世界上到手头的东西只有通过向……开放才始能作为世内存在者得以通达。它向之开放的那个东西本身不可被理解为具有这种业已被揭示的存在方式的存在者。要是我们确定今后把揭示状态这个术语用于一切非此在式的存在者的存在可能性，那么刚才说到的那种东西本质上就不是可揭示的。

世内存在者首先向之开放的那种东西必定先行展开了。这句话说的是什么？此在的存在中包含有存在之领会。领会在某种领会活动之中有其存在。如果此在本质地包含有在世这种存在方 86
式，那么对在世的领会就是此在对存在的领会的本质内涵。从世内来照面的东西向之次第开放的那种东西已经先行展开了，而那种东西的先行开展不是别的，恰是对世界之领会。而这个世界就是此在作为存在者总已经对之有所作为的世界。

这一先行的因……缘……的了却因缘则基于：对“结缘”、对因缘的“何所缘”、对因缘的“何所因”这些东西都有某种领会。这些东西以及它们所凭据的东西，例如有因缘所缘的“所用”，例如一切“何所用”归根到底要归溯于其上的那个“为何之故”，所有这些东西都必定在某种可理解性中先行展开了。作为在世界之中的存在，此在于前存在论就领会着自身。而此在在其中领会自身的那个东西是什么？在领会上述诸种关联的联络之际，此在出于某种“能存在”而把自己指引到了某种“为了作”。这种能存在可能是言明地也可能是未言明地得到掌握的，可能是本真的也可能是非本真的，总而言之此在就是为这个能存在之故而存在的。而那个“为了作”则把某种“所用”先行标画出来了。这个“所用”便是了却因缘所可能具有的“何所缘”。从结构上说，了却因缘总是让“何所因”去结缘。此在总已经出自某种“为何之故”把自己指引到一种因缘的“何所缘”那里；这就是说，只要此在存在，它就总已经让存在者作为上到手头的东西来照面。此在以自我指引的样式先行领会自身；而此在在其中领会自身的“**何所在**”，就是先行让存在者向之照面的“**何所向**”。**作为让存在者以因缘存在方式来照面的“何所向”，自我指引着的领会的“何所在”，就是世界现象**。而此在向之指引自身的“何所向”的结构，也就是构成世界**之为世界**的东西。

此在向来已经以这种方式自我领会着；此在源始地熟悉它自我领会之所在。这种熟悉世界不一定要求对组建着世界之为世界的诸关联进行一种理论上的透视。而明确地对这些关联做出存在论生存论阐释的可能性则基于这种对世界的熟悉。这种熟悉对此在具有组建作用，并参与构成此在的存在之领会。这种可能性是能够明确地得以掌握的，只要此在自己把它的存在及其诸种可能性的源始阐释乃至把一般存在的意义的源始阐释当作任务向自己提出来。

不过上面的分析仅只开放出一片视野来，使我们能够在这一
87 视野之内寻求世界这样的东西以及世界之为世界这样的东西。为了进行进一步的考察，首先须得把下面这个问题弄得更清楚：在存在论上，应把此在自我指引的联络把握为什么？

我们在后文（参见第三十一节）将更深入地分析**领会活动**。这种领会把上述关联保持在一种先行展开的状态之中。在这样熟悉地自持于其中之际，领会就把上述关联保持在自己**面前**，作为自己的指引活动于其中的东西。领会让自己在这些关联本身之中得到

指引，并让自己由这些关联本身加以指引。我们把这些指引关联的关联性质把握为**赋予含义**〔be-deuten〕[①]。在熟悉这些关联之际，此在为它自己"赋予含义"，它使自己源始地就其在世来领会自己的存在与能存在。"为何之故"赋予某种"为了作"以含义；"为了作"赋予某种"所用"以含义；"所用"赋予了却因缘的"何所缘"以含义；而"何所缘"则赋予因缘的"何所因"以含义。那些关联在自身中勾缠联络而形成源始的整体，此在就在这种赋予含义中使自己先行对自己的在世有所领会。它们作为这种赋予含义恰是如其所是的存在。我们把这种含义的关联整体称为**意蕴**〔Bedeut-
samkeit〕。它就是构成了世界的结构的东西，是构成了此在之为 a
此在向来已在其中的所在的结构的东西。**处于对意蕴的熟悉状态中的此在乃是存在者之所以能得到揭示的存在者层次上的条件——这种存在者以因缘（上手状态）的存在方式在一个世界中来照面，并从而能以其自在宣布出来**。此在之为此在向来就是这样一种东西：上手东西的联络本质上已经随着它的存在揭示出来了。
只要此在**存在**，它就已经把自己指派向一个来照面的"世界"了；此 b
在的存在中本质地包含有**受指派状态**〔Angewiesenheit〕。

此在向来已经熟悉意蕴。意蕴就包含有此在有所领会并做出解释之际能够把"含义"这样的东西开展出来的存在论条件；而含

① 为了区别 Sinn 和 Bedeutung，我们尽量把前者译作"意义"，把后者译作"含义"，虽说在特定的上下文中这样的译法有时不很通畅。Bedeutung 的动词 bedeuten 译作"意谓着、其含义是"，但作者在这里却又把 bedeuten 写作 be-deuten，以突出强调这个词的及物性质或给予性质，以及这个词的词根里含有"解释"、"解说"的意思。我们只好权宜译作"赋予含义"。——中译注

c 义复又是言词与语言可能存在的基础。

作为此在的和此在在世的生存论建构，展开了的意蕴乃是因缘整体性之所以能够得到揭示的存在者层次上的条件。

我们就这样把上手事物的存在（因缘）乃至世界之为世界本身
规定为一种指引联络。这样一来，我们岂不是使世内存在者的“实
88 体存在”消失在一种关系系统中了？既然关系总是“想出来的东
西”，世内存在者的存在岂不就消解到“纯思”中去了？

在当前的探索园地之内，对存在论问题的结构与维度原则上
可能做出三种区别。这些区别都是我们曾一再强调的：1.世界之
内首先来照面的存在者的存在（上手状态）；2.可以在对首先照面
的存在者进行的独立揭示活动中加以发现加以规定的那种存在者
a 的存在（现成在手状态）；3.一般世内存在者和世界之为世界之所
以可能得到揭示的存在者层次上的条件的存在。最后提到的这种
存在是在世界之中的存在的、即此在的一种**生存论**规定。而前两
种存在概念乃是**范畴**，它们关涉的存在者不具有此在式的存在。
指引联络作为意蕴组建着世界之为世界。人们可以从形式上把指
引联络把捉为一种关系系统。不过须得注意：诸如此类的形式化
会把现象敉平，乃至真正的现象内容消失不见；特别是意蕴包含在
自身之中的那些“简单”关联更易出现这种情形。像“为了作”、“为
其故”、因缘的“何所缘”这类“关系”与“关系项”，就其现象内容来
说本来就都拒绝被弄成数学上的任何一种函数。它们也绝不是什
么想出来的东西，不是在“思维”中才刚积淀下来的东西。它们是
操劳寻视本身向来已经持留在其中的关联。作为世界之为世界的
组建因素，这种“关系系统”也根本不曾把世内上手事物的存在挥

发掉，而且恰恰是由于世界之为世界，这种存在者才能就其“实体的”“自在”得到揭示。唯当世内存在者能够来照面，才有可能在这种存在者的园地里通达只是现成在手的东西。唯基于这种只还现成的存在，我们才可能用数学上的“函数概念”从“属性”着眼来规定这种存在者。只有事涉那种其存在性质是纯实体性的存在者，这种方式的函数概念在存在论上才是可能的。函数概念始终只有作为形式化了的实体概念才是可能的。

在进一步进行分析之前，为了更鲜明地突出世界之为世界的存在论问题的特殊提法，我们先准备就一个极端的反例来廓清世界之为世界的阐释。

B. 同笛卡尔对世界的阐释相对照，崭露出对世界之为世界的分析 89

探索只有一步一步地前进，才能确保世界之为世界的概念以及世界这一现象所包含的结构。人们对世界的阐释首先就是从某种世内存在者着手的，结果，世界这种现象却根本不再映入眼帘。有鉴于此，我们准备从存在论上廓清这一入手方式。笛卡尔的“世界”存在论也许是这种入手方式的最极端的例子了。我们就以它为例。我们不仅要简短地标画出这种存在论的基本特征，而且将诘问这种存在论的前提，尝试着借前此获得的光线来标画出这些前提。这番讨论将让人认识到：笛卡尔之后出现的种种世界阐释——或者加上他之前的也一样——是建立在何种根本未经讨论的存在论“基础”之上的。

笛卡尔视世界的基本存在论规定在于extensio〔广延〕。只要广延参与组建空间性，——在笛卡尔看来广延简直就同空间性是一回事——而空间性又终归在某种意义上对世界具有组建作用，那么，对笛卡尔的“世界”存在论的讨论也就等于从反面为周围世界的以及此在本身的空间性的正面解说提供了某种支点。我们将讨论笛卡尔存在论中的三个方面：1.“世界”之被规定为 res extensa〔广延物〕(第十九节)。2.这一存在论规定的基础(第二十节)。3.笛卡尔“世界”存在论的诠释学讨论(第二十一节)。当然，下述考察只有通过对“cogito sum”的现象学分解才可能得到详尽的论证(参见第二部第二篇)。

第十九节　“世界”之被规定为 res extensa〔广延物〕

笛卡尔把作为 res cogitans〔思执〕的 ego cogito〔我思〕同 res corporea〔肉身或物质实体〕加以区别。这种区别后来在存在论上就规定了“自然与精神”的区别。无论这种对立在存在者层次上是通过多少内容演变才确定下来的，反正这一对立的存在论基础以及对立环节本身都没有得到澄清，之所以未澄清，其最切近根源就在笛卡尔所作的区别之中。他是以何种存在之领会来规定这两种存在者的存在的呢？自在的存在者的存在，称为 substantia。这
90 个术语一会儿意指某种作为实体的存在者的**存在**，即**实体性**；一会儿则意指这个存在者本身，即**实体**。Substantia 的这种两义性不
a 是偶然的，在οὐσία这一古代概念中就已有这种两义性。

要从存在论上规定 res corporea，就要求解说实体，也就是

说，解说这种作为实体的存在者的实体性。是什么构成了 res corporea 的本质的“在其自身的存在”？究竟怎样才能够把握实体之为实体，也就是说，把握实体的实体性？实体在它的“属性”中得以通达，每一实体都有一种与众不同的属性，在这一属性那里可以看出某一特定实体的实体性的本质。Et quidem ex quolibet attributo substantia cognoscitur; sed una tamen est cuiusque substantiae praecipua proprietas, quae ipsius naturam essentiamque constituit, et ad quam aliae omnes referuntur.〔尽管我们实际上是通过某些属性认识实体，但每一实体都有一种最突出的属性，这种属性构成了它的本性和本质，其余的性质都依托于这一性质。〕[①]就 res corporea 而言，这种属性是什么呢？长、宽、高三个方向上的广延构成了我们称之为“世界”的那种物质实体的本真存在。Nempe *extensio* in longum, latum et profundum, substantiae corporeae naturam constituit.〔事实上，长、宽、高三个方向上的广延构成物质实体的本性。〕[②]什么东西给了广延〔extensio〕与众不同的地位？广延是这里所谈的存在者的这样一种存在建构——它必须先于其他一切存在规定就“存在”，以使这些存在规定能够如其所是地“存在”。Nam omne aliud quod corpori tribui po-

① 《哲学原理》，第一章第 25 页第 53 条（亚当与塔讷锐〔Adam-Tannery〕所辑全集第八卷）。——原注

这里的多数段落都是先引笛卡尔的拉丁原文，然后提供海德格尔自己的解说式的翻译。他的翻译有时与通常译法颇不同。在这些处所，我们先给出海德格尔德译文的中译文，再在方括号里附上通常译法。如果海德格尔单引拉丁原文而不加翻译，我们就直接提供拉丁文的中文译文。——中译注

② 同上。——原注。重点号为作者所加。——英译注

test,extensionem praesupponit.〔凡能归诿于物体的任何别的属性,都由广延为其先决条件。〕[①]必须把广延最先"指归"于物体。与此相应,笛卡尔指出:这种实体的其他一切规定性,尤其是 divisio〔分割〕、figura〔形相〕、motus〔运动〕都只有作为 extensio 的 modi〔诸样式〕才能得到理解;而反过来,extensio sine figura vel motu〔没有形相和运动的广延〕却仍然可以理解。通过这种方式,他就为广延以及广延所描述的"世界"的实体性提供了证明。

于是,一个物体通常能在总广延保持不变的情况下以不同的方式变换这一广延在各个不同维度上的配置。同一个物体也能够以形形色色不同的形相表现出来:Atque unum et idem corpus, retinendo suam eandem quantitatem,pluribus diversis modis potest extendi: nunc scilicet magis secundum longitudinem, minusque secundum latitudinem vel profunditatem,ac paulo post e contra magis secundum latitudinem et minus secundum longitudinem.同一个物体可以有不同的形象而保持原先的量不变。很明显,有时它可以较长而较窄、较浅;反之,它也可以较宽而又较短。[②]

91 形相是 extensio 的一种 modus,运动也同样是,si de nullo nisi locali cogitemus ac de vi a qua excitatur non inquiramus.因为只要我们想到那东西有一(移动的)位置,而不用问那能使它移动的力量,就能够把捉 motus。[③] 如果运动是 res corporea 的一种存

① 《哲学原理》,第一章第 25 页第 53 条。——原注

② 《哲学原理》,第 31 页第 64 条。——原注

③ 同上书,第 32 页第 65 条。——原注

在者层次上的属性，那么，为了能够经验运动的存在，就必须从这种存在者的存在本身即从 extensio 来理解运动，也就是说，必须把运动理解为单纯位移。对这种存在者的存在进行规定也根本用不上像“力”这样的东西。像 durities〔硬度〕，pondus〔重量〕、color〔颜色〕这类规定性，纵使都排除于物质之外，物质也仍然是它所是的那样。这些规定性并不构成物质的本真存在，而且它们只要存在，就表明自身是 extensio 的样式。笛卡尔试就“硬度”详细指明这一点：硬度由触摸经验到。关于硬度，触觉“告诉”我们的是什么呢？硬度的各个部分“抵抗”手的运动，“抵抗”要想推开它的动作。但是，如果那个硬的、也就是说不退缩的物体移动位置的速度与要“停靠”到这一物体上的手移动位置的速度相同的话，就绝不会发生接触，也就经验不到硬度，于是硬度也就根本不会存在。然而却绝对看不出，那些以这种速度退缩的物体会因此在任何一种程度上失掉它的物体存在。如果当物体改变了它的速度，使“硬度”这样的东西不可能存在，而物体却仍然保持着它们的物体存在，那么，硬度也就不可能属于〔物体〕这类存在者的存在了。Nam, quantum ad duritiem, nihil aliud de illa sensus nobis indicat, quam partes durorum corporum resistere motui manuum nostrarum, cum in illas incurrunt. Si enim, quotiescunque manus nostrae versus aliquam partem moventur, corpora omnia ibi existentia recederent eadem celeritate qua illae accedunt, nullam unquam duritiem sentiremus. Nec ullo modo potest intelligi, corpora quae sic recederent, idcirco naturam corporis esse amissura; nec proinde ipsa in duritie consistit.〔因为说到硬度，则我们凭感官对它所知道的，不外这一层，即坚硬物体的各部分在与我们的手接触时，就抵抗手的运动。但是，如果我们的手每次朝向它们运动时，一切物体都随着我们的手以相同的速度向后退去，我们便永不会感到硬度。可是，只有傻瓜才会以为，这样后退的物体因此就会失掉其所以为物体的本性。因此，物体的本性并不在于硬度。」[1]Eademque ratione ostendi potest, et pondus, et colorem, et alias omnes eiusmodi qualitates, quae in materia corporea sentiuntur, ex ea tolli posse, ipsa integra remanente: unde sequitur, a nulla ex illis eius (sc. extensionis) naturam dependere. 同样，也可以看出，我们在物体中所感到的重量、颜色以及别的同类的性质，纵然都能排除于物质之外，但物质在此时依然完整无缺。由此可见，物体的本性完全不依靠这些。[2] 因此，构成 res corporea 的存在的，是 extensio，即让 omnimodo divisibile, figurabile et mobile，所有分割、形相与运动能够以各种方式进行变化的东西；即 capax mutationum remanet：在这一切变化中始终保持如故的东
92 西。在物体身上这种**始终保留下来的东西**就是物体身上真正存在的东西。所以，这一实体的实体性就是通过这种东西得到描述的。

第二十节　"世界"的这一存在论规定的基础

标画 res extensa 的存在论特征的工作所回溯到的存在观念

① 《哲学原理》，第二章第 42 页第 4 条。——原注

② 同上书，第一章第 24 页第 51 条。——原注

就是实体性。Per *substantiam* nihil aliud intelligere possumus, quam rem quae ita existit, ut nulla alia re indigeat ad existendum. 所谓实体，我们只能领会为这样存在着的存在者，即它无需其他存在者即能存在。把“实体”的存在特征描画出来就是：无所需求性。[①] 完全不需要其他存在者而存在的东西就在本真的意义上满足了实体观念——这种存在者就是 ens perfectissimum〔完善者〕。——Substantia quae nulla plane re indigeat, unica tantum potest intelligi, nempe Deus. 我们只能设想有一个绝对独立的实体，那就是上帝。[②] 既然“上帝”被领会为 ens perfectissimum，那么他在这里就是一个纯粹存在论的名称。同时，随上帝这一概念“不言而喻地”连带意指的东西使我们能够从存在论上解释无所需求性这一实体性的组建环节。Alias vero omnes (res), non nisi ope concursus Dei existere percipimus. 我们确实知道，一切别的事物所以能存在，只是借助于上帝的力量。[③] 一切存在者，只要不是上帝，就需要最广泛意义上的制作，需要维持。〔一端是〕现成东西的制作，〔另一端是〕根本无需制作，这〔两极〕构成了据以领会“存在”的视野。一切存在者，只要不是上帝，就是 ens creatum〔受造物〕。这两种存在者的存在之间有着“无限的”区别，然而我们提起受造物同提起造物者一样，都是说存在者。因此，存在的意义包含着“无限的”区别，而我们正是这样广泛地使用“存在”的。从而，我们把受造的存在者也称为实体就有某种道理。相对于上帝来

① 《哲学原理》。——原注

② 同上。——原注

③ 同上书，第一章第24页第51条。——原注

说，受造的存在者当然是需要制作和维持的；然而，在受造的存在者范围内部，或说在 ens creatum 这种意义上的“世界”范围内部，也有一些存在者，相对于受造物的制作维持，例如相对于人的制作维持，它们“不需要其他东西”就能存在。这样的实体有两类：res cogitans〔思执〕与 res extensa〔广延物〕。

93 所以，只有当我们澄清了三种实体（其一是无限的实体，另两种是有限的实体）所“**共有的**”存在的**意义**，我们才可能从存在论根基上来规定那种以 extensio 为其特殊 proprietas〔属性〕的实体的存在。Allein nomen substantiae non convenit Deo et illis *univoce*，ut dici solet in Scholis，hoc est... quae Deo et creaturis sit communis. 然而，把“实体”一词在同一意义下（借用经院哲学中最惯用的术语）应用于上帝和受造物是不恰当的，这就是说，我们完全未能清晰地理解那用于上帝与其所造物的共同名称的含义。[①] 在这里，笛卡尔接触到了中世纪存在论多次讨论的问题。这问题就是：存在的含义以何种方式意味着上述的各种存在者？在“上帝存在”和“世界存在”这些命题中我们道出了存在。但是，既然这两种存在者的存在之间有着**无限的**差别，“存在”这个词就不可能在
a 同一意义下（συνωνύμως，univoce）意指各种存在者。假使“存在”的含义相同，那么受造物就意指着非受造物了，或者非受造物就降格为一种受造物了。“存在”也并非仅仅作为一个形同实异的名号起作用；在两种场合下，领会到的都是“存在”。经院哲学家把“存在”所意味的肯定意义把握为“类推的”含义，既有别于含义相

① 《哲学原理》。——原注

同，又有别于仅仅同名异义。在亚里士多德那里，或者说在一般希腊存在论发端之时，这个问题的雏形就已形成。后世从亚里士多德出发，确定下了各式各样的类推方式，后来在如何看待存在的意指功能这个问题上甚至还分出诸种“学派”来。在对这个问题透彻地进行存在论研究这一方面，笛卡尔远远落在经院哲学家后面。[①]他简直就是回避问题：Nulla eius [substantiae] nominis significatio potest distincte intelligi，quae Deo et creaturis sit communis. 我们完全未能清晰地理解那用于上帝与其被造物的共同名称（实体）之含义。[②] 这种回避等于说：笛卡尔听任实体性这一观念所包含的存在之意义以及这一含义的“普遍”性质始终这样不经讨论。至于存在本身说的是什么，则中世纪存在论也像古代存在论一样不曾追问下去。存在以何种方式具有含义？只要仍然依据未经澄清的存在之意义来讨论这个问题，而存在的意义本身又是由这种含义“表达出来”的，那么，这样一个问题就无怪乎还不曾丝毫得到解决。而这一意义始终未经澄清，乃是因为人们把它当作“不言而喻的”。 b

笛卡尔还不仅是回避追问关于实体性的存在论问题，他还明 94
确强调，实体之为实体亦即实体的实体性，就它本身而言，本来就是无法通达的。Verumtamen non potest substantia primum animadverti ex hoc solo，quod sit existens，quia hoc solum per se nos non afficit. 但我们所以不能发现实体，首先是因为它是存在

① 参见《短论集锦》，凯塔尼红衣主教，卢都尼（荷兰），1580 年，第三卷，第五论：论名词的类比。——原注

② 笛卡尔：《哲学原理》，第一章第 24 页第 51 条。——原注

着的物这样一个事实，因为仅仅存在自身是不会触动我们的。[①]因为“存在”本身不“触动”我们，所以它不会被觉知。按照康德的
a 说法，“存在不是真实的谓词”。[②] 这种说法只不过重提了笛卡尔的命题。这样一来就从原则上放弃了提出纯粹的存在问题的可能性，而去寻觅一条出路，以求获得诸实体的上述规定性。因为“存在”实际上不能作为存在者通达，所以存在就由有关存在者在存在者层次上的规定性亦即属性来加以表达了。但又不是由某些随随便便的规定性来表达；用来表达存在的诸规定性应该最纯粹地满足未经明言却已设为前提的存在与实体性的意义。就作为 res corporea 的 substantia finita〔有限实体〕来说，首要的必然的“指归”就是 extensio。sio. Quin et facilius intelligimus substantiam extensam, vel substantiam cogitantem, quam sub-stantiam solam, omisso eo quod cogitet vel sit extensa. 我们在思有广延的或有思想的实体时，也比去思离开思想或广延的单独实体较为容易。[③] 因为实体性只是 ratione tantum〔在理性之中〕而不是在实
b 在中才是可分离的，我们无法发现实体性摆在那里，就像实体存在者本身那样。

于是，“世界”何以被规定为 res extensa 的存在论基础就变得清楚可见了：实体性观念的存在意义不仅未经澄清，而且被摆出来当作不可能加以澄清的东西；人们只有绕道借各种实体的最优越

---

① 笛卡尔：《哲学原理》，第一章第 25 页第 52 条。——原注

② 康德：《纯粹理性批判》A589、B626。——中译注

③ 笛卡尔：《哲学原理》，第一章第 31 页第 63 条。——原注

的实体性的属性来把实体这个观念表现出来。借某种实体性的存
在者来规定实体，这同时又是实体性这个术语之所以具有两义性
的原因。鹄的本是实体性，却又从作为存在者的实体的某种性质
来领会它。因为用了存在者层次上的东西来支撑存在论上的东
西，所以 substantia 这个术语忽而用在存在论含义下，忽而用在存
在者层次含义下，但通常却是用在游移不定的既是存在者层次上
的又是存在论的含义之下。在这种含义的细微区别后面隐藏着的
却是：未曾掌握根本性的存在问题。要解答这个问题，就要**以正确** c
的方式“追踪”这些同义词。做此尝试的人，并非“忙碌”于“纯粹的 95
词义”；他必须冒险进到对“事情本身”最源始的提问中去，以便清
理出“个中奥妙”。

第二十一节　用诠释学方法讨论笛卡尔的“世界”存在论

这里关键的问题在于：这种“世界”存在论究竟寻找不寻找世界现象？如果不，那么它是否至少这样规定世内存在者从而使我们能够在它身上看得到它的合世界性？**两个问题的回答都是否定的**。笛卡尔试图从存在论原则上用 extensio 加以把握的存在者毋宁说只是这样一种存在者：它只有通过首先从世内上到手头的存在者才能得到揭示。但即使是这样，即使这一确定的世内存在者（自然）的存在论的特征描述——无论是实体性观念还是用实体性观念规定的 existit〔存在〕与 ad existendum〔去存在〕的意义——将导向晦暗，也还存在着这样的可能性；一种立足于截然区分上

帝、我、“世界”的存在论总该在某种意义上提出并促进世界的存在论问题吧？如果连这种可能性也没有，那我们就不得不明确指出：不仅笛卡尔提出的世界存在论规定是残缺不全的，而且他的阐释及其基础恰恰使人们跳过了世界现象，正如跳过了切近的从世内上到手头的存在者的存在一样。

在讲解世界之为世界这一问题的时候（第十四节）我们曾提示，获得通达这一现象的适当道路是极重要的。所以，在批判性地讨论笛卡尔的入手处之际，我们必须问：我们应该把此在的何种存在方式确定为通达这样一种存在者的适当通道？笛卡尔已把这种存在者的存在规定为 extensio 并同“世界”的存在等量齐观。通达这种存在者的唯一真实通路是认识，是 intellectio〔理智〕，而且是数学物理学意义上的认识。数学认识被当作这样一种把握存在者的方式——它始终可以确信自己肯定占有了它所把握的存在者的存在。什么东西就其存在方式来说满足数学认识可得以通达的存在，什么东西就在本真的意义下存在。这种存在者就是那种始终
96 是其所是的东西。所以，在世界的被经验到的存在者那里，这种存在者的本真存在是由这样一种东西构成的——关于这种东西我们可以指出的是：它具有始终存留的性质。这也就是 remanens capax mutationum〔存留以应万变者〕。本真地存在着的是持久留存的东西。数学所认识的就是这种东西。在存在者身上可以凭借数学通达的东西构成了这种存在者的存在。这样一来，凭着遮蔽在实体性这一概念之中的某种确定的存在观念，并且凭着对这样存在着的东西加以认识的那种认识观念，人们仿佛就把存在发配给了“世界”。笛卡尔不是让世内存在者自己提供出自己的存在方

式。他立足于其上的那种存在观念(存在＝始终现成在手的状态)就其源始而言是未被揭示的，就其道理而言是未经指证的；而他根据这种存在观念却仿佛先行描写出了世界的“本真”存在。所以，首要的不在于笛卡尔倚重于一门偶然特蒙重视的科学，即规定着 a
世界存在论的数学；而在于他从存在论原则上依循持久的现成性这样一种存在来制定方向，而这种存在是特别适合由数学认识来把捉的。这样一来，笛卡尔就在哲学上明确地从传统存在论的努力方向转向了近代数学物理学及其先验基础。

笛卡尔无须乎提出如何适当地通达世内存在者这样一个问题。传统存在论的尊位香火不息，于是，把捉本真存在者的真实方式事先就决定好了。这种方式在于νοεῖν〔思想〕，即最广义下的“直观”；而διανοεῖν，即“思考”只是由此成长出来的一种完成形式。笛卡尔是从这样一种原则性的存在论方向出发对另一种直观觉知着通达存在者的可能方式提出“批判”，这种方式就是同 intellectio〔理智认识〕相对的 sensatio(αἴσθησις)〔感觉〕。

笛卡尔知道得很清楚，存在者首先不是在它的本真存在中显示出来的。“首先”给与的是这个确定的有色、有味、有硬软、有冷暖、有音调的蜡块般的物。而这种东西以及一般由感官给与的东西在存在论上始终是无关宏旨的。感官根本不让我们就其存在来认识存在者，感官只报道出“外部”世界内的物有益或有害于寓于肉身的人这种东西。Satis erit，si advertamus sensuum perceptiones non referri，nisi ad istam corporis humani cum mente coniunctionem，et nobis quidem ordinarie exhibere，quid ad illam externa corpora prodesse possint aut nocere.〔我们只消指出，感

官的知觉仅可归因于人类的身心这种联合体。它们一般向我们显示出有广延的物体对身心联合体如何有益或怎样有害。〕[①]通过感
97 官我们根本不曾就其存在获得关于存在者的启示,Nos non docent,qualia(corpora) in seipsis existant.〔但它们并不告诉我们事物自身存在的方式〕[②]。Quod agentes,percipiemus naturam materiae,sive corporis in universum spectati,non consistere in eo quod sit res dura vel ponderosa vel colorata vel alio aliquo modo sensus afficiens:sed tantum in eo,quod sit res extensa in longum,latum et profundum.这样,我们就会看到,一般说来,物质或物体的本性,并不在于它是某种硬的、重的或有颜色的,或以其他方式刺激我们感官的存在物。它的本性只在于它是一个具有长、宽、高三维广延的存在物。[③]

当我们批判地分析笛卡尔对硬度经验与阻力经验所做的阐释之时,就可以清楚地看到;要把显现在感性里的东西就其本身的存在方式提供出来乃至于规定这种存在方式本身,笛卡尔对此是何等无能为力(参见第十九节)。

硬度被把握为阻力。但阻力像硬度一样,也几乎没有在现象意义上被领会为就其本身被经验到的东西和可以在这种经验中加以规定的东西。阻力对笛卡尔来说无非是不从它的位置上退缩,也就是说,不发生位移。于是,一物的阻力等于说:相对于别一移位着的物而留在一确定的位置上,或以某种速度移位,而别一移位

① 笛卡尔:《哲学原理》,第二章第41页第3条。——原注

② 同上。——原注

③ 同上书,第二章第42页第4条。——原注

的物能够“追上”它。对硬度经验的这种阐释取消了感性觉知的存在方式，从而也就取消了得以就其存在来把握在感性觉知中照面的存在者的可能性。笛卡尔把对某事物的一种觉知这样的存在方式翻译为他所知的唯一方式，对某事物的觉知变成为两个现成的 res extensae 的某种确定的并列的现成存在，二者的运动关系本身就在于 extensio 的样式之中，而 extensio 首要地是描述物体的现成状态。虽说触碰行为得以“完成”需要可触碰的东西突出地“近”，但这不等于说；如果从存在论上加以把握的话，接触以及在接触中昭示出来的硬度就在于两个物体的不同速度。若存在者不具有此在的存在方式或至少生物的存在方式，就根本显示不出硬度或阻力。

于是，笛卡尔就在这样一种存在观念的统治之下进行其关于通达世内存在者的可能通道的讨论，而这种存在观念本身是从世内存在者的某一确定领域摄取的。

持久的现成状态这样一种存在的观念不仅说明了以极端方式 98
规定世内存在者的存在的动机，说明了把世内存在者同一般世界混为一谈的动机，而且这一存在观念同时还妨碍了我们从存在论上恰当地把此在的行为收入眼帘。这样一来却又完全错置了视线，从而看不到一切感性觉知与理智上的觉知都另有根基的性质，不能领会此在的各种行为都是在世的可能性。而笛卡尔却把以在世为其基本建构的“此在”的存在也像 res extensa 的存在一样把握为实体。

然而，对笛卡尔的这番批判讨论不是把某种完全处在笛卡尔视野之外的任务塞到他名下然后再“指明”他不曾解决这一任务吗？如果他根本不识知世界现象从而不识知世内状态这样的东西，那他怎么会把某种确定的世内存在者及其存在同世界混为一谈呢？

在原则性论争的园地里，这种论争不可仅仅拘泥于可以从文本上把握的论题，它还必须以提出问题的实质倾向来判定方向，哪怕这种倾向本身并不超出通俗把握事物的方式。凭借 res cogitans 与 res extensa，笛卡尔不仅**想要提出**“我与世界”的问题，而且他还要求彻底解决这个问题；在他的《沉思录》（尤其参考Ⅰ与Ⅳ）中这一点十分清楚。他依循传统制订存在论的基本方向而完全不加积极的批判，这就使他不可能剖明此在的源始的存在论问题，使他不得不蒙蔽了看待世界现象的眼光，使他把“世界”的存在论硬塞到某种确定的世内存在者的存在论之中。前文的讨论应已指明了这些情形。

然而，人们也许会反驳说；尽管世界问题乃至从周围世界首先来照面的存在者的存在实际上都还讳莫如深，但笛卡尔却为从存在论上描述**这样一种**世内存在者奠定了基础——其他一切存在者
a 都根源于某种存在者的存在，而这种存在者就是物质自然。世内
99 现实的其他层次都是在物质自然这一基础层次上建立起来的。奠基于广延物本身的首先是这样一些规定性——它们虽然显示为**质**，但“其实”是 extensio 本身的种种样式在量上的变形。在这些本身是可还原的质的基础上，复有美、丑、适当、不当、有用、无用等特殊的质，这些质必须首先依循物性来制订方向才得被把握为不可量化的价值述语；那首先仅仅是物质的事物则通过这些述语而被戳上了某种善的印记。如此分层递进便得进而考察到我们在存

在论上描述为当下上手的工具的那种存在者。所以，恰是笛卡尔的“世界”分析才使我们得以稳当地建设起当下上手的东西的结构，这种分析只需举手之劳，把自然物补足为充分的使用物就行了。

然而，且不谈世界这一特殊问题，沿着这条道路能从存在论上到达首先从世内来照面的东西的存在吗？物质的物性不是未曾言明地假设了一种存在吗？——那就是物的始终现成在手的状态，这种存在并不能靠事后为存在者配上价值述语而得到存在论上的补充，倒不如说这些价值特质本身只是某种具有物的存在方式的存在者在存在者层次上的规定性。关于有价值物的存在，价值述语的附加丝毫不能提供什么新的启发，它只是又预先为有价值的物设定了纯粹现成状态的存在方式。价值是物的现成的规定性。价值的存在论起源最终只在于把物的现实先行设定为基础层次。先于现象学的经验已经在臆想为物的存在者身上指出了某种不可能凭借物性充分领会的东西。所以物的存在才需要补充。洛采把价值或其“有效性”把握为“赞许”的一种样式，而这些东西的存在在存在论上究竟说的是什么？价值附着在物上的这个“附着”在存在论上意味着什么？只要这些规定性仍旧晦暗不明，由自然物来重建使用物的事业在存在论上就还是颇成问题的，这里还不谈问题从原则上已经提歪了。在重建首先“剥了皮的”使用物之际又要重新提出一种现象的整体性来，那么重建工作不是总已经需要把这种具有整体性的现象积极地、先行地收入眼帘吗？如果先就不曾适当地解说这种现象的最本己的存在建构，那么重建工作不就成了没有建筑图样的建设了吗？只要对传统的“世界”存在论的重

建与“补充”在结果上达到了这样的一种**存在者**（前文在分析用具
100 的上手状态与因缘的整体性之际就曾从这种存在者出发），它们就唤起了一种假象，似乎这种存在者的**存在**实际上已经澄清或者至少已经成了**问题**。但笛卡尔的 extensio **这种** proprietas〔属性〕无涉乎实体的存在，同样，向“价值”性质的逃避也根本不能把上手状态这种存在收入眼帘，更别说把它变成存在论课题了。

笛卡尔把自然物性当作首先可以通达的世内存在者，又把世界问题紧缩为自然物性的问题，这样就把问题收得更狭隘了。他臆想出一种最严格的存在者层次上的认识方式，坚持认为，对存在者的这种**认识**也就是通达在这种知识中揭示出来的存在者的首要存在的唯一可能的通道。但同时应看到：即使对物的存在论的种种“补充”根本上也还活动在笛卡尔式的教条基础之上。

我们已经提示过（第十四节）：跳过世界及首先照面的存在者不是偶然的，不是仅仅需加弥补的疏忽，而是植根在此在本身的本质存在方式之中的。在这一问题的框架中，此在的主要结构是至关重要的，如果此在的分析使这些主要结构变得透彻可见，如果我
a 们为一般存在的概念提供了得以对它获得可理解性的视野，并从而能够从存在论上源始地理解上手状态与现成在手状态，那么，我们对笛卡尔的、如今在原则上仍颇流行的世界存在论所做的批判才能在哲学上言之成理。

为此必须指出以下诸点（参见第一部第三篇）：[①]

① 这一篇事实上并未写出出版，参见第 39 页注。——中译注

1.为什么在对我们起决定作用的存在论传统之初——巴门尼德是明显的例子——世界现象就被跳过去了？为什么这种跳过去的情况一而再再而三地重演？

2.为什么世内存在者跳进来代替了被跳过去的现象而成为存在论课题？

3.为什么世内存在者首先在“自然”中被发现？

4.觉察到这种世界存在论必须加以补充的时候，为什么这种补充要借助价值现象来进行？

只有凭借这些问题的答案，我们才能对世界问题的提法有积极的领会，才能指明这一提法之所以欠缺的由来，才能证明拒斥传统的世界存在论确有根据。

对笛卡尔所做的考察应能使我们洞见到：貌似自明地从世界 101
的物出发，依循着对存在者的臆想为最严格的知识来制订方向，这些都不能保证我们能获得一种地基，借以从现象上同世界、此在及世内存在者的切近的存在论建构相遇。

但若我们回想到空间性显然参与组建世内存在者，那么笛卡尔的“世界”分析最后还可能得到“补救”。笛卡尔以极端的方式把extensio提出来当作 res corporea 的一切规定性的 praesuppositum〔前提〕，这样他就为某种先天事物的领会做了准备。康德则更深入地确定了这种先天事物的内容。虽然对具有广延的存在者的存在进行明确解释的工作被耽搁了，但在某种限度内，extensio的分析同这种耽搁无关。把 extensio 假设为“世界”的基本规定性有其现象上的道理，虽说回溯到这种规定性并不就能从存在论上理解世界的空间性以及在周围世界中来照面的存在者的首先得到揭示的空间性，更不用说此在本身的空间性了。

C. 周围世界的周围性与此在的空间性

我们先前曾对“在之中”做了初步描绘（参考第十二节），在那
里，我们把存在在空间之中的一种方式称为“在之内”。而此在必
须同“在之内”这种存在方式划清界限。“在之内”等于说：一个本
身具有广延的存在者被某种广延事物的具有广延的界限环围着。
在之内的存在者与环围者都现成摆在空间之内。我们拒不承认此
在如此这般地在一个空间容器之内，这却不是原则上拒绝承认此
在具有任何空间性，而只是使视线保持畅通，得以看到对此在具有
组建作用的空间性。这一点现在就必须提出来。但只要**世界**之内
的存在者同样也在空间之中，那么这种存在者的空间性就同世界
a 具有某种存在论联系。所以有待规定的就是：空间在何种意义上
是世界的要素。世界本身曾被描述为“在世界之中存在”的一个结
构环节。尤其须得指出的是：周围世界的周围性、在周围世界中照
面的存在者本身特殊的空间性如何通过世界之为世界而获得根
102 基，而不是反过来，仿佛世界倒现成存在在空间中。探索此在的空
间性与世界的空间规定，这项工作要从分析世内在空间中上到手
头的东西出发。考察分三个阶段进行：1.世内上到手头的东西的
空间性（第二十二节），2.在世界之中存在的空间性（第二十三节），
3.此在的空间性，空间（第二十四节）。

第二十二节　世内上到手头的东西的空间性

如果空间在某种尚待规定的意义上组建着世界，那么就无怪乎我们在前文对世内事物的存在进行存在论描述的时候曾不得不把世内事物当作空间之内的事物收入眼帘。直到现在我们还不曾从现象上明确把握上手事物的空间性，还不曾展示这种空间性如何包括在上手事物的存在结构中。而这就是当前的任务。

在描述上手事物之际，我们在何种程度上已经碰上了它的空间性？我们曾谈到首先上到手头的东西。这不仅是说同其他存在者相比它是最先来照面的存在者，而且也意指它是“在近处”的存在者。日常交往的上手事物具有切近的性质。确切看来，表达用具的存在的那个术语即“上手状态”已经提示出用具之“近”。“上手的”存在者向来各有不同的切近，这个近不能由衡量距离来确定。这个近由寻视“有所计较的”操作与使用得到调节。操劳活动的寻视同时又是着眼于随时可通达用具的方向来确定这种在近处的东西的。用具的定出方向的近处意味着用具不仅仅在空间中随便哪里现成地有个地点〔Stelle〕，它作为用具本质上是配置的、安置的、建立起来的、调整好的。用具有其位置〔Platz〕，它即或“四下堆着”也同单纯摆在随便什么空间地点上有原则区别。周围世界上到手头的工具联络使各个位置互为方向，而每一位置都由这些位置的整体方面规定自身为这一用具对某某东西的位置。位置与位置的多样性不可解释为物的随便什么现成存在的“何处”。位

置总是用具之各属其所的确定的“那里”与“此”。每一各属其所都同上手事物的用具性质相适应，也就是说：同以因缘方式隶属于用
103 具整体的情况相适应。但用具整体之所以能够依靠定位而具有各属其所的性质，其条件与根据在于一般的“何所往”，在其中位置整体性被指派给某个用具联络。而操劳交往的寻视就先行把这个“何所往”收在眼中。我们把这个使用具各属其所的“何所往”称为场所〔Gegend〕。

“在某某场所”不仅是说“在某某方向上”，而且也是说“在某某环围中”。这个环围也就是在那个方向上放着的东西的环围。位置是由方向与相去几许〔Entferntheit〕——近处只是相去几许的一种样式——构成的，它总已是向着一个场所并在这个场所之内制订方向的。所以，我们若要指定可供寻视利用的用具整体性的某些位置并发现这些位置摆在那里，就必须先揭示场所这样的东西。依场所确定上手东西的形形色色的位置，这就构成了周围性质，构成了周围世界切近照面的存在者环绕我们周围的情况。绝不是先已在三个维度上有种种可能的地点，然后由现成的物充满。空间的维性还掩藏在上手事物的空间性中。“上面”就是“房顶那里”，“下面”就是“地板那里”，“后面”就是“门那边”。一切“何处”都是由日常交往的步法和途径来揭示的，由寻视来解释的，而不是以测量空间的考察来确定来标识的。

场所并非先要靠共同摆在手头的物才得以形成，场所在各个位置中向来已经上到手头。位置本身是由操劳寻视指派给上手事物的，或者就作为〔指派给上手事物的〕位置本身摆在那里。所以，寻视着在世的存在事先已对之有所算计的持续上手的事物有自己

的位置。它在何处上手，这是向有所计较的操劳活动提供出来的，并向着其他上手事物制定方向。例如，太阳的光和热是人们日常利用的东西，而太阳就因对它提供的东西的使用不断变化而有其位置：日出、日午、日落、午夜。这种变化着但又恒常上到手头的东西的位置变成了突出的“指针”，提示出包含在这些位置中的场所。天区这时还根本无须具备地理学意义，它先行给出了在先的“何所往”，得以使一切可由位置占据的场所获得特殊的形式。房子有其向阳面与防风面，“房间”的划分就是向着这两面制定方向的，而这 104
些房间之内的“摆设”也都各依其用具性质向着它们制定方向。例如，教堂与墓地分别向着日出和日落设置，那是生与死的场所，此在自己在世的最本己的存在可能性就是由这生与死规定的。此在为它的存在而存在，此在的操劳活动先行揭示着向来对它有决定性因缘的场所。这种场所的先行揭示是由因缘整体性参与规定的，而上手事物之来照面就是向着这个因缘整体性开放出来。

每一场所的先行上到手头的状态是上手事物的存在，它在一种更源始的意义上具有熟悉而不触目的性质。只有在寻视着揭示上手事物之际，场所本身才以触目的方式映入眼帘，而且是以操劳活动的残缺方式映入眼帘的。往往当我们不曾在其位置上碰到某种东西的时候，位置的场所本身才首次成为明确可以通达的。寻视着在世把空间揭示为用具整体的空间性，而空间作为用具整体的位置向来就属于存在者本身。纯粹空间尚隐绰未彰。空间分裂 a
在诸位置中。但具有空间性的上手事物具有合乎世界的因缘整体性，而空间性就通过这种因缘整体性而有自身的统一。并非“周围世界”摆设在一个事先给定的空间里，而是周围世界特有的世界性质在其意蕴中勾画着位置的当下整体性的因缘联络。而这诸种位置则是由寻视指定的。当下世界向来揭示着属于世界自身的空间的空间性。只因为此在本身就其在世看来是“具有空间性的”，所以在存在者层次上才可能让上手事物在其周围世界的空间中来照面。

第二十三节　在世界之中存在的空间性

我们若把空间性归诸此在，则这种“在空间中存在”显然必得由这一存在者的存在方式来解释。此在本质上不是现成存在，它的空间性不可能意味着摆在“世界空间”中的一个地点上；但也不意味着在一个位置上上手存在。这两种情况都是世内照面的存在者的存在方式。但此在在世界“之中”。其意义是它操劳着熟悉地同世内照面的存在者打交道。所以，无论空间性以何种方式附属
105 于此在，都只有根据这种“在之中”才是可能的。而“在之中”的空间性显示出**去远**①与**定向**的性质。

去远是此在在世的一种存在方式。我们所领会的去远并非相去之远（相近），更非距离这一类东西。我们在一种积极的及物的

---

① Ent-fernung〔去远〕一般可以译为“移动”、“除去”、“远离”乃至“距离”，但在这里，作者试图使人们注意到这个词是由词干 fern〔“远”、“距”〕加上褫夺性前缀 ent-构成的。在通常情况下，ent 这个前缀仅仅用来加强在 fern 所含的“分离”和“距离”的含义，但按照海德格尔的解释，这个词却完全是褫夺性的。这样，entfernen 这个动词这里就意指去除距离和遥远而不是增加它们。——英译注

含义下使用去远这个术语。它意指此在的一种存在建构。从这种建构着眼,移走某种东西以使它离开得远只是去远的一种特定的、实际的样式罢了。去远说的是使相去之距消失不见,也就是说,是 a
去某物之远而使之近。此在本质上就是有所去远的,它作为它所是的存在者让向来存在着的东西到近处来照面。去远揭示着相去 b
之远。相去之远像距离一样是非此在式的存在者的范畴规定。去远则相反必须被把握为**生存论性质**。唯当存在者的"相去之远"已对此在揭示出来了,才可能通达世内存在者互相之间的"其远几许"与距离。两个点正像两个一般的物一样不是相去相远的,因为这些存在者就其存在方式来说哪个都不能有所去远。它们只不过具有距离而已,而这种距离是由去远活动发现和测量的。 c

去其远首先与通常就是寻视着使之近,就是带到近处来,也就是办到、准备好、弄到手。不过,就是纯认识揭示存在者时的某些方式也具有使之近的性质。**在此在之中有一种求近的本质倾向**。 d
我们当今或多或少都被迫一道提高速度,而提高速度的一切方式都以克服相去之远为鹄的。例如,无线电的出现使此在如今在扩展和破坏日常周围世界的道路上迈出一大步,去"世界"如此之远对此在都意味着什么尚无法一目了然呢。

去远并不必须明确估计出上手事物离此在多远多近。相去之远近不主要被把握为距离。若要估计远近,这种估计也是相对于日常此在行事于其中的"其远几许"来说明的。从计算上看,这类估计也许不准确,也许游移不定,但它们在此在的日常生活中**自**有其完全可以理解的**确定性**。我们说:到那里有一程好走,有一箭之遥,要"一袋烟工夫"。这些尺度不仅表示不可用它们来"量",而且

还表示估计出来的相去之远属于人们正操劳寻视着的某个存在
106 者。但即使我们用的是固定的尺度，说“到那所房子要半个钟头”，我们仍须把这种尺度当作估计出来的尺度。“半个钟头”并非三十分钟，而是一段绵延，而绵延根本没有时间延伸之量那种意义上的“长度”。这一绵延向来是由习以为常的“所操劳之事”得到解释的。诸种相去之远首先都由寻视加以估计，即使在“官方”核定的尺度熟为人知之处也是这样。因为被去远的东西在这种估计中上到手头，所以它保持着自己特有的世内性质。其中甚至包含有这样的情况：同被去远的存在者打交道的道路日异其长度。周围世界上到手头的东西确乎不是对一个免于此在的永恒观察者现成摆在那里，而是在此在的寻视操劳的日常生活中来照面的。此在在它的道路上并不穿越一段空间路程，像穿越一个现成物体似的；此在并不“吃掉”多少多少公里。接近与去远向来就是向接近与去远的东西操劳着存在。“客观上的”遥远之途其实可能颇近，而“客观上”近得多的路途却可能“行之不易”，或竟无终止地横在面前。但当下世界如此这般地“横陈面前”才是本真地上到手头。现成之物的客观距离同世内上到手头的东西的相去之远近不相涵盖。人们可能准确地知道客观距离，但这个知却还是盲的，它不具备以寻视揭示的方式接近周围世界的功能。人们只是为了向着“关乎人们行止”的世界去存在并在这一存在之中才运用那种知识，而这种操劳存在却并不测量距离。

人们先行依“自然”以及“客观”测量的物之距离为准，因而倾向于把上面对去远活动功能的解释与估价称之为“主观的”。但这样一种“主观性”大概揭示着世界的“实在性”中最为实在者，这种

“主观性”同“主观”任意及主观主义“看法”毫不相干，因为主观主义看到的存在者“自在地”却是另一码事。**此在日常生活中的寻视去远活动揭示着“真实世界”的自在存在，而这个“真实世界”就是此在作为生存着的此在向来就已经依之存在的存在者。**

把相去之远近首要地乃至唯一地当作测定的距离，这就掩盖了“在之中”的源始空间性。通常以为“最近的东西”根本不是“离我们”距离最短的东西。“切近的东西”若要在平均状态中去达到、107
去抓住、去看见，它倒相去相远了。因为此在本质上是以去远的方式具有其空间性的，所以，此在在其中交往行事的那个周围世界总是一个就某种活动空间而言一向与此在相去相远的“周围世界”。因此，我们首先总是越过在距离上“切近的东西”去听去看。看与听之所以是远距离感觉，并非由于它们可及远方，而是由于此在作为有所去远的此在主要逗留在它们之中。例如，眼镜从距离上说近得就“在鼻梁上”，然而对戴眼镜的人来说，这种用具在周围世界中比起对面墙上的画要相去远甚。这种用具并不近，乃至于首先往往不能**发现**它。我们曾提出首先上手的东西的不触目性质，而这种去看的用具，以及诸如此类去听的用具，例如电话筒，就具有这种**不触目性质**。再例如对街道这种行走用具来说，上面这点仍是有效的。行走时每一步都触到街道，似乎它在一般上手事物中是最切近最实在的东西了，它仿佛就顺着身体的一个确定部分即脚底向后退去。但比起“在街上”行走时遇见的熟人，街道却相去远甚，虽然这个熟人相“去”二十步之“远”。决定着从周围世界首先上到手头的东西之远近的，乃是寻视操劳。寻视操劳先已依而逗留的东西就是切近的东西，就是调节着去远活动的东西。

如果说此在在操劳活动中把某种东西带到近处来，那么这却不意味着把某种东西确定在某个空间地点上而这个地点离身体的某一点距离最小。“近”说的是：处在寻视着首先上手的东西的环围之中。接近不是以执着于身体的我这物为准的，而是以操劳在世为准的，这就是说，以在世之际总首先来照面的东西为准的。所以，此在的空间性也就不能通过列举物体现成所处的地点得到规定。虽然我们谈到此在时也说它占据一个位置，但这一“占据”原则上有别于处在某一个场所中一个位置上的上手存在。必须把占据位置理解为：去周围世界上到手头的东西之远而使它进入由寻视先行揭示的场所。此在从周围世界的“那里”领会自己的“这里”。“这里”并不意指现成东西的何处，而是指去远着依存于……的“何所依”，同时也包含着这种去远活动本身。此在就其空间性来看首
108 先从不在这里，而是在那里；此在从这个那里回返到它的这里，而这里又只是以下述方式发生的——此在通过从那里上到手头的东西来解释自己的向着……的操劳存在。从“在之中”的去远结构的现象特点来看，这种情况就一清二楚了。

此在在世本质上保持在去远活动中。此在绝不能跨越这种去远，不能跨越上手事物离此在本身的远近。如果我们设想有一个物现成摆在此在先前曾占据的位置上，而上手事物相去此在之远则按照上手事物与这个物的关系来规定，那么，此在本身可以把这一相去之远作为摆在那里的距离加以发现。这样，此在事后是可以跨越这一间距的。不过，这时距离本身变成了已被去远的距离。此在却不曾跨越它的去远，毋宁说此在已经随身携带而且始终随身携带着这种去远，因为此在本质上就是去远，也就是说，此在本

质上就具有空间性。此在不能在它自己的或远或近的环围中环游，它所能做的始终只是改变远近之距。此在以寻视着揭示空间的方式具有空间性，其情形是：此在不断有所去远，从而对如此这般在空间中来照面的存在者有所作为。

此在作为有所去远的"在之中"同时具有定向的性质。凡接近总已先行采取了向着一定场所的方向，被去远的东西就从这一方向而来接近，以便我们能就其位置发现它。寻视操劳活动就是制定着方向的去远活动。在这种操劳活动之中，也就是说，在此在本身的在世之中，"标志"的需求是先行给定的。标志这种用具承担着明确而轻便称手地列举方向的任务。标志明确地使寻视着加以利用的场所保持开放，使归属过去、走过去、带过去、拿过去的各种"何所去"保持开放。只要此在存在，它作为定向去远的此在就总已有其被揭示了的场所。定向像去远一样，它们作为在世的存在样式都是先行由操劳活动的寻视引导的。

左和右这些固定的方向都源自这种定向活动。此在始终随身携带这些方向，一如其随身携带着它的去远。此在在它的"肉体性"——这里不准备讨论"肉体性"本身包含的问题——中的空间化也是依循这些方向标明的。所以，用在身上的上手事物必须依左右来定向，例如要参与手的活动的手套就是这样。手工工具则相反，它虽然持在手中随手活动，却并不参与手所特有的"称手的"活动。所以，锤子虽然随手而被摆弄，却无左锤右锤之说。 109

不过，还须注意的是：属于去远活动的定向是由在世奠定的。左右不是主体对之有所感觉的"主观的"东西，而是被定向到一个总已上到手头的世界里面去的方向。"通过对我的两侧之区别的单纯感觉”[①]，我绝不可能就在一个世界中辨清门径。具有对这种区别的“单纯感觉”的主体是一个虚构的入手点，它毫不过问主体的真实建构——具有这种“单纯感觉”的此在总已在一个世界之中；并且，为了能给自己制定方向，它也不得不在一个世界之中。这一点从康德试图澄清制定方向这一现象的那个例子中就可以看得清楚。

假设我走进一间熟悉但却昏暗的屋子。我不在的时候，这间屋子完全重新安排过了，凡本来在右边的东西现在都移到了左边。我若要为自己制定方向，除非我把捉到了一件确定的对象，否则对我两侧之“区别的单纯感觉”是毫无助益的。谈及这一对象时康德附带说道：“我在记忆中有其地点”。但这意味着什么呢？除非是：
a 我必定靠总已寓于某个“熟悉的”世界并且必定从这种寓世的存在出发来为自己制订方向。某个世界的用具联络必须先已给与此在。我向已在一个世界之中，这对制订方向的可能性是起组建作用的，其作用绝不亚于对左右的感觉。此在的这种存在建构不言而喻，但不能以此为理由来压低这一建构在存在论上的组建作用。像其他所有的此在阐释一样，康德倒也压低不了它的作用。但不断地应用这一建构并不就可免于提供一种适当的存在论解说，而是要求提供这样一种解说：我“在记忆中”有某种东西，这样一种心理学阐释其实就意指着生存论上的在世建构。因为康德没有看到这一结构，所以他也就认不出使制定方向成为可能的整个建构联

① 康德：“什么叫作：在思想中判定方向？”（1786 年），著作集（科学院版），第八卷，第 131—147 页。——原注

络。此在的一般定向活动才是本质性的,按照左右而定的方向就 110
奠基于其中,而一般的定向活动本质上又一道由在世加以规定。当然,就连康德也不是要对制定方向进行专题阐释。他不过是要指出凡制定方向都需要某种"主观原则"。但在这里,"主观"所要意味的将是:先天。然而,依左右而定向的先天性却奠基于在世的"主观"先天性,这种先天性同先行局限于无世界的主体的规定性毫不相干。

去远与定向作为"在之中"的组建因素规定着此在的空间性,使此在得以操劳寻视着存在在被揭示的世内空间之中。我们迄此解说了世内上手事物的空间性与在世的空间性,这才为我们提供了前提,使我们得以清理出世界的空间性现象,得以提出空间的存在论问题。

第二十四节　此在的空间性,空间

此在在世随时都已揭示了一个世界。我们曾把这种奠基于世界之为世界的揭示活动描述为存在者向着一种因缘整体性开放。开放着的了却因缘以寻视着的自我指引的方式进行。自我指引则基于先行领会意蕴。现在则又显示出了:寻视在世是具有空间性的在世。而只因为此在以去远和定向的方式具有空间性,周围世界上到手头的东西才能在其空间性中来照面。因缘整体性的开放同样源始地也是有所去远有所定向地缘某一场所来了却因缘。这就是说:把上手事物在空间上各属其所的状态开放出来。此在作为操劳着的"在之中"同意蕴相熟悉,而在意蕴中就有空间的本质性的共同**展开**。

如此这般随同世界之为世界展开的空间尚不具有三维的纯粹多重性。就这种切近的展开状态来说，空间作为以计量学的地点秩序和地域规定的纯粹的"何所在"依旧隐藏不露。空间的"**何所面向**"先行在此在中得到揭示；这一点我们已经通过场所现象加以提示。我们把场所领会为上手用具的联络可能向之归属的"何所往"，而用具联络则应能作为被定向去远的联络亦即被定位的联络
111 来照面。连属状态由对世界起组建作用的意蕴加以规定，它在可能的"何所往"的范围内勾连着"往这里"与"往那里"。一般的"何所往"通过在操劳活动的"为何之故"中固定下来的指引整体先行**描绘**出来。有所开放的了却因缘就在这一整体之内自我指引。作为上手事物来照面的东西，向来同场所有一段因缘。因缘整体构成了周围世界上到手头的东西的存在，它包含有场所的空间因缘。基于这种空间因缘，上手事物可按形式与方向得到发现与规定。世内上手事物向来就按照操劳寻视所可能具有的透视而随着此在的实际存在被去远和定向。

对在世起组建作用的"让世内存在者来照面"是一种"给与空间"，我们也称之为**设置空间**。这种活动向空间性开放上手的东西。设置空间的活动揭示出、先行提供出由因缘规定的可能的**位置**整体性，于是我们能够实际上制定当下的方向。如果我们把设置空间领会为生存论环节，那么它就属于此在的在世。只因为如此，此在在寻视操劳于世界之际才可能移置、清除、充塞〔um-，weg-und einräumen〕。不过，向来先行得到揭示的场所以及一般的当下空间性都并不曾鲜明地映入眼帘，因为寻视消散在操劳于上手事物

的活动之中，而空间性自在地就以上手事物的不触目状态向寻视照面。空间首先就在这样一种空间性中随着在世而被揭示。认识活动基于如此这般得到揭示的空间性才得以通达空间本身。

既非空间在主体之中，亦非世界在空间之中。只要是对此在具有组建作用的在世展开了空间，那空间倒是在世界“之中”。并非空间处在主体之中，亦非主体就“好像”世界在一空间之中那样考察世界；而是：从存在论上正当领会的“主体”即此在乃是具有空间性的。因为此在以上述方式具有空间性，所以空间显现为先天的东西。先天这个名称说的不是先行归属于一个首先尚无世界的主体而这个主体又从自身抛射出一种空间之类。先天性在这里说的是凡上手事物从周围世界来照面之际空间（作为场所）就已经照面这种先天性。

在寻视中首先来照面的东西的空间性可以成为寻视本身的专题，可以成为计算和测量工作的任务，例如在盖房和量地的时候就 112
是这样。周围世界的空间性的这种专题化主要还是以寻视方式进行的，但这时空间就其本身而言已经以某种方式映入眼帘。我们可以纯粹地观望如此这般显现出来的空间，其代价是放弃寻视着的计较——先前得以通达空间的唯一通道。空间的“形式直观”揭示出空间关系的纯粹可能性。要剖析这种纯粹的单质的空间要经历一系列阶梯：从空间形态的纯粹形态学到位置分析直到纯粹的空间计量学。考察这些联络不是这部探索的事情。[①] 在这部探索

① 参见贝克〔O. Becker〕：《论几何学及其物理应用的现象学根据》，本年鉴第六卷，1923 年，第 385 页及以下。——原注

的讨论范围之内，我们只是要从存在论上确定可据以专题揭示和廓清纯粹空间的现象基地。

无所寻视仅止观望的空间揭示活动使周围世界的场所中立化为纯粹的维度。上手的用具由寻视制定了方向而具有位置整体性，而这种位置整体性以及诸位置都沦为随便什么物件的地点多重性。世内上手事物的空间性也随着这种东西一道失去了因缘性质。世界失落了特有的周围性质；周围世界变成了自然世界。"世界"作为上手用具的整体经历了空间化，成为只还摆在手头具有广延的物的联络。上手事物的合世界性异世界化了，而只有以这种特具异世界化性质的方式揭示照面的存在者，单质的自然空间才显现出来。

对于在世的此在，先行给予的总是已经揭示了的空间——虽然这一揭示不是专题的揭示。然而，空间包含有某种东西的单纯空间性存在的纯粹可能性，而就这种可能性来看，空间就其本身来说首先却还是掩盖着的。空间本质上在一世界之中显示自身。这还不决定空间的存在方式。空间无须具有某种其本身具有空间性的上手事物或现成事物的存在方式。空间的存在也不具有此在的存在方式。空间本身的存在不能从 res extensa 的存在方式来理解；但这却不能推出：空间从存在论上必须被规定为这些 res 的
113 "现象"——那样的话，空间就其存在来说就同这些 res 无所区别了。这更不能推出：空间的存在等同于 res cogitans 的存在，可以被理解为仅仅"主观的"存在——这还全然不谈这种主体的存在本身还疑问重重呢。

空间存在的阐释工作直到今天还始终处于窘境，这主要不是

由于对空间的内容本身缺乏知识，倒主要是由于对一般存在的诸种可能性缺乏原则性的透视，缺乏通过存在论概念进行的阐释。要从存在论上领会空间问题，关键在于把空间存在的问题从那些偶或可用、多半却颇粗糙的存在概念的狭窄处解放出来，着眼于现象本身以及种种现象上的空间性，把空间存在的问题提法领到澄清一般存在的可能性的方向上来。

在空间现象中所能找到的世内存在者的存在规定性不是其首要的存在论规定性：既不是唯一首要的，也不是诸首要规定性之一。世界现象就更不是由空间组建起来的了。唯回溯到世界才能理解空间。并非只有通过周围世界的异世界化才能通达空间，而是只有基于世界才能揭示空间性：就此在在世的基本建构来看，此在本身在本质上就具有空间性，与此相应，空间也参与组建着世界。

第四章　在世作为共在与自己存在。“常人”①

世界之为世界的分析始终都把整个在世现象收在眼中，只不过还未曾把在世的所有组建环节都像世界现象本身一样从现象上清清楚楚地崭露出来。我们首先通过对世内上手事物的研究提供出世界的存在论阐释，这是因为此在在其日常生活中——日常状态中的此在还始终是个课题——不仅一般地在一个世界之中，而且它是在一种占统治地位的向世界存在的方式中有所作为的。此在首先与通常沉迷于它的世界。这种消散于世的存在方式连带着它所依据的一般“在之中”本质上都是由我们现在就要来追究的那
114 种现象规定的。我们用以追究这一现象的问题是：此在在日常状态中所是者为谁？此在的所有存在结构，其中也包括用以回答这个谁的问题的现象，都是此在存在的方式。这些方式的存在论特征标画乃是一种生存论特征标画。所以我们须得正确地着手提出问题，并须先行描绘出**一条道路**，借以把此在日常状态的**更广泛的现象**领域收入眼帘。我们沿着可借以回答谁的问题的现象前进，

① das Man 是作者将德语中的不定人称代词 man 大写并加上中性定冠词造出来的，指丧失了自我的此在，我们译为“常人”。——中译注

直追究到那些同在世一样源始的此在结构上面。这些结构就是：共同存在与共同此在。日常的自己存在的样式就奠基在这种存在方式之中。对自己存在的解说使我们得以见出我们或可称为日常生活的“主体”的那种东西：常人。从而，论平均的此在为“谁”的这一章划分为下列各节：1.此在为谁这一生存论问题的着手点（第二十五节）；2.他人的共同此在与日常的共同存在（第二十六节）；3.日常自己存在与常人（第二十七节）。

第二十五节　此在为谁这一生存论问题的着手点

此在这一存在者一向是谁这个问题的答案似乎已经由此在的基本规定性（参见第九节）从形式上提示出来了。此在就是我自己一向所是的那个存在者；〔此在的〕[①]存在一向是我的存在。这种规定提示出一种存在论建构，但也仅是提示而已。这种规定性同时也包含着存在者层次上的、虽说还粗糙的提法：向来有一个我是这一存在者，而非他人是这一存在者。这个谁是用我自己、用“主体”、用“自我”来回答的。这个谁就是那个在变居不定的行为体验中保持其为同一的东西，就是那个从而同这种多样性发生关系的东西。在存在论上，我们把这种东西领会为在一封闭域中并为这一封闭域而向来总已现成的东西，领会为在一种优越的意义上作为根据的东西，我们把它领会为 Subjectum，这个 Subjectum 作为

① 依英译本补。——译者注

自一者在形形色色的他性中具有**自我**性质。人们可以拒不承认灵魂实体、意识的物性、人格的对象性，但人们在存在论上仍假设了某种东西，这种东西的存在或明言或未明言地总具有现成性的意义。在规定那个用以回答谁的问题的存在者之际，实体性仍是存
115 在论的准线。人们虽未说出，其实先就把此在理解为现成的东西。无论什么时候，此在存在的无规定性总牵扯到这种存在意义。然而现成性却是非此在式的存在者的存在方式。

此在向来所是者就是我—我们不可因这一命题在存在者层次上的自明性而误取一种意见，仿佛这样一来，从存在论上阐释如此这般"给与的东西"的道路就可靠无误地先行描绘出来了。甚至就连上述命题的存在者层次上的内容是否适合于重现日常此在的现象实情也还颇成问题呢。也可能日常此在的这个"谁"恰恰**不**向来是我自己。

我们要获得存在者层次上及存在论上的命题，这样就可以从存在者本身的存在方式来进行现象展示。但最为自明的答案自古流行至今，从这些答案中又派生出问题的种种提法。从将要提出的问题来看，我们若要在这种种答案和种种问题提法面前保持现象展示的优越性，此在的现象学阐释就必须始终谨防问题提法的颠倒。

但若问题的提法不从专题领域的明白确凿的给定性着手，那岂不同一切**健康**的方法论的规则相悖吗？有什么东西比我的给定性更毋庸置疑呢？这种给定性不是指示我们：为了源始地把这个我清理出来，就得撇开一切其他也"给定的东西"吗——不仅要撇开存在者层次上的"世界"，而且要撇开**其他**"**诸我**"的存在？也许

这种“给”的方式——素朴的、形式上的、反省的“我”之知觉——所给出的东西事实上是明白确凿的。这种见地甚至还敞开了一条通道，可以通向一项独立的现象学讨论，这项讨论作为“形式上的意识现象学”有其制订框架的原则意义。

联系到实际此在的生存论分析工作，现在就发生了问题：如果说上述给出我的方式居然**开展**了此在的话，它是不是就此在的日常生活开展此在的？通达此在的通道必定是对种种行为的我的素朴知觉和反省——这究竟是不是先天自明的？如果情况竟是此在的这种“给与自身”的方式适足把生存论分析工作引入迷途，而这引入迷途又基于此在本身的存在呢？此在在谈起它自己的时候也许总是说：我就是这个存在者；而偏偏它“不”是这个存在者的时候它说得最响。此在向来是我的此在；但若情况竟是此在恰恰基于这一建构而首先与通常**不是它自己**呢？前面曾提到人们把我给与 116
此在本身，给与对此在的**近便的**自我解释；但若情况竟是生存论分析工作从这种给定性入手就会落入陷阱呢？这种素朴的“给与”应能使我们通达某种东西；但若借以规定这种东西的存在论视野在原则上还尚未规定，结果会是怎样？人们说“我”就是这个存在者；对这种存在者的这种说法在存在者层次上尽可以是正确的，但用到这类命题的存在论工作必须对它们采取原则性的保留态度。“我”只可领会为某种东西的不具约束力的**形式标记**：这种东西在当下现象的存在联络中也许会绽露自身为它的“对立面”。但这绝不等于把“非我”说成是本质上缺乏“我性”的存在者；非我意指着“我”本身的某种确定的存在方式，例如失落自我。 a

如果我们意在从现象上充分回答谁的问题，那么前此提供的正面的此在阐释就已经禁止我们从我的形式给定性出发了。在世的澄清曾显示出：首先"存在"的或一直给定的从不是无世界的单纯主体。同样，无他人的绝缘的自我归根到底也并不首先"给定"。[①] 但虽说于在世之际"他人"向已共同在此，这一现象上的断言却也不可误使我们认为如此这般"给定的东西"的存在论结构是不言而喻而无须探索的。我们的任务是把在切近的日常生活中的这种共同此在的方式从现象上收入眼帘并从存在论上加以适当解释。

世内存在者的自在存在在存在者层次上不言而喻，这会误使我们相信自在存在的意义在存在论上也是不言而喻的，会误使我们忽视世界现象。同样，此在向来是我的此在，这种存在者层次上的自明性本身就满可能把与之相属的存在论问题的提法引入歧途。不过要说起来，此在为谁这个问题不仅在存在论上是个问题，而且在存在者层次上也还蔽而不露。

117　那么生存论分析要回答谁的问题就根本没有线索可循了吗？断非如此。若要从前面（第九节与第十二节）对此在的存在建构所作的那两个形式上的提示中选一个来充任现在所需的线索，我们刚引到的那一提示〔即"此在就是我"〕当然不如另一个提示了：此在的"本质"根基于它的生存。如果"我"确是此在的本质规定性之一，那就必须从生存论上来解释这一规定性。只有从现象上展示出此在的某种确定的存在方式才能答出这个谁。如果此在只有生

① 参见舍勒的现象学展示：《现象学与同情理论》，1913年，附录第118页及以后。又见第二版，其标题是：同情的本质与形式，1923年，第244页及以后。——原注

存着才是它的自我，那么我们就必须追问自我如何可能常驻，以及自我又如何可能不常驻于自身[①]；而要追问这些问题，生存论存在论的提问方式乃是唯一适当的通道。

但若自我"仅仅"可以被理解为这种存在者的存在方式之一，那么这就似乎等于此在的本真"核心"挥发掉了。滋养这种担心的却是一种倒错的成见，认为问题所及的存在者归根到底还是具有现成事物的存在方式；尽管人们在谈到这种存在者的时候可以绝口不用现成物体的实物性这种提法。然而，人的"实体"不是综合灵魂与肉身的精神，而是生存。

第二十六节　他人的共同此在与日常的共同存在

对追究日常的此在是谁的问题的解答应在对此在首先与通常滞留于其中的那种存在方式所作的分析中去获得。研究工作是就在世进行摸索的，此在的任何一种存在样式都是由此在在世这种基本建构一道规定了的。我们过去曾经说过，通过前面对世界的解释，在世的其余的结构环节也已经映入眼帘，如果我们说得对，那么通过这种解释，对此在为谁这一问题的解答也一定以某种方

① 我们通常把 ständig 译作"持久的"、"继续不断的"、"恒常的"，但作者在专题讨论时有意强调这个词以及 selbständig〔独立〕和 unselbständig〔依赖〕等词的词根是"站立"。在这样的场合我们把 ständig 译作"常驻"。这些概念在第六十四节以后，特别是在第 322 页得到了充分的讨论，在那里，Unselbständigkeit 并不是写成为 Unselbständigkeit〔未能依自我站立〕，而是写成为 Unselbst-ständigkeit〔固持于非自我〕。——中译注

式准备好了。

对最切近的周围世界(例如手工业者的工作世界)进行“描写”的结果是:他人随同在劳动中供使用的用具“共同照面”了,而“工件”就是为这些他人而设的。在这个上手事物的存在方式中,亦即在其因缘中,有一种本质性的指引——指引向一些可能的承用者,而这个上手事物应是为这些承用者“量体剪裁”的。同样的情形,在被使用的材料中,“承办”得或好或坏的材料制造者或“供应者”

118 也来照面。例如我们沿着一片园子的“外边”走,〔因为〕它作为属于某某人的园子显现出来,由这个人维护得井井有条;这本在用着的书是从某某人那里买来的,是某某人赠送的,诸如此类。靠岸停泊的小船在它的自在中就指引向一个用它代步的熟人;即使这只船是“陌生的小船”,它也还指引向其他的人。这些在周围世界上手的用具联络中如此“照面”的他人不能简单地被联想到一个首先只是现成的物之上去,这些“物件”在它们由之而来照面的世界中对于他人是上到手头的,而这个世界自始也总是我的世界。在迄此为止的分析中,在世界之内照面的东西的范围暂只限于上手的用具或现成的自然,因而也就是只限于不具此在性质的存在者。这个限制不仅为达到简化解释的目的曾是必要的,而且更是因为在世界之内照面的他人的此在的存在方式与上手状态和现成状态都有别。据此看来,此在的世界所开放出来的有这样一种存在者:它不仅根本和用具与物有别,而且按其作为此在本身存在这样一种存在的方式,它是以在世的方式“在”世界中的,而同时它又在这个世界中以在世界之内的方式来照面。这个存在者既不是现成的也不是上手的,而是如那有所开放的此在本身一样——它也在此,它共同在此。假如人们竟要把一般世界和世内存在者等同起来，那么人们势必要说，"世界"也是此在。

但对他人来照面的情况的描述却又总是以自己的此在为准。这种描述岂不也是从把"我"高标特立加以绝缘的做法出发，所以才不得不寻找从这个绝缘的主体过渡到他人的道路吗？为了避免这种误解，必须注意，这里是在什么意义下来谈"他人"的。"他人"并不等于说在我之外的全体余数，而这个我则从这全部余数中兀然特立；他人倒是我们本身多半与之无别。我们也在其中的那些人。这个和他人一起的"也在此"没有一种在一个世界之内"共同"现成存在的存在论性质。这个"共同"是一种此在式的共同。这个"也"是指存在的同等，存在则是寻视着操劳在世的存在。"共同"与"也"都须从生存论上来了解，而不可从范畴上来了解。由于这种有共同性的在世之故，世界向来已经总是我和他人共同分有的世界。此在的世界是共同世界。"在之中"就是与他人共同存在。他人的在世界之内的自在存在就是共同此在。

此在并非先行把自己的主体和其他也摆在那里的诸主体加以 119
区别从而掌握自己的切近现成的主体，也非首先观望自己本身，从而才确定下借以把他人区别开来的东西——此在不是通过上述方式得以使他人来照面的。他人是从操劳寻视的此在本质上停留于其中的那个世界方面来照面的。面对许多一下子就挤上前来的把他人"解释"为现成存在的理论虚构，必须坚持已指出来的现象实情，即他人是从周围世界来照面的。在极为广泛的意义上，凡此在都首先而基本地从世界方面来照面，甚至包括自己的此在在内：恰恰当此在对"种种体验"和"行动中心"掉头不顾或根本不曾看之际，**它自己**的此在**才**从它自身“出现”。此在首先在它所经营、所需用、所期待、所防备的东西中，在**切近操劳着的**从周围世界上到手头的东西中发现“自己本身”。

甚至当此在突出地把它自己说成“这儿的我”之际，这个指明地点的人称规定也必须从此在的生存论上的空间性来领会。在阐释这种空间性的时候（第二十三节），我们已经提示，这个“这儿的我”并不是指我这物的一个特具之点，而是要从上手的世界“那儿”来加以领会的“在之中”，而此在作为**操劳**就滞留于“那儿”。

洪堡〔W. V. Humboldt〕①已经指出有些语言用“这儿”表达“我”，用“此”表达“你”，用“那儿”表达“他”，因此这些语言——用文法术语来表达——就是用地点副词来表现人称代词。表达地点的词是副词还是代词，其源始含义究竟是什么，这是有争论的。但若注意到地点副词和作为此在的我有一种关联，这种争论就丧失立足之地了。“这儿”、“那儿”与“此”原本都不是对在世内占据空间地点的现成存在者所做的纯粹地点规定，而是此在的源始空间性的性质。人们揣测这些词是地点副词，它们其实都是此在的规定；它们首先具有生存论的含义，而没有范畴的含义。它们也不是代词，它们的含义发生于有地点副词与人称代词的差异之前。但
120 这些词的本真的空间上的此在含义却指明，未经理论上的歪曲的此在之解释是直接就此在在空间上的“寓世之存在”来看此在的，也就是说，是直接就此在有所去远有所定向地寓于它所操劳的世

① 《论某些语言中地点副词与代名词的亲缘》，1829 年全集版，普鲁士科学院版，卷Ⅵ，第一篇，第 304—330 页。——原注

界的情形来看此在的。在说“这儿”时，消散于其世界之中的此在并不是向自身说过来，而是从自身说开去，说到一个在寻视中上到手头的东西“那儿”去，这时此在在生存论的空间性上却还是意指自身。

此在首先与通常从自己的世界来领会自身，他人的共同此在往往从世内上手的东西方面来照面。但即使他人“在他们自己的此在中”成为课题，他们也不是作为现成的人称物来照面，而是我们“在劳作之际”，也就是说，首先在他们的在世中碰到他们。甚至当我们看到他人“空伫立”的时候，他人也绝不是被把握为现成的人这物件。“伫立”是一种生存论上的存在方式：无所操劳无所寻视地滞留于一切事情而又不滞留于任何事情。他人在其在世界之中的共同此在中来照面。

但“此在”这个术语表示得很清楚，这个存在者“首先”是在与他人无涉的情形中存在着，然后它也还能“共”他人同在。但却不可不注意到：我们用共同此在这个术语标识这样一种存在：他人作为在世界之内的存在者就是向这种存在开放的。他人的这种共同此在在世界之内为一个此在从而也为诸共同在此的存在者开展出来，只因为本质上此在自己本来就是共同存在。此在本质上是共在——这一现象学命题有一种生存论存在论的意义。这一命题并不想从存在者层次上断称：我实际上不是独自现成地存在，而是还有我这样的他人摆在那里。假使“此在的在世本质上是由共在组建的”这句话就是指这种意思，那么共在就不是一种生存论上的规定性了，就不是一种借此在的存在方式从此在本身方面归于此在的规定性了，而是一种每次都根据他人的出现而定的性质了。即使他人实际上不现成摆在那里，不被知觉，共在也在生存论上规定着此在。此在之独在也是在世界中共在。他人只能在一种共在中而且只能为一种共在而不在。独在是共在的一种残缺样式，独在的可能性恰是共在的证明。另一方面，实际上的独在不能通过第二个人之样本在我"之侧"出现甚或通过十个这样的人之样本出现而消除。即使这十个人以及更多的人现成摆在那里，此在也能独
121 在。因此共在〔Mitsein〕与相处〔Miteinandersein〕之成为实情并不是靠许多"主体"一同出现。然而，"杂"在许多人之中的独在，就这许多人的存在而言，也并不等于说这许多人只是现成存在在那里而已。即使在"杂在他们之中"的存在中，他们也共同在此；他们的共同此在在淡漠和陌生的样式中照面。不在与"出门在外"都是共同此在的方式，而这所以可能，只因为此在作为共在让他人的此在在它的世界中照面。共在是每一自己的此在的一种规定性；只要他人的此在通过其世界而为一种共在开放，共同此在就标识着他人此在的特点。只有当自己的此在具有共在的本质结构，自己的此在才作为为他人照面的共同此在而存在。

此在的一般存在被规定为操心(参看本篇第六章)；所以，如果共同此在在生存论上始终对在世具有组建作用，那么共同此在也必须从操心的现象来解释，正如和世内上手的东西寻视打交道的活动须从操心的现象来解释一样。我们前已把这种活动称为操劳，但操劳的存在性质不能适合于共在，虽然共在这种存在方式也和操劳一样是一种对在世内照面的存在者的存在。凡此在作为共在对之有所作为的存在者则都没有上手用具的存在方式；这种存在者本身就是此在。这种存在者不被操劳，而是处于操持之中。

为衣食"操劳",看护病体,也都是操持。但像使用操劳这个词一样,我们把操持〔Fürsorge〕这一表达式领会为一种用于生存论结构的术语。例如,实际社会福利事业这种"操持"[①]就植根于作为共在的此在之存在建构中。之所以实际上迫切需要福利事业这类操持,其原因就在于此在首先与通常是在操持的残缺样式中行事的。互相怂恿、互相反对、互不需要、陌如路人、互不关己,都是操持的可能方式。而上述最后几种残缺而淡漠的样式恰恰表明平均的日常相处的特点。这些存在样式又显示出不触目的与不言而喻的性质,这类性质为日常世界内的他人的共同存在所固有,亦如为操劳每日所及的用具的上手状态所固有一样。相处的这些淡漠方式很容易把存在论的说明引入歧途,去把这种存在首先解释为许多主体之纯现成的存在。摆在我们面前的似乎只是同一种存在方式的几种差别不大的变式。然而从存在论看来,随便什么物件 122
"无所谓地"摆到一起与共处的存在者互不关己这两件事情之间却有本质上的区别。

就其积极的样式来看,操持有两种极端的可能性。操持可能从他人身上仿佛拿过"操心"来而且在操劳中自己去代替他,为他代庖〔einspringen〕。这种操持是为他人把有待于操劳之事揽过去。于是这个他人被抛出原地,退步抽身,以便事后把所操劳之事作为停妥可用之事承接过来,要不然就是使自己完全脱卸其事。在这样的操持中他人可能变成依附者或被控制者,虽然这种控制也许是默不作声的、对被控制者始终掩蔽着的。这种把"操心"揽

① Fürsorge〔操持〕兼有慈善机构、社会救济之类的含义。——中译注

过去的代庖之操持在广大范围内规定着共处，而且它多半关乎对上手事物的操劳。

与此对立的还有一种操持的可能性。这种操持与其说为他人代庖，不如说是为他人生存的能在作出表率〔vorausspringen〕；不是要从他人那里揽过“操心”来，倒恰要把“操心”真正作为操心给回他。这种操持本质上涉及本真的操心，也就是说，涉及他人的生存，而不是涉及他人所操劳的“什么”。这种操持有助于他人在他的操心中把自身看透并使他自己为操心而自由。

操持表明自身是此在的这样一种存在建构：按照操持的种种不同的可能性，这种存在建构既与此在的向着操劳所及的世界的存在相关联，同样也与向着此在本身的本真存在相关联。共处首先和往往只基于在这样的存在中共同被操劳的东西。由于人们从事同样的事而源生出〔entsrpring〕的共处，多半不仅保持在外在的界限中，而且还采取保持距离与态度审慎的方式。雇来共事的人们的共处，常常只靠猜疑来滋养。反之，为同一事业而共同戮力，这是由各自掌握了自己的此在来规定的。这种本真的团结才可能做到实事求是，从而把他人的自由为他本身解放出来。

日常共处保持在积极的操持的两极端之间——即代庖控制的操持与率先〔vorspringen〕解放的操持之间，并显示出多样的混合形态，将这些形态加以描述与分类则非本书范围以内的事了。

123　寻视属于操劳这种对上手事物的揭示方式；与此相仿，操持是由顾视〔Rüecksicht〕与顾惜〔Nachsicht〕来指引的。与操持相应，顾视与顾惜各自都有一系列残缺和淡漠的样式，直至不管不顾与由淡漠所引导的熟视无睹。

世界不仅把上手事物作为世内照面的存在者开放了，而且把此在和他人也都在他们的共同此在中开放了。但这种在周围世界中被开放的存在者，按其最本己的存在意义来看，即是在同一个世界中的“在之中”；这个被开放的存在者就在这同一个世界中向他人照面而共同在此。世界之为世界曾被解释为意蕴的指引整体（第十八节）。此在以先行领会的方式熟悉意蕴，而在这过程中，此在就让上手事物作为在其因缘中被揭示出来的东西来照面。意蕴的指引联系固定于此在对其最本己的存在的存在之中，因而这种最本己的存在在本质上不能有任何因缘，毋宁说它是这样一种存在：此在本身就是为这种存在之故而如其所在地存在。

不过，按照刚才进行的分析看来，与他人共在也属于此在的存在，属于此在恰恰为之存在的那一存在。因而此在作为共在在本质上是为他人之故而“存在”。这一点必须作为生存论的本质命题来领会。即使实际上某个此在不趋就他人，即使它以为无需乎他人，或者当真离群索居，它也是以共在的方式存在。共在就是生存论上的“为他人之故”；在这样的共在中，他人已在其此在中展开了。因而，他人的这种先行以共在组建起来的展开也参与构成意蕴，也就是说，也参与构成世界之为世界，因为世界之为世界是在生存论上的“为何之故”中确定下来的。从而，此在本质上总已在其中的这个世界的如此这般组建起来的世界性让周围世界中上到手头的东西以如下方式来照面：即他人的共同此在也随着这种寻视操劳所及的东西一同照面。在世界之为世界的结构中有下述情况：他人并不首先作为飘飘荡荡的主体现成摆在其他物件之侧，而是以他们操劳于周围世界的存在从在世界中上手的东西方面显现出来。

他人的共同此在的展开属于共在；这展开等于说：因为此在的存在是共同存在，所以在此在的存在之领会中已经有对他人的领会。这样的领会和一般的领会一样，都不是一种由认识得出的知识，而是一种源始生存论上的存在方式，唯这种源始的存在方式才
124 使认识与识知成为可能。自我识知以源始地有所领会的共在为基础。此在同他人一道在周围世界中寻视着有所发现有所操劳；按照作为共同存在者而在世的最切近的存在方式来看，自我识知首先就活动在对上述这些被发现被操劳的东西的领会中。有所操持的操劳是从被操劳的东西方面并随着对被操劳的东西的领会而得到领会的。所以，他人首先是在有所操劳的操持中展开的。

但因为操持首先与通常滞留在残缺的方式或者至少是淡漠的方式中，滞留在陌如路人的无所谓中，所以最切近的、本质的自我识认[①]需要自我结识。而如果自我识认竟丧失在矜持、隐秘、乔装这些方式中，那么共处就需要特殊的途径，以求接近他人或者"深入他人背后"。

公开自身或封锁自身都以当时共处的存在方式为根据，而且本身就是共处的方式。但与这种情形一样，明确地操持着开展他人的活动也总是只有从那基本的和他人共在生长出来。这样开展他人，虽说是一种专题的开展，毕竟还不是理论上心理学上的开展。当人们从理论上提出如何领会"别人的心灵生活"这一问题的

① Sichkennen 译为"自我识认"。它与后面出现的 Selbsterkenntnis〔自我认识〕在含义上有明显区别，参见原著第 146 页及该页注释。——英译注

时候，专题地开展他人的活动很容易成为首先映入眼帘的现象。如此这般从现象上“首先”以领会方式表现出来的共处，同时却被一般地当作“最初”而源始地使向他人存在成为可能的东西，当作“最初”而源始地组建这种存在的东西。于是乎，这种并不很恰当地被称为“移情”的现象就仿佛在存在论上首次搭了一座桥，从首先被给定为茕茕孑立的自己的主体通到首先根本封闭不露的其他主体。

向他人存在从存在论看来却与向现成之物存在有别。这个“其他的”存在者本身就有此在的存在方式。因此，在共他人与向他人的存在中，就有一种此在对此在的存在关联。人们还会说：不过，对各是自己的此在来说，这种此在对此在的存在关联已经发挥其组建作用了，因为每一此在都从它本身而具有存在之领会，从而就是同此在发生关联。于是对他人的存在关联变成了一种投射，把自己对自己本身的存在投射“到一个他人之中”去。他人就是自我的一个复本。

但很容易看出，这种貌似不言而喻的想法立于软弱的基地上。这个论证所需要的前提是：此在向它本身的存在就是向一个他人的存在；而这个前提是靠不住的。只要这个前提还没有被明白地 125
证明为正当的，那么它如何把此在对其本身的关联向他人之为他人开展出来，就始终还是个谜。

向他人的存在是一种独立的不可还原的存在关联。不仅如此，这种关联作为共在已经在存在者状态上随此在的存在而存在着。固然不能否认，以共在为基础的生动贴切的相互认识自身常常取决于自己的此在各自在何种程度上领会了自己本身；但这只是说,取决于自己的此在在何种程度上使本质性的与他人共在对自己成为透彻可见而无所伪饰;而这只有当此在在世总与他人同在才可能。并不是“移情”才刚组建起共在,倒是“移情”要以共在为基础才可能,并且“移情”之所以避免不开,其原因就在于占统治地位的乃是共在的诸残缺样式。

“移情”正如一般认识一样绝不是源始的生存论现象;但这并不是说,根本没有关乎移情的问题。移情特有的诠释学将不得不显示:此在本身的各种不同的存在可能性如何把共处及其自我认识引入歧途,并设置了重重障碍,以致真正的“领会”受到压制而此在却逃避到代用品中去了;它还不得不显示:为了能够正确地领会别人,须把何种积极的生存论条件设为前提。整个分析已经显示:共同存在是在世的生存论组建因素之一。共同此在表明自己具有世内照面的存在者的存在方式。只消此在**存在**,它就有了共处的存在方式。共处不能被理解为总计许多现成主体的结果。发现一定数目的“主体”摆在那里,这本身只有通过下述过程才可能:在其共同此在中照面的他人首先只还被作为“数字”对待。这样一个数目只有通过共处与相向的某种特定的存在方式才能被揭示。这种“无所顾惜”的共在把他人作了“计量”,却没有认真把他人“算数”,甚至没打算和他们“打打交道”。

自己的此在正和他人的共同此在一样,首先与通常是从周围世界中所操劳的共同世界来照面的。此在在消散于所操劳的世界之际,也就是说,在同时消散于对他人的共在之际,并不是它本身。那么究竟是谁把存在作为日常共处承担过来了呢?

第二十七节　日常自己存在与常人 126

从存在论上讲，以上关于共在的分析结果在于下述见地：自己的此在的“主体性质”与他人的“主体性质”都是从生存论上得到规定的，也就是说，从某些去存在的方式得到规定的。他人作为他们所是的东西在周围世界被操劳的东西中来照面，他们是他们所从事的东西。

无论在与他人合谋、赞成他人、反对他人的时候人手中掌握的是什么东西，反正操劳于这种东西之际总在为与他人的差别操心；哪怕只是为消除这种差别，也是为差别而操心——无论为自己的此在落在他人后面而要在对他人的关系上奋起直追，还是此在已经优越于他人而要压制住他人。为这种差距而操心使共处扰攘不宁——虽然这一点对共处本身讳莫如深。从生存论来表达这层意思，共处就有庸庸碌碌的性质[①]。这种存在方式对日常此在本身越不触目，它就越是顽强而源始地发挥作用。

共在包含庸庸碌碌，这又是说：此在作为日常共处的存在，就处于他人可以号令的范围之中。不是他自己存在；他人从它身上把存在拿去了。他人高兴怎样，就怎样拥有此在这各种日常的存

① Abstand最常用的意思是距离、差距，但这个词是从abstehen来的，这个动词表示站到一边，于是又生出放弃不过问的意思，由此而生的形容词abständig于是就有久放而变味腐坏的意思。海德格尔从差别〔Unterschied〕说到差距〔Abstand〕，从差距说到站到一边无所作为（并因此腐坏）〔Abständigkeit（庸庸碌碌）〕，从站到一边再说到听凭他人把生存的领导权拿走〔abnehmen〕。这一串转折就是德国人读来也费周章，译者在此实无能为力，只好加这一小段解说。——中译注

在可能性。在这里，这些他人不是确定的他人。与此相反，任何一个他人都能代表这些他人。要紧的只是他人的不触目的、从作为共在的此在那里趁其不备就已接收过来的统治权。人本身属于他人之列并且巩固着他人的权力。人之所以使用"他人"这个称呼，为的是要掩盖自己本质上从属于他人之列的情形，而这样的"他人"就是那些在日常共处中首先与通常"在此"的人们。这个谁不是这个人，不是那个人，不是人本身，不是一些人，不是一切人的总数。这个"谁"是个中性的东西：常人。

前面曾显示公众的"周围世界"如何总已经在切近的周围世界中上到手头而且一同被操劳了。在利用公共交通工具的情况下，在运用沟通消息的设施（报纸）的情况下，每一个他人都和其他人一样。这样的共处同在把本己的此在完全消解在"他人的"存在方式中，而各具差别和突出之处的他人则更其消失不见了。在这种不触目而又不能定局的情况中，常人展开了他的真正独裁。常人
127 怎样享乐，我们就怎样享乐；常人对文学艺术怎样阅读怎样判断，我们就怎样阅读怎样判断；竟至常人怎样从"大众"抽身，我们也就怎样抽身；常人对什么东西愤怒，我们就对什么东西"愤怒"。这个常人不是任何确定的人，一切人——却不是作为总和——倒都是这个常人。就是这个常人指定着日常生活的存在方式。

常人本身有自己去存在的方式。前面我们把共在的一种倾向称为庸庸碌碌，这种倾向的根据就在于：共处同在本身为平均状态而操劳。平均状态是常人的一种生存论性质。常人本质上就是为这种平均状态而存在。因此常人实际上保持在下列种种平均状态之中：本分之事的平均状态，人们认可之事和不认可之事的平均状

态，人们允许他成功之事的和不允许他成功之事的平均状态，等等。平均状态先行描绘出了什么是可能而且容许去冒险尝试的东西，它看守着任何挤上前来的例外。任何优越状态都被不声不响地压住。一切源始的东西都在一夜之间被磨平为早已众所周知之事。一切奋斗得来的东西都变成唾手可得之事。任何秘密都失去了它的力量。为平均状态操心又揭开了此在的一种本质性的倾向，我们称之为对一切存在可能性的平整。

庸庸碌碌，平均状态，平整作用，都是常人的存在方式，这几种方式组建着我们认之为“公众意见”的东西。公众意见当下调整着对世界与此在的一切解释并始终保持为正确的。这不是基于公众意见有一种对“事物”的别具一格的与首要的存在关系，不是因为公众意见对此在具有格外适当的透视能力，这倒是以“对事情”不深入为根据，是因为公众意见对水平高低与货色真假的一切差别毫无敏感。公众意见使一切都晦暗不明而又把如此掩蔽起来的东西硬当成众所周知的东西与人人可以通达的东西。

常人到处都在场，但却是这样：凡是此在挺身出来决断之处，常人却也总已经溜走了。然而因为常人预定了一切判断与决定，他就从每一个此在身上把责任拿走了。常人仿佛能够成功地使得“人们”不断地求援于它。常人能够最容易地负一切责任，因为他绝不是需要对事情担保的人。常人一直“曾是”担保的人，但又可以说“从无其人”。在此在的日常生活中，大多数事情都是由我们不能不说是“不曾有其人”者造成的。

常人就这样卸除每一此在在其日常生活中的责任。不仅此也，只要在此在中有轻取与轻举的倾向，常人就用这种卸除存在之

128 责的办法去迎合此在。又因为常人经常用卸除存在之责的办法迎合每一此在，这样就保持并巩固了他的顽强统治。

每人都是他人，而没有一个人是他人本身。这个常人，就是日常此在是谁这一问题的答案。这个常人却是无此人，而一切此在在共处中又总已经听任这个无此人摆布了。

我们已经清理出日常的共处同在、庸庸碌碌、平均状态、平整作用、公众意见、卸除存在之责与迎合等等，在这些存在性质中，就有着此在的最切近的"常驻状态"。这种常驻状态不是指某种东西的持续不断的现成存在，而是指此在作为共在的存在方式。在上述这些方式中作为存在者存在的时候，本己此在的自我以及他人的自我都还没有发现自身或者是已经失去了自身。常人以非自立状态与非本真状态的方式而存在。以这种方式去存在并不意味着此在的实际性有所减少，正如常人作为无此人并不等于无一样。刚刚相反，苟若"实在"被领会为此在式的存在，此在恰就以上述存在方式而是 ens realissimum〔最实在之物〕。

当然，常人也和一般的此在一样不是现成的。常人越是抛头露面，他就越不可捉摸、影影绰绰，但他也越不是无。在没有先入之见的存在者层次上及存在论上的"看"面前，常人把自己暴露为日常生活中"最实在的主体"。如果说常人不像一块现成的石头那样触之凿凿的话，这对他的存在方式却丝毫不起决定作用。我们既不急于断言这个常人"本"无，也不可倾向于这样的意见：如果我们把这个现象"阐释"为事后把许多主体的共同现成存在加以总结而得出来的结果，那么这个现象就在存在论上得到说明了。与此相反，若要把存在概念探讨清楚，倒不得不按照这些推也推不掉的现象来制订方向。

常人也不是像漂浮在许多主体上面的"一般主体"这样的东西。只有把这些"主体"的存在领会为非此在式的,又把这些主体本身假设为一个现成属的事实上的诸现成事例,才会得出那种看法。按照这种假设,存在论上就只有一种可能性:凡不是个别事例的东西,就都只能从种和属的意义去领会。常人不是个别的此在 129
的属,也不是可以在这个存在者身上找到的一种常驻的现成性质。传统逻辑面对这些现象也无能为力。但若仔细想一想,传统逻辑本身的基础就在一种关于现成事物的存在论中,何况这样一种存在论也还很粗糙,这样也就殊不足奇了。因此传统逻辑即使再经多少改善与扩充,原则上还是费力不讨好。这些依循"人文科学"为方向的逻辑改良徒然增加着存在论的迷乱。

常人是一种生存论环节并作为源始现象而属于此在之积极建构。常人本身又有不同的可能性以此在的方式进行具体化。在历史上,常人统治的紧迫和突出的程度可以是变居不定的。

日常生活中的此在自己就是常人自己,我们把这个常人自己和本真的亦即本己掌握的自己加以区别。一作为常人自己,任何此在就涣散在常人中了,就还得发现自身。我们知道此在操劳消散在最切近地来照面的世界中,而这里所说的涣散就标志着以这种方式存在的"主体"的特点。如果说此在所熟悉的他自己就是这个常人,那么这同时就等于说,这个常人已规定了世界以及在世的最切近的解释。此在在日常生活中是为常人自己之故而存在,就是这个常人自己把意蕴的指引联络勾连起来的。此在的世界向着常人所熟悉的某种因缘整体把照面的存在者开放出来,而其限度是由常人的平均状态来确定的。实际的此在**首先**存在在平均地得到揭示的共同世界中。如果“我”的意义是本己的自己，那么“我”并不**首先**存在，**首先**存在的是以常人方式出现的他人。我首先是从常人方面而且是作为这个常人而“被给与”我“自己”的。此在首先是常人而且通常一直是常人。如果说此在本已地揭示世界并使世界靠近自身，如果说此在对其自身开展出它的本真的存在来，那么这种揭示“世界”与开展此在的活动总也就是去除种种掩盖与蒙蔽，总也就是拆穿此在用以把自身对自己本身阻塞起来的那些伪装。

既经阐释了在常人中的共同存在与自己存在，共处同在的日常生活中的谁的问题就得到解答了。这些考察同时提供了对此在的基本建构的具体领会。在世已经在其日常状态与平均状态中映入眼帘了。

130 日常此在从常人的最切近的存在方式中汲取对它的存在的前存在论的解释。存在论阐释首先追随这种前存在论的解释的倾向，因而它从世界方面来领会此在并把此在作为摆在世界之内的存在者来发现。不仅此也，这些作为存在者的“主体”原是靠存在的意义领会的，而此在的“最近的”存在论连这种存在意义也硬从“世界”来解说。但是因为在这样消散于世之际连世界现象本身也被跳过去了，世内现成的东西即诸物件，就取而代之。**共同此在**的存在者的存在被理解为现成状态了。所以，展示出最切近的日常在世的积极现象，就可能明察对这种存在建构的存在论解释之所以错失的根源了。**这种在其日常存在方式中的存在建构其本身就是那个在最初错失自身和遮蔽自身的东西**。

日常共处在存在论上好像近乎纯粹的现成状态而实不然；如果说共处这种存在已与纯粹的现成状态有原则区别的话，那么本真的自己的存在就更不能被理解为现成状态了。本真的自己存在并不依栖于主体从常人那里解脱出来的那样一种例外情况；常人在本质上是一种生存论上的东西，本真的自己存在是常人的一种生存变式。

但本真生存着的自己的自一性〔Selbigkeit〕，从存在论上看来，却与在形形色色的体验中始终保持着自身的那个我的同一性〔Identität〕鸿沟相隔，完全不是一回事。

第五章 “在之中”本身

第二十八节 专题分析“在之中”的任务

生存论的此在分析工作在其准备阶段中以这一存在者的基本建构即在世为主题。这一工作的切近目标是从现象上端出此在存在的源始统一结构;此在“去存在”的方式及其可能性由此而从存在论上得到的规定。对“在世界之中存在”的现象描述至此是依循着世界这一结构环节以及在世的存在者在其日常生活中是谁这一
131 问题的答案来进行的。但我们在一开始提示出对此在进行准备性的基础分析这一任务之时就已经预先就在之中本身作过说明[①],并且以对世界的认识这一具体样式为例加以阐发[②]。

我们当时之所以先行提出这一重要的结构环节,其目的是:要在一开始分析个别环节的时候就先以一种贯彻始终的眼光来包罗结构整体,防止统一的现象分崩离析。现在我们该把阐释工作引回到“在之中”现象上来,同时保存着我们在具体分析世界及“谁”

① 见本书第十二节第52页及以下。——原注

② 见本书第十三节第59—63页。——原注

的时候所获得的东西。我们将更深入地考察这一现象，这不仅会使现象学的眼光以焕然一新和更加牢靠的方式来逼视在世界之中存在的结构整体，而且也会开辟出一条道路，可藉以把握此在本身的源始存在——操心。

除了“寓世存在”（操劳）、共在（操持）、自己存在（谁）之间的本质关联外，“在世”还有什么东西可以进一步加以展示呢？我们至少还可以比较和描述操劳及其寻视的种种衍化与操持及其顾视的种种衍化，从而扩建我们的分析工作；我们还可以透彻解说一切可能的世内存在者的存在，从而把此在从非此在式的存在者那里崭露出来。在这一方向上无疑还有未完成的任务。若着眼于在哲学人类学把生存论的先天的东西都整理出来，则前此提出来的东西还需多方面的补充。但这却不是这部探索的目标所在。**这部探索的目的是基础存在论上的**。所以当我们专题追问“在之中”的时候，我们不可能想要通过从其他现象派生出这一现象的方法，亦即通过某种分解意义上的不适当的分析方法来毁掉这一现象的源始性。但源始东西的非派生性并不排除对源始东西具有起组建作用的存在性质的多样性。如果这些性质是显现出来的，它们在生存论上就是同等源始的。组建环节的**同等源始性**现象在存在论上常遭忽视；这是因为人们在方法上未经管束，事无巨细，总倾向于用一个简单的“元根据”来指明其渊源。

要从现象上描述“在之中”本身，应向哪个方向着眼呢？我们 132
在提示这种现象的时候，曾向持现象学态度的眼光透露：“在之中”有别于一现成东西在另一现成东西“之中”的那种现成的“之内”；“在之中”不是现成主体的一种性质，仿佛这种性质可以通过“世界”的现成存在受到影响或哪怕只是开动起来，引发出来；“在之中”毋宁是这种存在者本身的本质性的存在方式。只要记起这些，我们就得到了上述问题的答案。那么，除了一个现成主体与一个现成客体之间的现成。commercium〔交往〕，这种现象还提供了什么别的东西呢？这种解释如果是说：此在就是这一“之间”的存在，那它倒还会离现象实情近些。虽然如此，依循这个“之间”走下去还是会误入歧途。这种做法不假思索就一道设定了这个“之间”本身“在”其间的存在者，而这种存在者在存在论上并未加以规定。这个“之间”已经被理解为两个现成东西的 convenientia〔契合〕的结果。然而先行设定这些东西总已碎裂了这种现象，而要用那些碎片重新合成这一现象却无可指望。不仅没有“泥灰”，而且可藉以进行拼合工作的“图纸”也碎裂了，或者先就未被发现。存在论上的关键就在于先行防止这种现象的碎裂，也就是说，保证正面的现象实情。我们若还要就此细谈，也无非是表达出：有些东西在存在者层次上本来是不言而喻的，但“认识问题”的流传下来的处理方式，往往把它们在存在论上加以种种伪装，乃至使它们全然不可视见。

本质上由在世组建起来的那个存在者其本身向来就是它的“此”。按照熟知的词义，“此”可以解作“这里”与“那里”。一个“我这里”的“这里”总是从一个上到手头的“那里”来领会自身的；这个“那里”的意义则是有所去远、有所定向、有所操劳地向这个“那里”存在。此在的生存论空间性以这种方式规定着此在的“处所”；而这种空间性本身则基于在世。“那里”是世界之内来照面的东西的规定性。只有在“此”之中，也就是说，唯当作为“此”之在而展开了空间性的存在者存在,“这里”和“那里”才是可能的。这个存在者在它最本己的存在中秉有解除封闭状态的性质。“此”这个词意指着这种本质性的展开状态。通过这一展开状态,这种存在者(此在)就会同世界的在此一道,为它自己而在“此”。

在存在者层次上用形象的语言说到在人之中的 lumen natu- 133
rale〔自然之光〕,指的无非是这种存在者的生存论存在论结构:它以去是它的此的方式**存在**。它是“已经澄明的”,这等于说:它**作为**
在世的存在就其本身而言就是敞亮的——不是由其他存在者来照 a
亮,而是:它本身就**是**明敞〔Lichtung〕[①]。唯对于从生存论上如此 b
这般已经敞亮的存在者,现成的东西才可能在光明中得以通达,在晦暗中有所掩蔽。此在从来就携带着它的此。不仅实际上此在并不缺乏它的此;而且,此在若缺乏这个此就不成其为具有这种本质
的存在者。**此在就是它的展开状态**。 c

我们应当把这种存在建构整理出来。但只要这一存在者的本质就是生存,那么,“此在就**是**它的展开状态”这一生存论命题也就等于说:这一存在者为之存在的那个存在即是:去是它的“此”。按照分析的进程,除了描述展开状态的首要存在建构而外,还须阐释这一存在者**日常**藉以是它的此的存在方式。

---

① lumen naturale〔自然之光、天赋之光、理性之光〕是中世纪常说的一个概念,大致相当于我们讲人这种万物之灵的灵性。作者在提到这个概念之后,接着用到了一连串与“光”相关的词,erleuchtet〔澄明〕、gelichtet〔敞亮、照亮〕、Lichtung〔明敞〕、Licht〔光明〕。这里引用拙著《海德格尔哲学概论》(三联书店,1995 年,第 71 页)中的一段话来解说这些概念:“Lichtung 是法文词 clainree 的译名,指林中空地,与密林相对。相应的动词 lichten 指在林中削砍开辟出空场,使情境变得自由轻松开放亮敞。Lichtung 和 Licht 没有词根上的联系,但二者有事质上的联系。”——中译注

本章的任务是解说“在之中”本身，亦即解说此之在。这一章分为两部分：A. 此的生存论建构。B. 日常的此之在[①]与此在的沉沦。

我们将在现身与领会中看到组建此在去是它的“此”的两种同等源始的方式。现身与领会的分析分别通过阐释对今后的讨论颇为重要的具体样式而获得必要的现象上的保障。现身与领会同等源始地由话语加以规定。

所以，我们将在A部分（此的生存论建构）讨论：在此——作为现身情态（第二十九节），现身的样式之一——怕（第三十节），在此——作为领会（第三十一节），领会与解释（第三十二节），命题——解释的衍生样式（第三十三节），在此与话语，语言（第三十四节）。

在此的诸存在性质的分析是一种生存论分析。这等于说：这些性质不是现成东西的属性，它们本质上是生存论上去存在的方式。所以我们必须把它们在日常生活中的存在方式整理出来。

我们将在B部分（日常的此之在与此在的沉沦）分析闲言（第
134 三十五节）、好奇（第三十六节）、两可（第三十七节）。这些日常此之在的生存论样式分别相应于：话语这一起组建作用的现象、领会所包含的视、属于领会的解释（释义）。在这些现象那里可以看到此之在的一种基本方式；我们把这种基本方式阐释为沉沦，这里，沉沦的“沉”指的是生存论上特有的一种运动方式（第三十八节）。

---

① De-sein是海氏的发明，特指Dasein处在现身、领会之中，即处于存在本身崭露开来的状态中，被译为“在此”，偶也译为“此之在”。参见本书第三十一节。——中译注

A. 此的生存论建构

第二十九节　在此——作为现身情态[①]

我们在**存在论**上用现身情态这个名称所指的东西，在**存在者层次**上乃是最熟知和最日常的东西：情绪；有情绪。在谈任何情绪心理学之前——何况这种心理学还完全荒芜着——就应当把这种现象视为基本的**生存论环节**，并应当勾画出它的结构。

日常操劳活动中的无忧无扰的心平气和，或者受阻受抑的心烦意乱，从心平气和转而为心烦意乱或反之，或者竟流于情绪沮丧；诸如此类在存在论上并非一无所谓，尽管这些现象也许一向被当作在此在中最无足轻重的东西和最游离易变的东西而束之高阁。情绪可能变得无精打采，情绪可能变来变去，这只是说，此在总已经是有情绪的。没情绪不应同情绪沮丧混为一谈。但这种常驻不去的、平淡淡懒洋洋的没情绪也绝不是一无所谓的，恰恰是在这种没情绪中此在对它自己厌倦起来。存在作为一种负担公开出 a
来了。为什么？**不知道**。此在不可能知道这些，因为相对于情绪的源始开展来说，认识的各种开展之可能性都太短浅了。在情绪中，此在被带到它的作为“此”的存在面前来了。另一方面，昂扬的情绪则能够解脱存在的公开的负担。即使这种起解脱作用的情绪

① Befindlichkeit 来自动词 befinden。Befinden 一般有情绪感受、存在和认识三个方面的含义。这里，我们将它译为“现身情态”或“现身”，力求表明其“此情此景的切身感受状态”以及这种状态“现出自身”的含义。——中译注

也开展着此在的负担性质。情绪公开了"某人觉得如何"这种情况。在"某人觉得如何"之际,有情绪把存在带进了它的"此"。

在情绪中,此在总已经作为那样一个存在者以情绪方式展开了——此在在它的存在中曾被托付于这个存在者,同时也就是托付于此在生存着就不得不在的那个存在。"展开了"不等于说"如其本然地被认识了"。而正是在这种最无足轻重最无关宏旨的日常状态中,此在的存在才能够作为赤裸裸的"它在且不得不在"绽露出来。纯粹的"它存在着"显现出来,而何所来何所往仍留在晦
135 暗中。在日常状态下,此在同样常常不向诸如此类的情绪"让步",也就是说,不追随这些情绪的开展活动,不肯被带到展开的东西面前来,但这并不是如下现象实情的反证:"此之在"在其"它存在着"之中以情绪方式展开了。相反,这倒是有这种现象实情的证据。此在在存在者层次上和生存上通常闪避在情绪中展开了的存在,这在存在论生存论意义上则是说:在这种情绪不肯趋就之处,此在委托给了这个此已昭然若揭。在闪避本身中此是展开了的此。

此在的何所来何所往掩蔽不露,而此在本身却愈发昭然若揭——此在的这种展开了的存在性质,这个"它存在着",我们称之为这一存在者被抛入它的此的被抛情况〔Geworfenheit〕。其情况是:这个存在者在世界之中就是这个此。被抛境况这个术语指的应是托付的实际性。这个于此在的现身中展开的"它在且不得不在"不是那个在存在论范畴上表达事实性的"它存在"。这种事实性隶属于现成性,只对以观望方式进行规定的活动才是可通达的。不如说,在现身中展开的"它存在着"必须被理解为那种以在世这一方式来存在的存在者的生存论规定性。实际性不是一个现

成东西的 factum brutum〔僵硬的事实〕那样的事实性，而是此在的一种被接纳到生存之中的、尽管首先是遭受排挤的存在性质。实际性的“它存在着”从不摆在那里，由静观来发现。

具有此在性质的存在者是它的此，其方式是：它或明言或未明言地现身于它的被抛境况中。在现身情态中此在总已被带到它自己面前来了，它总已经发现了它自己，不是那种有所知觉地发现自己摆在眼前，而是带有情绪的自己现身。作为托付给了自己的存在的存在者，此在也就始终托付给了下述情形：它总必须已经发现自己了[①]——这种发现与其说来自一种直接的寻找，还不如说来自一种逃遁。情绪不是通过观望被抛境况开展的，它是作为趋就和背离开展的。情绪通常不趋就此在在情绪中公开的负担性质。当这种负担性质在昂扬的情绪中被解脱的时候，情绪更不去趋就它。而这种背离仍总是以现身的方式来是它所是的东西。

人们要是把展开的东西和带有情绪的此在“同时”所认识的、所知道的和所相信的东西混为一谈，那么，人们在现象上就完全误解了情绪开展了什么以及情绪如何开展。即使此在“确信”其“何 136
所往”，或在理性的追查中以为它知道何所来，这一切仍然丝毫也否定不了下述现象实情：情绪把此在带到它的此的“它存在着”面前来，而这个“它存在着”正在一团不为所动的谜样气氛中同此在面面相觑。在生存论存在论上，决不允许用关于纯粹现成东西的

① 在这句话和前两句中，作者利用 Befindlichkeit〔现身情态〕与 Sichbefinden〔自己现身〕的联系，以及进一步与 finden〔发现、找到〕的联系，力图说明 Befindlichkeil 具有特殊的认知方式，这种方式与 wahrnehmendes Sieh-vorinden〔有所知觉地发现自己摆在眼前〕迥然不同。——中译注

某种理论认识的毋庸置疑的确定性来衡量现身情态的"明白确凿",这么做倒减少了现身的"明白确凿"。对现身现象的另外一种曲解则是把现身现象推进非理性事物的避难所了事。这种曲解也同样无理。非理性主义唱的是理性主义的对台戏,理性主义盲目以待的东西,非理性主义也不过眄顾而言罢了。

此在实际上可以、应该、而且必须凭借知识与意志成为情绪的主人,这种情况也许在生存活动的某些可能方式上意味着意志和认识的一种优先地位。不过不可由此就误入歧途,从而在存在论上否定情绪是此在的源始存在方式,否定此在以这种方式先于一切认识和意志,且超出二者的开展程度而对它自己展开了。再说,我们从来都靠一种相反情绪而从不靠了无情绪成为情绪的主人。现在我们得到了现身的第一项存在论的本质性质:现身在此在的被抛境况中开展此在,并且首先与通常以闪避着的背离方式开展此在。

到这里已经可以看出,现身情态同发现有一种灵魂状态摆在那里等等之类大相径庭。现身根本没有一种先就覆去翻来进行把捉理解的性质;一切内省之所以能发现"体验"摆在那里,倒只是因为此已经在现身中展开了。"纯粹情绪"把此开展得更源始些;然而,比起任何不知觉来,它也相应地把这个此封锁得更顽固些。

这种情形由情绪沮丧显示出来。在沮丧之际,此在面对自己,相视无睹,操劳所及的周围世界垂幔隐真,操劳的寻视误入迷津。现身远不是经由反省的,它恰恰是在此在无所反省地委身任情于它所操劳的"世界"之际袭击此在。情绪袭来。它既不是从"外"也不是从"内"到来的,而是作为在世的方式从这个在世本身中升起来的。这样一来，我们却也就不再限于消极地划分现身同对“内心”的反省掌握之间的界限，而进一步积极地洞见到现身的开展性 137
质。情绪一向已经把在世作为整体展开了，同时才刚使我们可能向着某某东西制订方向。有情绪并非首先关系到灵魂上的东西，它本身也绝不是一种在内的状态，仿佛这种状态而后又以谜一般的方式升腾而出并给物和人抹上一层色彩。在这里就显现出了现身的第二项本质性质。世界、共同此在和生存是被同样源始地展开的，现身是它们的这种同样源始的展开状态的一种生存论上的基本方式，因为展开状态本身本质上就是在世。

除了现身情态的这两个已经阐明的本质规定性，即被抛境况的开展和整个“在世界之中存在”的当下开展，还有第三项须加注意，这一点尤其有助于更深入地领会世界之为世界。先前[①]曾说过：先已展开的世界让世界内的东西来照面。世界的这种属于“在之中”的先行的展开状态是由现身参与规定的。让某某东西来照面本来就是寻视着让某某东西来照面，而不是一味感觉或注视。现在我们已经可以从现身出发而更鲜明地看到，寻视而操劳着让某某东西来照面具有牵连的性质。而在存在论上若谈得到同上手的东西的无用、阻碍、威胁等等发生牵连，就必须从生存论上对“在之中”本身先行做如下规定：它可能以这类方式牵涉世内照面的东西。这种可发生牵连的状态奠基在现身之中，是现身情态把世界向着可怕等等展开了。只有现身在惧怕之中或无所惧怕之中的东西，才能把从周围世界上手的东西作为可怕的东西揭示出来。现

① 参见本书第十八节第83页及以下。——原注

身的有情绪从生存论上组建着此在的世界的敞开状态。

只因为“感官”在存在论上属于一种具有现身在世的存在方式的存在者，所以感官才可能被“触动”，才可能“对某某东西有感觉”，而使触动者在感触中显现出来。如果不是现身在世的存在已经指向一种由情绪先行标画出来的、同世内存在者发生牵连的状态，那么，无论压力和阻碍多么强大都不会出现感触这类东西，而阻碍在本质上也仍旧是未被揭示的。**从生存论上来看，现身中有**
138 **一种开展着指向世界的状态，发生牵连的东西是从这种指派状态方面来照面的**。**从存在论原则上看**，我们实际上必须把原本的对世界的揭示留归“单纯情绪”。纯直观即使能深入到一种现成东西的存在的最内在的脉络，它也绝不能揭示可怕的东西等等。

在首先开展着的现身的基础上，日常寻视广泛地发生误差、产生错觉。按照对“世界”的绝对认识的观念来衡量，这种情况就是μὴ ὄν〔不存在〕。然而，这种在生存论上没有道理的估价完全忽视了可以发生错觉这种情况在生存论上的积极性质。恰恰是在对“世界”的这种不恒定的、随情绪闪烁的看中，上手事物才以某种特有的世界性显现出来，而世界之为世界没有一天是一成不变的。理论观望总已经把世界淡化到纯粹现成东西的齐一性中了。诚然，在现成东西的齐一性之内包括着以纯粹规定即可加以揭示的东西的一种新财富。然而，即使最纯的θεωρία〔理论〕也不曾甩开一切情绪。只有当理论能够平静地逗留于某某东西而在ῥᾳστώνη〔闲暇〕和διαγωγή〔娱悦〕中让现成事物来前就自己的时候[①]，只

① 参见亚里士多德，《形而上学》A2，982 b 22 及以下。——原注

还现成的东西才会在纯粹外观中向着理论显现出来。认识的规定活动是通过现身在世组建起来的；把这一生存论存在论上的建构展示出来，和企图从存在者层次上把科学移交给“感情”乃是不应互相混淆的两回事。

在这部探索的讨论范围之内不可能对现身情态的种种不同样式及其根本联系都加以阐释。这些现象以情绪和感情为题在存在者层次上早已人所周知，在哲学中也已一再得到考察。流传下来的第一部系统的情绪阐释就不是在“心理学”框架内撰述的，这并非偶然。亚里士多德在他的《修辞学》第二部分中对πάθη〔激情〕进行了探讨。传统一向把修辞学理解为一种“教科书”上的东西；与此相反，我们必须把亚里士多德的《修辞学》看作日常共处的第一部系统的诠释。作为常人的存在方式的公众意见（参考第二十七节）不仅一般地具有情绪；而且公众意见需要情绪并且为自己“制造”情绪。演讲者的发言一会儿入乎情绪一会儿出乎情绪。演 139
讲者须了解情绪的种种可能性，以便以适当的方式唤起它，驾驭它。

斯多亚学派也曾对情绪做出阐释，这种阐释又通过教父神学和经院神学传至近代，这些情况众所周知。然而人们仍未注意到，自亚里士多德以来，对一般情绪的原则性的存在论阐释几乎不曾能够取得任何值得称道的进步。情况刚刚相反：种种情绪和感情作为课题被划归到心理现象之下，它们通常与表象和意志并列作为心理现象的第三等级来起作用。它们降格为副现象了。

现象学研究的一项功绩就是重建了一种较为自由的眼光来对

待这些现象。不仅如此，舍勒率先接受了奥古斯丁和帕斯卡[①]的挑战，把问题引向"表象"的行为和"事关利害"的行为之间的根本联系的讨论。当然，即使在这里，一般行为现象的生存论存在论基础仍然晦暗不明。

此在被抛向、被指派向随着它的存在总已展开了的世界。现身不仅在这种被抛境况和指派状态中开展此在；而且现身本身就是生存论上的存在方式。此在以这种方式不断把自己交付给"世界"，让自己同"世界"有所牵涉；其方式是此在以某种方式逃避它自己。这种闪避的生存论情形将在沉沦现象中变得显而易见。

现身是一种生存论上的基本方式，此在在这种方式中乃是它的此。现身不仅在存在论上描述着此在的特性，而且，基于现身的开展作用，它还对生存论分析工作具有根本的方法论含义。这种分析工作同任何存在论阐释一样，只能从先已展开的存在者身上"听取"它的存在。这一分析工作将要紧紧追随此在的种种与众不同的、至为迢远的开展之可能性，以便从这些可能性方面摄获这个
140 存在者的启示。现象学的阐释必须把源始开展活动之可能性给予此在本身，可以说必须让此在自己解释自己。在这种开展活动中，现象学阐释只是随同行进，以便从生存论上把展开的东西的现象内容上升为概念。

在生存论存在论上意味深长的基本现身情态是畏。后文将阐

① 参见《思想录》第185页：由此，在谈到人类事物的时候，人们说应该在爱它们之前认识它们，这话已成为人所尽知的谚语；圣人们则相反，在谈到神灵之物时，他们说，要认识它们必须先爱它们，人只有凭借善才可获得真理，他们把这作为他们最有用的格言之一。参见奥古斯丁《只有凭借善才可获得真理》。——原注

释此在的这种基本现身情态（参考第四十节）。有鉴于此，我们还应更具体地以怕这一确定样式来说明现身现象。

第三十节 现身的样式之一——怕[①]

可以从三个方面着眼来考察怕这种现象；我们将分析怕之何所怕、害怕以及怕之何所以怕。这些可能的和互属的方面不是偶然提出的。从这三个方面着眼，一般现身情态的结构就映现出来了。怕的种种变式总是关涉到怕的诸不同结构环节，我们将指出这些可能的变式，从而使我们的分析更加完备。

怕之何所怕就是“可怕的东西”。这种世内照面的东西分别具有上手事物、现成事物与共同此在的存在方式。我们不是要从存在者层次上报道多半和通常会是“可怕的”存在者，而是要从现象上规定可怕的东西之所以可怕。在害怕之际来照面的可怕的东西本身都包含些什么呢？怕之何所怕具有威胁性质，这里包含有几种东西：1.这样来照面的东西具有有害性的因缘方式。它显现在一种因缘联络之内。2.有害性以可被它牵动的东西的某一确定范围为目标。有害就是这样得到确定的，于是其本身也来自一个确定的场所。3.场所本身以及从那里前来的东西本身都是熟知的，但其中却有一段“蹊跷”。4.有害的东西既为威吓的东西就还未近在身边，但它临近着。在这样临近而来之际，有害性毫光四射，其中就有威吓的性质。5.这种临近而来是在附近的。一种东西即使

① 参见亚里士多德《修辞学》B5，1382 a 20—1383 b 11。——原注

极度有害，甚至还不断临近前来，但若它还在远处，其可怕就还隐
141 绰未彰。但若有害的东西在近处临近而来就产生威吓作用：它可能击中也可能不击中。在临近而来之际，这一“它可能，但最终也可能不”就渐次增加。这时我们说：它是可怕的。6.其中就有：可怕的东西在近处接近之际带有一种昭然若揭的可能性：它可能期而不至，也可能擦身而过，这并不减少或消除害怕，反倒构成害怕。

有威胁性质的东西的特点已如上述，而害怕本身则以让它来牵涉自己的方式把这种具有威胁性质的东西开放出来。并非先断定了一种未来的折磨〔malam futurum〕才害怕。但害怕也并非先确定有一种临近前来的东西，害怕先就在这种东西的可怕性中揭示这种东西。怕而后才可以一面害怕一面明确观望可怕的东西，把它“弄明白”。寻视之所以能看到可怕的东西，因为它是在怕的现身之中。怕是现身在世的潜在的可能性，即“会怕”。作为这种可能性，怕已经这样展开了世界——使可怕的东西等等能够从世界方面来接近。而“能接近”本身则是由在世在本质上具有的生存论空间性开放出来的。

怕之何所以怕，乃是害怕着的存在者本身，即此在。唯有为存在而存在的存在者能够害怕。害怕开展出这种存在者的危险，开展出它耽迷于其自身的状态。尽管明确程度不一，怕总绽露出此在的此之在。对于怕之何以怕的这一规定来说，即使我们之所以害怕的缘故是家园，这也不构成反证。因为此在在世向来就操劳着寓于某处而存在。此在首先与通常从它所操劳的东西方面存在。这种东西的危险就是对寓于某处而存在的威胁。怕主要以褫夺方式开展此在。怕使人迷乱，使人“魂飞魄散”。怕在让人看到

遭受危险的“在之中”的同时封锁着“在之中”，乃至唯当怕隐退的时候，此在才得以重辨身在何方。

怕……总也是因……而所以怕；无论是褫夺的还是正面的，它们都同等源始地开展着世内存在者（就其造成威胁而言）与“在之中”（就其遭受威胁而言）。怕是现身的样式。

因某种东西而所以怕也可能涉及他人，这时我们就说为他人害怕。这种为……害怕并不取消他人的怕。这一点之所以不可能，单只因为下述情况就可以看出——我们为之害怕的他人自己并不见得害怕。恰恰是在他不害怕的时候，在他恃蛮勇而迎向威胁者的时候，我们为他害怕得最甚。为……害怕是同他人共同现 142
身的方式，但它不一定是连带着为自己害怕，更不一定是各自为对方害怕。人们可以因……害怕而并不为自己害怕。但细究起来，因……害怕就是为自己害怕。这时“所怕的”是同他人的共在，怕这个他人会从自己这里扯开。可怕的东西不直接以连带着有所害怕的人为目标。因……害怕以某种方式知道自己不被牵连，但它却在它为之害怕的共同此在的被牵连状态中也被共同牵连。所以，因……害怕并不是一种减弱了的为自己害怕。这里与“感受强度”的高低无关，有关的是生存论的样式。若说为……害怕“本来”不是为自己害怕，那它也并不因此失去其特有的真实性。

怕的整个现象可能变化其组建环节。于是就产生出害怕的种种不同的存在可能性。具有威胁性质的东西的照面方式包含有“在近处临近”。具有威胁性质的东西本来具有“虽然还未发生却随时随刻可能发生”的性质，一旦它突然闯入操劳在世，怕就变成惊吓。由此，可在具有威胁性质的东西身上区别出威胁者的切近临近与临近本身的照面方式即突然性。作为惊吓之何所惊吓的首先是某种熟知熟悉的东西。但若威吓者具有某种全然不熟悉的东西的性质，怕就变成恐怖。威胁者既以恐怖性来照面，同时又具有惊吓者的照面性质即突然性，怕就变成了惊骇。我们还知道怕的进一步衍变，诸如：胆怯、羞怯、慌乱、尴尬。怕的所有变式都是自己现身的可能性，它们都指明了：此在作为在世是“会惧怕的”。我们不可在存在者层次上的意义下把这种“会惧怕”领会为“个人的”实际气质，而应把它领会为生存论上的可能性；这种本质性的现身情态的可能性是此在一般所具有的，当然它却不是唯一的可能性。

第三十一节　在此——作为领会

现身情态是“此”之在活动于其中的生存论结构之一。领会同现身一样源始地构成此之在。现身向来有其领会，即使现身抑制
143 着领会。领会总是带有情绪的领会。既然我们把带有情绪的领会
a 阐释为基本的生存论环节，那也就表明我们把这种现象领会为此在存在的基本样式。相反，领会如果指的是其他种种可能的认识方式中的一种，譬如说是某种与“解说”不同的认识方式，那么，这种意义上的“领会”就必须和“解说”一道被阐释为那种共同构成此之在的源始的“领会”在生存论上的衍生物。

前面的探讨其实已经碰到了这种源始的“领会”，无非还不曾作为专题突出出来罢了。此在生存着就是它的此，这等于说：世界在“此”。世界的在此乃是“在之中”。同样的情况，这个“在之中”也在“此”，作为此在为其故而在的东西在“此”。在“为其故”之中，

“存在在世界之中”本身是展开了的，而其展开状态曾被称为“领会”①。在对“为其故”的领会之中，植根于这种领会的意蕴是一同展开了的。领会的展开状态作为“为其故”的展开状态以及意蕴的展开状态同样源始地涉及整个在世。意蕴就是世界本身向之展开的东西。“为其故”和意蕴是在此在中展开的，这就是说，此在是为它自己而在世的存在者。

在存在者层次上的话语中，我们有时使用对某事“有所领会”这种说法，它的含义是“能够领受某事”、“会某事”或“胜任某事”、“能做某事”。在作为生存论环节的领会之中，所能者并不是任何“什么”，而是作为生存活动的存在。在生存论上，领会包含有此在之为能在的存在方式。此在不是一种附加有能够做这事那事的能力的现成事物。此在原是可能之在。此在一向是它所能是者；此在如何是其可能性，它就如何存在。此在的本质性的可能之在涉及我们曾特加描述的种种对“世界”的操劳和为他人的操持。而在这一切之中却也总已经涉及向它本身并为它本身之故的能在了。此在在生存论上向来所是的那种可能之在，有别于空洞的逻辑上的可能性。它也有别于现成事物的偶或可能，偶或可能只不过表示可能有这种那种事情借这个现成事物“发生”。可能性作为表示现成状态的情态范畴意味着**尚非**现实的东西和**永不**必然的东西。这种可能性描述的是**仅仅**可能的东西。它在存在论上低于现实性和必然性。反之，作为生存论环节的可能性却是此在的最源始最积极的存在论规定性。像对一般的生存论结构一样，对可能性问 144

① 参见本书第十八节第85页及以下。——原注

题一开始也只能做些准备工作。领会作为有所开展的能在则为能够看到这种可能性提供了现象基地。

生存论上的可能性并不意味着“为所欲为”〔libertas indifferentiae〕意义上的漂游无据的能在。此在本质上是现身的此在，它向来已经陷入某些可能性。此在作为它所是的能在让这些可能性从它这里滑过去，它不断舍弃它的存在可能性，抓住这些可能性或抓错这些可能性。但这是说：此在是委托给它自身的可能之在，是彻头彻尾被抛的可能性。此在是自由地为最本己的能在而自由存在的可能性。在种种不同的可能的方式和程度上，可能之在对此在本身是透彻明晰的。

领会是这样一种能在的存在：这种能在从不作为尚未现成的东西有所期待；作为本质上从不现成的东西，这种能在随此在之在在生存的意义上“存在”。此在是以这样的方式去存在的：它对这样去存在或那样去存在总已有所领会或无所领会，此在“知道”它于何处随它本身一道存在，也就是说，随它的能在一道存在。这个“知道”并非生自一种内在的自我知觉，它是属于此之在的，而这个此之在本质上就是领会。只因为此在领会着就是它的此，它才能够迷失自己和认错自己。只要领会是现身的领会，只要它作为现身的领会在生存论上已是交付给了被抛境况的领会，那么此在向来就已经迷失自己、认错自己了。从而，此在在它的能在中就委托给了在它的种种可能性中重又发现自身的那种可能性。

领会是此在本身的本己能在的生存论意义上的存在，其情形是：这个于其本身的存在开展着随它本身一道存在的何所在。我们还应当更精微地把捉这个生存论环节的结构。

作为开展活动，领会始终关涉到“在世界之中存在”的整个基本建构。“在之中”作为能在向来就是能在世界之中。不仅世界是作为可能的意蕴展开的，而且世内存在者本身的开放也是向它的种种可能性开放。上手事物在它的有用、可用和可怕中被揭示为上手事物。因缘整体性是作为上手事物的可能联络的范畴整体绽露出来的。甚至形形色色的现成事物的“统一”，即自然，也只有根 145
据它的可能性的展开才是可揭示的。自然之存在的问题终归于“自然之可能性的条件”，这是偶然吗？这一发问植根在何处？面对这一发问，我们不能不提出另一个问题来：为什么我们把非此在式的存在者向着它的可能性的条件开展的时候，我们就领会了它的存在呢？康德设置了这一类的前提，也许他是有道理的。不过，我们绝不能始终不把这种前提本身的道理指示出来。

依照可在领会中展开的东西的任何本质维度，领会总是突入诸种可能性之中，这是为什么呢？因为领会于它本身就具有我们称之为筹划〔Entwurf〕的那种生存论结构。领会把此在之在向着此在的“为何之故”加以筹划，正如把此在之在向着那个使此在的当下世界成为世界的意蕴加以筹划。这两种筹划是同样源始的。就有所领会的此（作为能在的此）的展开状态来考虑，领会的筹划性质实际组建着在世的存在。筹划是使实际上的能在得以具有活动空间的生存论上的存在建构。此在作为被抛的此在被抛入筹划活动的存在方式中。此在拟想出一个计划，依这个计划安排自己的存在，这同筹划活动完全是两码事。此在作为此在一向已经对自己有所筹划。只要此在存在，它就筹划着。此在总已经——而且只要它存在着就还要——从可能性来领会自身。领会的筹划性质又是说：领会本身并不把它向之筹划的东西，即可能性，作为专题来把握。这种把握恰恰取消了所筹划之事的可能性质，使之降低为一种已有所意指的、给定的内容；而筹划却在抛掷中把可能性作为可能性抛到自己面前，让可能性作为可能性来存在。领会作为筹划是这样一种存在方式——在这种方式中此在恰恰就是它的种种可能性之为可能性。

要是有人愿意并能够把此在当作现成事物来记录它的存在内容，那么可以说，基于筹划的生存论性质组建起来的那种存在方式，此在不断地比它事实上所是的"更多"。但它从不比它实际上所是的更多，因为此在的实际性本质上包含有能在。然而此在作为可能之在也从不更少，这是说：此在在生存论上就是它在其能在中尚不是的东西。只因为此之在通过领会及其筹划性质获得它的建构，只因为此之在就是它所成为的或所不成为的东西，所以它才
a 能够有所领会地对它自己说："成为你所是的！"

146 筹划始终关涉到在世的整个展开状态：领会作为能在，其本身就具有种种可能性，这些可能性通过本质上可以在领会中展开的东西的范围被先行标画出来。领会可以首先置身于世界的展开状态中，这就是说：此在可以首先与通常从它的世界方面来领会自身。但领会也可以主要把自己抛入"为何之故"，这就是说：此在如
a 其本然地生存着。领会可以是本真的领会，这种领会源于如其本然的本己自身。领会也可是非本真的领会。这个"非"并不是说：此在把自己从它本身割断，而"仅仅"领会世界。世界属于此在的自己存在，而自己存在就是在世的存在。无论本真的领会还是非本真的领会都可能是真实的或不真实的。领会作为能在彻头彻尾

地贯穿着可能性。置身于领会的这两种基本可能性之一却并不排斥另一可能性。毋宁说因为领会向来关涉到此在在世的整个展开状态，所以，领会的“置身”乃是整体筹划的一种生存论上的变式。在对世界的领会中，“在之中”也总被一同领会了，而对生存本身的领会也总是对世界的领会。

此在作为实际的此在一向已经把它的能在置于领会的一种可能性中。

就其筹划性质而言，领会在生存论上构成我们称之为此在的视的东西。操劳活动的寻视〔Umsicht〕、操持的顾视〔Rücksicht〕以及对存在本身——此在一向为这个存在如其所是地存在——的视〔Sicht〕，这些都已被标明为此在存在的基本方式。同样源始地依照这些基本方式，此在乃是在生存论上随着此的展开一道存在着的视。那个首要地和整体地关涉到生存的视，我们称之为透视〔Durchsichtigkeit〕。我们选择这个术语来标明领会得恰当的“自我认识”[①]，以此指明：自我认识所说的并不是通过知觉察觉和静观一个自我点，而是贯透在世的所有本质环节来领会掌握在世的整个展开状态。只有当生存着的存在者同样源始地在它的寓世之在及共他人之在——它们都是它的生存的组建环节——中对自己成为透彻明晰的，它才“自”视。

① 应当注意将Selbsterkenntnis〔自我认识〕与Sichkennen〔自我识认〕区别开来，这曾在前面（第124—125页）指出过。这两者之间的区别大致是这样的：对于前者，我们考虑的是对具有其所有内涵的自我的一种完全而又丰富的认识；而对于后者，则是指那种人们一旦“忘记自己”或因某事而“不再知道自己”就会丧失的自我认识。——英译注

反过来说，此在的浑噩不明〔Undurchsichtigkeit〕也并非唯一地或首要地植根于“自我中心”的自迷自欺，而是同样地植根于对世界的不认识。

147 当然，我们必须保护“视”这个词不受误解。我们用敞亮〔Gelichtetheit〕来描述此的展开状态，“视”就对应于这个敞亮的境界。“看”不仅不意味着用肉眼来感知，而且也不意味着就现成事物的现成状态纯粹非感性地知觉这个现成事物。“看”只有一个特质可以用于“视”的生存论含义，那就是：“看”让那个它可以通达的存在者于其本身无所掩蔽地来照面。当然，每一种“官感”在它天生的揭示辖区都能做到这一点。然而，哲学的传统一开始就把“看”定为通达存在者和通达存在的首要方式。为了同传统保持联系，我们可以在更广泛的意义上把视和看形式化，从而得到一个具有普遍性的术语，作为一般的通达方式，用以描述任何通达存在者和存在的途径。

我们显示出所有的视如何首先植根于领会——操劳活动的寻视乃是作为知性[①]的领会——，于是也就取消了纯直观的优先地位。这种纯直观在认识论上的优先地位同现成事物在传统存在论
a 上的优先地位相适应。“直观”和“思维”是领会的两种远离源头的衍生物。连现象学的“本质直观”也植根于生存论的领会。只有存在与存在结构才能够成为现象学意义上的现象，而只有当我们获得了存在与存在结构的鲜明概念之后，才可能决定本质直观是什

① Verstaendigkeit，这个词大致就是“富有理解”，但在本书中，它指局限于存在者的理解，因此在多数场合带有贬义，可参考原书第 315 页对这个词的讲解。英译者译作“common sense〔常识〕”，我们译作“知性”。——中译注

么样的看的方式。

“此”展开在领会中，这本身就是此在能在的一种方式。此在向着为何之故筹划它的存在，与此合一地也就是向着意蕴〔世界〕筹划它的存在。在这种被筹划的状态中，有着一般存在的展开状 b
态。在向可能性作筹划之际，已经先行设定了存在之领会。存在是在筹划中被领会的，而不是从存在论上被理解的。从本质上对 c
在世进行筹划是此在这种存在者的存在方式。这种存在者具有存在之领会作为它的存在的建构。前面[①]曾初步地独断地提出的东西，现在从存在建构——即在这个存在中此在作为领会乃是它的此——中获得了证明。同这整部探索的限度相称地令人满意地阐明这种存在之领会的生存论意义，这一工作则只有根据时间状态上的存在解释才能完成。

现身和领会这些生存论环节描述出在世的源始展开状态。此 148
在以有情绪的方式“视”它由之而在的可能性。于筹划着展开这些可能性之际此在一向已经带有情绪。最本己的能在的筹划托付给了被抛进此的实际状态。这样以被抛的筹划来解说此之在的生存论建构，此在之在岂不是变得更加扑朔迷离了吗？确实如此。我们必须先让此在之在的整个谜团涌现出来，哪怕只是为了在“解决”它的时候能够以真实的方式失败，哪怕只是为了把被抛地筹划着的在世这个问题重新提出来。

不过，即使目前只是要把现身的领会——即此的整个展开状态的日常存在方式——在现象上充分收入眼帘，也还需要具体廓

① 参见本书第四节第11页及以下。——原注

清这些生存论环节。

第三十二节　领会与解释①

作为领会的此在向着可能性筹划它的存在。由于可能性作为展开的可能性反冲到此在之中，这种领会着的、向着可能性的存在本身就是一种能在。领会的筹划活动本身具有使自身成形的可能性。我们把领会使自己成形的活动称为解释。领会在解释中有所领会地占有它所领会的东西。领会在解释中并不成为别的东西，而是成为它自身。在生存论上，解释植根于领会，而不是领会生自解释。解释并非要对被领会的东西有所认知，而是把领会中所筹划的可能性整理出来。按照准备性的日常此在分析的进程，我们将就对世界的领会，亦即就非本真的领会来论述解释现象，不过我们是从非本真领会的真实样式来进行论述的。

对世界的领会展开意蕴，操劳着寓于上手事物的存在从意蕴方面使自己领会到它同照面的东西一向能够有何种因缘。寻视揭示着。这话意味着：已经被领会的"世界"现在得到了解释。上手

① Auslegung 及其动词形式 auslegen 是本书中经常出现的一个概念。它与另一常用概念 Interpretation、interpretieren〔阐释〕相近。但比较起来，Auslegung 常常在"解开而释放"的意义上使用，而 Interpretation 所指的解释更具体系性和专题性，所以我们一般将前者译为"解释"，而将后者译为"阐释"。与 auslegen 相应，freilegen 的意思为"明示显露"，一般译为"显露"，而与 Horizont〔视野〕连用时译为"开放"；auseinanderlegen 译为"分解"。Ausgelegtheit 这个词较费译，意指公众对事情的流行解释、说法。现据上下文，有时译为被解释状态，有时译为公众解释所得的说法。——中译注

事物现在明确地映入有所领会的视见之中。一切调整、整顿、安排、改善、补充都是这样进行的：从“为了作……之用”着眼把寻视 149
中上到手头的东西加以分解，并按照现在已能看清的被分解的情况对之操劳。寻视依其“为了作……之用”而加以分解的东西，即明确得到领会的东西，其本身具有“某某东西作为某某东西”这样一个寻视上的结构。寻视寻问：这个特定的上手事物是什么？对这个问题，寻视着加以解释的回答是：它是为了作某某东西之用的。列举“为了作什么”并不单纯是给某某东西命名：问题中的东西被认作为某种东西；被命名的东西也就作为那种东西得到领会。在领会中展开的东西，即被领会的东西，总已经是按照下述方式而被通达的，那就是在它身上可以明确地提出它的“作为什么”。这个“作为”〔Als〕造就着被领会的东西的明确性结构。“作为”组建着解释。寻视地解释着和周围世界的上手事物打交道，这种活动把上手的东西“看”作为桌子、门、车、桥，这种打交道不必同时以进行规定的命题来分解寻视着加以解释的东西。对上手事物的一切先于命题的、单纯的看，其本身就已经是有所领会、有所解释的。然而，不正是这个“作为”的缺乏造就了某某东西的纯知觉的素朴性吗？这个视的看却一向已有所领会，有所解释。这个看包含着指引关联“为了作什么”的明确性。指引关联属于因缘整体，而单纯照面的东西是从这个因缘整体方面被领会的。以“某某东西作为某某东西”为线索解释存在者，并以这种接近存在者的方式把被领会的东西分环勾连，这件事情本身先于对有关这件事情的专门命题。在专门命题中，“作为”并非才始出现，而是才始道出。必须先有可能被道出的东西，道出才是可能的。在素朴的观望中可能没有命题陈述所具有的明确性，但这却不能作为理由来否认这个素朴的看具有进行区划分环勾连的解释，从而否认它具有“作为”结构。以有所事的方式对切近之物的素朴的看源始地具有解释结构。反过来，恰恰是对某种东西的近乎没有“作为”结构的把握倒是需要做出某些转变。在纯粹凝视之际，“仅仅在眼前有某种东西”这种情况是作为不再有所领会发生的。这个没有“作为”结构的把握是素朴地领会着的看的一种褫夺，它并不比素朴的看更源始，倒是从素朴的看派生出来的。我们不可因为“作为”在存在者层次上不曾被道出就误入迷途，就看不到“作为”结构正是领会所具有的先天的生存论建构。

然而，如果对上手用具的任何知觉都已经是有所领会、有所解释的，如果任何知觉都寻视着让某某东西作为某某东西来照面，那
150 么这岂不是说：首先经验到的是纯粹现成的东西，然后才把它作为门户、作为房屋来看待？这是对解释特有的展开功能的一种误解。解释并非把一种“含义”抛到赤裸裸的现成事物头上，并不是给它贴上一种价值。随世内照面的东西本身一向已有在世界之领会中展开出来的因缘；解释无非是把这一因缘解释出来而已。

上手事物一向已从因缘整体性方面得到领会。这个因缘整体性不必是由专题解释明白把握了的。即使有这样一种解释已经贯穿了因缘整体性，这种因缘整体性还仍隐退到不突出的领会中去。恰恰是在这种样式中，因缘整体性乃是日常的、寻视的解释的本质基础。这种解释一向奠基在一种先行具有〔Vorhabe〕之中。作为领会之占有，解释活动有所领会地向着已经被领会了的因缘整体性去存在。对被领会了的、但还隐绰未彰的东西的占有总是在这

样一种眼光的领导下进行揭示的：这种眼光把解释被领会的东西时所应着眼的那样东西确定下来了。解释向来奠基在先行视见〔Vorsicht〕之中，它瞄着某种可解释状态，拿在先行具有中摄取到的东西“开刀”。被领会的东西保持在先行具有中，并且“先见地”〔vorsichtig，通常作“谨慎地”〕被瞄准了，它通过解释上升为概念。解释可以从有待解释的存在者自身汲取属于这个存在者的概念方式，但是也可以迫使这个存在者进入另一些概念，虽然按照这个存在者的存在方式来说，这些概念同这个存在者是相反的。无论如何，解释一向已经断然地或有所保留地决定好了对某种概念方式〔Begrifflichkeit〕表示赞同。解释奠基于一种先行掌握〔Vorgriff〕之中。

把某某东西作为某某东西加以解释，这在本质上是通过先行具有、先行视见与先行掌握来起作用的。解释从来不是对先行给定的东西所做的无前提的把握。准确的经典注疏可以拿来当作解释的一种特殊的具体化，它固然喜欢援引“有典可稽”的东西，然而最先的“有典可稽”的东西，原不过是解释者的不言而喻、无可争议的先入之见。任何解释工作之初都必然有这种先入之见，它作为随着解释就已经“设定了的”东西是先行给定的，这就是说，是在先行具有、先行视见和先行掌握中先行给定的。

如何解释这个“先”的性质呢？如果我们从形式上说成“先天”，事情是否就了结了？为什么这个结构为领会所固有，即为那个我们曾认之为此在的基础生存论环节的领会所固有？被解释的 151
东西本身所固有的“作为”结构对这个“先”结构有何种关系？“作为”结构这一现象显然不能“拆成片段”。然而这不就排除了源始的分析吗？我们要不要把诸如此类的现象当作"终极性质"接受下来？可是问题依然存在——为什么？也许领会的"先"结构以及解释的"作为"结构显示出它同筹划现象有某种生存论存在论联系？而筹划则又反过头来指向此在源始的存在建构？

前此的准备工作早已不够用来回答这些追问了。在回答这些追问之前，我们必须先探索一下：那个能够作为领会的"先"结构和作为解释的"作为"结构映入眼帘的东西，是不是本来已经提供出一种统一的现象，虽然哲学讨论已经大量利用着这种现象，然而却不愿赋予这种用得如此普遍的东西以相应的存在论解释的源始性？

在领会的筹划中，存在者是在它的可能性中展开的。可能性的性质向来同被领会的存在者的存在方式相应。世内存在者都是向着世界被筹划的，这就是说，向着一个意蕴整体被筹划的。操劳在世已先把自己紧缚在意蕴的指引联络中了。当世内存在者随着此在之在被揭示，也就是说，随着此在之在得到领会，我们就说：它具有意义。不过，严格地说，我们领会的不是意义，而是存在者和存在。意义是某某东西的可领会性的栖身之所。在领会着的展开活动中可以加以分环勾连的东西，我们称之为意义。在领会着的解释加以分环勾连的东西中必然包含有这样一种东西——意义的概念、就包括着这种东西的形式构架。先行具有、先行视见及先行掌握构成了筹划的何所向。意义就是这个筹划的何所向，从筹划的何所向方面出发，某某东西作为某某东西得到领会。只要领会和解释使此在的生存论结构成形，意义就必须被领会为属于领会的展开状态的生存论形式构架。意义是此在的一种生存论性质，而不是一种什么属性，依附于存在者，躲在存在者“后面”，或者作为中间领域漂游在什么地方。只要在世的展开状态可以被那种于在世展开之际可得到揭示的存在者所“充满”，那么，唯此在才“有”意义。所以，只有此在能够是有意义的或是没有意义的。这等于说，此在自己的存在以及随着这个存在一道展开的存在者能够在领会中被占有，或者，对无领会保持为冥顽不灵的。

如果我们坚持对“意义”这个概念采用这种原则性的存在论生 152
存论阐释，那么，所有不具有此在的存在方式的存在者都必须被理解为无意义的存在者，亦即从本质上就对任何意义都是空白的存在者。在这里，“无意义”不是一种估价，而是一个用于存在论规定的语词。只有无意义的东西〔das Unsinnige〕能够是荒诞的〔widersinnig〕。现成事物作为在此在之中照面的东西，能够“侵凌”此在的存在，比如突然发作的具有破坏作用的自然事件就是这样。

如果说我们追问存在的意义，这部探索却并不会因此更有深义，它也并不会因此去寻思任何藏在存在后面的东西。只要存在进入此在的理解，追问存在的意义就是追问存在本身。决不能够把存在的意义同存在者对立起来，或同作为承担着存在者的“根据”的存在对立起来，因为“根据”只有作为意义才是可以通达的，即使“根据”〔Grund〕本身是没有意义的深渊〔Abgrund〕也罢。

领会，作为此在的展开状态，一向涉及在世的整体。在对世界的每一领会中，生存都一道得到领会，反过来说也是一样。其次，一切解释都活动在前已指出的“先”结构中。对领会有所助益的任何解释无不已经对有待解释的东西有所领会。人们其实总已经注意到了这个事实，即使只在领会和解释的派生方式的领域中，比如在语文学解释中。语文学解释属于科学认识的范围，诸如此类的认识要求对根据做出严格论证。科学论证不得把它本应该为之提供根据的东西设为前提。然而，如果解释一向就不得不活动在领会了的东西中，并且从领会了的东西那里汲取养料，更甚的是，如果这种设为前提的领会又活动在对人和世界的普通认识之中，那么，解释怎样才能使科学的结果成熟，而又免于循环论证？然而，按照最基本的逻辑规则，这个循环乃是 circulus vitiosus〔恶性循环〕。这样一来，历史解释这项事业就始终先天地被放逐在严格认识的范围之外。只要人们还没有取消领会中的循环论证这一实际情况，历史学就只好满足于比较不太严格的认识的可能性。人们允许它在某种程度上用它的“对象”的“人文意义”来弥补这一缺憾。即使按照历史学家自己的意见，更理想的当然是他们竟能避免这种循环论证，希望有朝一日创造出一种独立于考察者的立足点的历史学来，就像人们心目中的自然认识那样。

153　然而，在这一循环中看到 vitiosum〔恶性〕，找寻避免它的门径，或即使只把它当作无可避免的不完善性“接受”下来，这些都是对领会的彻头彻尾的误解。问题不在于拿领会和解释去比照一种认识理想；认识理想本身只是领会的一种变体，这种变体误以为它的正当任务就是在现成事物的本质上的不可领会性中把握现成事物。不要先认错了进行解释所需要的本质条件，这样才能够满足解释所必需的基本条件。决定性的事情不是从循环中脱身，而是依照正确的方式进入这个循环。领会的循环不是一个由任意的认识方式活动于其间的圆圈，这个用语表达的乃是此在本身的生存论上的“先”结构。把这个循环降低为一种恶性循环是不行的，即使降低为一种可以容忍的恶性循环也不行。在这一循环中包藏着最源始的认识的一种积极的可能性。当然，这种可能性只有在如下情况下才能得到真实的掌握，那就是：解释领会到它的首要的、不断的和最终的任务始终是不让向来就有的先行具有、先行视见与先行掌握以偶发奇想和流俗之见的方式出现，它的任务始终是从事情本身出来清理先行具有、先行视见与先行掌握，从而保障课题的科学性。因为就领会的生存论意义说，领会就是此在本身的能在，所以，历史学认识的存在论前提在原则上超越于最精密的科学的严格性观念。数学并不比历史学更严格，只不过就数学至关紧要的生存论基础的范围而言，数学比较狭窄罢了。

领会中的“循环”属于意义结构。意义现象植根于此在的生存论结构，植根于有所解释的领会。为自己的存在本身而在世的存 a
在者具有存在论上的循环结构。然而人们却在存在论上把“循环”归属于现成状态的某种方式，如果我们尊重这种提法，那当然就必须避免在存在论上用这一现象来描述此在这样的东西啦。

第三十三节 命题——解释的衍生样式

一切解释都奠基于领会。由解释分成环节的东西①本身以及

① das Gegliederte〔分成环节的东西〕来自动词 gliedern。Gliedern 通常的含义是“按某一确定观点把整体分为部分”，例如分章分节等。我们一般把它译作“分成环节”，但有时则依上下文译作“分解”、“分章”。与 gliedern 意义相近的是 altikulieren，出于拉丁文 articulus 和 articulo，其字面含义是“通过关节相联系”，“清晰地按音节发音”。作者主要将它用在言说和解释的领域中，并指出它含有“作为”结构。我们一般译为“分环勾连”，但有时依上下文译作“表述”。——中译注

在一般领会中作为可分成环节的东西先行标画出来的东西，即是
154 意义。只要命题（“判断”）奠基于领会，从而表现为解释活动的一种衍生样式，那么，命题也“有”一种意义。然而却不能把意义定义为判断发生之际“附于”判断而出现的东西。我们将着重对命题进行分析；在眼下的联系中，这一分析具有多重意图。

首先，我们可以借命题来说明对领会和解释具有构成作用的“作为”结构能够以何种方式形成模式。这样一来，领会和解释就进入了更鲜明的光线之下。其次，在基础存在论的讨论范围之内对命题所做的分析还具有一种与众不同的地位，因为在古代存在论的决定性开端处，λόγος曾作为通达本真存在者和规定这种存在者的存在的唯一指导线索。最后，人们自古以来就把命题当作真理的首要的、本真的“处所”。真理现象同存在问题结合得非常紧密，所以，眼下的探索在进一步发展中必然会碰上真理问题；甚至这一探索虽未言明，也已经处在真理问题这一维度中了。对命题的分析也将为提出真理问题做好准备。

下面我们将指出命题这一名称的三种含义。这三种含义都来自命题这一名号标出的现象。这些含义互相联系并在其统一中界定了命题的整个结构。

1. 命题首先意味着展示。在这里我们牢守着ἀπόφανσις这一λόγος的源始意义：让人从存在者本身来看存在者。在“这把锤子太重了”这一命题中，揭示给视的东西不是“意义”，而是在其上手状态中的存在者。即使这一存在者不在伸手可得或“目力所及”的近处，展示仍然意指这个存在者本身，而不是这个存在者的某种单纯表象——既不是“单纯被表象的东西”，更不是道出命题的人对

这一存在者进行表象的心理状态。

2.命题也等于说是述谓。“述语”对“主语”有所陈述，主语由述语得到规定。在命题的这一含义上，命题所陈述的东西不是述语，而是“锤子本身”。反之，命题用以陈述的东西，亦即用以进行规定的东西则是“太重”。相对于命题这一名号的第一种含义，所陈述的东西，亦即被规定的东西本身，在第二种含义上就内含而言 155
总已经变得比较狭窄了。任何述谓都只有作为展示才是它所是的东西。命题的第二种含义奠基于第一种含义。述谓加以勾连的环节，即主语和述语，是在展示范围之内生长出来的。并非规定首先进行揭示；情况倒是：规定作为展示的一种样式，先把看限制到显示着的东西（锤子）本身之上，以便通过对目光的明确限制而使公开者在规定性中明确地公开出来。面对已经公开的东西（太重的锤子），规定活动先退回一步。“主语之设置”把存在者淡化到“此处的锤子”上，以便通过这种淡化过程而让人在公开的东西可规定的规定性之中看这个公开的东西。设置主语、设置述语，以及相互设置两者，这些句法上的构造完完全全是为了展示而设的。①

3.命题意味着传达，意味着陈述出来。这一含义上的命题直接同第一种含义和第二种含义上的命题相联系。这一含义上的命题是让人共同看那个以规定方式展示出来的东西。“让人共同

① 本句里的“句法上的”和“为了展示的”，原文都是 apophantisch。这个词原是希腊词。据海德格尔在本书第七节考证，这个词原本是说从某个方面借助亮光把某种东西照亮（展示），从而引申出做决定下判断的意思（句法上的，关于命题的）。海德格尔认为亚里士多德是在源始的意义上使用这个词的，他自己也一样，用这个词来说明“话语即（在联系中）显示某种东西”。依此我们通常把这个词译作“展示”。——中译注

看”，这一做法同他人分享〔向他人传达〕[①]在其规定性中展示出来的存在者。“分有”的是**向着**展示出来的东西的共同**存在**。我们必须把这个共同向着展示出来的东西看认作在世界之中的存在，而**这个**世界就是展示出来的东西由之来照面的世界。我们这样从存在论上来领会传达。命题作为这种传达包含有道出状态。他人可以自己不到伸手可得、目力所及的近处去获得被展示、被规定的存在者，却仍然能同道出命题的人一道“分有”被道出的东西，亦即被传达分享的东西。人们可以把被道出的东西“风传下去”。以看的方式共同分有的范围渐渐扩散。然而，在风传中，展示的东西可能恰恰又被掩蔽了。不过，即使在这种道听途说中生长起来的知识仍然意指着存在者本身，并非“随声附和”某种传来传去的“通行意义”。道听途说也是一种在世，是向着听到的东西存在。

如今占统治地位的“判断”理论是依循“通行有效”〔Geltung〕这一现象来制订方向的。这里不准备多谈这种判断理论。也许只要指出“通行有效”这一现象颇有几重成问题就够了。自洛采以来，人们都乐于把“通行有效”现象当作无可追本溯源的“元现象”。“通行有效”竟能扮演“元现象”，这只能归因于未从存在论上对这
156 一现象加以澄清。“通行有效”这话产生出一种语词崇拜，围绕着这一语词崇拜的种种“疑问”本身也丝毫不减其浑噩。通行首先意指现实性的“形式”；这种形式应同判断的内容相吻合，因为相对于可变的判断“心理”过程，判断内容是不变的。从这本书的导论对

---

① 译作“传达”的是 mitteilen。这个词另有一个含义更体现其构词，teilen mit，提供给别人分享。海德格尔现在就在这双重含义上使用这个词。——译者注

一般存在问题的处理来看，我们实难期待作者是通过某种特有的存在论澄清才把“通行有效”标明为与众不同的“理想的存在”。其次，通行有效又是说判断的通行意义通行有效，亦即判断的意义对于判断所意指的“客体”是通行的。这样一来，通行就具有了“客观有效性”的含义和一般客观性的含义。第三，这种对存在者通行的、就它本身而言则“无时间性地”通行有效的意义，复又对任何有理性的判断者“通行有效”。这时，通行有效说的是约束性、“普遍有效性”。如果有谁更进一步，持一种“批判的”认识论的立场，说主体并不“真正地”“走出来”达到客体，那么他就会主张，有效性——亦即客体的通行有效，或客观性——的基础是真(!)意义的通行成分。把“通行有效”当作理想的存在方式，当作客观性，当作约束性，这三种含义不仅本身未经透视，而且它们互相之间还不断迷混。方法上的谨慎要求我们别选择这些五光十色的概念来作解释的线索。我们并不首先把意义概念局限于“判断内容”的含义上，而是把意义概念领会为业经标明的存在论现象。可以在领会中展开的东西和可以在解释中分环勾连的东西的形式构架根本上正是在这种现象中映入眼帘的。

我们先前分析过“命题”的三种含义。如果我们以统一的眼光把这三种含义合为一种整体现象，那么得出的定义就是：命题是有所传达有所规定的展示。仍有疑问的是：我们把命题当作解释的一种样式究竟有什么道理？如果命题是这样一种样式，那么解释的本质结构必然要在命题中重现。命题是根据已经在领会中展开的东西和寻视所揭示的东西进行展示的。道出命题并不是一种漂浮无据的行为，仿佛它原本从自身出发就能够开展存在者；道出命

题总已经活动于在世的基础之上。前面就认识世界[①]指出来的东
157 西，对于命题也完全适用。命题须先行具有已经展开的东西，它以规定方式把已经展开的东西展示出来。再则，在着手进行规定之际，我们已经具有着眼的方向来看待有待作为命题说出来的东西。在规定过程中，先行给定的存在者被瞄向的那个“何所向”把规定者的职能承担过来。命题需要一种先行视见。有待崭露、有待指归的述语仿佛暗暗锁在存在者本身之中，而在先行视见中，这种述语松脱出来。命题作为规定着的传达，其中总包含有展示的东西在含义上的一种分环勾连。这种分环勾连活动在某种概念方式中：锤子是重的，重属于锤子，锤子具有重这种性质。可见，在道出命题之际一向也已经有一种先行掌握。但这种先行掌握多半仍是不显眼的，因为语言向来已经包含着一种成形的概念方式于自身中。像一般的解释一样，命题必然在先行具有、先行视见和先行掌握中有其生存论基础。

但命题在何种程度上成为**派生于**解释的模式？在命题这里发生了什么变异？我们从“锤子是重的”这种处于命题边缘的句子着手，就能够指出这种变异来。这种句子在逻辑学中是规范的例子和“最简单的”命题现象的例子。逻辑把“锤子是重的”看作绝对的命题句，从而成为自己的专题对象。其实，逻辑在做任何分析之前就总已经“从逻辑上”来领会这类句子了。逻辑不管不顾而把“锤子这物具有重这一性质”预先设定为这个句子的意义。在操劳寻视中“起初”没有诸如此类的命题。然而操劳寻视确有它自己的解

① 参见本书第十三节第 59 页及以下。——原注

释方式。用上述“理论判断”的方式就可以说成是：“这把锤子太重了”，或不如说：“太重了”、“换一把锤子！”源始的解释过程不在理论命题句子中，而在“一言不发”扔开不合用的工具或替换不合用的工具的寻视操劳活动中。却不可从没有言词推论出没有解释。另一方面，寻视着道出的解释也还不必是明确定义的命题。那么，
命题通过哪些生存论存在论上的变异从寻视着的解释中产生出 a
来呢？

保持在先行具有中的存在者，例如锤子，首先上手作为工具。
如果要把它变成一个命题的“对象”，那么，命题一旦提出，在先行 158
具有中就已经发生了一种转变。用以有所作为、有所建树的这个上手的“**用什么**”变成了有所展示的命题的“**关于什么**”。先行视见借上手事物瞄向现成事物，**通过**这种貌貌然望去，**对于**这种貌貌然望去，上手事物就其为上手事物而言被掩藏起来。现成状态的揭示就是上手状态的遮盖。在这种遮盖着的揭示活动范围之内，照面的现成事物就其如此这般现成的存在得到规定。唯有这时，通向**属性**等等的道路才刚打开。命题把现成事物**作为**什么什么东西加以规定，这个“什么”是从现成事物本身汲取出来的。解释的“作为”结构经历了一种变异。当这个“作为”执行其占有被领会的东西这一职能时，它不再伸展到因缘整体中。“作为”本来分环勾连着指引的联络；现在这个进行分环勾连的“作为”从意蕴上割断下来，而正是意蕴把周围世界规定为周围世界的。这个“作为”被迫退回到仅仅现成的东西的一般齐的平面上。它向着“有所规定地只让人看现成的东西”这一结构下沉。寻视解释的源始“作为”被敉平为规定现成性的“作为”；而这一敉平活动正是命题的特点。

只有这样，命题才能单纯观望着进行证明。

所以，无法否认命题在存在论上来自有所领会的解释。我们把寻视着有所领会的解释ἑρμηνεία的源始“作为”称为存在论**诠释学的**“作为”，以别于通过命题进行**判断的**“作为”。

一端是在操劳领会中还全然隐绰未彰的解释，另一端是关于现成事物的理论命题，在这两个极端之间有着形形色色的中间阶段：关于周围世界中的事件的陈述，上手事物的描写，时事报道，一件“事实”的记录和确定，事态的叙述，事件的讲解。我们不可能把这些“句子”引回到理论命题而不从本质上扭曲它们的意义。这些句子就像理论命题本身一样，在寻视的解释中有其“源头”。

随着对λόγος的结构的认识不断进步，这种判断性质的“作为”现象不可能始终不以这种形态或那种形态映入眼帘。人们最初看待这一现象的方式不是偶然的；后来的逻辑史也没有少受这一方式的影响。

159 对于哲学考察来说，λόγος本身是一存在者：按照古代存在论的方向，λόγος是一现成存在者。当λόγος用词汇和词序道出自身的时候，词汇和词序首先是现成的，也就是说像物一样摆在面前。人们在寻找如此这般现成的λόγος的结构之时，首先找到的是若干词汇的**共同现成的存在**。是什么促成了这种“共同”的统一？柏拉图认识到：这种统一在于λόγος总是λόγος τινός〔某种东西的逻各斯〕。诸语词着眼于在λόγος中公开的存在者而合成一个语词整体。亚里士多德的眼光更为彻底：任何λόγος都既是σύνθεσις〔综合〕又是διαίρεσις〔分解〕；而非要么是那么一种所谓“肯定判断”要么是那么一种“否定判断”。毋宁说，无论一个命题是肯定的还是否定的，是真的还是假的，它都同样源始地是σύνθεσις与διαίρεσις。展示就是合成与分离。诚然，亚里士多德不曾把分析的问题继续推进到这样一个问题上：在λόγος的结构范围之内，究竟是哪一种现象允许我们并要求我们把一切命题都描述为综合与分解？

“连结”的形式结构和“分割”的形式结构，更确切地说，这两种结构的统一，在现象上所涉及的东西就是“某某东西作为某某东西”这一现象。按照这一结构，我们向着某种东西来领会某种东西——随同某种东西一起来领会某种东西；情况又是：这一**领会着的**对峙通过**解释着的**分环勾连又同时是把合在一起的东西分开来。只要“作为”这一现象还遮盖着，尤其是它出自诠释学的“作为”的存在论源头还掩藏着，亚里士多德分析λόγος时的现象学开端就一定碎裂为外在的“判断理论”；按照这种理论，判断活动即是表象与概念的连结和分割。

连结与分割还可以进一步形式化，成为一种“关系”。逻辑斯蒂把判断消解到“格式化”的体系中，判断成了一种计算的对象，而不是成为存在论阐释的课题。能不能对σύνθεσις和διαίρεσις进行分析领会？能不能对一般判断中的“关系”进行分析领会？这个问题同如何从原则上提出存在论问题的当下状况紧紧连在一起。

系词(lopula)系词现象表明：存在论问题对λόγος的阐释产生了何等深入的影响，反过来，“判断”的概念又通过其引人注目的反冲对存在论问题产生了何等深入的影响。系词这一纽带摆明了：首先是综合结构被当作自明的，而且综合结构还担负了提供尺度 160
的阐释职能。但若“关系”和“联系”的形式性质不能从现象上对关乎实事的λόγος结构分析提供任何助益，那么，系词这个名称所指的现象归根到底就同纽带和联系毫不相干。只要道出命题和存在之领会是此在本身在生存论上的存在之可能性，那么，无论“是〔在〕”在语言上以其自身表达出来还是以动词词尾的形式表现出来，这个“是〔在〕”及其阐释终归要同生存论分析工作的问题联系起来。在最终梳理清楚存在问题的时候（参照第一部第三篇），我们还将重新遇到这个λόγος范围之内特有的存在现象。

我们所做的工作在目前也就够了。我们证明了命题源出于解释和领会，并由此摆明：λόγος的“逻辑”植根于此在的生存论分析工作。我们认识到λόγος的存在论阐释是不充分的，这同时使我们更锐利地洞见到：古代存在论生长于其上的方法基础不够源始。λόγος被经验为现成的东西，被阐释为现成的东西；同样，λόγος所展示的存在者也具有现成性的意义。人们始终没有把存在的这种意义从其他的存在可能性区别出来、突出出来，结果形式上有某某东西存在的那种意义上的存在也就与现成存在这种存在混在一
a 起；人们甚至还未能够仅仅把二者的区域划分开来。

第三十四节 在此与话语，语言

组建着此之在、组建着在世的展开状态的基本生存论环节乃是现身与领会。领会包含有解释的可能性。解释是对被领会的东西的占有。只要现身同领会是同样源始的，现身就活动在某种领会之中。同样有某种可解释性来自现身。我们通过命题这一现象看到了解释的一种极端的衍变物。上节谈到命题的第三种含义是

传达（说出来）；对这种含义的澄清就引到说和道的概念。此前我们一直没有注意而且是有意不去注意这个概念。**语言现在刚刚**成为课题，这一点可以表明：语言这一现象在此在的展开状态这一生存论建构中有其根源。**语言的生存论存在论基础是话语**。在上文 161
阐释现身、领会、解释与命题的时候，我们已经不断地用到这一现象，但在做专题分析的时候我们仿佛压下了这一现象不谈。

话语同现身、领会在生存论上同样源始。可理解性甚至在得到解释之前就已经是分成环节的。话语是可理解性的分环勾连。从而，话语已经是解释与命题的根据。可在解释中分环勾连的，更源始地可在话语中分环勾连。我们曾把这种可加以分环勾连的东西称作意义。我们现在把话语的分环勾连中分成环节的东西本身称作含义整体。含义整体可以分解为种种含义；可分环勾连的东西得以分环勾连，就是含义。含义既来自可分环勾连的东西，所以它总具有意义。话语是此的可理解性的分环勾连，展开状态则首先由在世来规定；所以，如果话语是展开状态的源始生存论环节，那么话语也就一定从本质上具有一种特殊的**世界式**的存在方式。现身在世的可理解性**作为话语道出自身**。可理解性的含义整体**达乎言辞**。言词吸取含义而生长，而非先有言词物，然后配上含义。

把话语〔Rede〕道说出来即成为语言〔Sprache〕。因为在〔语言〕这一言词整体中话语自有它“世界的”存在，于是，言词整体就成为世内存在者，像上手事物那样摆在面前。语言可以拆碎成现成的言词物。因为话语按照含义来分环勾连的是此在的展开状态，而这种存在者的存在方式是指向“世界”的被抛的在世，所以，话语在生存论上即是语言。 a

话语是此在的展开状态的生存论建构，它对此在的生存具有组建作用。**听**和**沉默**这两种可能性属于话语的道说。话语对生存的生存论结构的组建作用只有通过〔听和沉默〕这些现象才变得充分清晰。但首先得把话语本身的结构清理出来。

话语是对在世的可理解性的“赋予含义的”分解。在世包含有共在，而共在一向活动在某种操劳共处之中。赞许、呵责、请求、警告，这些都是通过话语共处；此外还有发言、协商、说情；再例如“陈述主张”和讲演这类话语。话语是关于某种东西的话语。话语的“**关于什么**”并不一定具有进行规定的命题的专题性质，甚至通常
162 不具有这种性质。一个命令也是关于某某东西而发出的；愿望也有它的“关于什么”。说情不会没有它的“关于什么”。话语必然具有这一结构环节；因为话语共同规定着在世的展开状态，而它特有的这一结构已经由此在〔在世〕这一基本建构形成了。话语所谈的东西总是从某种角度、在某种限度内说到的。任何话语中都有一个**话语之所云**本身，也就是在各种关于某某东西的愿望、发问、道出自身等等之中的那个所云本身。在这个所云中话语传达它自身。

前文分析命题时已经指出，必须在广泛的存在论意义上领会**传达**这一现象。例如，发布消息这样一种道出命题的“传达”只是从生存论原则上所把握的传达的一个特例。有所领会的共处的分环勾连是在生存论原则上所领会的传达之中构成的。这种分环勾连“分享”着共同现身与共在的领会。传达活动从来不是把某些体验（例如某些意见与愿望）从这一主体内部输送到那一主体内部这类事情。共在本质上已经在共同现身和共同领会中公开了。在话

语中，共在以形诸言词的方式被**分享**着，也就是说，共在已经存在，只不过它原先没有作为被把捉被占有的共在而得到分享罢了。

在话语之所云中得到传达的一切关于某某东西的话语同时又都具有**道出自身**的性质。此在通过话语道出自身，并非因为此在首先是对着一个外部包裹起来的“内部”，而是因为此在作为在世
的存在已经有所领会地在“外”了。道出的东西恰恰在外，也就是 a
说，是当下的现身（情绪）方式。我们曾指出，现身涉及“在之中”的整个展开状态。现身的“在之中”通过话语公布出来，这一公布的语言上的指标在于声调、抑扬、言谈的速度、“道说的方式”。把现身情态的生存论上的可能性加以传达，也就是说，把生存开展，这本身可以成为“诗的”话语的目的。

话语把现身在世的可理解性按照含义分成环节。话语包含有如下构成环节：话语的关于什么（话语所及的东西〔das Beredete〕）；话语之所云〔das Geredete〕本身；传达和公布。它们并不是一些仅仅凭借经验敛在一起的语言性质，而是植根于此在的存
在建构的生存论环节。从存在论上说，唯有这些东西才使语言这 163
种东西成为可能。在某种话语的实际语言形态中，这些环节或有阙如者，或未经注意。这些环节常常不“在字面上”得到表达，这只说明人们采用了话语的某种特定方式；而话语之为话语，必然一向处在上述诸结构的整体性中。

人们试图把握“语言的本质”，但他们总是依循上述环节中的某一个别环节来制定方向；“表达”、“象征形式”、“命题”的传达、体验的“吐诉”、生命的“形态化”，诸如此类的观念都是人们依以理解语言的指导线索。即使人们用调和的方法把这些五花八门的定义

堆砌到一块儿，恐怕于获取一个十分充分的语言定义仍无所补益。决定性的事情始终是在此在的分析工作的基础上先把话语结构的存在论生存论整体清理出来。

话语本身包含有一种生存论的可能性——听。听把话语同领会、理解与可理解性的联系摆得清清楚楚了。如果我们听得不"对"，我们就没懂，就没"领会"；这种说法不是偶然的。听对话语具有构成作用。语言上的发音奠基于话语；同样，声学上的收音奠基于听。此在作为共在对他人是敞开的，向某某东西听就是这种敞开之在。每一个此在都随身带着一个朋友；当此在听这个朋友的声音之际，这个听还构成此在对它最本己能在的首要的和本真的敞开状态。此在听，因为它领会。作为领会着同他人一道在世的存在，此在"听命"〔hörig〕于他人和它自己，且因听命而属于〔gehörig〕他人和它自己。共在是在互相闻听中形成的；这个互相闻听可能有追随、同道等方式，或有不听、反感、抗拒、背离等反面的样式。

这种能听在生存论上是原初的；在这种能听的基础上才可能有**听到声音**这回事；但比较起人们在心理学中"首先"规定为听的东西亦即感知声响和知觉声音，听到声音倒更源始些。听到声音也具有领会着听的存在方式。我们从不也永不"首先"听到一团响动，我们首先听到辚辚行车，听到摩托车。我们听到行进的兵团、呼啸的北风、笃笃的啄木鸟、噼啪作响的火焰。

164　要"听"到"纯响动"，先就需要非常复杂的技艺训练。我们首先却听到摩托车和汽车。这是一种现象上的证据，证明此在作为在世的存在一向已经逗留着寓于世内上手的东西，而绝非首先寓于“感知”，仿佛这团纷乱的感知先须整顿成形，以便提供一块跳板，主体就从这块跳板起跳，才好最终到达一个“世界”。此在作为本质上有所领会的此在首先寓于被领会的东西。

甚至在明确地听他人的话语之际，我们首先领会的也是所云；更确切地说，我们一开始就同这个他人一道寓于话语所及的存在者。并非反过来我们首先听到说出的声音。甚而至于话说得不清楚或说的是一种异族语言，我们首先听到的还是尚不领会的语词而非各式各样的音素。

当然，我们在听话语所及的东西之际，也“自然而然”听到说出这种东西的方式即所谓“表达方式”，但这也只在于我们先行共同领会着话语之所云；因为只有这样我们才可能依照话题所及的东西来估价人们如何说出这种东西。

同样，对答这种话语也首先直接出自对话语所及的东西的领会；共在先已“分有”了话语所及的东西。

唯先有生存论上的言和听，人才能泛泛闲听。有的人“不会听人言，吃亏在眼前”，恰恰因此，这种人倒很可能到处闲听。仅仅东听西听是听的领会的阙失。言与听皆奠基于领会。领会既不来自喋喋不休也不来自东打听西打听。唯有所领会者能聆听。

所以，话语的另一种本质可能性即沉默也有其生存论基础。比起口若悬河的人来，在交谈中沉默的人可能更本真地“让人领会”，也就是说，更本真地形成领会。对某某事情滔滔不绝，这丝毫也不保证领会就因此更阔达。相反，漫无边际的清谈起着遮盖作用，把已有所领会和理解的东西带入虚假的澄清境界，也就是说，带入琐琐碎碎不可理解之中。沉默却不叫喑哑。哑巴反倒有一种

165 “说”的倾向。哑巴不仅不曾证明他能够沉默，他甚至全无证明这
种事情的可能。像哑巴一样，天生寡言的人也不表明他在沉默或
他能沉默。从不发话的人也就不可能在特定的时刻沉默。真正的
沉默只能存在于真实的话语中。为了能沉默，此在必须有东西可
a 说，也就是说，此在必须具有它本身的真正而丰富的展开状态可供
使用。所以缄默才揭露出“闲言”并消除“闲言”。缄默这种话语样
式如此源始地把此在的可理解性分环勾连，可说真实的能听和透
彻的共处都源始于它。

话语对于此之在即现身与领会具有构成作用，而此在又等于
说在世的存在，所以，此在作为有所言谈的“在之中”已经说出自
身。此在有语言。希腊人的日常生存活动主要在于交谈；虽然他
们也“有眼”能看，但他们无论在先于哲学的此在解释中还是在哲
b 学的此在解释中都把人的本质规定为ζῷον λόγον ἔχον，这难道
是偶然的吗？后人把人的这一定义解释为 animal rationale，“理
性的动物”，这一解释虽然不“错”，却遮盖了这一此在定义所从出
的现象基地。人表现为有所言谈的存在者。这并不意味着唯人具
有发音的可能性，而是意味着这种存在者以揭示着世界和揭示着
此在本身的方式存在着。希腊人没有语言这个词，他们把语言这
种现象“首先”领会为话语。但因为哲学思考首先把λόγος作为命
题收入眼帘，所以，它就依循**这种逻各斯**为主导线索来清理话语形
式与话语成分的基本结构了。语法在这种**逻各斯**的“逻辑”中寻找
它的基础。但这种“逻辑”却奠基于现成事物的存在论。这些“含
义范畴”的基本成分过渡到后世的语言科学中，并且至今还从原则
上提供尺度；而这种基本成分是以命题这种话语来制订方向的。

倘若我们反过来使话语这种现象从原则上具有某种生存论环节的源始性和广度，那么我们就必须把语言科学移置到存在论上更源始的基础之上。把语法从逻辑中**解放**出来这一任务**先就**要求我们**积极**领会一般话语这种生存论环节的先天基本结构；事后对流传 166
下来的东西加以改善和补充是不能完成这一任务的。考虑到这一点，我们应当寻问有哪些基本形式能够把一般可领会的东西合乎含义地分成环节，而不限于寻问理论考察所认识的和命题所表达的世内存在者。广泛地比较尽多尽僻的种种语言，意义学说并不就自行出现。洪堡在一种哲学视野之内使语言成为问题；但把他的视野接受下来仍然不够。意义学说植根于此在的存在论。它的荣枯系于这种存在论的命运。[①]

归根到底，哲学研究终得下决心寻问一般语言具有何种存在方式。语言是世内上手的用具吗？抑或它具有此在的存在方式？抑或二者都不是？语言以何种方式存在，竟至语言会是“死”语言？语言有兴衰，这在存在论上说的是什么？我们据有语言科学，而这门科学取作专题的存在者的存在却晦暗不明。甚至对此进行探索寻问的视野还隐绰未彰。含义首先与通常是“世界的”含义，是由世界的意蕴先行描绘出来的含义，甚至往往主要是“空间性的”含义，这是偶然的吗？如果这种“事实”在生存论存在论上是必然的，那又是为什么呢？为了追问“事情本身”，哲学研究将不得不放弃“语言哲学”，将不得不把自己带到在概念上业经澄清的成问题之

① 见胡塞尔的意义理论，《逻辑研究》第二卷，第一、四、五、六研究。要想更彻底地了解这一问题，见《观念》第一卷，第一二三节及以下；第255页及以下。——原注

处来。

眼下对语言所做的阐释不过是要指出语言现象的存在论“处所”是在此在的存在建构之内；这一阐释尤其是为下面的分析做准备。下面的分析将以话语的基本存在方式及其与其他现象的联系为主导线索，试着在存在论上更源始地把此在的日常状态收入眼帘。

B. 日常的此之在与此在的沉沦

前面几节曾回溯在世的展开状态的生存论结构，那些阐释在某种意义上让此在的日常状态从我们眼界溜开了。分析工作必须
167 重新赢回我们的课题由之入手的现象的视野。现在要提的问题是：如果在世作为日常在世要保持在常人的存在样式之中，那么，在世的展开状态的生存论环节是哪些东西？常人具有一种特殊的现身情态吗？具有一种特别的领会、话语和解释吗？我们若回想一下，此在首先与通常消散在常人之中，为常人所宰治，那么上述问题的回答就变得愈发紧迫了。此在被抛在世不恰恰首先是被抛入常人的公众意见之中吗？而这种公众意见不意味着常人特有的展开状态还意味着什么呢？

如果说领会必须首要地被理解为此在的能存在，那么通过分析属于常人的领会和解释就能够知道：此在作为常人展开了它的哪些存在之可能性并把这些可能性据为己有。这些可能性却又公开了日常生活的一种本质存在倾向。待我们从存在论上充分阐明了这种本质倾向，最终就必将崭露出此在的一种源始存在样式；从这种存在样式出发，就可以展示出业经提示的被抛现象在生存论

上的具体情况了。

首先要进行的工作是:在某些确定的现象那里把常人的展开状态亦即话语、视见与解释的日常存在样式收入眼帘。谈到这些现象,下述说明恐非赘言:阐释工作的意图是纯存在论的,它同日常此在的道德化的批判和“文化哲学的”旨趣大相径庭。

第三十五节 闲言

闲言这个词在这里不应用于位卑一等的含义之下。作为术语,它意味着一种正面的现象,这种现象组建着日常此在进行领会和解释的存在样式。话语通常要说出来,而且总已经是〔有人〕说出过的。话语即语言。而在说出过的东西里向已有领会与解释。语言作为说出过的东西包含有一种对此在之领会的解释方式。解释方式像语言一样殊非仅止现成的东西;它的存在是此在式的存在。此在首先并且在某种限度内不断交托给这种解释方式;它控制着、分配着平均领会的可能性以及和平均领会连在一起的现身 168
情态的可能性。说出过的东西分成环节,成为含义之间的联络;它就在这含义联络的整体中保存着对展开的世界的领会,并从而同等源始地保存着对他人的共同此在的领会以及对向来是本己的“在之中”的领会。所以,在说出过的东西背后已有一种领会;这种领会涉及渐次达到而承袭下来的存在者的揭示状态,也涉及对存在的当下领会以及为了重新解释或从概念上加以分环勾连所需用的可能性和视野。此在的这种解释方式确是实情,但仅仅指出这一点是不够的,现在我们还必须寻问说出过的话语以及正说出来的话语的生存论存在样式。如果我们不可把这些话语领会为现成的东西，那么，何者是这些话语的存在呢？关于此在的日常存在样式，话语的存在从原则上所说的是什么呢？

说出来的话语即传达。其存在所趋的目标是：使听者参与向着话语所谈及的东西而展开的存在。

说话的时候，所说的语言已经包含有一种平均的可理解性，按照这种平均的可理解性，传达出来的话语可达乎远方而为人领会，而听者却不见得进入了源始领会话语之所及的存在。人们对所谈及的存在者不甚了了，而已经只在听闻话语之所云本身。所云得到领会，所及则只是浮皮潦草的差不离。人们的意思总是同样的，那是因为人们共同地在同样的平均性中领会所说的事情。

听和领会先就抓牢话语之所云本身了。传达不让人"分享"对所谈及的存在者的首要的存在联系；共处倒把话语之所云说来说去，为之操劳一番。对共处要紧的是：把话语说了一番。只要有人说过，只要是名言警句，现在都可以为话语的真实性和合乎事理担保，都可以为领会了话语的真实性和合乎事理担保。因为话语丧失了或从未获得对所谈及的存在者的首要的存在联系，所以它不是以源始地把这种存在者据为己有的方式传达自身，而是以人云亦云、鹦鹉学舌的方式传达自身。话语之所云本身越传越广，并承担起权威性。事情是这样，因为有人说是这样。开始就已立足不稳，经过鹦鹉学舌、人云亦云，就变本加厉，全然失去了根基。闲言就在这类鹦鹉学舌、人云亦云之中组建起来。闲言还不限于出声
169 的鹦鹉学舌，它还通过笔墨之下的"陈词滥调"传播开来。在这里，学舌主要并非基于道听途说；它是从不求甚解的阅读中汲取养料

的。读者的平均领会从不能够断定什么是源始创造、源始争得的东西，什么是学舌而得的东西。更有甚者，平均领会也不要求这种区别，无需乎这种区别，因为它本来就什么都懂。

闲言的无根基状态并不妨碍它进入公众意见，反倒为它大开方便之门。闲言就是无须先把事情据为己有就懂得了一切的可能性。闲言已经保护人们不致遭受在据事情为己有的活动中失败的危险。谁都可以振振闲言。它不仅使人免于真实领会的任务，而且还培养了一种漠无差别的领会力；对这种领会力来说，再没有任何东西是深深锁闭的。

话语本质上属于此在的存在建构，一道造就了此在的展开状态。而话语有可能变成闲言。闲言这种话语不以分成环节的领会来保持在世的敞开状态，而是锁闭了在世，掩盖了世内存在者。这里无须乎意在欺骗。闲言并无这样一种存在样式：有意识地把某种东西假充某种东西提供出来。无根的人云和人云亦云竟至于把开展扭曲为封闭。因为所说的东西首先总被领会为“有所说的东西”亦即有所揭示的东西。所以，既然闲言本来就不费心去回溯到所谈及的东西的根基之上去，那闲言原原本本就是一种封闭。

人们在闲言之际自以为达到了对谈及的东西的领会，这就加深了封闭。由于这种自以为是，一切新的诘问和一切分析工作都被束之高阁，并以某种特殊的方式压制延宕下来。

在此在之中，闲言的这种解释方式向来已经凝滞不化。许多东西我们首先都是先以这种方式得知的，不少东西从不曾超出这种平均的领会。此在首先长入这种日常解释所形成的公众讲法，它也可能从不曾从这些讲法抽出身来。一切真实的领会、解释和传达，一切重新揭示和重新据有，都是在公众讲法中、出自公众讲法并针对公众讲法进行的。情况从不会是：有一个此在不受公众的解释方式的触动和引诱，被摆到一个自在"世界"的自由国土之前，以便它能只看到同它照面的东西。公众解释方式的统治甚至已经决定了情绪的可能性，也就是说，决定了此在借以同世界发生
170 牵连的基本样式。人们先行描绘出了现身情态，它规定着我们"看"什么，怎样"看"。

以上述方式起封闭作用的闲言乃是除了根的此在领会的存在样式。但它并不是一种现成状态，摆在一个现成事物那里。它恰恰是以不断被除根的方式而在生存论上是除了根的。这在存在论上等于说：作为在世的存在，滞留于闲言中的此在被切除下来——从对世界、对共同此在、对"在之中"本身的首要而源始真实的存在联系处切除下来。它滞留在漂浮中，但在这种方式中它即始终依乎"世界"、共乎他人、向乎自身而存在着。这种存在者的展开状态是由现身领会的话语组建的，也就是说，它在这种存在论建构中是它的"此"，即在"世界之中"；只有这样一种存在者才具有这种除根的存在可能性。除根不构成此在的不存在，它倒构成了此在的最日常最顽固的"实在"。

在平均的解释方式的自明与自信中却又有这样的情况：此在在漂浮不定的骇异之中得以驶向渐次增加的无根基状态，但在那种自明与自信的保护之下，这种骇异却始终对当下的此在本身藏而不露。

第三十六节 好奇

在对领会以及“此”的一般展开状态进行分析之时，我们曾提起 lumen nanurale〔自然之光〕，曾把“在之中”的展开状态称为此在的**明敞**。只有在明敞中，视见这样的事情才成为可能。我们曾**着眼于**一切此在式的开展活动的基本样式——领会，而把视理解为以天然方式据存在者为己有。此在可以按照其本质上的存在可能性对这种存在者有所作为。

视见的基本建构在日常生活特有的一种向“看”存在的倾向上显现出来。我们用**好奇**这一术语来标识这种倾向。这个术语作为描述方式不局限于“看”，它表示觉知着让世界来照面的一种特殊倾向。我们阐释这种现象的目的原则上是生存论存在论上的，我们不拘泥于依循认识活动来制订方向。早在希腊哲学中人们就从“看的快乐”来理解认识了，这不是偶然的。亚里士多德关于存在论的论文集的首篇论文即以下面这句话开篇：πάντες ἄνθρωποι 171
τοῦ εἰδέναι ὀρέγονται φύσει〔所有人在自然上都欲求知道〕[①]：人的存在本质上包含有看之操心[②]。于是引出了一段探索，试图从此在的上述存在样式来发现对存在者及其存在的科学研究的源头。希腊人这样阐释科学在生存论上是怎样发生的，这不是偶然

① 《形而上学》AI，980 a 21。——原注

② 亚里士多德的这句话通常翻译为：“求知乃人的本性”。海德格尔却将εἰδέναι〔知〕在其词根的意义，即“看”的意义上使用，并且将ὀρέγονται〔欲求〕与“操心”联系起来。——英译注

的。在这种阐释中,巴门尼德在下述命题中曾先行加以描绘的东西得到了鲜明的领会:τὸ γὰρ αὐτὸ νοεῖν ἐστίν τε καὶ εἶναι:[思与存在是同一的]:存在就是在纯直观的觉知中显现的东西,而只有这种看揭示着存在[①]。源始的真实的真相乃在纯直观中。这一论题香火流传,始终是西方哲学的基础。黑格尔辩证法的主题就在这一论题之中;这种辩证法唯基于这一论题才是可能的。

"看"的这一引人注目的优先地位首先是奥古斯丁在阐释concupiscentia〔欲望〕时注意到的[②]:看本是眼睛的专职,Ad oculos enim videre proprie pertinet,但在我们置身于其他官能以便认识的时候,我们也把"看"这个词用于其他官能,Utimur autem hoc verbo etiam in ceteris sensibus cum eos ad cognoscendum intendimus,我们不说:"听听这东西怎样闪烁","嗅嗅这东西多么光亮","尝尝这东西如何明亮","摸摸这东西何等耀眼",但对这一切都能通用"看"字。Neque enim dicimus:audi quid rutilet;aut,olefac quam niteat;aut,gusta quam splendeat;aut,palpa quam fulgeat:videri enim dicuntur haec omnia。我们不仅能说:"看看这东西怎样发光"——光只有眼睛能看到,Dicimus autem non solum,vide quid luceat,quod soli oculi sentire possunt,我们也说,"看,这声音多响亮","看,这气味多香","看,多有滋味","看,这东西多硬",sed etiam,vide quid sonnet;vide quid oleat,vide quid sapiat,vide quam durum sit。一般的感觉经验都名为"目

---

① 这个句子有不同的解释,最常见的译文为:"因为思维与存在是同一的"。海德格尔的解释却回溯到νοεῖν的源始意义,即"用眼睛觉知"。——英译注

② 《忏悔录》第十卷,第三十五章。——原注

欲”，这是因为其他的感官，出于某种相似性，也拥有看的功能；在进行认识的时候，眼睛有着某种优先性。Ideoque generalis experientia sensuum concupiscentia sicut dictum est oculorum vocatur，quia videndi officium in quo primatum oculi tenent，etiam ceteri sensus sibi de similitudine usurpant，cum aliquid cognitionis explorant。

怎样来看待这种仅止觉知的倾向？在好奇现象这里可以领会 172
到此在的何种生存论建构？

在世首先消散于操劳所及的世界。操劳是由寻视引导的。寻视揭示着上到手头的东西并把它保持在揭示状态中。寻视为一切操持办理工作提供着推进的轨道、执行的手段、正确的机会、适当的时刻。在暂停工作进行休整的意义上，或作为工作的完成，操劳可能得到休息。在休息之际，操劳并未消失；但这时寻视变为自由的，它不再束缚于工件世界。在停息之际，操心置身于无拘无束的寻视之中。对工件世界的寻视揭示具有去远的存在性质。操劳要让上手事物接近，而自由空闲的寻视不再有东西上到手头。但寻视本质上是有所去远的寻视，这时它就为自己创造出新的去远活动的可能性。这等于说：它离开切近上手的东西而趋向于遥远陌生的世界。操心变成了对这类可能性的操劳：休息着、逗留着，只就其**外观**看“世界”。此在寻找远方的事物，只是为了在其外观中把它带近前来。此在一任自己由世界的外观所收攫；它在这种存在样式中操劳着摆脱它自身，摆脱在世，摆脱对日常切近上手的东西的依存。

而自由空闲的好奇操劳于看，却不是为了领会所见的东西，也就是说，不是为了进入一种向着所见之事的存在，而仅止为了看。它贪新骛奇，仅止为了从这一新奇重新跳到另一新奇上去。这种看之操心不是为了把捉，不是为了有所知地在真相中存在，而只是为了能放纵自己于世界。所以，好奇的特征恰恰是不逗留于切近的事物。所以，好奇也不寻求闲暇以便有所逗留考察，而是通过不断翻新的东西、通过照面者的变异寻求着不安和激动。好奇因不肯逗留而操劳于不断涣散的可能性。好奇同叹为观止地考察存在者不是一回事，同θαυμάζειν〔惊奇〕不是一回事。对好奇来说，问题不在于被惊奇带入无所领会；好奇操劳于一种知，但仅止为了有所知而已。不逗留在操劳所及的周围世界之中和涣散在新的可能
173 性之中，这是对好奇具有组建作用的两个环节。它们奠定了好奇现象的第三种本质性质——我们把这种性质称为丧失去留之所的状态。好奇到处都在而无一处在。这种在世样式崭露出日常此在的一种新的存在方式。此在在这种方式中不断地被连根拔起。

闲言甚至也控制着好奇的方式。闲言所说的是人们必已读过的见过的东西。好奇到处都在而无一处在，这种状态委托给了闲言。话语和视见的这两种日常存在样式就其连根拔起的倾向来说还不仅仅是并排摆在手头的；而且其中这一种存在方式还牵扯着那一种存在方式。没有什么对好奇封闭着，没有什么是闲言不曾领会了的；它们自担自保，满以为自己——亦即如此这般存在着的此在——正过着一种真实而“生动的生活”呢。然而，从这种自以为是中却显现出描述着日常此在的展开状态的第三种现象。

第三十七节 两可

在日常相处中来照面的那类东西是人人都可得而通达的；关于它们，人人都可以随便说些什么。既然如此，人们很快就无法断定什么东西在真实的领会中展开了而什么东西却不曾。这种两可不仅伸及世界，而且同样伸及共处本身乃至此在向它自己的存在。

一切看上去都似乎被真实地领会了、把捉到了、说出来了；而其实却不是如此，或者一切看上去都不是如此而其实却是如此。两可不仅涉及对那些在使用和享用中可以通达的东西的支配和调整，而且它还被固定在作为能在的领会之中，固定在对此在的可能性的筹划方式和呈现方式之中。不仅摆在那里的事情和摆在眼前的事情，人人都知道都议论；而且将要发生的事情、还未摆在眼前但“本来”一定要弄成的事情，人人都已经会大发议论了。别人料到的、觉察的事情，人人也都总先已料到了、觉察到了。这种捕踪捉迹来自道听途说，因为谁要是以真实的方式捕捉一事的踪迹，他是不会声张的。捕踪捉迹是两可借以佯充此在之可能性的最迷惑人的方式，结果却也已经窒息了这些可能性的力量。

这就是说：设若人们前曾预料和觉察的事情有朝一日实际上转入行动，这时候两可所操心的恰恰又已经是立刻扼杀对实现了的事业所抱的兴趣。确实，唯当有可能仅止不负责任地一道预料 174
一番，才可能存有这种兴趣，而其方式只是好奇与闲言。当且仅当察踪访迹之时，人们才共在群集〔Mit-dabei-sein〕；一旦预料之事投入实施，这种共在群集就拒绝服从。因为一旦实施，此在就被迫回它自身。闲言和好奇便失其大势。而它们也已经施加报复。面临人们一道预料之事投入实施，闲言易如反掌地断定：这事人们也一样作得成的，因为人们的确一道料到了这事。其实，闲言甚至还气不过它所预料之事和不断要求之事现实地发生了。因为这样一来，闲言就丧失了继续预料的机会。

投身去做的此在缄默无语地去实行，去尝真实的挫折，它的时间总不同于闲言的时间。在公众看来，它本质上比闲言的时间来得缓慢，因为闲言"生活得更迅速"。只要是这样，闲言早又来到另一件事情上，来到当下最新的事情上。从这种最新的事情着眼，先前预料的而终于投入实施的事情已为时太晚。闲言与好奇在其两可所操心的是：让真实的创新在来到公众意见面前之际已变得陈旧。唯当进行掩盖的闲言失去效力而"一般的"兴趣死灭之际，真实的创新才会在其正面的可能性中得到自由。

公众解释事情的这种两可态度把先行的议论与好奇的预料假充为真正发生的事情，倒把实施与行动标成了姗姗来迟与无足轻重之事。从而，就诸种真实的存在可能性来看，在常人之中的此在之领会不断地在其种种筹划中看错。此在在"此"总是两可的，这就是说，此在在那样一种共处同在的公众展开状态中总是两可的。在那里，最响亮的闲言与最机灵的好奇"推动"着事情发展；在那里，日日万事丛生，其实本无一事。

这种两可总是把它所寻求的东西传给好奇，并给闲言披上一种假象，仿佛在闲言中万事俱已决断好了。

在世的展开状态的这一存在方式却还把共处本身也收入统治之下。他人首先是从人们听说他、谈论他、知悉他的情况方面在

“此”。首先插在源始的共处同在之间的就是闲言。每个人从一开 175
头就窥测他人，窥测他人如何举止，窥测他人将应答些什么。在常人之中共处完完全全不是一种拿定了主意的、一无所谓的相互并列，而是一种紧张的、两可的相互窥测，一种互相对对方的偷听。在相互赞成的面具下唱的是相互反对的戏。

这里还须注意，两可并不从明确的故意伪装和歪曲中才刚产生出来，它并不是才刚由个别的此在召引出来的。它已在共处之中，而这种共处则作为在一个世界中被抛的共处。但这种两可在公众场合恰恰是掩盖着的，人们总是小心翼翼地不让对这种存在方式的这样一种阐释切中常人解释事情的方式。若要用常人的认可来验证对这类现象的解说，那只会是一种误解。

我们已提供出闲言、好奇与两可这些现象。提供它们的方式已经揭示出在它们本身之间就有着某种存在联系。现在应从生存论存在论上来把握这种联系的存在方式了。而我们应该从前此获得的此在诸存在结构的视野上来领会日常存在的基本方式。

第三十八节 沉沦与被抛

闲言、好奇和两可标画着此在日常借以在“此”、借以开展出在世的方式。这些特性作为生存论规定性并非现成具备在此在身上；这些特性一同构成此在的存在。在这些特性中以及在这些特性的存在上的联系中，绽露出日常存在的一种基本方式，我们称这种基本方式为此在之沉沦。

这个名称并不表示任何负面的评价，而是意味着：此在首先与通常寓于它所操劳的“世界”。这种“消散于……”多半有消失在常人的公众意见中这一特性。此在首先总已从它自身脱落、即从本真的能自己存在脱落而沉沦于“世界”。共处是靠闲言，好奇与两可来引导的，而沉沦于“世界”就意指消散在这种共处之中。我们曾称为此在之非本真状态的东西[①]，现在通过对沉沦的阐释而获
176 得了更细致的规定。但非本真或不是本真绝不意味着“真正不是”，仿佛此在随着这种存在样式就根本失落了它的存在似的。非本真状态殊不是指不再在世之类。它倒恰恰构成一种别具一格的在世，这种在世的存在完全被“世界”以及被在常人中的他人共同此在所攫获。这种“不是它自己存在”是作为本质上操劳消散在一个世界之中的那种存在者的积极的可能性而起作用的。这种不存在必须被领会为此在之最切近的存在方式，此在通常就保持在这一存在方式之中。

从而，此在之沉沦也不可被看作是从一种较纯粹较高级的“原初状态”“沦落”。我们不仅在存在者层次上没有任何这样的经验，而且在存在论上也没有进行这种阐释的任何可能性与线索。

此在作为沉沦的此在，已经从作为实际在世的它自己脱落；而它向之沉沦的东西却不是在它继续存在的过程中才刚碰上或才刚不碰上的某种存在者，而是本来就属于它的存在的那个世界。沉沦是此在本身的生存论规定；它根本没有谈及此在之为现成的东西，也没有谈及此在“所从出”的存在者的现成关系，或此在事后才与之 commercium〔打交道〕的存在者的现成内容。

① 参见本书第九节第 42 页及以下。——原注

沉沦是存在论生存论上的结构；如果我们赋予这种结构以一种败坏可悲的存在者层次上的特性，仿佛那也许可能在人类文化的进步阶段消除掉，那么我们同样会误解这种结构。

在最初指出在世是此在的基本建构的时候，在标画在世的组建性结构环节的时候，存在建构的分析还不曾从现象上注意存在建构的存在方式。“在之中”，即操劳与操持，固然都已被描述过了。但这两种去存在的方式的日常存在方式的问题却仍然未经探讨。从前亦曾证明，“在之中”无论如何不是一种有所考察或有所行动的相对而立，也就是说，无论如何不是一个主体与一个客体之共同现成存在。尽管如此，还难免留下一种假象，仿佛在世的存在是作为死板的架子在起作用，此在对其世界的一切可能的作为都是在这个架子之内进行，却不从存在上触动这个“架子”本身。但这样一种臆想出来的“架子”本身也是由此在的存在方式参与造成的。在世的一种生存论样式就记录在沉沦现象中。

闲言为此在开展出向它的世界、向他人以及向它本身进行领 177
会的存在来；然而是这样：这种“向……”的存在所具有的是一种无根基的漂游无据的样式。好奇巨细无遗地开展出一切来；然而是这样：“在之中”到处都在又无一处在。两可对此在之领会不隐藏什么，但只是为了在无根的“到处而又无一处”之中压制在世。

在这些现象中透映出日常在世的存在方式；只有从存在论上廓清了这种存在方式，我们才获得此在基本建构在生存论上足够充分的规定。何种结构显示出沉沦这个动词的“动态”呢？

闲言与在闲言中得出来的公众解释事情的讲法都是在共处同在中组建起来的。闲言不是作为一种从共处中脱离出来的产物独自在世界之内现成摆着。闲言也是逃不到“普遍”中去的，因为“普遍”在本质上不归属于任何一个人，所以“普遍”“本真地”是无而只“实在地”摆在说着话的个别的此在那里。闲言是共处同在本身的存在方式，而不是靠“从外部”对此在起作用的某些环境才产生的。但若此在本身在闲言中以及在公众解释中宁愿让它本身有可能在常人中失落，沉溺于无根基状态，那么这就说明：此在为它自己准备了要去沉沦的不断的引诱。在世就其本身而言就是有引诱力的。

公众解释通过上述方式本来就已经发生引诱作用；而且它还把此在牢牢地保持在它的沉沦状态中。闲言与两可，一切都见过了，一切都懂得了，这些东西培养出自以为是，此在的这样随手可得的与占统治地位的展开状态似乎能够向它保证：它的一切存在之可能性是牢靠、真实而充分的。常人的自信与坚决传布着一种日益增长的无须乎本真地现身领会的情绪。常人自以为培育着而且过着完满真实的“生活”；这种自以为是把一种安定带入此在；从这种安定情绪看来，一切都在“最好的安排中”，一切大门都敞开着。沉沦在世对它自己起到引诱作用同时也起到安定作用。

非本真存在的这种安定却不是把人们诱向寂静无为，而是赶
178 到“畅为”无阻中去。沉沦于世界的存在现在不得宁静。起引诱作用的安定加深了沉沦。尤其在考虑到此在之解释的时候，可能有这样的意见抬头：对最陌生的那些文化的领会，以及这些文化和本己文化的“综合”能使此在对自己本身有巨细无遗的而且才是真实的阐明。多方探求的好奇与迄无宁静的一切皆知假充为一种包罗万象的此在之领会。归根到底却仍然没有确定而且没有诘问：究

竟要加以领会的是什么？仍然没有领会：领会本身就是一种能在，这种能在唯有在最本己的此在中才必定变成自由的。此在拿自身同一切相比较；在这种得到安定的、“领会着”一切的自我比较中，此在就趋向一种异化。在这种异化中，最本己的能在对此在隐而不露。沉沦在世是起引诱作用和安定作用的，同时也就是异化着的。

但这种异化又不可能等于说：此在实际上被割离它本身；相反，异化驱使此在进入一种近乎极度“自我解剖”的存在方式。这种自我解剖又遍试一切可能的解释，以致由它显示出的许多“性格论”与“类型论”本身都多得望不到头了。这种异化把此在杜绝于其本真性及其可能性之外，哪怕这种可能性只是此在的真实失败的可能性。然而这种异化并不是把此在交托给本身不是此在的那种存在者摆布，而是把此在挤压入其非本真性之中，挤压入它本身的一种可能的存在方式之中。沉沦的起引诱作用和安定作用的异化在它自己的动荡不定之中导致的结果是：此在自拘于它本身中了。

我们展示了引诱、安定、异化与自拘（拘执），这些现象都描述着沉沦特有的存在方式。我们把此在在它自己的存在中的这种“动态”称为跌落。此在从它本身跌入它本身中，跌入非本真的日常生活的无根基状态与虚无中。但这一跌仍然通过公众解释而对它是蔽而不见的，其实情是这样：这一跌被解释为“上升”与“具体生活”。

跌落到非本真地存在在常人之中的无根基状态中去，以及在这种无根基状态之中跌落，这种运动方式不断把领会从各种本真的可能性之筹划处拽开，同时把领会拽入得到安定的自以为占有一切或达到一切的视野之中。这样的不断从本真性拽开而总是假充本真性，与拽入常人的视野合在一起，就把沉沦的动荡标识为**旋涡**。

179　不仅沉沦从生存论上规定着在世。同时旋涡还公开出在此在的现身中可以落到此在本身头上的被抛境况的抛掷性质与动荡性质。被抛境况不仅不是一种“既成事实”，而且也不是一种已定论的实际情形。在这一实际情形的实际性中包含有：只要此在作为其所是的东西而存在，它就总处在抛掷状态中而且被卷入常人的非本真状态的旋涡中。实际性是在被抛境况中从现象上见出的，而被抛境况属于为存在本身而存在的此在。此在实际地生存着。

但通过展示沉沦，岂非造出一种现象来，而这种现象和以前曾用以从形式上提示生存观念的规定针锋**相对**吗？如果此在这种存在者在其日常生活中恰恰**丧失了自身**而且在沉沦中**脱离自身**而“生活着”，还可以把此在理解为**为**能在而存在的存在者吗？但是只有当此在被当成绝缘的主体我，当成一个自我点，而此在却脱离这一自我点而去的时候，沉沦于世界才是与此在的生存论结构**针锋相对**的现象上的“证明”。这样，世界就是一个客体；沉沦于世界就要从存在论上被另行阐释为具有世内存在者的方式的现成存在。但若我们在展示出的**在世**建构中坚持此在的存在，那就显而易见：沉沦作为**这种“在之中”的存在方式**倒为此之生存论结构提供了最基本的证明。在沉沦中，主要的事情不是别的，正是为能在世，即使是以非本真状态的方式亦然。只因为就此在说来，主要的事情就是为了有所领会地现身在世，所以此在才**能够**沉沦。反过来说，本真的生存并不是任何飘浮在沉沦着的日常生活上空的东西，它在生存论上只是通过式变来对沉沦着的日常生活的掌握。

沉沦现象也不表示此在的“黑夜一面”。这类存在者层次上的现成特性是这一存在者的可有可无的一个方面，充其量可以列举出来以作补充说明。沉沦揭露着此在本身的一种本质性的存在论结构，它殊不是规定黑夜面的，它组建着此在的一切白天〔Tage〕的日常〔Alltäglichkeit〕生活。

因而生存论存在论的阐释也不是关于“人性之堕落”的任何存在者层次上的命题。这并不是因为缺少必需的证明手段，而是因 180
为它对问题的提法发生于任何关于堕落与纯洁的命题之前。沉沦是存在论上的运动概念。从存在者层次上无法决定：人是否“沉溺于罪恶”，是否处在 status corruptionis〔堕落状态〕之中；人是否在 status integritatis〔纯洁状态〕中转变着抑或是现身在一种 status gratiae〔中间状态〕之中。只要信仰与“世界观”有所道说，从在世的存在说到此在，那么，无论所说的是什么，但凡它要自命为概念的领会，就势必要归结到已经摆明的各种生存论结构上来。

这一章的主导问题是追问此之在。主题是本质上属于此在的展开状态的存在论建构。展开状态的存在是由现身、领会与话语组建起来的。展开状态的日常存在方式由闲言，好奇与两可加以描述。这些东西本身就显示出沉沦的动荡带有引诱、安定、异化、拘执等本质特性。

经过这一分析，此在的生存论建构的整体的主要特征都得到了剖析，从而也就获得了把此在的存在“概括地”阐释为操心的现象基地。

第六章　操心——此在的存在

第三十九节 此在结构整体的源始整体性问题

"在世界之中存在"源始地、始终地是一整体结构。在前面几章(第一篇第二—五章)里,这一结构是被当作整体而从现象上加以说明的,这一结构的组建环节也是在这一整体的基础上从现象上加以说明的。在一开始[①]投向这一现象整体的眼光难免有些空洞,现在则已消除了最初进行一般性描绘时的那种空洞。当然,结构整体建构及其日常存在方式在现象上的多样性颇容易障蔽着眼于整体本身的统一的现象学眼光。但若我们现在提出下面这个问题来,那么统一的现象学眼光就势必愈加自由,而且也就准备得愈
181 加牢靠;这个问题,其实也就是准备性的此在基础分析根本致力求解的问题:**应得如何从生存论存在论上规定业经展示的结构整体的整体性**?

此在实际生存着。所追问的是生存论结构与实际性的存在论统一,或实际性在本质上归属于生存论结构的情形。基于本质上

① 参见本书第十二节第52页及以下。——原注

属于此在的现身情态，此在在它所具有的一种特定存在方式中被带到它自己面前来并在其被抛中向它自身展开。但被抛境况却是这样一种存在者的存在方式——这种存在者向来就是它的种种可能性本身，其情形是：它在这些可能性中并从这些可能性出发来领会自身（把自己筹划到这些可能性上去）。寓于上手事物的存在，共他人的存在，都同样源始地属于在世；而在世向来是为它自己之故而存在。但这个自己首先与通常是非本真的，即常人自己。在世总已沉沦。因而可以把此在的平均日常生活规定为沉沦着开展的、被抛地筹划着的在世，这种在世为最本己的能在本身而"寓世"存在和共他人存在。

要在此在的整体性中把握此在日常生活的这一结构整体，这事能成功吗？能不能统一地崭露出此在之存在而同时又从这种统一的此在之存在中使业经展示的诸结构在本质上的同等源始性得到理解，而且使隶属于其下的生存论变式的诸种可能性也一道得到理解？在现在这样提出的生存论分析的基础上，有没有一条道路使我们从现象上赢得统一的此在之在？

从否定的方面来看，毫无疑问，把诸因素合建在一处是不会从现象上达到这种结构整体的整体性的。那种做法也许需要一份建筑图纸。我们若要通达从存在论上说来承担着这一结构整体的此在之在，就须得充分透视这一整体直至于一种源始统一的单一现象，这种现象已经处在整体之中，而且它所处的方式从存在论结构的可能性方面奠定了每一结构环节。从而，这种"概括的"阐释不能够把前此获得的东西收集凑拢在一处。追问此在在生存论上的基本性质的问题本质上有别于追问现成事物的存在的问题。对周

围世界的日常经验，无论在存在者层次上还是在存在论上，始终都是面向世内存在者的，那类经验无法把此在从存在者层次上源始
182 地提供出来以便进行存在论分析。同样，对种种体验的内在知觉也缺乏存在论上足够充分的线索。另一方面，此在之存在又不能从某种关于人的观念演绎出来。从前面的此在阐释中能取得一条通往此在本身的存在者层次上及存在论上的通道吗？而这一通道又正是此在从它本身出发所要求的唯一合适的通道吗？

存在之领会属于此在的存在论结构。作为存在者，此在就其存在而言是对它自己展开了的。现身与领会组建着这种展开状态的存在方式。在此在之中有没有一种有所领会的现身情态，可使此在别具一格地对它自己展开了呢？

如果生存论的此在分析工作在涉及基础存在论的职能之时应得保持一种原则上的清澄，那么，为了解决它眼下的任务即提出此在之在，它必须在诸种最广泛最源始的可能性中寻找一种处在此在本身之中的可能开展。此在借以把自己带到自己面前来的这种开展方式必须是这样的：它可以以某种简化的方式通达此在本身。然后，所寻求的存在的结构整体就势必随着在这种方式中展开的东西而从根本上摆到明处。

满足这些方法上的要求的现身情态是畏，这种现象将为我们的分析奠定基础。把这种基本现身情态清理出来，从存在论上对在畏之中展开的东西进行特征标画，这些工作是以沉沦现象为出发点的。这些工作还把畏同怕界划开来，后者是我们以前曾分析过的一种与畏相近的现象。畏，作为此在存在的可能性之一，连同在畏中展开的此在本身一道，为鲜明地把握此在源始存在的整体

性提供了现象基地。此在之在绽露为操心。要从存在论上把这种生存论上的基本现象清理出来，就须得同那些一开始很容易同操心混同的现象划清界限。这类现象是意求、愿望、嗜好与渴求。操心不能从这些东西派生出来，因为这些东西本身奠基在操心之中。

像每一种存在论分析一样，对此在之为操心的存在论阐释，以及这种阐释所赢得的东西，与始终由前存在论的存在领会通达的东西风马牛不相及，更别提由关于存在者的存在者层次上的知识所通达的东西了。平庸的知性所着眼的是它唯一从存在者层次上熟知的东西；存在论上认识到的东西对它陌生特异，原无足为怪。183
尽管如此，这里从存在论上把此在阐释为操心的尝试一旦从存在者层次上提出来就可能显得牵强附会，似乎是一种理论上的虚构；何况我们始终把流传下来的经过验证的人的定义束之高阁，人们很可能会觉得我们强词夺理。所以，还须得从前存在论的角度来验证此在之为操心的生存论阐释。这种证据就是：此在刚刚对它自身道出它自身的时候，就早已把自己解释为操心（cura），虽说还只是以前存在论的方式。

直通向操心这种现象的此在分析工作应得准备好提出基础存在论的问题，一般存在的意义问题。为了从已经赢获的东西出发而把眼光明确地引向基础存在论问题，从而超出某种在生存论上先天的人类学这样一种特殊任务，我们必须回过头来更中肯地把握住那些同主导性的存在问题联系得最紧密的现象。那就是前此解说过的诸种存在方式：上手状态，现成在手状态；这些方式规定着不具有此在性质的世内存在者。因为从前对存在论问题的提法一直首要地在现成性（“实在性”，“世界现实”）的意义上来领会存在，而在存在论上此在之存在则始终未经规定，所以须得讨论操心、世界之为世界、上手状态与现成状态（实在性）的存在论联系。这就引导我们去更为鲜明地规定**实在**概念；与此相联系，我们将讨论实在论和唯心论在认识论问题上的提法，这些提法原是依循实在观念来制订方向的。

存在者不依赖于它借以展开、揭示和规定的经验、认识与把捉
a 而**存在**。存在却只有在某种存在者的领会中才“存在”——而存在之领会之类的东西原本就属于这种存在者的存在。所以存在可能未从概念上得到理解，但它绝不会完全未被领会。在存在论的提法中，自古以来，**存在与真理**即使未被视为一事，也始终相提并论。
b 这就表明了存在与领会的必然联系，即使这种联系的源始的根据可能还掩而未露。从而，为了充分地准备存在问题就须得从存在论上澄清**真理**现象。前面曾阐释过展开状态与揭示状态、解释与命题；这些阐释所赢获的东西就是澄清真理现象的工作首先借以进行的基地。

184 从而，准备性的此在基础分析的最后一章就包括以下的课题：畏这一基本现身情态作为此在别具一格的展开状态（第四十节）；此在之存在——操心（第四十一节）；由前存在论的此在自我解释验证此在之为操心的生存论阐释（第四十二节）；此在、世界之为世界、实在（第四十三节）；此在、展开状态、真理（第四十四节）。

第四十节　“畏”这一基本现身情态作为此在别具一格的展开状态

此在的一种存在可能性应能提供关于此在本身作为存在者的

"消息"。只有在属于此在的展开状态中才可能有消息,而这种展开状态就奠基在现身与领会中。畏在多大程度上是一种别具一格的现身情态呢?此在如何在畏中通过它自己的存在被带到它本身面前,从而这样在畏中展开的存在者本身就可以在它的存在中从现象学上被规定,或者说就可以充分准备做出这种规定呢?

就通向结构整体的整体存在这一目的而论,我们将把前面对沉沦所做的具体分析作为出发点。此在消散在常人中,消散在所操劳的"世界"中,这样的消散公开出:此在在它本身面前逃避,而这就是在本真的能够自己存在这回事面前逃避。但此在在它本身面前以及在它的本真状态面前逃避这一类现象却似乎最没有资格来作以下研究的现象基地。在这一逃避中此在恰恰没有把自身带到它本身面前。与沉沦的最本己的特点相应,这一背离是从此在处引离。然而在这样的一些现象上面,研究工作必须提防把存在者层次上生存上的描述与存在论上生存论上的阐释混为一谈,或者忽视了在前者中对后者起积极作用的现象基础。

从生存上看来,自己存在的本真状态在沉沦中固然被封锁了、挤开了,但这种封锁状态只是一种展开状态的褫夺。这种褫夺在现象上公开于下述情况中:此在的逃避就是在它本身面前逃避。在逃避的何所面临中,此在恰恰逃到它"后面"来了。从存在论上说,唯由于此在在本质上已经被属于此在的那种展开状态带到此在本身面前,此在才可能在它面前逃避。在这种沉沦的背离中,逃 185
避的何所面临自然是没有得到把握,甚至在回转去时也没有经验到。然而在从"何所面临"背离之际,这个"何所面临"倒展开着,它就在"此"。生存上存在者层次上的背离由于其开展性质而使我们有可能从现象上在生存论存在论上去把握逃避之何所面临本身。生存论上的“离去”在于背离；在这种“离去”的范围之内，逃避之何所面临就可以在做现象学阐释的这一“回转去”中得到领会并形成概念。

据此看来，就沉沦现象来进行分析工作，原则上并不是注定了没有希望从存在论上知道一些关于在沉沦中展开出来的此在的东西。恰恰相反，这种阐释在这里恰恰最不受此在人为的自我把握的摆布。这种阐释只不过是完成了对此在本身从存在者层次上开展出来的东西的解说。在方法上充任开展现身的现象越是源始，在现身领会范围之内，以阐释方式同行着追踪着逼向此在之在的可能性也就越大。我们暂先断定畏能起这样的作用。

对畏进行分析，我们并不是完全没有准备的。从现象上看，畏与怕显然具有亲缘，虽然二者在存在论上如何联系仍晦暗不明。下述事实提供了提示：这两种现象多半总是不分的，是怕的东西被标识为畏，而有畏的性质的东西则被称为怕。我们现在就试图逐步逼近畏这种现象。

我们曾把此在沉沦于常人和被操劳的“世界”称为在它本身面前“逃避”。并非凡在某种东西面前退缩而背离这种东西都必然是逃避。基于怕而在怕所开展的东西面前退缩，在有威胁性的东西面前退缩，才有逃避的性质。对怕这种现身情态的阐释已经显示：怕之所怕总是一个世内的、从一定场所来的、在近处临近的、有害的存在者。这种存在者也可能不出现。在沉沦中，此在背离它本身。这种退缩所面临的东西一般必定具有威胁的性质；然而它是具有能退缩的存在者的存在方式的存在者，它就是此在本身。退缩所面临的东西不能被了解为“可怕的东西”，因为这类东西总是作为世内存在者照面的。而唯一可能是“可怕的”并在怕中被揭示 186
的威胁却总是从世内存在者那儿来的。

所以沉沦之背离也不是由于怕某种世内存在者而逃避。背离更没有由于怕而发生的逃避性质，因为这种背离恰恰是要回转到世内存在者中去而消散于其中。**沉沦之背离倒是起因于畏，而畏又才使怕成为可能**。

此在在它本身面前沉沦着逃避。要了解这话，就不能不回想一下这一存在者的基本建构就是在世。**畏之所畏者**〔das Wovor der Angst〕**就是在世本身**。怎样从现象上区别畏之所畏者与怕之所怕者呢？畏之所畏不是任何世内存在者。因而畏之所畏在本质上不能有任何因缘。凡有害之事都是从一定的角度看来对被威胁者的一种特定的实际能在有害，但畏之所畏者的威胁却没有这种特定的有害之事的性质。畏之所畏是完全不确定的。这种不确定不仅在于实际上不曾确定是何种世内存在者在进行威胁，而且等于说世内存在者根本是不“相干”的。凡是在世界之内上手在手的东西，没有一样充任得了畏之所畏者。在世内被揭示的上手事物和现成事物的因缘整体本身也一样无关紧要。这个整体全盘陷没在自身之中。世界有全无意蕴的性质。有威胁性的东西可能会与这样那样的东西有因缘，但在畏中，来照面的却不是这些东西。

因而畏也不“看”威胁者由之而临近的确定的“这里”与“那里”。威胁者乃在**无何有之乡**，这一点标画出畏之所畏者的特征来。畏“不知”其所畏者是什么。但“无何有之乡”并不意味着无，而是在其中有着一般的场所，有着世界为本质上具有空间性的“在之中"而展开了的一般状态。所以进行威胁的东西也不能在附近范围之内从一个确定的方向临近而来，它已经在"此"——然而又在无何有之乡；它这么近，以致它紧压而使人窒息——然而又在无何有之乡。

在畏之所畏中，"它是无而且在无何有之乡"公开出来。世内
187 的无与无何有之乡的顽梗在现象上等于说：**畏之所畏就是世界本身**。无与无何有之乡中宣告出来的全无意蕴并不意味着世界不在场，而是等于说世内存在者就其本身而论是这样无关宏要，乃至在世内事物这样**无所意蕴**的基础上，世界之为世界仍然独独地涌迫而来。

紧压而来的东西，不是这个东西或那个东西，但也不是一切现成事物合成的总数。它是一般上手事物的**可能性**，也就是说，是世界本身。当畏平息下来，日常话语往往就说："本来也没什么"。这话事实上就在存在者层次上说中了本来是**什么**的那个东西。日常话语总是对上手事物的操劳与谈论。畏之所畏者不是任何世内上手的东西。日常寻视的话语唯一了解的是上手事物，然而不是任何上手事物的东西却并不是全无。这种上手状态的无就植根于最
a 源始的"某种东西"中，即植根于**世界**中。然而从存在论上来看，世界在本质上属于"在世界之中"，亦即属于此在之存在。因而，如果
b 无，也就是说，如果世界本身，把自己提供出来作为畏之所畏者，那么这就等于说：**畏之所畏者就是在世本身**。

有所畏源始地直接地把世界作为世界开展出来。并不是首先通过考虑把世内存在者撇开而只思世界，然后在世界面前产生出畏来，而是畏作为现身的样式才刚把**世界作为世界**开展出来。然

而这并不是说，世界之为世界在畏中从概念上得到理解了。

畏不是仅“对……”生畏〔Angst vor〕，畏作为现身情态同时是“为……”而畏〔Angst um〕。畏所为而畏者，不是此在的一种确定的存在方式与可能性，威胁者既然本不确定，因而不能对这个或那个实际的具体的能在进行有威胁性的侵袭。畏所为而畏者，就是在世本身。在畏中，周围世界上手的东西，一般世内存在者，都沉陷了。“世界”已不能呈现任何东西，他人的共同此在也不能。所以畏剥夺了此在沉沦着从“世界”以及从公众解释方面来领会自身的可能性。畏把此在抛回此在所为而畏者处去，即抛回此在的本真的能在世那儿去。畏使此在个别化为其最本己的在世的存在。这种最本己的在世的存在领会着自身，从本质上向各种可能性筹 188
划自身。因此有所畏以其所为而畏者把此在作为可能的存在开展出来，其实就是把此在开展为只能从此在本身方面来作为个别的此在而在其个别化中存在的东西。

畏在此在中公开出向最本己的能在的存在，也就是说，公开出为了选择与掌握自己本身的自由而需的自由的存在。畏把此在带到它的“为……”的自由存在(propensio in…)之前，带到它的存在的本真状态之前，而这种本真状态乃是此在总已经是的可能性。但这个存在同时就是在世的此在已被交付于其中的东西。

畏所为而畏者把自身暴露为畏对之生畏者：在世。畏之所畏与畏之所为而畏是一而二二而一的，这种情况甚至扩展到生畏〔Sich ängste〕本身。因为生畏作为现身情态就是在世的一种基本方式。开展活动与展开的东西在生存论上是一而二二而一的：在展开的东西中，世界被作为世界展开了；“在之中”作为个别的、纯粹的、被抛的能在展开了。这种一而二二而一的情况就表明得很清楚:畏的现象已经使一种别具一格的现身情态变为阐释的课题了。畏如此把此在个别化并开展出来成为“solus ipse”〔唯我〕。但这种生存论的“唯我主义”并不是把一个绝缘的主体物放到一种无世界地摆在那里的无关痛痒的空洞之中,这种唯我主义恰恰是在极端的意义上把此在带到它的世界之为世界之前,因而就是把它本身带到它在世界之中存在的本身之前。

畏作为基本现身情态正是以这样的方式开展的,关于这一点,日常的此在解释与日常话语又是最没有先入之见的凭据。以前我们曾说:现身情态表明“人觉得如何”。在畏中人觉得“茫然失其所在”。此在所缘而现身于畏的东西所特有的不确定性在这话里当下表达出来了:无与无何有之乡。但茫然骇异失其所在在这里同时是指不在家[①]。在最初从现象上提示此在的基本建构之时,在澄清“在之中”的存在论意义从而与“之内”的范畴含义加以区别之时,“在之中”曾被规定为缘……而居,熟悉于……。[②]“在之中”的这种性质后来通过常人的日常公众意见又可看得更具体些。这种
189 常人把得到安定的自安自信、把不言而喻的“在家”带到此在的平均日常生活中去。[③] 反之,畏将此在从其消散于“世界”的沉沦中抽回来了。日常的熟悉自行沉陷了。此在个别化了,但却是作为在世的存在个别化的。“在之中”进入了不在家之存在论“样式”。

① unheimlich 在德文中原指“感到无名恐惧而茫然失措”。作者从这个词的词根 heim〔家〕与否定前缀 un 提出此词有“不在家”“无家可归”的含义。——中译注

② 参见本书第十二节第 53 页及以下。——原注

③ 参见本书第二十七节第 126 页及以下。——原注

所谈到的“茫然失所”指的不过如此。

于是从现象上就可看清楚沉沦作为逃避所避的是什么了。不是在世内存在者**之前**逃避，而恰恰是要逃避到这种存在者**那儿去**。操劳消失于常人，以便可以在安定的熟悉状态中滞留于世内存在者；此在就以这种方式逃避到世内存在者那儿去。沉沦着的逃入公众意见之在家状态就是在不在家状态**之前**逃避，也就是在茫然失所**之前**逃避。这种茫然失所寓于此在中，即寓于被抛而在其存在中交托给了它自己的在世的存在中。这种茫然失所经常紧随着此在而且即使不曾明言却也实际威胁着它日常消失于常人中的状态。这种威胁实际上可以和日常操劳的完全安然与无求并行不悖。畏可以在最无关痛痒的境况中升起。也不需要有黑暗境界，虽然人在黑暗中大概比较容易茫然失所。在黑暗中，“无”所见格外突出，然而世界恰恰还在“此”，而且更咄咄逼人地在“此”。

如果我们在生存论存在论的意义上把此在之茫然失所解释为威胁，而这种威胁从此在本身方面来并针对此在本身，那么我们还并不因此就认为，茫然失所在实际的畏中也总是已经在这种意义之下得到领会。此在日常用以领会茫然失所的方式是沉沦着而使不在家“淡化”的背离。这种逃避的日常状态在现象上却显示出：畏作为基本现身情态属于此在在世的建构，这种本质建构作为生存论结构从不现成摆着，而是其本身总**存在**于实际此在的一种样式中，也就是说，**存在**于一种现身情态中。安定熟悉地在世是此在之茫然失所的一种样式，而不是倒转过来。**从生存论存在论来看，这个不在家须作为更加源始的现象来理解。** a

唯因为畏暗中总已规定着在世的存在，所以在世的存在才能够作为操劳现身的寓于“世界”的存在而害怕。怕是沉沦于“世界”的、非本真的而且其本身对这些都还昧而不明的畏。

190　实际上，茫然失所的情绪即使在生存上也多半仍然未被领会。而且在沉沦与公众意见占主导地位的时候，罕有“本真的”畏。畏往往还有“生理学方面的”条件。这一实际情况，就它的实际性而言，是一个**存在论**的问题，而不可仅只从它存在者层次上的起因与发展形式来看。只因为此在在它存在的根基处有所畏，所以才可能从生理学上解说畏。

生存上实际发生本真之畏的情况固然罕有，但更加罕有的是尝试就其原则性的生存论存在论的建构与功能来阐释这种现象。之所以罕有这类尝试的原因，一部分在于一般地忽略了对此在进行生存论分析，而特别是在于忽视了现身现象。① 在生存论分析工作中，畏这种现象承担着**原则性的**方法论上的功能。实际上罕

① 畏与怕的现象，虽然始终不曾稍加区别却也曾在存在者层次上甚至在存在论上——虽则是在很窄狭的限度内——进入过基督教神学的视野之内。这不是偶然的。这种情形总是发生在人对上帝的存在的人类学问题占了上风的时候，或像信仰、罪过、爱、悔等现象决定了问题的提法的时候。参考奥古斯丁关于 timor casius und servilis〔无瑕的怕与奴性的怕〕的学说，这是他在其注疏性的著作与通信中多处讨论到的。关于一般的怕，参考“关于八十个不同的问题。问题第三十三：论惧怕；问题第三十四：论是否被爱无别于无所惧怕；问题第三十五：论什么是被爱”。（米涅辑《拉丁教父文集汇编》卷四十，奥古斯丁，卷六，第 22 页及以下。）

路德也讨论过怕的问题。首先是在阐释 poenitentia〔忏悔〕与 contritio〔愧窘〕的时候，这些阐释传统上和对怕的讨论是联系在一起的。此外，他还在对创世纪的评注中讨论过，在这里自然很少概念性，但愈发深具启发。参考《创世纪详解》第三章（艾尔朗格版），《拉丁释经汇集》，第一卷，第 177 页及以下。

在对畏的现象分析中向前走得最远的是克尔凯郭尔。这一分析也是在神学讨论背景下在对原罪问题作“心理学”的解说时进行的。参考《畏这个概念》，1844 年，文集（迪德里希版）第五卷。——原注

有畏的现象并不反证这一点；恰好相反，这倒是一种标志，表明此在的本真状态虽然通常通过常人的公共解释对它本身保留为隐蔽不露的，但在这种基本现身情态中却在一种源始的意义上是可以开展出来的。

固然任何现身情态本质上都会各自按照在世的一切组建环节（世界、在之中、自己）开展出整个的在世界之中的存在来，然而在畏中却有一种别具一格的开展的可能性，因为畏造就个别性。这 191
种个别化把此在从其沉沦中收取回来并且使此在把本真状态与非本真状态都作为它的存在的可能性看清楚了。此在总是我的此在；这种总是我的此在的这些基本可能性显现在畏中一如依其本 a
身显现，毫不假托世内存在者，而此在首先与通常则附着在世内存在者上。

凭借这种生存论的畏之阐释，究竟在多大程度上获得了现象上的基地来回答此在之结构整体的整体存在这一主导问题呢？

第四十一节　此在之存在——操心

要从存在论上掌握结构整体的整体性，我们必须首先问：畏的现象以及在畏中展开的东西能够从现象上同样源始地这样来给出此在的整体，以致投到这个整体性上去的追寻的眼光能够满足于这种给定状态吗？寓于畏中的全部内容都可以从形式上列出来：生畏作为现身情态是在世的一种方式；畏之所畏者是被抛的在世；畏之所为而畏者是能在世。据此，畏的整个现象就把此在显示为实际生存在世的存在。这一存在者的诸基础存在论性质就是生存论性质、实际性与沉沦。这些生存论规定并不是作为部件而属于一个组合体，其上有时也可能短少某个部件；在这些生存论规定中编织着一种源始的联系，这种联系即构成所追寻的结构整体的整体性。在此在的上述诸存在规定的统一中就可从存在论上把握到此在之存在本身。如何来标画这种统一本身的特征呢？

此在是为存在本身而存在的存在者。这个“为……”在领会的存在建构中得到了解释，这种领会即是向最本己的能在筹划自身的存在。而这种最本己的能在就是此在一向为其故而如其所在地存在着的东西。此在在其存在中总已经和它本身的一种可能性合在一起了。为最本己的能在而自由存在，因而就是为本真状态与非本真状态的可能性而自由存在，都显现在畏中的一种源始的基本的具体化中。向最本己的能在的存在从存在论上却是说：此在在其存在中已经先行于它自身了。此在总已经“超出自身”，并非在于对另外一个它所不是的存在者有所作为，而是作为向它自己
192 本身所是的能在的存在。我们把这个本质性的“为……”的存在结构把握为此在之先行于自身的存在。

但这种结构关乎此在建构的整体。先行于自身并不是指在一个无世界的“主体”中有一种孤零零的趋向之类，而是用以标画在世的特点的。但在世包括这样的情况：此在被交付给它本身，总已经被抛入一个世界了。此在之被交付给它自身的情况源始而具体地显现在畏中。先行于自身的存在，说得更充分一些，就是：在已经在世的存在中先行于自身。一旦从现象上看到这种本质性的统一结构，也就明白了前面在分析世界之为世界时提出来的东西。那一分析中的结果是：组建着世界之为世界的意蕴的指引整体“固

定”在一个为何之故之中。把这个指引整体、把“为了做”的形形色色的联系同此在从根本上与之牵涉的东西概括在一起，这并不意味着把一个现成的客体“世界”焊接到一个主体之上。这样的概括毋宁是把此在的源始整体从现象上表达出来，而这种整体性现在已经作为“在已经在……中的存在中先行于自身”而鲜明的崭露出来。另一说法是：生存总是实际的生存。生存论结构本质上是由实际性规定的。

此外，此在的实际生存不仅一般地无差别地是一个被抛的能在世，而且总已经消散在所操劳的世界中了。在这一沉沦着寓于……的存在中，在茫然失所面前的逃避，这件事明言或未明言地、已经领会了或未领会地总已呈报出来了。这种茫然失所通常仍和潜在的畏一起被遮掩起来，因为常人的公众意见把一切不熟悉的状态都压制住。在先行于自身已经在世的存在中，本质上就一同包括有沉沦地**寓于**所操劳的世内上手事物的**存在**。

因而此在的存在论结构整体的形式上生存论上的整体性须在下述结构中来把握：此在之存在说的是：先行于自身已经在（世）的存在就是寓于（世内照面的存在者）的存在。这一存在满足了操心这个名称的含义，而这个名称则是用于纯粹存在论生存论意义上的。任何用来指存在者层次上的存在倾向的，如忧心忡忡或无忧无虑等，均始终被排斥在上述含义之外。

因为在世本质上就是操心，所以在前面的分析中，寓于上手事 193
物的存在可以被把握为**操劳**，而与他人的在世内照面的共同此在共在可以被把握为**操持**。寓于……的存在是操劳，因为这种存在作为“在之中”的方式是由它的基本结构即操心规定的。操心并不是只描述与实际性及沉沦都脱了节的生存论结构，而是包括这些存在规定之统一的。因此操心也不是主要或专门指“我”对“我”本身的一种孤立行为。若依操劳与操持类推而得出“自己的操心”这样的说法，这说法会是一种同语反复。操心不会特别用来指对自己的行为，因为这个自己的特征已经从存在论上用先行于自身的存在来标画了；而在这一规定中，操心的其他两个结构环节，已经在……中的存在与寓于……的存在，也都一起被设定了。

先于自身的存在就是向最本己的能在的存在。在这种存在中，就有为本真的各种生存上的可能性所需的自由存在之可能性的生存论存在论条件。能在就是如其实际上存在着的那样存在的此在向来为其故而存在的东西。但只要这样一种向着能在的存在本身是被自由规定的，那么此在就也可能无意地对其各种可能性行事，它可能非本真地存在且在实际上首先与通常以这种方式存在。那本真的“为何之故”始终未被抓住，它自己的能在的筹划交付给常人处理了。因而在先行于自身的存在中，这个“自身”总是指常人自己意义上的自身。即使在非本真状态中，此在本质上也仍然先行于自身，正像此在沉沦着逃避其本身也还显示着这样一种存在建构：这个存在者为的就是它的存在。

操心作为源始的结构整体性在生存论上先天地处于此在的任何实际“行为”与“状况”“之前”，也就是说，总已经处于它们之中了。因此这一现象绝非表达“实践”行为先于理论行为的优先地位。通过纯粹直观来规定现成事物，这种活动比起一项“政治行动”或休息消遣，其所具有的操心的性质并不更少。“理论”与“实践”都是其存在必须被规定为操心的那种存在者的存在可能性。

因此，若企图把本质上不可割裂的整体性中的操心现象还原为一些特殊的行动，或还原为意求〔意志〕与愿望、渴求与嗜好这类 194
欲望，或者企图由这些东西凑成操心现象，这些企图也都是不能成功的。

意求与愿望从存在论的角度看来都必然植根于此在，即植根于操心，而不单纯是一些从存在论的角度看来无差别的体验，出现在一种按其存在意义看来完全无规定的"流"中。嗜好与渴求的情况亦与此相若。嗜好与渴求可以在此在中纯粹地展示出来，就此而论，它们也植根于操心。这点并不排斥迫求与嗜好从存在论看来也组建着仅仅"活着"、仅仅"有生命"的存在者。然而"有生命者"的基本存在论建构却是一个单独的问题而且只有通过简化的褫夺的途径才从此在的存在论中展现出来。

操心在存在论上比上述诸现象"更早"，虽然在一定限度之内，无须具备完整的存在论视野或者甚至根本无须知道这种视野就可以适当地标画出这些现象。本书所从事的基础存在论研究既不打算成为巨细无遗的此在存在论，更不打算成为一部具体的人类学；就本书的研究而论，只消指出这些现象在生存论上如何植根于操心也就够了。

此在为能在之故而在，这样的能在本身就有在世的存在方式。因此从存在论上看来能在就和世内存在者有关联。操心总是操劳与操持——即使只是通过褫夺的方式。在意求中，一个被领会的存在者被掌握了，也就是说，一个被向它的可能性加以筹划的存在者被掌握了；它是作为有待于操劳的存在者或者有待于靠操持带到其存在中去的存在者而被掌握的。因此，在意求中总包含所意求的东西，而这种东西已经从一种为何之故中得到规定。组建意求之存在论的可能性的有：一般的为何之故先行展开的状态（先行于自身的存在），可操劳的东西的开展状态（作为已经存在的何所在的世界），此在有所领会地向一种能在筹划自身，这种能在即向“意求的”存在者的某种可能性的能在。在意求的现象中透映出作为基础的操心之整体性。

作为实际的此在，此在有所领会的自身筹划总已经寓于一个被揭示的世界。此在从这个世界中——而首先是按照常人解释事情的方式——获取它的各种可能性。常人的解释自始就已经把自由挑选的各种可能性限制在本分而适宜的、众所周知的、可达到的、可忍受的东西的范围之内了。这样把此在的各种可能性敉平
195 为日常当下即可获致的东西，同时就使可能的东西的可能性质变淡了。操劳的这种平均日常状态就变成对可能性盲目无知从而就安安定定处于只是“现实的东西”中。这样的安定并不排斥操劳扩张其活动，而是唤醒这种扩张。这时所意求的并不是各种积极的新的可能性，而是产生出有某种事情在发生的假象，因而“从策略上”使可获致的东西发生了改变。

然而在常人的领导下得到安定的“意求”并不意味着向能在的存在被磨灭了，而是只意味着这种存在的一种变式。这时对各种可能性的存在通常显现为单纯的愿望。在愿望中，此在向之筹划其存在的各种可能性在操劳中不仅始终未被掌握，而且简直未想到亦未期待实现这些可能性。恰恰相反：以单纯愿望的样式出现的先行于自身的存在占上风，这就自然会对各种实际的可能性全无领会。当世界首要地是作为愿望世界而被筹划，“在世界之中”

就无可立足地丧失于可资利用的东西。然而是这样丧失的:可资利用的东西作为唯一上手的东西在所愿望的东西比照之下是永不满足的。领会着的自身筹划沉沦于被抛境况,只还缅怀各种可能性了,愿望即是这种自身筹划的一种生存论变式。这样的缅怀封闭了各种可能性,在愿望着的缅怀中在"此"的东西倒变成了"现实世界"。愿望在存在论上以操心为前提。

在缅怀中,那个已经寓于……的存在据有优先地位。那个在已经在……中存在的先行于自身相应地改变了样式。沉沦着的缅怀〔Nachhängen〕公开出此在的嗜好(上瘾)〔Hang〕,要由它一向存在在其中的世界来"养活"。嗜好显示出醉心于……的性质。先行于自身的存在丧失在"仅仅总已经寓于……"中了。嗜好也有"指向",这种指向不过是身不由己而被嗜好所缅怀的东西拉了过去。当此在仿佛沉迷于一种嗜好中的时候,并非只有一种嗜好现成存在,而是操心的整个结构都改变了样式。此在变盲了,它使一切可能性都可以为嗜好服务了。

反之,渴求"活着"却是一种从其本身方面随带着动力的"指向"。这是"不惜任何代价的指向"。这种渴求力图迫开其他各种可能性。甚至在这里,先行于自身的存在也是一种非本真的存在,虽则渴求是从渴求者本身方面袭来的。渴求能够跑在任何现身与领会前头。但此在这时就不是,而且它从来不是"单纯的渴求",仿 196
佛它只不过有时候也受到来自其他方面的附加控制和引导,而是它作为完整的在世的存在的变式总已经是操心了。

在纯粹渴求中,操心还没有变成自由的,虽则是操心才从存在论上使此在可能从它本身方面受到渴求的驱迫。反之,在嗜好中,操心总已被拘束住了。嗜好与渴求是植根于此在被抛境况的两种可能性。渴求"活着"〔der Drang zu leben〕是消灭不了的，要由世界"养活"〔gelebt von〕的嗜好是铲除不掉的。但因为而且只因为二者在存在论上都植根于操心，所以二者都可以靠操心之为本真的操心而在存在者层次上和生存上改变样式。

"操心"这个术语指的是一种生存论存在的基本现象，而这种基本现象就其结构而论也就不是简单的。操心的结构在存在论上的诸元素的整体性不能再回溯到一种存在者层次上的"基本元素"，正如存在一定不能从存在者方面来"说明"一样。最终会表明，一般的存在观念也和此在的存在一样不是"简单的"。操心的规定是：先行于自身的—已经在……中的—作为寓于……的存在；这一规定摆明了：这个现象在自身之内也还是在结构上分成环节的。但这岂不是一个现象上的标志，表明存在论追问还须继续向前推进，以求得出一种更源始的现象，而这种更源始的现象是从存在论上担负着操心的多样性结构的统一与整体性么？在深入探讨这个问题之前，需要回顾前此以解决一般的存在意义这一基础存在论问题为目的而进行的阐释，从而更细致的据有这一阐释。但在这以前须显示，这一阐释在存在论上提出的"新东西"在存在者层次上其实是很古老的。把此在之存在解说为操心，这并不是把一个虚构的观念硬套在此在头上，而是使我们从生存论上理解到在存在者层次上和生存上早已出来的东西而已。

第四十二节　由前存在论的此在自我解释验证此在之为操心的生存论阐释

前面的种种阐释最终使我们把操心提出来作为此在之存在。那种种阐释归根到底就在于为我们自己一向所是的和我们称之为“人”的那种存在者赢获适当的存在论基础。为了这个目的，我们 197
的分析曾不得不从一开头就要从依循流传下来的提法所制订的方向中扭转出来；那种提法是由“人”的传统定义先行给定的，但在存在论上却未经澄清，而在原则上就颇值怀疑。同人的传统定义相比，生存论存在论的阐释也许相当生僻；若要把“操心”仅仅从存在者层次上领会为“担心”、“忧虑”，就尤其如此了。所以现在应得援引一项前存在论的证据，虽说它的证明效力“仅仅是历史的”。

不过我们须记住：在这项证据里，此在自己关于它自己所道出的东西是“源始的”，并非由种种理论阐释所规定，也没有进行理论阐释的意图。我们还须注意：此在之存在的特点是历史性；尽管这一点还有待从存在论上加以证明。如果此在在它存在的根据处就是“历史的”，那么出自其历史并复归其历史的而且又先于一切科学的某种命题或说法就具有特殊的分量了；固然这种分量绝不会是从纯存在论上来说的。此在本身之中的存在之领会于前存在论就已道出自身了。下面所引的证据应能澄清：生存论阐释绝不是一种虚构，而是一种存在“建构”，这种建构自有它的基地，并从而也就有它种种初级的草图。

此在把自己解释为操心的说法留存在下面这一则古老的寓言中①：

Cura cum fluvium transiret, videt cretosum lutum sustulitque cogitabunda atque coepit fingere. dum deliberat quid iam fecisset, Jovis intervenit. rogat eum Cura ut det illi spiritum, et facile impetrat. cui cum vellet Cura nomen ex sese ipsa imponere, Jovis prohibuit suumque nomen ei dandum esse dictitat. dum Cura et Jovis disceptant, Tellus surrexit simul suumque nomen esse volt cui corpus praebuerit suum. sumpserunt Saturnum iudicem, is sic aecus iudicat: 'tu Jovis quia spiritum dedisti, in morte spiritum, tuque Tellus, quia dedisti corpus, corpus recipito, Cura enim quia prima finxit, teneat quamdiu vixerit. sed quae nunc de nomine eius vobis controversia est, homo vocetur, quia videtur esse factus ex humo.

从前有一次，女神Cura〔"操心"〕在渡河之际看见一片胶土，她若有所思，从中取出一块胶泥，动手把它塑造。在她思量她所造的玩意儿之际，朱庇特神走了过来。"操心"便请求

① 下面这项为从生存论存在论上把此在阐释为操心所提供的前存在论的证据，笔者是在布尔达赫〔K. Burdach〕的《浮士德与操心》一文中发现的。见《德国文学和精神史季刊》，1923年，Ⅰ，第1页及以下。布尔达赫表明，这个关于Cura〔操心〕的寓言是作为海基努斯〔Hyginus〕寓言第二二〇则流传下来的，而歌德则从赫尔德那里吸收过来并在加工后用于他的《浮士德》第二部。特别可参考第40页及以下。这个寓言的拉丁文本见布歇勒〔F. Buecheler〕：莱茵博物馆，第四十一卷（1886年），第5页，德文译文采用布尔达赫，同上引文第41页。——原注

> 朱庇特把精灵赋予这块成形的胶泥。朱庇特欣然从命。但当她要用自己的名字来命名她所造的形象时，朱庇特拦住了她，说应得用他的名字来称呼这个形象。两位天神正为命名之事争执不下，土地神（台鲁斯）又冒了出来，争说该给这个形象以她的名字，因为实在是她从自己身上贡献出了泥胚。他们争 198
> 论不休，请得农神来做裁判。农神的评判看来十分公正：你，朱庇特，既然你提供了精灵，你该在它死时得到它的精灵；既然你，土地，给了它身躯，你就理该得到它的身体。而“操心”最先造出了这个玩意儿，那么，只要它活着，“操心”就可以占有它。至于大家所争的它的名称，就叫“homo〔人〕”吧，因为它是由 humus〔泥土〕造的。

这一前存在论的证据之所以具有特别的意义，还不仅因为它一般地把“操心”看作人的此在“有生之时”所隶属的东西，而且还在于“操心”的这种优先地位是同把人看作躯体（泥土）和精神的复合体这一熟知的看法联系在一起而出现的。Cura prima finxit〔操心最先造出了它〕：这一存在者在操心之中有其存在的源头。Cura teneat, quamdiu vixerit〔只要它活着，操心就可以占有它〕：只要这一存在者“在世”，它就离不开这一源头，而是由这一源头保持和始终统治着的。“在世”的存在，就存在而言刻有“操心”的印记。这一存在者的命名（homo）不是着眼于它的存在，而是就组成它的东西（humus）而言的。至于这一形象的“源始”存在应在何处得而见之，则是由农神即“时间”[①]来判定的。在这一寓言中表达

① 参见赫尔德的诗：操心之子（舒坊版，XXIX，75）。——原注

199 出了对人的本质的前存在论的规定；从上面的提法可以看出，这一本质规定一开头收入眼帘的那种存在方式就是始终统治着人在世界中的时间性演变的那一存在方式。

Cura 作为一个存在者层次上的概念，其含义的历史甚至还使此在的另一些基本结构透映出来。布尔达赫[①]让人们注意到 cura 这个术语的双重意义：它不仅意味着“心有所畏的忙碌”，而且也意味着“兢兢业业”、“投入”。所以，塞涅卡〔Seneca〕在他的最后一封信（《使徒书》124）中写道：“在四类生存着的自然（树、兽、人、神）中，唯有后两类赋有理性；而这后两类的区别则在于神不死而人有死。于是在这两类中，其一即神的善由其本性完成，而另一即人的善则由操心（cura）完成：unius bonum natura perficit，dei scilicet，alterius cura，hominis。”

人能够为他最本己的诸种可能性而自由存在，而在这种自由存在（筹划）之际成为他所能是的东西，这就叫人的 perfecti〔完善〕。人的 perfectio 是“操心”的一种“劳绩”。但操心也同样源始地规定着这一存在者因之听凭它所操劳的世界摆布（被抛境况）的那种基本方式。Cura 的“双重意义”意味着：被抛的筹划本质上就是一个双重结构，但其中包含有一个基本建构。

---

① 同上引布尔达赫第 49 页。早在斯多亚派那里，μέριμνα〔操心、担心〕就已是一个确定的术语，这一术语在《新约》中重又出现，在拉丁《圣经》中成为 soliciludo〔操心、担心〕。——在前述的此在生存论分析中我们的眼光指向“操心”。这一目光促使作者布尔达赫从亚里士多德存在论所达到的原则基础着眼，尝试对奥古斯丁的——即希腊/基督教式的人类学做一番解释，在这一解释过程中，他培养起和我们相同的眼光。——原注

同存在者层次上的解释相对比，生存论存在论的阐释还不仅是以理论方式在存在者层次上进行了普遍化。那就只不过等于说：人的一切行为举止在存在者层次上统统是“充满操心的”而且是由对某种事情的“投入”所引导的。这里的“普遍化”是一种先天存在论的普遍化。操心不是意指某些不断出现的存在者层次上的特性，而是意指一种向来已作为根基的存在建构。唯有这种作为根基的存在建构才在存在论上使得那一存在者能够在存在者层次上被说成是 cura。“为生计操心”与“投入”在生存论上的可能条件须得在一种源始的、亦即存在论的意义上被领会为操心。

然而，操心这一现象以及一切基础生存论环节的超越的“普遍性”也的确具有广度，乃至无论我们从存在者层次上认为此在必定 200
要“为生计操心不已”还是刚好相反，反正所有这些世界观式的此在解释无不活动在它已先行提供的基地之上。

从存在者层次上看，诸生存论结构兀然显得“空洞”与“普遍”，但它们在存在论上自有其确定与充实。因而，此在建构的整体在其统一性中并不是简单的，而是显示为分成环节的结构，这种结构性在操心这一生存论概念中表达了出来。

此在于前存在论把自己解释为操心的说法，由对这一存在者的存在论阐释带到操心的生存论概念之上。不过，我们对此在进行分析的目的不是要为人类学设置存在论基础；它具有基础存在论上的立意。这一立意曾未明言地规定着前此种种考察的进程、现象的选择以及分析所逼近的界限。虽然如此，现在我们的探索仍须从存在的意义这一主导问题及其解答着眼而明确地对前此获得的东西提供保障。但要达到这种目的，外在地把讨论过的东西拢集在一处是不行的。所须做的倒是:借已获得的东西之助,把生存论分析工作开初只能粗略加以提示的东西集中到对问题的更深入的领会之上来。

第四十三节　此在、世界之为世界、实在

唯当存在之领会这样的东西存在,对存在的意义的追问才是可能的。存在之领会属于我们称之为此在的那种存在者的存在方式。我们对这个存在者的解说愈适当、愈源始,我们就愈可靠地向最终解决基础存在论问题这一目标继续进展。

在我们对此在进行准备性的生存论分析工作的过程中,我们曾阐释过领会、意义和解释。对此在的展开状态所做的分析又进一步指出:按照此在在世的基本建构,此在的世界、在之中和它本身三个方面同样源始地随着此在的展开而显露。而且,在世界实际展开状态中,世内存在者也被共同揭示了。其中就有这样的情况:世内存在者的存在总已经以某种方式被领会了,即使尚未在存
201 在论上形成适当的概念。虽然前存在论的存在之领会包括着本质上在此在中展开的一切存在者,然而存在之领会本身还不曾把它自己的种种不同的存在样式解说清楚。

对领会的阐释也曾指明:按照沉沦这种存在方式,领会首先与通常已经把自己错置到对世界的领会之中。即使我们不仅就存在者层次上的经验来谈,而且也就存在论上的领会来谈,存在之解释也首先依循世内存在者的存在制订方向。于是首先上到手头的东
a 西的存在被跳过去了,存在者首先被理解为现成物(res)的联络。

存在得到了实在的意义[①]。存在的基本规定性成了实体性。同存 b
在之领会的这种错置相应，对此在的存在论领会也退回到这种存在概念的视野上。此在也像别的存在者一样乃是实在现成的。于是一般的存在得到了实在的意义。因而，在存在论问题的提法中，实在的概念具有特殊的优越地位。这种优越地位错置了通向对此在进行天然的生存论分析的道路，它甚至已经错置了投向世内首先上手的东西的存在的眼光，最终把一般关于存在的问题的提法都迫向歧途。从实在的角度着眼，存在的其余样式都被消极地、从反面予以规定。

所以，我们不仅必须把此在的分析，而且还要把一般存在的意义问题的研究从片面依循实在意义上的存在的方向上扭转回来。须得证明：实在不仅只是种种存在方式中的一种，并且，它在存在论上对此在、世界和上手状态还有某种渊源联系。这一证明要求我们彻底讨论实在问题，讨论该问题的条件及界限。

在“实在问题”这个题目下面混杂着种种不同的问题：1. 所谓“超越于意识的”存在者究竟是否存在；2. 是否能够充分证明“外部世界”的这种实在性；3. 如果实在者是实在的，那么在何种程度上可以就其自在来认识这个存在者；4. 这个存在者的意义，即实在，究竟意味着什么。从基础存在论问题着眼，实在问题的讨论可以 202
分下面三个层次来进行：a. 实在作为存在的问题和“外部世界”的可证明性问题，b. 实在作为存在论问题，c. 实在与操心。

① 参见本书第 89 页及以下和第 100 页。——原注

a. 实在作为存在的问题和“外部世界”的可证明性问题

在上述诸实在问题的顺序中，那个存在论的问题，即实在究竟意味着什么这一问题，是首要问题。不过，只要纯存在论的提问方式和研究方法尚付阙如，那么这个问题即使被明确提了出来，也必然要隐没在“外部世界问题”的讨论之中。因为只有依循通往实在事物的适当通道，对实在的分析才是可能的。通常把握实在事物的方式迄今为止仍是直观认识。直观认识作为心灵活动或意识活动而“存在”。只要自在和独立性这类性质属于实在，那么同实在的意义问题连在一起的问题就有：实在事物是否可能“独立于意识”，以及意识是否可能超越而进入实在事物的“范围”。对实在进行充分的存在论分析的可能性依赖于：那个实在事物应当对之独立的东西，那个应当被超越的东西，其本身的存在在何种程度上是经过澄清的。只有这样，才可能从存在论上把握超越活动这种存在方式。归根到底，我们必须确保导向实在事物的本来通达方式，即决定这样一个问题，认识究竟能不能承担这一职能？

对实在问题进行可能的存在论提问之前需要做一些探索工作，这些工作在前面的生存论分析中已经进行过了。那里表明，认识是通达实在事物的一种派生途径。实在事物本质上只有作为世内存在者才可通达。通向世内存在者的一切途径在存在论上都植根于此在的基本建构，都植根于在世的存在。而在世具有更为源始的操心的存在建构（先行于自身的－已经在一世界之中的－作为寓于世内存在者的存在）。

到底有没有一个世界？这个世界的存在能不能被证明？若由在世界之中的此在来提这个问题——此外还有谁会提这个问题呢？——这个问题就毫无意义。何况，这个问题的含义又模棱两可。一个含义是世界，即在之中的“何所在”；另一个含义是世内存在者的“世界”，即操劳消散于其中的“何所寓”。两种含义混作一 203
团，或者先就根本未加区别。然而世界本质上是随着此在的存在展开的，“世界”随着世界的展开也总已经被揭示了。当然，恰恰是在实在事物这种意义上，也就是在仅仅现成的东西这种意义上，世内存在者可能还一直掩蔽着。可是，即使实在事物也只有在已经展开的世界的基础上才是可揭示的。也只有在这个基础上，实在事物才可能仍然隐而未露。人们提出了“外部世界”的“实在性”问题，却不曾事先澄清世界现象本身。实际上，“外部世界问题”始终依循着世内存在者（物和客体）来制订方向。于是，这些讨论就滑进存在论上几乎必定纠缠不清的提问方式。

这些问题的纠缠不清——想要证明的东西同实际证明的东西以及用来进行证明的东西的混淆，表现在康德的“驳斥唯心论”[①]中。康德把始终还没有人为“我们之外的物的此在”提出一种令人信服的足以扫除一切怀疑的证明这件事称为“哲学和一般人类理性的耻辱。”[②]他本人提供了这样一个证明，并把它作为下面这条“定理”的根据：“对我自己的此在的纯粹的、但为经验所规定的意

① 参见《纯粹理性批判》第二版，第 274 页及以下。此外，第二版序言第 XXXIX 页注释。还可参见“纯粹理性的背谬”，同上书，第 399 页及以下和第 412 页。——原注

② 参见《纯粹理性批判》第二版序，第 XXIX 页注释。——原注

识，证明了在我之外的空间中的对象的此在”。[1]

首先应当明确注意到：康德用此在这个术语所标识的存在方式，就是本书称为“现成性”的那种存在方式。对于康德来说，“对我的此在的意识”就是笛卡尔意义上的对我的现成存在的意识。“此在”这个术语既指意识的现成存在，又指物的现成存在。

对“我之外的物的此在”的证明所依赖的乃是：变易和持久同样源始地属于时间的本质。我的现成存在，亦即在内感觉中给定的、形形色色的观念的现成存在，就是现成的变易。但时间的规定性把某种持久的现成事物设为前提。然而这种持久的现成事物却不能在“我们里面”，“因为恰恰我们在时间中的此在只有通过这个持久的东西才能得到规定。”[2]所以，只要在经验上设置了“在我之
204 内”的现成变易，就必然在经验上一道设置了一个“在我之外”的现成的持久事物。这个持久的东西是“在我之内”的变易的现成存在之所以可能的条件。我们经验到表象在时间中存在，这种经验同样源始地设置了“在我之内”变易的东西和“在我之外”持久的东西。

这个证明当然不是因果推论，所以也就没有因果推论的不利之处。康德好像从某种时间性存在者的观念出发给出了一个“存在论证明”。乍一看，康德似乎放弃了笛卡尔的入手点，不再把独立地摆在那里的主体作为开端。但这只是假象。康德毕竟是要求为“在我之外的物的此在”提供出一种证明，这就已经表明，他提出

---

① 参见《纯粹理性批判》第二版，第275页。——原注

② 同上书，第275页。——原注

问题时的立足点是在主体之中的，是在“我之内”的。而且这个证明本身也是从在经验上给定、“在我之内”的变易出发的。因为承担着这一证明的“时间”只“在我之内”被经验到。时间提供了基地，使证明得以跳到“我之外”去。此外，康德还强调说：“存疑的〔唯心主义〕……不过宣称除我们自身的此在以外，由直接经验来证明任何其他的此在是不可能的。这种唯心主义依据理性，合乎基本的哲学思维方式。也就是说：在发现充分的证明之前，不允许做出决定性的判断。”①

然而，就算康德已经放弃了孤立主体和内部经验在存在者层次上的优先地位，可是在存在论上，笛卡尔的立场仍然保留如故。姑且承认康德的证明及其一般基础的合理性，他所证明的也无非是：变易的存在者和持久的存在者的必然的共同现成存在。然而，这两种现成的东西这样比肩并列还根本不等于说：主体和客体共同现成存在。就算这点也得到了证明，存在论上起决定作用的东西仍始终隐而未露，那就是“主体”的、亦即此在的基本建构：在世界之中存在。在存在者层次上及存在论上，物理的东西和心理的东西的共同现成存在都完全不同于在世现象。

康德把“在我之内”和“在我之外”的区别以及联系设为前提。实际上这是对的。然而按照康德提出的证明的趋向来理解，他却是不对的。康德同样没有指出：若依时间为线索来谈变易的东西和持久的东西的共同现成存在，所得的结果也适合于“在我之内” 205
和“在我之外”的联系。不过，如果先就看到了在证明中设为前提

① 《纯粹理性批判》，第274—275页。——原注

的“内”与“外”的区别和联系的整体，如果先就从存在论上理解了随着这个前提而被设定为前提的东西，那么自然也就不会认为“我之外的物的此在”尚未证明且必得证明了。

“哲学的耻辱”不在于至今尚未完成这个证明，而在于人们一而再再而三地期待着、尝试着这样的证明。诸如此类的期待、企图和要求是因为在存在论上没有充分的理由却一开始就设置了一件东西，从而应该证明有一个“世界”作为现成的东西是独立于它和“外在”于它的。不充分的并不是这些证明，而是这个进行证明和渴望证明的存在者的存在方式有欠规定。由此可能产生一种假象，似乎只要证明了两种现成的东西的必然的共同现成存在，也就指明了在世的此在的某种事情，或至少使它成为可证明的了。如果我们正确地领会此在，那么它是违抗这类证明的；因为它在其存在中一向已经是那种东西，而这些证明却事后才以为有必要对它加以论证。

如果有人得出结论说，既然不可能证明我们之外的物的现成存在，所以这种存在就是“纯凭信仰而被接受的”①，那么这并没有克服问题的倒置状况。先入之见依然如故：似乎从根本上和理想上来说，一定能够做出这样一个证明。如果局限于“对外部世界之实在性的信仰”，即使明确地把这种信仰固有的“权利”还给这种信仰，却还是认可了问题的不适当的提法。人们归根到底还是要一个证明，虽然不是通过严格证明的途径，而是试图通过另一种途径

① 《纯粹理性批判》，序言，注释。——原注

来满足这一要求。[①]

也许人们会说，主体即使是无意识地也总已经把“外部世界”的现成存在设为前提了；然而，即使这里也仍然有一种以孤立主体作为开端的构想在作怪。同物理的东西和心理的东西的共同现成存在的证明一样，这一提法也不曾触及到在世现象。此在设定诸如此类的前提总已经“为时太晚”，因为只要此在是作为存在者来设定前提——否则就不可能有设定前提这回事了——作为存在着的此在就总已经存在在世界中了。在操心这种存在方式中，存在建构的“先天性”“早于”此在的一切设定和行止。 206

信仰“外部世界”的实在性，无论对还是不对，证明“外部世界”的实在性，无论充分还是不充分，把这种实在性设为前提，无论明确还是不明确，诸如此类的尝试都不曾充分透视自己的根基，都把一个最初没有世界的或对自己是否有一个世界没有把握的主体设为前提，而这个主体到头来还必须担保自己有一个世界。于是，“在一个世界中”从一开始就被归于看法、臆测、确信和信仰，也就是说，归于某种其本身总已经是在世的一种衍生样式的行为举止。

外部世界是否现成以及可否证明？在这种意义上提出来的“实在问题”之所以表明为一个不可能的问题，并非因为这个问题结果会导向某些解不开的死结，而是因为在这个问题中作为主角

---

① 参见狄尔泰〔W. Dilthey〕，《论解决我们关于外部世界实在性的信仰的起源及其权利的问题》(1890 年)。参见第一篇第 90 页及以下。

这篇论文一开头，狄尔泰就明白无误地说道：“如果说对于人来讲有某种普遍有效的真理的话，那么，按照最初由笛卡尔提出的方法，思想就必须从意识事实出发才能面迎外部现实开辟道路。”同上书，第 90 页。——原注

的存在者本身似乎就拒绝这样提出问题。有待证明的并非“外部世界”是否现成以及它如何现成，而是为什么本来就在世界之中的此在会有一种倾向，先在“认识论上”把“外部世界”葬入虚无，然后才来对它加以证明。原因就在于此在的沉沦，就在于由于这种沉沦而将起初对存在的领会变成了对作为现成性的存在的领会。如果在这种存在论方向上的提问是“批判的”，那么，它就会发现首先的和唯一确定的现成东西只是一种纯粹“在内的东西”。一旦毁坏了在世的源始现象，那么，和一个“世界”的拼接就只有依靠残留下来的孤立主体来进行了。

各类实在论和唯心论以及二者的混种构成了各式各样解决“实在问题”的尝试。本书眼前不可能广泛地讨论这种种尝试。在
207 所有这些尝试中我们肯定能够找到发问的真实核心，但若以为只要把每一尝试中的正确的东西累积起来，就能获得对这一问题的可信的解答，那就大错特错了。所需要的不如说是一种彻底的眼光，以使我们能够看到这些不同的认识论流派并非只在认识论方面迷了路，而是由于耽搁了此在的生存论分析，所以它们还根本没有获得在现象上有保障地提出问题的基地。即使事后对主体概念
a 和意识概念加以现象学的改善，我们也还是不能获得这一**基地**。这种改善并不能保证不再这样不适当地**提出问题**。

世内存在者一向已经随着此在在世而展开了。这一生存论存在论命题似乎同“外部世界实在地现成存在”这一**存在论**命题相符合。只要生存论命题不否认世内存在者的现成存在，它在结论上就同实在论命题相符，这看上去仿佛是一种赞誉之词。但是，实在论认为“世界”的实在性是需要证明且可以证明的，这就使存在论

命题在原则上有别于一切实在论了。因为这两点恰恰是存在论命题所否认的。不过，把存在论命题同实在论完全区别开来的，乃是实在论缺乏存在论的领会。结果，实在论竟试图在存在者层次上用实在事物之间的实在相互作用来解释实在性。

唯心论的结论颇逆乎情理，不可持信；尽管如此，设若唯心论 b
不把自己误解为“心理学的”唯心论的话，它在原则上还是比实在
论优越。如果唯心论强调的是存在和实在只在“意识之中”，那么
这里就表达出了一种领会，即存在不能由存在者来解释。然而，只
要唯心论仍然没有阐明这个存在之领会本身在存在论上说的是什
么，以及它如何是可能的，没有阐明存在之领会属于此在的存在建 c
构，那它对实在的阐释就还是空泛的。存在不能由存在者得到解
释。实在只有在存在之领会中才是可能的。但这并不取消对意识
的存在的追问，即对 res cogitans〔思执〕本身的存在进行追问。唯
心论论题的应有之义就须把意识本身的存在论分析标明为无可回
避的在先的任务。其实，只因为存在是“在意识之中”，这就是说，
只因为存在可以在此在中得到领会，所以此在才能够领会独立性、
“自在”、一般实在这类存在性质，并且才能够把它们形成为概念。208
只因为这样，寻视才能通达作为世内照面者的“独立的”存在者。

如果唯心论这个名称说的就是这样一种领会：存在绝不能由
存在者得到澄清，对于任何存在者，存在总已经是“超越的东西” a
了，那么，就只有唯心论才有可能正确地提出哲学问题。这样，亚里士多德和康德一样是唯心论者。如果唯心论意味着把一切存在者都引回到主体或意识，而主体与意识就它们的存在来说始终表现为**无所规定的**，或最多只被消极地标画为“非物质的”，那么，这

种唯心论在方法上就恰如最粗糙的实在论一样幼稚了。

还有一种可能性，即人们还可以采用这样一个命题：所有主体只有对予客体来说才是它所是的东西，反之亦然；通过这个命题，人们可以主张实在问题优先于种种“各持己见”的倾向。然而，在这种形式的入手方式中，相关关系的各环节和这种相关关系本身一样在存在论上仍然都无所规定。但是，归根到底，这种相关关系的整体必然被设想为“无论如何”存在着的，所以就必然是从某种确定的存在之观念的角度来被考虑的。如果我们把在世的存在展示出来，从而先使生存论存在论的基地完全得到保障，那么，我们事后自然可以来对上述那种相关关系加以认识，而这种关系实是一种形式化的、在存在论上无关宏旨的关系。

对实在问题的单纯“认识论”解答的尝试有其不曾道出的前提；对这些前提所做的讨论表明：我们必须把实在问题当作存在论问题，收回到此在的存在论分析工作中来①。

---

① 在舍勒之后，尼古拉·哈特曼〔Nicoloi Hartmann〕新近将其从存在论上导出的认识论置于认识是一种“存在关系”这样一个命题的基础之上。参见《知识的形而上学基础》增订第二版，1925 年。舍勒和哈特曼尽管在其现象学的基本出发点上不尽相同，但他们同样都不曾认识到，就其流传下来的基本倾向而言，“存在论”始终没有把握住此在，而恰恰是认识中含有的“存在关系”（参见本书第 59 页及以下）把“存在论”迫向原则性的修正而非仅仅批判性的改良。哈特曼始终未曾从存在论上澄清“存在关系”的地位。他由于低估了这一点在不知不觉中造成的广泛影响，才被迫向一种“批判的实在论”。这种“批判的实在论”其实完全够不上他自己提出问题的水平。关于哈特曼对存在论的观点，参见《批判的存在论本身是如何可能的?》，载于《保尔·那托尔普纪念文集》。——原注

b. 实在作为存在论问题 209

如果实在这个名称意指世界之内的现成存在者（res）的存在——除此之外对实在没有其他理解——那么，对于这种存在样式的分析来说，这就意味着：只有当“世界之内”这种现象得到澄清，才可能从存在论上理解世界之内的存在者。“世界之内”植根于世界现象。世界则又作为“在世界之中存在”的本质构成环节而属于此在的基本建构。在存在论上，“在世界之中存在”复又包含在此在之存在的结构整体之中。操心则被标画为这一结构整体的特征。这样一来，为了能对实在进行分析而首须澄清的基础和视野就被标识出来了。而且，只有在这一联系中才能从存在论上理解“自在”的性质。在前文的分析中我们曾依循问题的这种联系阐释过世界之内的存在者的存在①。 a

即使欠缺明确的生存论存在论基础，人们也曾能够在某种限度内对实在事物的实在性进行某种现象学描述。狄尔泰在上面提到过的论文中就做过这种尝试：实在的东西在冲动和意志中被经验到。实在性是阻力，更确切地说是阻碍状态。对阻力现象的分析清理工作是这篇论文中积极的东西，也是对“描述和分解的心理学”这一想法所做的最好的具体证实。尽管如此，对实在问题的认识论提法仍然妨碍了对阻力现象的分析发挥它的正当作用。“现

---

① 首先参见本书第十六节，第72页及以下：在世内存在者那里报道出来的周围世界的合世界性；第十八节第83页及以下：因缘和意蕴、世界的世界性；第二十九节，第134页及以下：此在作为现身情态。关于世内存在者的自在问题，参见第75—76页。——原注

象性原理”不许狄尔泰进展到对意识的存在的存在论阐释。“意志和它的阻碍出现在同一个意识之内”[①]。“出现”的存在方式，“之内”的存在意义，意识对实在东西本身的存在关系，所有这些都需要存在论的规定。存在论规定之所以阙如，归根到底是因为狄尔泰任“生命”在存在论上始终无所区别。当然，我们不可以退回到这个“生命”之后去。然而此在的存在论阐释却不意味着在存在者
210 层次上退回到别的哪个存在者上去。狄尔泰一直在认识论上遭到反对，这一点并不妨碍我们使他的分析中的积极的东西开花结果。而人们在反对他的时候，恰恰不曾领会到这些积极的东西。

新近，舍勒就吸收了狄尔泰关于实在的阐释[②]。舍勒代表了一种“唯意志论的此在理论”。在他那里，此在在康德的意义上被理解为现成存在。“只有在同欲望和意志相关的状态中，对象的存在才是直接给定的。”舍勒不仅像狄尔泰一样强调指出：实在从不首先在思维和理解中被给予，而且他还特别指出：认识本身也不是判断活动，知乃是一种“存在的关系”。

关于狄尔泰的理论基础在存在论上的无规定性，前面曾有必要的说明；那些话原则上也适用于舍勒的理论。而且，“生命”的存在论基础分析也不能事后才插到建筑底下去。存在论基础分析承担着实在的分析，承担着阻碍状态及其现象前提的充分解释。存

① 参见狄尔泰上引书，第 134 页。——原注

② 参见舍勒《知识的形式与构成》，1925 年，注释第二十四和第二十五。这里还要补充的是：舍勒最近在刚刚出版的论文集《知识形式和社会》（1926 年）中发表了他早已许诺的关于“知识与劳作”（第 233 页及以下）的研究。在这篇论文的第六章（第 455 页）中，舍勒在对狄尔泰加以褒贬的同时详细地描述了他自己的“唯意志论的此在理论”。——原注

在论基础分析构成了后面那些分析和解释的条件。阻力是在“通不过”中照面的，它是“要通过”的妨碍。而随着这一要通过，某种欲望和意志**汲汲以求**的东西就已经展开了。汲汲以求的何所向在存在者层次上是不确定的。但在存在论上却不可忽视这种不确定性，更不可把它理解为无。向着某某东西汲汲以求撞上阻力而且也只能够“撞”上阻力；而这个汲汲以求本身已经寓**于**因缘整体性。因缘整体性的揭示则奠基于意蕴的指引整体的展开状态。**在存在论上，只有依据世界的展开状态，才可能获得阻力经验，也就是说，才可能奋争着揭示阻碍者**。阻碍状态描述出世内存在者的存在。阻力经验实际上只规定着世内照面的存在者的揭示广度和揭示方向。并非这二者的总和才刚导致世界的开展，它们的总和倒是以世界的开展为前提的。“阻”和“对”在其存在论的可能性中是由展开的在世来承担的。

而且，阻力也不是在自行“出现”的欲望和意志中被经验到的。211
欲望和意志都显示为操心的变式，只有具有操心这种存在方式的存在者才能撞上阻碍者这种世内存在者。所以，若用阻碍来规定实在，则还有两重值得注意之处：一方面，这种规定只涉及实在的种种性质**之一**；另一方面，阻碍必须以已经展开的世界为前提。阻力描述出“外部世界”；在这里，“外部世界”的意思是世内存在者，而绝不是世界。“**对实在的意识**”本身**就是在世的一种方式**。一切“外部世界问题”都必然回到在世这一生存论基本现象上来。

如果用 cogito sum〔我思我在〕来作生存论此在分析工作的出发点，那么，不仅须得把它倒转过来，而且还需重新对它的内涵作出存在论现象上的证实。于是，首位的命题是 sum，其意义是：我在一世界中。“我在”：作为这样的存在者处“在”面向种种不同行为举止（cogitationes）的存在可能性之中，而这些行为举止就是寓于世内存在者的种种存在方式。笛卡尔却说：cogitationes 是现成的，在这些 cogitationes 之中有一个我，这个我作为无世界的 res cogitans〔思执〕也是共同现成的。

c. 实在与操心

实在作为一个存在论名称同世内存在者联在一起。如果用它来标识世内存在者的一般存在方式，那么，上手性和现成性就都是
a 作为实在的模式来起作用的。但若就其流传下来的含义使用这个词，那它指的就是纯粹的物之现成性那种意义上的存在。然而并非一切现成性皆是物之现成性。“包容着”我们的“自然”固然是世内存在者，但它既不指上手事物的存在方式，也不指“自然物性”那种方式上的现成事物的存在方式。无论人们一向如何解释“自然”的这种存在，反正世内存在者的**一切**存在样式在存在论上都植根于世界之为世界，从而也就是植根于在世现象。我们由此看到：在世内存在者的诸种存在样式中，实在并不具有优先地位；这种存在方式更不能从存在论上适当地标画出世界和此在这一类东西。

依照存在论基础上的联系顺序，依照可能的范畴上的阐述和生存论上的阐述的顺序，**实在回指到操心这种现象**。不过，实在在存在论上植根于此在的存在却并不意味：唯当此在生存，实在的东西才能作为它就其自身所是的东西存在。

212 当然，只有当此在**存在**，也就是说，只有当存在之领会在存在

者层次上的可能性存在，才“有”[①]存在。当此在不生存的时候，那时，“独立性”也就不“在”，“自在”也就不“在”。那时，诸如此类的东西就既不是可领会的，也不是不可领会的。那时，世内存在者就既不是可揭示的，也不能蔽而不露。那时就既不能说存在者存在，也不能说存在者不存在。现在——只要当存在之领会在，并因而对现成性的领会在——当然可以说：那时存在者还得继续存在下去。

上文指明了存在(而非存在者)依赖于存在之领会，这就是说，指明了实在(而非实在的东西)依赖于操心。这种依赖关系保障了对此在的进一步分析，使它能避免那种循实在观念为线索的此在之阐释，这种阐释是非批判的，却又一而再再而三地涌现出来。只有循存在论上业经有效阐释过的生存论结构制订方向，才能够保证在“意识”、“生命”的实际分析过程中，我们不会把实在的任何一种意义当作基础，即使这种意义是无伤宏旨的。

人的实质是生存。我们曾借这一命题表达出了：不能由实在和实体性来理解具有此在的存在方式的存在者。把生存论建构阐释为操心，把操心同实在加以划分，这却不意味着生存论分析工作的终结；这只不过是在追问存在及其可能样式之际，在追问种种存

---

① 这里的原文是 es gibt。它作为一个短语使用时，意为“有”、“存在”，但其中的动词 gibt 在日常用法中的意思是“给”。——中译注

在 1947 年发表的《关于人道主义的信》中，海德格尔指出，这里是有意使用了 es gibt 这一短语，应当从字面上读为“它给予”、“兹予”。在那封信里，他写道：“因为这个有所给予的‘它’就是存在本身，而‘给予’则称谓着存在的本质，这本质有所给予并维护其真理”。海德格尔还说，使用 es gibt 还可以避免 Sein ist〔存在在，“是”是〕这样的说法，因为 ist 这个动词只适用于存在者而不适用于存在本身。——英译注

在样式的意义之际，让那些盘根错节的成堆问题以更鲜明的形式浮现出来：唯当存在之领会在，存在者作为存在者才是可通达的；唯当存在者是具有此在的存在方式的存在者，存在之领会作为存在者才是可能的。

第四十四节　此在、展开状态、真理

a 哲学自古把真理与存在相提并论。巴门尼德首次揭示了存在
者的存在，这一揭示把存在同听取着存在的领会"同一"起来τὸ
γὰρ αὐτὸ νοεῖν ἐστίν τε καὶ εἶναι〔思与存在同一〕[①]。亚里士
多德在他的关于ἀρχαί〔本原〕[②]的发现史的纲要中强调说：在他之
213 前的哲人是由"事情本身"所引导而不得不进行追问的。αὐτὸ τὸ
πρᾶγμα ὡδοποίησεν αὐτοῖς καὶ συνηνάγκασε ζητεῖν[③]他还用这样的话来标识这一事实：ἀναγκαζόμενος δ'ακολουθεῖν τοῖς φαινομένοις[④]。他（巴门尼德）不得不追随那个依其自身显示出来的东西。在另一处他又说道：ὑπ' αὐτῆς τῆς ἀληθείας ἀναγκαζόμενοι，[⑤]他们为"真理"本身所迫而进行研究。亚里士多德把

---

① 第尔斯〔Diels〕辑《残篇·3》。——原注

这里所引希腊文，作者按照自己的理解译出，与传统译法有异。下面引文也常有这种情况。——中译注

② 《形而上学》A。——原注

③ 同上书 984 a18 及以下。——原注

④ 同上书 986 b31。——原注

⑤ 同上书 984 bl0。——原注

这种研究活动称为：φιλοσοφεῖν περὶ τῆς ἀληθείας：[①]关于“真理”的“哲学活动”，有时也称为：ἀποφαίνεσθαι περὶ τῆς ἀληθείας：[②]鉴于“真理”并在“真理”范围之内展示给人看。哲学本身被规定为ἐπιστήμη τις τῆς ἀληθείας，[③]“真理”的科学。然而同时哲学又被标画为ἐπιστήμη，ἥ θεωρεῖ τὸ ὂν ᾗ ὄν：[④]考察存在者之为存在者的科学，也就是说，就存在者的存在来考察存在者的科学。

这里所谓“关于‘真理’的研究”或“真理”的科学意味着什么？在这种研究中，“真理”是在认识理论或判断理论的意义上成为课题的吗？显然不是；因为“真理”所意味的和“事情”、“自己显示着的东西”是一样的。如果“真理”这个词是用来指“存在者”和“存在”的术语，那么这个词究竟意味着什么呢？

如果**真理**的确源始地同**存在**联系着，那么，真理现象就进入了基础存在论的问题范围之内。这样的话，真理现象岂不是一定已经在准备性的基础分析即此在的分析中露面了吗？“真理”同此在、同此在的存在者层次上的规定性（我们称之为存在之领会）有何种存在者层次上的及存在论上的联系？**能**够从存在之领会中指出为什么存在必然同真理为伍、而真理又必然同存在为伍的根据来吗？

这些问题是回避不开的。因为事实上存在就同真理“为伍”，所以在前文所分析的课题中也已经出现真理现象了，虽则我们还

---

① 《形而上学》983 b2，参见 988 a20。——原注

② 同上书 a1.993 b17。——原注

③ 同上书 993 b20。——原注

④ 同上书 T1，003 a21。——原注

没有明确使用真理这个名称。为了更尖锐地提出存在问题，现
214 在该明确地界定真理现象并把包含于其中的问题确定下来。这一工作并非只是把前文分解开来的东西统揽到一处。我们的探
b 索又新发端绪。

本节的分析将从传统的真理概念着手，并试着剖明它的存在论基础(a)。从存在论基础来看，真理的源始现象就映入了眼帘；而从真理的源始现象出发，就不难指出传统真理概念的缘起了(b)。这部探索将摆明，真理的"本质"问题必然也包含有真理的存在方式问题。在进行这一工作的同时，"有真理"这句话的存在论意义，以及"我们必须以'有'真理为前提"这一必然性的方式，也就得到澄清(c)。

a. 传统的真理概念及其存在论基础

对于真理本质的传统看法和关于真理的首次定义的意见，可以用三个命题描述出来。1.真理的"处所"是命题(判断)。2.真理的本质在于判断同它的对象相"符合"。3.亚里士多德这位逻辑之父既把判断认作真理的源始处所，又率先把真理定义为"符合"。

这里的目的不是写一部真理概念史——它只能在存在论史的基础上写出来。我们将用标明其特征的方式提到一些众所周知的东西，以引出我们的分析讨论。

亚里士多德说：παθῆματα τῆς ψυχῆς τῶν πραγμάτων ὁμοιώματα[①]：灵魂的"体验"，νοήματα("表象")，是物的肖似。

① 《解释篇》1,16a6。——原注

这一命题绝不是作为真理本质的明确意义提出来的，不过它参与导致后世关于真理的本质形成了 adaequatio intellectus et rei〔知与物的肖似〕这一公式。托马斯·阿奎那[①]为这个定义引证了阿维森那〔Avicenna〕，而阿维森那则是从伊萨克·伊斯来利〔Isaak Israelis〕的《定义手册》（十世纪）中继承这一定义的。阿奎那也用 correspondentia（相应）和 convenientia（协定）这两个术语来代替 adaequatio（肖似）。

19 世纪新康德派的认识论常常把这种真理定义标识为一种方法上落后幼稚的实在论，宣称这一定义同康德"哥白尼式转折"中的任何提法都无法相容。但这种说法忽视了布伦塔诺已经让我们注意到的事情——康德也确信这一真理概念，而且确信到他甚至不加讨论就把它提了出来："人们以为能够用以迫逻辑学家于穷境的那个古老而著名的问题就是：真理是什么？对真理的名词解释，即把真领会为认识同它的对象的符合，在这里是被公认的和被设定的……"[②] 215

"设若真理在于认识同它的对象相符合，则这个对象一定因而同其他对象有别。因为认识若不同那个它与之相关的对象相符合，那么即令它包含着对其他对象可能有效的东西，这种认识仍是假的"[③]。在先验辩证论的导言中，康德说道："真理或假象并不在被直观的对象里面，而是在被思维的对象的判断里面。"[④]

---

① 参见 Quaest, disp. de veritate〔《问题论辩集·论真》〕qu. I, art 1。——原注

② 《纯粹理性批判》第二版，第 82 页。——原注

③ 同上书第 83 页。——原注

④ 同上书第 350 页。——原注

把真理标画为“符合”、adaequatio、ὁμοίωσις是十分普遍而又空洞的。但若这种标画不受关于认识——却是这个认识带着那个别具一格的谓语——的五花八门的阐释之累而始终一贯，它就会有某种道理。现在我们来追问这种“关系”的基础。在 adaequatio intellectus et rei〔知与物的肖似〕这一关系整体中，暗中一道设定了什么东西？这个被一道设定的东西本身有何种存在论性质？

符合这个术语究竟意指什么？某某东西与某某东西相符合，具有某某东西同某某东西有关系的形式。一切符合都是关系。因而真理也是一种关系。但并非一切关系都是符合。一个符号指向被指示的东西。这种指是一种关系，但不是符号同被指示的东西的符合。而且，显然并非一切符合都意味着在真理定义中确定下来的那类 convenientia〔协定〕。六这个数目同十六减十相符合。
216 这些数目相符合，它们就“多少”这一方面而言是相同的。相同是符合的一种方式。符合具有“就某方面而言”这一类结构。在 adaequatio〔肖似〕中，相关的东西在哪方面符合呢？在澄清“真理关系”的时候必须连同注意到关系诸环节的特性。Intellectus〔知〕和 res〔物〕在哪方面符合？按照它们的存在方式和本质内涵，它们竟能提供出它们能够借以相符合的某种方面来吗？如果因为它们二者原非同类，不能相同，那么二者(intellectus 与 res)也许相似？然而据说认识应当如事情所是的那样把它“给”出来呀。“符合”具有“如……那样”的关系性质。这种关系能够以什么方式成为 intellectus 与 res 之间的关系？这种问题摆明了：为了把真理结构弄清楚，仅仅把这个关系整体设为前提是不够的；我们必须回过头来追问这个关系整体，直问到承担着这一整体本身的存在联系。

为此我们要不要就主客体关系铺开“认识论”问题的讨论？也许我们的分析可以局限于阐释一下“内在的真理意识”，因此也就可以停留在主体的“范围之内”？按照一般意见，真是认识的真。而认识就是判断。就判断而言，必须把判断活动这种**实在**的心理过程和判断之所云这种**观念上**的内容加以区分。就后者而言可以说它是“真的”。实在的心理过程则现成存在着，或不现成存在着。因此，是观念上的判断内容处于符合关系中。这种符合关系于是就涉及观念上的判断内容和判断**所及**的东西即实在事物之间的联系。符合本身按照其存在方式是实在的还是观念上的？抑或既非实在的又非观念的？**应该怎样从存在论上把握观念上的存在者和实在的现成存在者之间的关系**？确实有这种关系。在实际的判断活动中，不仅在判断内容和实在的客体之间，而且在观念上的内容和实在的判断过程之间都有这种关系。而在后面这种情况下，这种关系显然更“内在”了？

也许不该追问实在的东西和观念上的东西之间的关系（μέθεζις）的存在论意义？然而据说**实有**这种关系。存在论上的实有说的是什么？

究竟是什么妨碍了这个问题的合理性？两千多年来这个问题不曾进展分毫，这是偶然的吗？是不是在着手之初就已经扭曲了 217
这个问题，在存在论上未加澄清地分割实在的东西和观念的东西之际就已经扭曲了这个问题？

如果我们着眼于判断之所云所从出的“现实的”判断活动，实在的过程和观念上的内容的分割竟全无道理吗？认识和判断的现实不是分裂成两种存在的方式和两个“层次”吗？把这两种东西拼合在一起不是从不涉及认识的存在方式吗？虽然心理主义自己没有从存在论上澄清“被思维的东西”中的思维具有何种存在方式，甚至还没有认识到这是个问题，但它拒不接受这种分割；在这点上它不是蛮有道理吗？

退回到判断过程和判断内容的区分，并不能把关于 adaequatio〔肖似〕的存在方式问题的讨论推向前进。但它摆明了：认识本身的存在方式的解释已经无法避免。为此所必须的分析同时也不得不试着把真理现象一道收入眼帘，因为真理现象被标画为认识的特征，而在认识的活动中，真理什么时候从现象上突出出来？当认识证明自己为真认识时，自我证明保证了认识的真理性。从而，符合关系就一定得在现象上同证明活动联系起来才能映入眼帘。

我们设想一个人背对墙说出一个真命题：“墙上的像挂平了。”这一命题是这样来证明自己的——那个道出命题的人转身知觉到斜挂在墙上的像。这一证明证明了什么？证实一个命题说的是什么意思？我们是否断定了“认识”或“所认识的东西”同墙上的物有种符合？先要在现象上恰当地阐释“所认识的东西”这个词说的是什么，然后才能回答是或否。如果道出命题的人进行判断之际不是知觉着这张像而是“仅仅表象着”这张像，那他是同什么发生关系呢？同“表象”吗？当然不是——如果表象在这里意味着表象活动这样一种心理过程的话。他也不是在“所表象的东西”的意义上同表象发生关系——假如所表象的东西意指墙上的实在之物的“〔意〕像”的话。“仅仅表象着”道出命题按照其最本己的意义倒不如说是同墙上的实在的像发生关系。指的就是这张实在的像，别无其他。任何阐释，只要它主张：于仅仅表象着道出命题之际还有

什么别的东西被意指着，那它就歪曲了命题说出的那种东西的现 218
象实情。道出命题就是向着存在着的物本身的一种存在。而什么东西由知觉得到证明？那就是：命题中曾指的东西，即存在者本身。如此而已。证实涉及的是：道出命题这种向命题之所云的存在是存在者的展示；这种道出命题的存在揭示了它向之而在的存在者。命题在揭示着，这一点得到证明。所以，在进行证明的时候，认识始终同存在者本身相关。证实仿佛就在这个存在者本身上面发生。意指的存在者如它于其自身所是的那样显示出来。这就是说，它在它的自我同一性中存在着，一如它在命题中所展示、所揭示的那样存在着。表象并不被比较：既不在表象之间进行比较，也不在表象同实在物的关系中进行比较。证明涉及的不是认识和对象的符合，更不是心理的东西同物理的东西的符合，然而也不是"意识内容"相互之间的符合。证明涉及的只是存在者本身的被揭示的存在，只是那个"如何"被揭示的存在者。被揭示状态的证实在于：命题之所云，即存在者本身，作为同一个东西显示出来。证实意味着：存在者在自我同一性中显示[①]。证实是依据存在者的显示进行的。这种情况之所以可能，只因为道出命题并自我证

① 关于"验证"作为证明的观念，参见胡塞尔《逻辑研究》第二版第二卷，第二部分第六研究。关于"明白确凿与真理"，见同上书第三十六节—第三十九节，第 115 页及以下。现象学真理论的一般性描述只限于《逻辑研究》批判性的导论（第一卷）里所说的那些东西。那里的描述注明了与鲍尔查诺〔Bolzanoa〕的命题理论有联系。而正面的现象学阐释则与鲍尔查诺的理论根本不同，可人们却忽视了这些阐释。在现象学圈子之外唯一积极地接受上述这些研究的人是拉斯克〔E. Lask〕。他的"哲学的逻辑"（1911 年）受到了"第六研究"（论感性直观和范畴直观，第 128 页及以下）的强烈影响，而"判断理论"（1912 年）则受到了上述关于"明白确凿与直理"章节的影响。——原注

实着的认识活动就其存在论意义而言乃是**有所揭示地向着**实在的存在者本身的存在。

一命题是**真的**，这意味着：它就存在者本身揭示存在者。它在存在者的被揭示状态中说出存在者、展示存在者、“让人看见”（ἀπόφανσις）存在者。命题的“真在”（真理）必须被理解为**揭示着**
219 **的存在**。所以，如果符合的意义是一个存在者（主体）对另一个存在者（客体）的肖似，那么，真理就根本没有认识和对象之间相符合那样一种结构。

从存在论上来说，作为“揭示着的”那个“是真〔真在〕”又只有根据在世才是可能的。我们曾通过在世这种现象来认识此在的基本建构。**在世现象**也是真理的源始现象的**基础**。我们现在应当对真理现象进行更深入的研究。

b. 真理的源始现象和传统真理概念的缘起

“是真”（真理）等于说“是进行揭示的”。但这岂不是一个极其任意的真理定义吗？也许，用这样激烈的办法来规定真理概念能把符合这一观念从真理概念中清除出去。但以这种可疑的收益为代价岂不一定是把“优良的”老传统葬送了吗？古代哲学的最老传统源始地感到了某种东西，且先于现象学就对这种东西有所领会，而我们的貌似**任意的**定义不过是对这种东西进行**必要的阐释**罢了。λόγος〔说，逻各斯〕这种ἀπόφανσις〔让人看〕的“是真”乃是一种ἀποφαίνεσθαι〔揭示〕方式的ἀληθεύειν〔真在〕：把存在者从晦蔽状态中取出来而让人在其无蔽（揭示状态）中来看。在前面的几段引文中，亚里士多德把ἀλήθεια〔真理〕同πρᾶγμα〔事情〕φαινόμενα〔现象〕相提并论，这个ἀλήθεια就意味着“事情本身”，意味着自身显现的东西，意味着这样那样得到了揭示的存在者。赫拉克利特残篇是明确讨论λόγος的最古老的哲学训导，在一段残篇[①]中，我们所说的真理现象始终是在被揭示状态（去蔽）的意义上出现的。这是偶然的吗？他把无所领会的人同λόγος、同说λόγος和领会λόγος的人加以对照。λόγος是φράζων ὅκως ἔχει，逻各斯道出存在者如何行事。但是对于无所领会的人，其所行之事却λανθάνει：停留在晦蔽状态中，ἐπιλανθάνονται：他们遗忘，这就是说，对于他们，其所行之事又沉回晦蔽状态中去了。所以，ἀλήθεια，即去蔽，属于λόγος。用“真理”这个词来翻译ἀλήθεια，尤其从理论上对这个词进行概念规定，就会遮蔽希腊人先于哲学而领会到的东西的意义，希腊人在使用ἀλήθεια这一术语的时候，是“不言而喻地”把那种东西作为基础的。

我们在引用这类证据的时候，须谨防一发滑入文字玄谈。不 220
过，保护此在借以道出自身的那些最基本词汇的力量，免受平庸的理解之害，这归根到底就是哲学的事业。因为平庸的理解把这些词汇敉平为不可理解的东西，而这种不可理解的状态复又作为伪问题的源泉发生作用。

前文[②]对λόγος和ἀλήθεια所做的阐释似乎是独断的，现在，这些阐释得到了现象上的证明。我们提出的真理“定义”并非摆脱传统，倒是把传统源始地据为己有：如果我们能成功地证明基于源始

① 参见第尔斯《前苏格拉底残篇》赫拉克利特，残篇 1。——原注

② 参见本书第 32 页及以下。——原注

的真理现象的理论不得不倒向符合这种观念，以及这种演变是如何发生的，我们的成果就更加完满了。

而且，把真理"定义"为揭示状态和进行揭示的存在，也并非单纯的字面解释。我们本来就习惯于把此在的某些行为举止称为"真实的"，上述定义就出自此在的这些"真实的行为举止"的分析。

真在这种进行揭示的存在是此在的一种存在方式。使这种揭示活动本身成为可能的东西，必然应当在一种更源始的意义上被称为"真的"。揭示活动本身的生存论存在论基础首先指出了最源始的真理现象。

揭示活动是在世的一种方式，寻视着的操劳或甚至逗留着观望的操劳都揭示着世内存在者。世内存在者成为被揭示的东西，只在第二位意义上它才是"真的"。原本就"真"的，亦即进行揭示的，乃是此在。第二位意义上的真说的不是进行揭示的存在（揭示），而是被揭示的存在（被揭示状态）。前面对世界之所以为世界的分析及对世内存在者的分析曾指出：世内存在者的揭示状态奠基于世界的展开状态。而展开状态是此在的基本方式，此在以这种方式是它的此。展开状态是由现身、领会和话语来规定的。它同样源始地涉及世界、在之中和自身。操心的结构是先行于自身的－已经在一世界中的－作为寓于世内存在者的存在。操心的这种结构包含着此在的展开状态于自身。随着这种开展状态并通过
221 这种展开状态才有被揭示状态；所以只有通过此在的展开状态才能达到最源始的真理现象。前文就此的生存论建构方面[①]和此的

① 参见本书第134页及以下。——原注

日常存在方面[①]指示出来的东西，涉及的恰恰就是它的最源始的真理现象。只要此在作为展开的此在开展着、揭示着，那么，它本质上就是"真的"。此在"在真理中"。这一命题具有存在论意义。它不是说：在存在者层次上，此在一向或有那么一次被引进了"全真境界"；而是说：此在的最本己的存在的展开状态属于它的生存论建构。

我们且记住前文的讨论所取得的成果。下面诸项规定将把"此在在真理中"这一原理的生存论意义表达出来。

1.此在的存在建构从本质上包含有一般展开状态。展开状态界定着存在的结构整体；这个结构整体通过操心的现象成为鲜明可见的。操心不仅包含着在世的存在，而且包含有寓于世内存在者的存在。世内存在者的揭示状态同此在的存在以及此在的展开状态是同样源始的。

2.此在的存在建构包含有被抛境况；被抛境况是此在的展开状态的构成环节。在被抛境况中暴露出这样的情况：此在——作为我的此在和这个此在——一向已在某一世界中，一向已寓于某些世内存在者的某一范围。展开状态从本质上乃是实际的展开状态。

3.此在的存在建构包含有筹划，即向此在的能在开展的存在。此在作为有所领会的此在既可以从"世界"和他人方面来领会自己，也可以从自己的最本己的能在方面来领会自己。后一种可能性又是说：此在在最本己的能在中并作为最本己的能在把它自己

① 参见本书第166页及以下。——原注

对它自己开展出来。这一本真的展开状态指出了本真存在样式中的最源始的真理现象。最源始亦即最本真的展开状态乃是生存的真理。此在在这种展开状态中，能够作为能在来存在。只有同此在的本真状态的分析联系起来，生存的真理才能获得生存论存在论上的规定性。

4.此在的存在建构包含有沉沦。此在当下和通常失落于它的
222 "世界"。领会作为向着存在的可能性的筹划，改道而向"世界"方面去了。消散于常人之中意味着公共解释占统治地位。闲言、好奇、两可使被揭示的东西和展开的东西处于伪装和封闭的样式之中。向着存在者的存在未被拔除，然而却断了根。存在者并非完全晦蔽着，恰恰是：存在者虽被揭示同时又被伪装，存在者虽然呈现，却是以假象的样式呈现。从前被揭示了的东西，同样又沉回伪装和晦蔽之中。因为此在从本质上沉沦着，所以，依照此在的存在建构，此在在"不真"中。"不真"这个名称正如"沉沦"这个词一样，在这里是就其存在论意义来用的。当我们在生存论分析中使用这个名称的时候，应当远避任何存在者层次上的否定的"估价"。此在的实际状态中包含有封闭和遮蔽。就其完整的生存论存在论意义来说，"此在在真理中"这一命题同样源始地也是说："此在在不真中"。不过，只因为此在是展开的，它才也是封闭的，只因为世内存在者一向已随着此在是得到揭示的，这类存在者作为可能的世内照面的东西才是遮蔽的（晦蔽的）或伪装的。

因而，从本质上说，此在为了明确占有即使已经揭示的东西就不得不反对假象和伪装，并一再重新确保揭示状态。从来没有任何新揭示是在完全的晦蔽状态的基础上进行的，一切新揭示都以

假象样式中的揭示状态为出发点。存在者看上去好像如此这般，这就是说：存在者已经以某种方式揭开了，然而还伪装着。

真理（揭示状态）总要从存在者那里争而后得。存在者从晦蔽状态上被揪出来。实际的揭示状态总仿佛是一种劫夺。希腊人在就真理的本质道出他们自己时，用的是一个**剥夺性质的**词（ἀ-λήθεια〔去蔽〕），这是偶然的吗？当此在如此这般地道出自己之际，不是有一种对它自身的源始的存在领会宣示出来了吗？——哪怕这种存在领会只是以前存在论的方式领会到："在不真中"造就了"在世界之中"的一个本质规定。

引导巴门尼德的真理女神把他带到两条道路前面，一条是揭示之路，一条是晦蔽之路。这不过意味着此在一向已在真理和不真中罢了。揭示之路是借κρίνειν λόγῳ〔以概念方式加以区别〕达到的，也就是借有所领会地区别这两条道路并决定为自己选择其 223
中的一条达到的①。

在世是由"真理"和"不真"来规定的；这一命题的生存论存在论条件在于此在的**那种**我们标识为**被抛的**筹划的存在建构。这一 a
存在建构是操心的一个构成环节。

真理现象的生存论存在论阐释得出如下命题：1. 在最源始的意义上，真理乃是此在的展开状态，而此在的展开状态中包含有世内存在者的揭示状态。2. 此在同样源始地在真理和不真中。

---

①　莱茵哈特〔Karl Reinhardt〕第一次把握与解决了巴门尼德诗篇中两个部分的关联这一古老的问题，参见他的"巴门尼德与希腊哲学的历史"（1916 年），尽管他还没有明确地证明ἀλήθεια和δόξα〔意见〕两者关联的存在论上的基础以及这种关联的必然性。——原注

在真理现象的传统阐释的视野之内，若要充分洞见上述命题，
b 就必须先行指明：1.被理解为符合的真理，通过某种特定变异来自于展开状态；2.展开状态的存在方式本身使展开状态的衍生变式首先映入眼帘并指导着对真理结构的理论解释。

命题及其结构，即以判断方式出现的“作为”，奠基于解释及其结构即诠释学上的“作为”，并进而奠基于领会即此在的展开状态。人们把真理看作是命题的特殊规定性，而命题又有那样的衍生谱系，这样，作为命题的真理的根系就反回来伸到领会的展开状态那里了①。我们不停留于指出作为命题的真理的渊源，我们现在还必须明确地指出符合现象的谱系。

寓于世内的存在者的存在，即操劳活动，是揭示着的。此在的展开状态则从本质上包含有话语②。此在道出自身——这个自身
224 是向着存在者的有所揭示的存在。此在在命题中就被揭示的存在者的情况道出自身。命题就存在者“如何”被揭示把存在者传达出来。听取传达的此在于听取之际把自己带进向着所谈的存在者的有所揭示的存在。道出的命题在它的何所道中包含着存在者的揭示状态。这一揭示状态保存在道出的东西中。被道出的东西仿佛成了一种世内上手的东西，可以接受下来，可以传说下去。由于揭示状态得到保存，上手的道出的东西本身就同存在者（它一向是关于这个存在者的命题）具有某种联系。揭示状态一向是某某东西的揭示状态。即使在人云亦云之际，那个人云亦云的此在亦进入

① 参见本书第三十三节第154页及以下，“命题——解释的衍变样式”。——原注

② 参见本书第三十四节第160页及以下。——原注

了某种对所谈的存在者本身的存在。不过这个此在免于重新进行源始揭示，它也自认为它免于重新进行源始揭示。

此在无须乎借“原初”经验把自己带到存在者面前，但尽管如此它却仍然在某种向着存在者的存在中。在大多数情况下，人们不是借亲身揭示来占有被揭示状态的，而是通过对人云的道听途说占有它的。消散于人云之中是常人的存在方式。道出来的东西本身把向命题所揭示的存在者的存在这回事接了过来。然而，若要明确地就存在者的揭示状态占有存在者，那么我们就得说：应当证明命题是起揭示作用的命题。但道出的命题是一个上手的东西，而且，作为保存被揭示状态的东西，它本来就同被揭示的存在者具有某种联系。那么，要证明命题是起揭示作用的存在就等于说：证明保存着被揭示状态的命题同存在者有联系。命题是上手的东西。命题作为揭示着的命题同存在者有联系，这个存在者是世内的上手事物或现成事物。这种联系本身也表现得像是现成联系。但这种联系在于：保存在命题中的被揭示状态是某某东西的被揭示状态。判断“包含着对诸对象有效的东西”（康德语）。这种联系被旋扭到现成东西之间的某种联系上面，于是，这种联系本身获得了现成性质。某某东西的被揭示状态变成了现成的一致性，即道出的命题这一现成东西**对**所谈的存在者这一现成东西的现成一致。只要我们还只把这种一致性看成现成东西之间的关系，也就是说，只要我们不加区别地把这些关系项的存在方式领会为仅仅现成的东西，那么，那种联系就表现为两个现成东西的现成符合。

命题一旦道出，存在者的被揭示状态就进入了世内上手的存 225

在者的存在方式。而只要在这一被揭示状态(作为某某东西的揭示状态)中贯彻着一种同现成东西的联系,那么,揭示状态(真理)本身也就成为现成东西(intellectus 和 res)之间的一种现成关系。

被揭示状态是奠基于此在的展开状态的生存论现象。这种生存论现象现在变成了现成的属性,尽管它还包含着联系性质于自身。它作为现成属性折裂为一种现成关系。展开状态和对被揭示的存在者的有所揭示的存在这一意义上的真理变成了世内现成存在者之间的符合这一意义上的真理。我们以此指出了传统真理概念的存在论谱系。

然而,按照生存论存在论的根系联系的顺序来说是最后的东西,在实际存在者层次上却被当作最先最近的。但若就其必然性来看,这一实际情形复又基于此在本身的存在方式。在消散于操劳活动之际;此在从世内照面的存在者方面来领会自己。被揭示状态虽然从属于揭示活动,但它首先从世内存在者方面摆在道出的东西里面。不仅真理作为现成的东西来照面,而且一般的存在领会也首先把一切存在者都领会为现成的东西。最初对从存在者层次上首先来照面的"真理"所做的存在论思考,把λόγος〔说〕领会为λόγος τινός(关于某某东西的说,某某东西的被揭示状态)。但这种思考却把现象尽可能地按其现成性阐释为现成的东西。真理的这种存在方式与真理的这种切近照面的结构是不是源始的?然而,因为人们已经把现成性同一般的存在的意义等同起来,这个问题就根本不可能获得生命。首先占据了统治地位而且至今尚未从原则上明确克服的那种此在的存在之领会本身遮盖了真理的源始现象。

不过，我们也不应当忽视下述情况：虽然是希腊人最先把这种切近的存在之领会形成为科学，最先给这种存在之领会以统治地位，但那时候，对真理的源始领会还是活生生的，即使这种领会是前存在论的领会。这种领会所主张的东西，甚至同希腊存在论造成的遮蔽正相反对——至少在亚里士多德那里是这样[①]。

亚里士多德从不曾捍卫过“真理的源始‘处所’是判断”这个命 226
题，他倒毋宁说：λόγος是此在的存在方式，这种方式可能有所揭示，也可能有所遮蔽。**这种双重的可能性**是λόγος的真在的与众不同之处——λόγος是那种**也能够进行遮蔽**的行为。因为亚里士多德从不曾主张刚才提到的那个命题，所以他也从不至于把λόγος这种真理概念“扩展”到纯粹νοεῖν〔思〕上面。αἴσθησις〔感觉〕的真和理念〔Ideen〕的看的真，是源始的揭示活动。只因为νόησις〔思〕原本揭示着λόγος才可能作为διανοεῖν〔思考〕而具有揭示功能。

不仅为“判断是真理的本来‘处所’”这一论题而引证亚里士多德是错误的，而且这一论题就内容来说也误解了真理结构。并非命题是真理的本来“处所”；**相反**，命题作为占有揭示状态的方式，作为在世的方式，倒基于此在的揭示活动或其**展开状态**。最源始的“真理”是命题的“处所”。命题可能是真的或假的(揭示着的或蒙蔽着的)；最源始的“真理”即是这种可能性的存在论条件。

如果我们从最源始的意义上来领会真理，那么真理属于此在的基本建构。这个名称意味着一种**生存论环节**。然而这样一来，

① 参见《尼各马可伦理学》Z，《形而上学》θ10。——原注

我们也就把下述问题的答案先行标识出来了,这些问题就是:真理的存在方式是什么?如果我们必须以"有真理"为前提,那么,在什么意义上这种前提是必须的呢?

c.真理的存在方式及真理之被设为前提

此在由展开状态加以规定,从而,此在本质上在真理中。展开状态是此在的一种本质的存在方式。唯当此在存在,才"有"真理。唯当此在存在,存在者才是被揭示被展开的。唯当此在存在,牛顿定律、矛盾律才在,无论什么真理才在。此在根本不在之前,任何真理都不曾在,此在根本不在之后,任何真理都将不在,因为那时真理就不能作为开展状态和揭示活动或被揭示状态来在。在牛顿定律被揭示之前,它们不是"真的"。但不能由此推论说,在存在者
227 层次上不再可能有被揭示状态的时候,牛顿定律就变成假的了。这种"限制"也并不意味着减少"真理"的真在。

在牛顿之前,牛顿定律既不是真的也不是假的;这并不意味着:这些定律有所揭示地指出来的存在者以前不曾在。这些定律通过牛顿成为真的;凭借这些定律,自在的存在者对于此在成为可通达的。存在者一旦得到揭示,它恰恰就显示为它从前已曾是的存在者,如此这般进行揭示,即是"真理"的存在方式。

除非成功地证明了此在曾永生永世存在并将永生永世存在,否则就不能充分证明有"永恒真理"。只要这一证明尚付阙如,"有永恒真理"这一原理就仍然是一种空幻的主张,得不到足够的合法性来使哲学家们共同"信仰"它。

真理本质上就具有此在式的存在方式,由于这种存在方式,一

切真理都同此在的存在相关联。这种关联刚好意味着一切真理都是“主观的”吗？若把“主观的”阐释为“任主体之意的”，那真理当然不是主观的。因为就揭示活动的最本己的意义而言，它是把道出命题这回事从“主观”的任意那里取走，而把进行揭示的此在带到存在者本身前面来。只**因为**“真理”作为揭示乃是**此在的一种存在方式**，才可能把真理从**此在的**任意那里取走。真理的“普遍有效性”也仅仅植根于此在能够揭示和开放自在的存在者。只有这样，这个自在的存在者才能把关于它的一切可能命题亦即关于它的一切可能展示系于一处。从存在者层次上来说，真理只可能在“主体”中，并随着“主体”的存在一道浮沉。如果我们正确地领会了真理，上述情况对真理会有丝毫损害吗？

从生存论上理解了真理的存在方式，也就可以领会真理之被设为前提的意义了。**我们为什么必须把“有真理”设为前提**？什么叫“设为前提”？“必须”和“我们”意指什么？“有真理”说的是什么？我们之所以把真理设为前提，乃因为以此在的存在方式存在着的“我们”“**在**真理中”。我们把真理设为前提，这并不是把它当作某种在我们“之外”和“之上”的东西，仿佛我们除关联于其他种种“价值”外还关联于这种东西。并非我们把“真理”设为前提，倒 a
是唯有**真理**才从存在论上使我们能够把某种东西设为前提，使我们能够设定着前提来**存在**。只有真理才使设定前提这类事情**成为** 228
可能。

“设定前提”说的是什么？说的是把某种东西领会为另一存在者的存在之根据。这就是在存在者的存在之联系中领会存在者。这种领会只有在展开状态的基础上才是可能的；也就是说，只有根据此在的进行揭示的存在才是可能的。于是，把“真理”设为前提指的就是把“真理”领会为此在为其故而存在的东西。但操心这一存在建构包含有这样的情况：此在一向已先行于自身。此在是为最本己的能在而在的存在者。展开状态和揭示活动本质上属于此在的存在和能在。而此在是在世的存在。事关此在的是它的能在世，其中也就有寻视着揭示世内存在者的操劳活动。最源始的“设为前提”在于操心这一此在的存在建构，在于先行于自身的存在。因为这种设自身为前提属于此在的存在，所以，“我们”必须把由展开状态规定的“我们”也设为前提。另外还有非此在式的存在者；但此在的存在所固有的这一“设定前提”无关乎非此在式的存在者，而只关乎此在本身。被设为前提的真理和人们用以规定真理之在的“有”，都具有此在本身的存在方式和存在意义。我们必须“造出”真理前提，因为它随着“我们”的存在已经是“造好的”。

我们必须把真理设为前提。作为此在的展开状态，真理必须在，一如作为总是我的此在和这个此在，此在本身必须在。这些都属于此在从本质上被抛入世界这一状态。此在作为此在本身何时可曾自由决定过或有朝一日将能决定：它愿意进入“此在”，或它不愿意进入“此在”？“本来”就根本不可能洞见到为什么存在者会是被揭示的，为什么真理和此在必须存在。怀疑论否认“真理”存在，否认“真理”可以得到认识；对这种怀疑论通常提出的反驳都停留在半道上。这种反驳的形式上的论据无非是指出：只要进行判断就已经把真理设为前提了。这就提示：“真理”属于命题，展示就其意义而言是一种揭示。但是在这里仍然没有澄清：为什么事情必然这样？命题和真理的这种必然联系的存在论根据何在？同样，真理的存在方式，设定前提这一活动的意义，以及这种活动的存在论基础（这一存在论基础植根于此在本身）的意义，所有这些本身还都晦暗莫测，况且，怀疑论的反驳也没有看到：只要此在存在，即 229
使没有任何人**在进行判断**，真理也已经被设为前提了。

无法反驳一个怀疑论者，一如无法“证明”真理的存在。如果真有否认真理的怀疑论者存在，那也就**无须乎**反驳他。只要他**存在**，并就这一存在中领会了自己，他就已经在自杀的绝望中抹掉了此在，从而也抹掉了真理。因为此在本身先就不可能获得证明，所以也就不可能来证明真理的必然性。就像无法证明有“永恒真理”一样，也无法证明曾“有”过任何一个“实际的”怀疑论者——不管怀疑论都反驳些什么，归根到底它相信“有”怀疑论者。当人们尝试用形式辩证法进攻“怀疑论”的时候，大概十分天真，还不知道怀疑论相信这一点。

所以，人们在提出真理的存在问题和把真理设为前提的必然性问题的时候，就像在提出认识的本质问题时一样，其实一着手就假设了一个“理想主体”。这种做法的或言明或未言明的动机在于这样一种要求：哲学的课题是“先天性”〔Aprori〕，而不是“经验事实”本身。这个要求有些道理，不过还需先奠定它的存在论基础。再则，假设一个“理想主体”就满足了这一要求吗？这个理想主体不是一个**用幻想加以理想化**的主体吗？这样一个主体概念不会恰恰把那个仅仅是“事实上的”主体的先天性，亦即此在的先天性，交臂失之吗？实际主体或此在同样源始地在真理和不真中；这一规定性不属于实际主体或此在的先天吗？

一个“纯我”的观念和一种“一般意识”的观念远不包含“现实

的"主观性的先天性；所以这些观念跳过了此在的实际状态与存在建构的诸种存在论性质，或这些观念根本不曾看见它们。假设一个理想化的主体并不保证此在具有基于事实的先天性〔Aprioritaet〕，一如驳回"一般意识"也并不意味着否定先天性。

主张"永恒真理"，把此在的基于现象的"理想性"同一个理想化的绝对主体混为一谈，这些都是哲学问题内的长久以来仍未彻底肃清的基督教神学残余。

230 真理的存在源始地同此在相联系。只因为此在是由展开状态规定的，也就是说，由领会规定的，存在这样的东西才能被领会，存在之领会才是可能的。

唯当真理在，才"有"存在——而非才有存在者。而唯当此在在，真理才在。存在和真理同样源始地"在"。存在"在"，这意味着
a 什么？存在同一切存在者的区别究竟在哪里？只有先澄清了存在的意义和存在之领会的全部范围，才可能具体地问及上面的问题。研究存在之为存在这门科学的概念中包含什么，以及它的可能性和它的变形中包含什么，也只有等澄清了存在的意义和存在之领会的全部范围才能得到源始的分析。划出了这一研究及其真理的界限，也就可以从存在论上规定揭示存在者的那类研究及其真理了。

存在的意义问题的答案尚付阙如。我们对此在所做的基本分析到现在为止为最终解决这一问题做了哪些准备工作？通过操心这种现象的分析，那个于其存在中包含有存在之领会这种东西的存在者的存在建构得到了澄清。这样一来，我们也就划出了此在的存在的界限，以区别于其他种种存在样式，如上手状态、现成状

态、实在性等等。后面这些样式所标画的是非此在式的存在者。我们廓清了领会活动本身，同时也就保障了对存在的阐释工作在领会和解释程序上具备透彻的方法。

如果我们已经凭借操心达到了此在的源始的存在建构，那么我们也就一定能够在这一基础上把包含在操心中的存在之领会变成概念，也就是说，一定能够在这一基础上界说存在的意义。然而，随着操心这种现象展开的是此在的最源始的生存论存在论建构吗？操心这种现象所包含的形形色色结构能不能给出实际此在的存在的最源始的整体性？至今的探索究竟可曾把此在作为一个整体收入眼帘？

第 二 篇

231

此在与时间性

第四十五节 准备性的此在基础分析的结果以及源始地从生存论上阐释这一存在者的任务

通过准备性的此在分析我们获得了什么？我们在寻求什么？我们**找到了**这一作为课题的存在者的基本建构即在世，而在世的诸本质结构则集中在展开状态中。这一结构整体的整体性绽露自身为操心。此在的存在包纳在操心中。对此在之存在的分析以生存[1]为主导线索，我们曾以先行掌握的方式把它规定为此在的本质。作为形式上的提示，生存这一名称等于说：此在作为为存在本身而存在的有所领会的能在来存在，这一存在者就是以这种方式作为存在者的，而我自己向来就是这种存在者。把操心这一现象整理出来，就使我们获得一种眼光，得以洞见生存的具体状况，这就是说，洞见生存和此在的实际性和沉沦的源始联络。

我们**所寻求**的是一般存在的意义这个问题的答案，首先是彻
a 底解答这一一切存在论的基本问题的可能性。然而，把借以领会一般存在这样的东西的视野开放出来，也就是把一般存在之领会的可能性加以澄清，而存在之领会本身就属于我们称之为此在的这种存在者的建构[2]。不过，既然存在之领会属于此在的存在，所以只有从这种存在者的存在着眼**源始地**把这种存在者本身阐释清

① 参见本书第九节第 41 页及以下。——原注

② 参见本书第六节，第 19 页及以下；第二十一节，第 95 页及以下；第四十三节，第 201 页及以下。——原注

楚，才可能彻底把存在之领会作为这种存在者的本质存在环节加以澄清。

我们从存在论上把此在的特征标画为操心，由此就可以说对这一存在者作出了源始阐释吗？应当根据什么标准来估价此在的生存论分析具有源始性或不具有源始性？某种存在论阐释具有源始性，这究竟说的是什么？

存在论探索是解释的一种可能方式；解释则曾被标识为对某种领会的整理和占有[①]。一切解释都有其先行具有，先行视见和先行掌握。我们把这些“前提”的整体称为诠释学处境。如果解释作为阐释而成为一项明确的研究任务，那么就需要从对有待开展的“对象”的基本经验方面并即在这基本经验之中先行澄清和保障这些“前提”的整体。存在论的阐释应当就存在者所特有的存在建构来剖析这种存在者；从而它就能通过一种首先从现象上进行标画其特征的方式把作为课题的存在者带入先行具有之中，而此后的一切分析步骤就都是按照这种先行具有进行的。但这些步骤同时也需要通过对有关存在者的存在方式所可能具有的先行视见而得到引导。先行具有和先行视见于是也就先行标识出（先行掌握）了一切存在结构得以升入其中的概念方式。 232

但源始的存在论阐释不仅要求一种与现象相适配的得到保障的诠释学处境，它还必须明确地落实：它是否已把作为课题的存在者的整体带入了先行具有之中。同样，对这种存在者的存在所作的初步标识是不够的，哪怕这种先行标识是以现象为根据的。毋

① 参见本书第三十二节，第148页及以下。——原注

宁说，对存在的先行视见必须从有所归属的、可能的结构环节的统一着眼来接触这种存在者。只有这时，才可能以现象上得到保障的方式来追问并回答整体存在者的存在整体性之统一的意义问题。

这种诠释学处境将使基础存在论所要求的源始性获得保障。前此的此在生存论分析是从这样一种诠释学处境中生长出来的吗？我们所获得的结果是：此在之存在即操心。从这一结果能够不断进到这一结构整体的源始统一的问题吗？

关于到此为止一直引导着我们的存在论讨论的先行视见，情况如何？我们曾把生存的观念规定为以其存在本身为本旨的有所领会的能在。而能在作为向来我属的能在，自由地面对本真状态或非本真状态以及这两种状态的无差别样式[①]。前此的阐释从平均日常状态入手，只限于分析无差别的或非本真的生存活动。虽
233 说这条道路能够到达也一定已经到达了生存的生存论建构的具体规定，但对生存建构的存在论特征标画仍不免带有本质的缺陷。生存等于说能在——而其中也有本真的能在。只要本真能在的生存论结构没有被吸收到生存观念中来，引导着某种生存论阐释的先行视见就缺欠源始性。

关于前此的诠释学处境的先行具有，情况如何？生存论分析曾经何时以及如何担保过：它从日常生活入手就已把整个此在，即把这一存在者自"始"至"终"的状况迫入了给定课题的现象学眼界？我们曾主张操心就是此在建构的结构整体的整体性[②]。然而

① 参见本书第九节，第 41 页及以下。——原注

② 参见本书第四十一节，第 191 页及以下。——原注

我们不曾在阐释之初就放弃了把此在作为整体收入眼帘的可能性吗？日常生活却恰恰是出生与死亡“之间”的存在。如果生存规定着此在之在而生存的本质则是由能在参与组建起来的，那么，只要 a
此在生存，此在就必定以能在的方式向来**尚不**是某种东西。由生存构成其本质的存在者本质上就抗拒把它作为整体存在者来把捉的可能性。不仅诠释学处境不担保我们前此已经“有”〔Habe〕这个整体存在者；乃至还可以发生疑问：究竟能不能达到这个整体存在者的“有”？由于作为课题的存在者本身的存在方式，从存在论上对此在进行源始阐释是不是注定会失败？

有一点已经无可否认了：**前此的此在生存论分析不能声称自己具备源始性**。在先有之中曾经一直有的只是此在的非本真存在和作为不完整此在的存在。此在之存在的阐释，作为解答存在论基本问题的基础，若应成为源始的，就必须首要地把此在之在所可能具有的**本真性**与**整体性**从生存论上带到明处。

于是就出现一项任务：把此在作为整体置于先有之中。这却意味着：首先还得把这一存在者的能整体存在当作问题提出来。只要此在存在，在此在中就有某种它所能是、所将是的东西亏欠着。而“终结”本身就属于这一亏欠〔Ausstand〕。在世的“终结”就 234
是死亡。这一属于能在亦即属于生存的终结界定着、规定着此在的向来就可能的整体性。只有获得了一种在存在论上足够充分的死亡概念，也就是说，**生存论**的死亡概念，才可能把此在在死亡中的“向终结存在”从而也就是这一存在者的整体存在，从现象上收 a
入对可能的整体存在的讨论。但按照此在的方式，死亡只**存在于** bc
一种生存上的**向死亡存在**。这一存在的生存论结构表明自身为能整体存在的存在论建构。整体的生存着的此在从而可以被带入生存论的先行具有。但此在也能**本真地**整体生存吗？如果不从本真的生存活动着眼，那又该怎样来规定生存的本真性呢？我们从何处获取进行这种规定的标准呢？如果不能从存在者层次上把此在的这种本真生存的可能性与方式强加到此在头上，而且也不能从存在论上来杜撰这种可能性与方式，那么显然须得是此在本身在它的存在中把它们提供出来。良知提供出某种本真能在的证明。良知这一此在现象像死亡一样要求一种本然的生存论上的阐释。这一阐释使我们明见：此在的本真能在就在“愿有良知”之中。但这种生存上的可能性按照其存在的意义却倾向于通过向死存在而获得生存上的规定。

既经展示了此在的一种**本真的能整体存在**，生存论的分析工作就能落实此在的源始存在的建构。而本真的能整体存在同时却是作为操心的样式摆明的。这样一来，对此在的存在意义所进行的源始阐释也就保证能得到现象上足够充分的基地了。

但此在源始的存在论上的生存论结构的根据乃是**时间性**。只有从时间性出发，操心这种此在之存在的区划勾连的结构整体性才能从生存论上得到理解。对此在的存在意义的阐释不能滞留于这一证明。这一存在者的生存论时间性分析需要具体验证。必须反过头来把先前获得的存在论上的此在诸结构向着它们的时间意义加以剖析。日常状态绽露为时间性的样式。既经这样重温了准备性的此在基础分析，时间性现象本身却也变得更加透彻明晰了。
235 于是从时间性方面就能理解到：为什么此在基于它的存在就是历史性的和能是历史性的，并且能**作为历史性的此在**营造历史学。

如果时间性构成了此在的源始的存在意义，而这一存在者却**为它的存在本身**而存在，那么操心就需用“时间”，并从而算计到了“时间”。此在的时间性造就了“计时”。在“计时”中所经历的“时间”是时间性的最切近的现象方面。从这一方面生长出日常流俗的时间领会。这种时间领会又发展成传统的时间概念。

时间被当作时间之内的状态，世内存在者就在这种“时间”“之中”照面。阐明了这种“时间”的源头，也就公开出时间性的一种本质的到时或时机〔Zeitigang〕的可能性。这样一来也就做好了准备，以便进一步领会时间性的一种更其源始的到时。到时奠定了对此在之在具有组建作用的存在之领会。在时间的视野中将能够对一般存在的意义作出筹划。 a

从而，这一篇所包括的探索将依次经历以下诸阶段：此在之可能的整体存在，向死存在（第一章）；一种本真能在的此在式的见证，决心（第二章）；此在的本真的整体能在与时间性之为操心的存在论意义（第三章）；时间性与日常性（第四章）；时间性与历史性（第五章）；时间性以及作为流俗时间概念源头的时间内状态（第六章）[①]。

① 19世纪，克尔凯郭尔就把生存问题作为一个实际生存活动的问题明确加以掌握并予以透彻的思考。但他对生存论问题的提法却十分生疏，乃至从存在论角度看 b
来，他还完全处在黑格尔的以及黑格尔眼中的古代哲学的影响之下。所以，除了论畏这一概念的那篇论文之外，读他的“教诲”文章倒比读他的理论文章能从哲学上获得更多的收益。——原注

第一章　此在之可能的整体存在，向死存在

第四十六节　从存在论上把握和规定此在式的整体存在的表面上的不可能性

前此的此在分析所源出的诠释学处境不够充分，这一缺陷应
236 予克服。鉴于必须获得整体此在的先行具有，就必得问一问：从根本上说能不能就这一存在者的整体存在通达这一作为生存者的存在者。在此在本身的存在建构之中似乎就有一些重要的理由，说明上面所要求的先行给予是不可能的。

操心构成了此在的结构整体的整体性。但按照操心的存在论意义，这一存在者的可能的整体存在是同操心相矛盾的。操心的首要环节是“先行于自身”，这却等于说：此在为它自己之故而生存。“只要此在存在”，它直至其终都对它自己的能在有所作为。而且，即使当它虽还生存着，却不再有任何东西“在自己面前”时，当“它已经了账”时，它的存在还是由“先行于自身”规定着。例如，无望并不把此在从它的种种可能性那里扯开，无望倒只是向这诸种可能性存在的一种本己的样式。无所幻想，“对一切都作了准备

的存在”也丝毫不少地包含着“先行于自身”。操心的这一结构环节无疑说出了：在此在中始终有某种东西亏欠着，这种东西作为此在本身的能在尚未成其为“现实”的。从而，在此在的基本建构的本质中有一种持续的未封闭状态。不完整性意味着在能在那里的亏欠。

然而，一旦此在全然不再有任何亏欠，一旦此在以这种方式“生存”，那它也已经一起变成了“不再在此”。提尽存在的亏欠等于说消灭它的存在。只要此在作为存在者存在着，它就从不曾达到它的“整全”①。但若它赢获了这种整全，那这种赢得就成了在世的全然损失。那它就不能再作为存在者被经验到。

无法从存在者层次上经验到此在在存在者状态上的整体，从而也就无法从存在论上就其整体存在来规定它，这不是由于认识能力不完满。障碍就在这一存在者的存在方面。人们尽可以声称通过某种经验把握了此在，但若某种东西根本不能像这种经验所把握的那样存在，这种东西原则上就摆脱了某种可经验性。但是这样一来，要在此在身上掇取存在论上的存在整体性岂不就始终是一项无望的事业吗？

“先行于自身”之为操心的本质结构环节是不可抹杀的。但我们由此推论出来的东西也那样确凿可信吗？我们不是以单纯形式的论证推论出不可能把捉整体此在吗？或者说我们从根本上不是 237
就已经有意无意地完全把此在假设为一种现成的东西，而在它前

① 作者这里对两个相近语词作了区别：Gänze 和 Ganze，前者译为“整全”，后者译为“整体”。——中译注

头又有一种尚未现成的东西持续地向前移动吗？我们的论证是以一种本然的生存论的意义来把握尚未存在与“先行”的吗？“终结”和“整体性”这种话在现象上曾用得适合于此在吗？我们在用“死”这个词的时候，它具有的是一种生物学含义还是生存论存在论含义，甚或还是一种无论如何总充分可靠地界说过的含义？我们事实上可曾穷尽了一切使此在在其整全中得而被通达的可能性吗？

我们先须回答上述这些问题，而不要急于将此在整体性问题当作毫无价值的问题加以排除。此在整体性的问题既是一个追问某种可能的能整体存在的生存上的问题，又是一个追问“终结”与“整体性”的存在建构的生存论上的问题。这一问题包含一项任务，即积极地分析某种前此一直悬置未定的生存现象。处在这些考察中心的就是：从存在论上标画此在式的向终结存在，并获得一种生存论的死亡概念。与此相关的探讨将划分为下列方面：他人死亡的可经验性与把握某种整体此在的可能性（第四十七节）；亏欠、终结与整体性（第四十八节）；生存论的死亡分析与对这种现象的其他种种可能阐释的界划（第四十九节）；标画生存论存在论的死亡结构的工作（第五十节）；向死存在与此在的日常状态（第五十一节）日常的向死存在与充分的生存论死亡概念（第五十二节）；对本真的向死存在的生存论筹划（第五十三节）。

第四十七节　他人死亡的可经验性与把握某种整体此在的可能性

此在在死亡中达到整全同时就是丧失了此之在。向不再此在的过渡恰恰使此在不可能去经验这种过渡，不可能把它当作经验过的过渡来加以领会。就每一个此在本身来说，这种事情当然可能对它始终秘而不宣。但他人的死亡却愈发触人心弦。从而，此在的某种了结"在客观上"是可以通达的。此在能够获得某种死亡经验，尤其是因为它本质上就共他人存在。死亡的这种"客观"给定性于是也必定使某种对此在整体性的存在论界说成为可能。

从此在之为共处的存在的存在方式中可以汲取一种答复，那 238
就是选取临终到头的他人此在作为此在整体性分析的替代课题。但这样一个近便的答复会引向预设的目标吗？

就连他人的此在随着他在死亡中达到的整全也成了不再此在，其意义是不再在世。死去不就等于说去世或丧失在世吗？但若从根本上加以领会，死人的不再在世却还是一种存在，其意义是照面的身体物还现成存在。在他人死去之际可以经验到一种引人注目的存在现象，这种现象可被规定为一个存在者从此在的（或生命的）存在方式转变为不再此在。这种存在者作为此在的**终结**就是这种存在者作为现成事物的**端始**。

但这样阐释从此在到只还现成存在的转变却错失了一种现象实情：仍然残留下来的存在者并非只是摆在那里的一具身体，就连现成的尸体，从理论上来看，也还是病理解剖学家的可能对象，而他的领会倾向仍然是依循着生命观念的。这种只还现成的东西"多于"一件无生命的物质体，随这种无生命的物件而来照面的只是一个丧失了生命的**无生机者**。

即使这样把仍然遗留的东西的特征描画一番也还不会穷尽这一此在式现象的整个情形。

“死者”被从“遗族”那里扯开，但他与死人有别，是诸如丧礼、葬事、谒墓之类的“操劳活动”的对象。而这又是因为他在其存在方式中比起仅可为之操劳的周围世内上到手头的用具“更多”。在有所哀悼思念地耽留于他之际，遗族**共他同在**，其样式是表示敬意的操持。所以，也还不可把对死者的存在关联把握为寓于某种上手事物的**操劳**存在。

在这种共死者同在之中，死者**本身**实际上不再在“此”。共在却始终意指在同一世界上共处。死者离弃了我们的“世界”，把它留在身后。而**在这个世界上**遗留下来的人还能够**共他同在**。

愈是适当地从现象上把握死者的不再此在，就愈清楚地显现
239 出：这样共死者同在恰恰经历**不到**死者本真的临终到头。死诚然绽露出一种丧失，但却更甚于遗留下来的人经验到的那种丧失。在遭受损失之际，存在的损失却不能作为临终者所“遭受”的那一种存在的损失而得以通达。我们并不在本然的意义上经历他人的死亡过程，我们最多也不过是“在侧”。

即使假定自己于在侧之际把他人的死亡过程“从心理上”了解清楚是可能的和可行的，以此意想出来的临终到头这种去存在的方式，仍绝没被把捉住。问题在于追究临终者的死亡过程的存在论意义，追究**他的**存在的某种存在之可能性的存在论意义，而不在于追究死者如何在遗留下来的人们中间共在此和还在此的方式。要把在他人那里经验到的死亡当作课题，用以代替存在在此者的分析与整体性的分析，这一提示既不能从存在者层次上也不能从存在论上提供出它自以为能够提供的东西。

但首要的问题在于，把他人的死亡过程当作课题，用它来替代

对此在的封闭状态以及整体性的存在论分析，这样一种指示所据的前提表明自己完全误解除了此在的存在方式。这一前提在于这样一种意见：此在可以随随便便用其他此在来代替，所以在自己的此在身上始终经验不到的东西，可以靠陌生的此在通达。但这一前提当真是那么无根无据吗？

一个此在可以由另一此在代理，这种情况无可争辩地属于共处在世的存在可能性。在日常操劳活动中经常不断地用到这种可代理的性质。无论要去什么地方，无论要做出什么业绩，在这操劳切近所及的“周围世界”的范围中总是可以代理的。可以代理的在世方式形形色色、五花八门；它们不仅延及公众共处的诸种磨平了棱角的样式，而且也同样涉及局限在某些特定范围之内的，切合于职业、地位和年龄的操劳可能性。但这类代理按其意义来说总是“在”某种事情上的和“缘”某种事情的代理，也就是说，总是在操劳于某种事情之中的代理。但日常此在首先与通常惯于操劳于什么，它就从这些事情方面来领会自身。人从事什么，人就“是”什么。如果从这种存在着眼，从寓于所操劳的“世界”的日常共同消散着眼，那么可代理性还不仅仅是可能的，它甚至就作为组建要素 240
而属于共处。在这里，这一个此在在某些限度内能够“是”甚至不得不“是”另一个此在。

如果有一种存在之可能构成了此在的临终到头并且这种可能性本身就给与此在以此在的整全，如果问题的关键是代理的可能性，那么上面所说的那种代理的可能性就完全无济于事了。任谁也不能从他人那里取走他的死。当然有人能够“为他人赴死”。但这却始终等于说：“在某种确定的事业上”为他人牺牲自己。这种为他人死却绝不意味着以此可以把他人的死取走分毫。每一此在向来都必须自己接受自己的死。只要死亡“存在”,它依其本质就向来是我自己的死亡。死确乎意味着一种独特的存在之可能性:
a 在死亡中,关键完完全全就是向来是自己的此在的存在。死显现出:死亡在存在论上是由向来我属性与生存组建起来的[①]。死不是一个事件,而是一种须从生存论上加以领会的现象,这种现象的意义与众不同,还有待进一步予以界说。

但若“终结”作为死亡组建着此在的整体性,那么整全存在本身就必须被理解为向来是自己的此在的生存论现象。在“终结”中以及在由“终结”组建的此在整体存在中,本质上没有代理。前面提议过的那条出路忽视了这一生存论实情,因为它假借他人的死这一替补课题来进行对整体性的分析。

于是,想从现象上适当地通达此在整体存在的尝试又一次失败了。但这些思考的结果却并不始终是消极的。它们是依循现象来制订方向的,即使作得还粗糙。死被揭示为生存论现象。这一现象迫使探讨工作纯粹从生存论上依循向来本己的此在制订方向。要把死亡作为死亡加以分析,剩下的可能性只有:要么把这种现象带向**纯生存论**的概念,要么就放弃对这种现象的存在论领会。

在对此在向不再此在亦即向不再在世过渡作出描述的时候,我们还会显示出:必须把**此在**在死这个意义上的去世同某种仅仅具有生命的东西的“去世”区别开来。我们用“完结”这个术语来把

① 参见本书第九节,第41页及以下。——原注

握生物的终结。只有把此在式的终结同某种生命的终结区划开 241
来[1]，才能看清上述区别。虽说也可以从生理学生物学角度来看待死，但 exitus〔死〕这一医学概念却同完结这一概念不相涵盖。

前此对从存在论上把握死亡的可能性的讨论同时就弄清楚了：具有其他存在方式（现成性或生命）的存在者的下层建筑会不知不觉地挤上前来，立刻就要惑乱对这一现象的阐释，甚至惑乱要适当提出这种现象的最初提法。进一步的分析只有这样来同这种现象照面，那就是想办法从存在论上充分规定"终结"与"整体性"这类组建性现象。

第四十八节　亏欠、终结与整体性

在这部探索的框架内，只能初步从存在论上标画终结与整体性的特征。要充分完成这一工作，所要求的不仅仅是提供出一般终结与一般整体性的**形式**结构，同时还须悉行解释这两种现象的种种可能的结构演变；这些演变分属于各个领域，也就是说，它们是非形式化的、同分属各种特定课题[2]的存在者相关联并为这些存在者的存在所决定的。这后一项任务复又以充分确切地、积极地阐释了要求把存在者全体划分为各种领域的诸种存在方式为前提，而对这些存在方式的领会又要求已经澄清了的一般存在观念。

---

[1] 参见本书第十节，第 45 页及以下。——原注

[2] sachhaltig，这个词指实事方面的，与纯形式相对，指课题内容的，与方法和逻辑相对。上一版译作"适用于事实的"、"包含事情的"等，现在改译为"关乎实事的"，这里则以"分属各种特定课题的"这一译法为妥当明白。——中译注

要适当地完成对终结与整体性的存在论分析，这一任务不仅会由于课题的庞杂，而且也会由于一种原则性的困难而告失败——要胜任这一任务恰恰已必须把在这一探索中所寻求的东西（一般存在的意义）预先设定为已被找到和已经熟知的。

在终结与整体性的诸种“演变”中，下列考察的主要兴趣在于那些作为此在的存在论规定性而能引导对这一存在者的源始阐释的“演变”。当我们始终从此在的已经提供出来的生存论建构着眼时，我们必须试着断定那些首先挤上前来的终结概念与整体性概
242 念在存在论上是如何不适合于此在，尽管这些概念在范畴上也颇不确定。排除这类概念的工作必然进一步发展为把这些概念积极地安排到它们特有的领域中去。这样一来，就其作为生存论环节的演化形式而对终结与整体性所进行的领会就得到巩固，而这就保障了从存在论上阐释死亡的可能性。

然而，如果说此在的终结与整体性的分析跨度如此之大，这却并不就是说应该沿演绎的途径来获得终结与整体性的概念。相反倒应得从此在本身获取它临终到头的生存论意义并显示这种“终结”如何能组建这一**生存着**的存在者的**整体存在**。

前面讨论死亡时所获得的东西可以用三个论题表达出来：1.只要此在存在，它就包含有一种它将是的“尚未”，即始终亏欠的东西。2.向来尚未到头的存在的临终到头（以此在方式提尽亏欠）具有不再此在的性质。3.临终到头包括着一种对每一此在都全然不能代理的存在样式。

在此在身上存在着一种持续的“不完整性”，这种“不完整性”随着死亡告终，这是无可争辩的。但是，只要此在存在，这种“尚

未”就“属于”此在，这一现象实情可得而被阐释为“亏欠”吗？我们就何种存在者而言亏欠？这个字眼意指虽然“属于”一个存在者但仍阙如的东西。亏欠作为阙失奠基在一种归属状态中。例如：在结算债务时还有待收取的余额就还亏欠着。亏欠的东西还是不能使用的。勾销债务作为提尽亏欠意味着“收齐”，这就是说，余额相继到来，就好像借此把“尚未”填充起来，直至欠债的总额“齐拢”。所以，亏欠就意指：一齐关属的东西尚未并拢，从存在论上来看，其中就有着有待集拢的片段的不上手状态。这些片段具有与已经上手的片段相同的存在方式，而已经上手的片段则并不由于收齐余额改变它自己的存在方式。现有的不齐全可以通过积齐诸片段而勾销。**有某种亏欠的存在者具有上手事物的存在方式**。我们把齐全与基于齐全的不齐全标画为总额。

不齐全就归属于齐全的这样一种样式。这种不齐全或作为亏 243
欠的欠缺却绝不能从存在论上规定“尚未”。因为“尚未”作为可能的死亡属于此在，而这种存在者却根本不具有某种世内上手事物的存在方式。此在作为存在者“在其行程中”存在直至“终其行程”；此在这种存在者的齐全不能由这种从它本身方面随便以什么方式和在什么地方已经上到手头的东西“陆续”拢齐片段的办法组建起来。并非只有当此在的尚未已填满了此在才始齐全地**存在**；完全不是这样——到那时它恰恰不再存在了。此在恰恰已经以这种方式生存：即它的尚未是**属于**它的。但难道没有这样一种存在者吗——它不必具有此在的存在方式，却如其所是那样存在着，同时又有某种“尚未”归属于它？

例如，人们可以说：月亮不到盈满就总还有一角亏欠着。这种

"尚未"随着覆盖月亮的阴影消退而逐渐缩小。但这时月亮却总已作为整体而现成摆在那里。我们且不说月亮即使在盈满时也不能被整体地把握;而且这里的尚未也绝不意味着相互归属的诸部分的尚未齐全存在,而只是涉及到以知觉方式进行的把捉。但属于此在的尚未却始终不仅仅是临时地、时而地对自己与他人的经验不可通达;此在根本就尚未"现实地""存在"。问题并非涉及对此在式的尚未的把捉,而是涉及这一尚未的可能的存在或不存在。此在必须生成为它尚未是的东西本身,这就是说,它必须是这种东西本身。因而,为了能够以参照的方式来规定尚未的此在式的存在,我们必须把在其存在方式中包含有生成的存在者考察一番。

例如,不成熟的果子渐趋成熟。在这种成熟过程中,果实尚未是的那种东西绝不是作为尚未现成的片段积拢到果实上来的。它自己把自己带向成熟,这一点标画出它作为果实的存在。如果果实不从它本身方面趋向成熟,则一切可以附加上去的设想之事都无法消除这一存在者的不成熟。不成熟的这种尚未并非意指一种悬搁在外的它者,仿佛这个他者可以以对果实无所谓的方式依它和共它现成存在。不成熟这种尚未在果实特有的存在方式中意指着果实本身。尚未充盈的总额作为一种上手事物对欠缺的未上手的余额是"无所谓的"。严格说来它对之既不是无所谓的也不是有所谓的。但不仅正在成熟的果实对不成熟这样一种它自己的他者不是无所谓的,而且它就在成熟过程中是这种不成熟。尚未已经被包括到果实的本已存在之中;这时它绝不是作为随随便便的规
244 定性,而是作为组建因素。与此相当,只要此在存在,它也向来已

是它的尚未。[①]

构成此在的“非整体性”的东西即是不断先行于自身。它不是一种齐全的总额上还有亏欠，更不是指尚未成为可通达的。它是一种此在作为它所是的存在者向来就不得不是的尚未。但在把它同果实的不成熟相参照之时，虽也显示出某种相符之处，却又显示出本质的区别。重视这种区别，也就认识到从前对终结与结束所说的话是多么不确定。

诚然，成熟过程这种果实特有的存在同此在一样，在某种尚待界说的意义上向来也已经是它的尚未；但若说在这一点上成熟过程作为尚未的存在方式（不成熟）从形式上看同此在相吻合，却不能意味着：即使从存在论上的终结结构着眼，成熟这种“终结”也同死亡这种“终结”是一回事。随着成熟，果实也就完成了。此在所达到的死亡竟也是这种意义上的完成吗？诚然，随着死亡，此在也就“完成了它的行程”。但它也必定随着死亡穷尽了它特有的种种可能性吗？不倒是它恰恰被取走了这些可能性吗？“未完成的”此在却也结束了。另一方面，此在也不见得要随着死亡才成熟，它满可能在终结之前就已超过成熟了。它多半就在半完成中结束了，要么就是在崩溃或疲竭中结束了。

结束不必等于说完成。问题变得更紧迫：究竟须在何种意义上把死理解为此在的结束？

① 整体与总数，即ὅλον和πᾶν，totum 和 compositum 之间的区别，自柏拉图和亚里士多德以来就早为人熟知。当然，已经包括在这一区分中的范畴演变系统尚不曾因此就得到认识和上升为概念。作为详尽分析问题所及的诸结构的开端，参见胡塞尔《逻辑研究》第Ⅱ卷，第三篇研究——论整体与部分的学说。——原注

结束首先意味着停止，而其存在论的意义又各不相同。雨停了。它不再现成存在。路止了。这一结束并不使路消逝；而是这
245 一停止把路确定为这一条现成的路。所以，停止这种结束可以意味着，过渡到不现成状态，但也可以意味着：恰恰随着终结才是现成的。这后一种结束复又可以对一种**未就绪**的现成事物进行规定——一条正在修建的路中断了；但它也可以组建一件现成事物的“就绪”——随着最后一笔，一幅画就绪了。

但就绪这种结束并非都包括在完成之中。反过来，凡要完成之事都必须达到它可能的就绪。完成是基于“就绪”的一种样式。而就绪本身则只可能是现成在手事物或当下上手事物的规定。

而在消失这一意义上的结束也还可能相应于存在者的存在方式发生变化。雨到头了，这是说，消失了；面包到头了，这是说用尽了，不再能作为上手事物加以利用了。

结束的这些样式中没有一种可以恰当地标画作为此在之终结的死亡。如果在结束的上述意义下把死领会为到头，那么此在从而就被设定为现成事物或上手事物了。在死亡中，此在并未完成，也非简简单单地消失，更不曾就绪或作为上手事物颇可利用。

只要此在存在，它就始终已经**是**它的尚未，同样，它也总已经
a **是**它的终结。死所意指的结束意味着的不是此在的存在到头，而是这一存在者的一种**向终结存在**。死是一种此在刚一存在就承担起来的去存在的方式。“刚一降生，人就立刻老得足以去死。”①

① 见《波希米亚的耕夫》，由伯恩特〔A. Bernt〕与布尔达赫〔K. Burdach〕编辑出版。（从中世纪到宗教改革：德国教化史研究；由布尔达赫编辑出版；第Ⅲ卷，第Ⅱ部分。）1917 年，第二十章，第 46 页。——原注

结束作为向终结存在，在存在论上必须要求从此在的存在方式来廓清。可以设想，也只有从对结束的生存论规定才能了解“终结之前”的“尚未”怎么可能以生存方式存在。而且这一整体性若不是由作为“终结”的死亡组建起来的话，那么“向终结存在”的生存论阐发就不可能提供出充分的基地来界说所谓的“此在的整体性”所可能具有的意义。

我们曾尝试从对尚未的澄清出发，经由对结束的特征标画而达到对此在式的整体性的领会；这一尝试还不会引至我们的目标。246
它只是从反面显示出：此在向来所是的那一尚未反对把自己作为亏欠来阐释。此在生存着就向之存在的那一终结还一直是不适当地由存在到头来规定的。但这种考察同时却已应表明：它的进程必须倒转过来。只有明确无误地依循此在的存在建构来制定方向，对所向的现象（尚未、存在、结束、整体性）的正面的特征描述才会成功。但这种明确无误却是靠反对各种歧途而从反面得到保障的；这就需要洞见在存在论上逆乎此在的种种终结结构与整体性结构都归属于何种领域。

生存论分析对死亡及其终结性质的正面阐释则是以前此获得的此在基本建构即操心这种现象为基线来进行的。

第四十九节　生存论的死亡分析与对这一现象的其他种种可能阐释的界划

死亡的存在论阐释的明确无误首先应当通过下述做法来巩 a
固：明确地意识到什么是这种阐释不能追问的，在什么方面它期待答复与指示只能是徒劳无益的。

b　死亡在最广的意义上是一种生命现象。生命必须被领会为包含在世方式在内的存在方式。这种存在方式只有靠褫夺性地依循此在制订方向才能在存在论上确定下来。连此在也可以仅仅被当作生命加以考察。对从生物学生理学上提出问题的角度来说，此在就退到我们认识为动植物界的那一存在领域之中。在这片园地中，我们可以通过存在者层次上的确认而获得关于植物、动物与人的生命持续的资料与数据，可以认识生命持续、繁殖与生长之间的联系。能够研究死亡的“种类”：死亡发生的原因，“建构”与方式[①]。

这种生物学生理学的死亡研究是以某种存在论问题的提法为根据的。仍然要问的是：死亡的存在论本质如何从生命的存在论
247 本质得到规定。存在者层次上的死亡探讨在某种方式中总已经对此有所取舍了。对生命和死亡的或多或少澄清了的先行概念在这类探讨中发挥着作用。须得借助此在的存在论把这些先行概念标画出来。此在的存在论列于生命的存在论之先；而在此在存在论之内，死亡的生存论分析则又列于此在基本建构的特征标画之后。我们曾把有生命的东西的结束标为完结。此在也“有”其同任何有生命的东西一样的生理上的死亡；虽然这种死亡不是在存在者层次上与其源始存在方式相绝缘的，倒是由这种存在方式参与规定的；此在也能够结束而不是本真地死，但作为此在，它也不是简简

---

① 关于这一问题，科舍尔特〔E. Korachelt〕所著的《生命的持续、变化和死亡》(1924 年第三版)中有详尽的描述。尤其应当注意此书所附的丰富的书目，见第 414 页及以下。——原注

单单地就完结了。只要是这样，我们就把这种中间现象标识为亡故〔Ableben〕。而死则作为此在借以向其死亡存在的存在方式的名称。因此就得说：此在从不完结。但此在只有在死的时候，才能够亡故。如果死亡的生存论阐释的基本方向已经得到保障，那么医学生物学上对亡故的研究会获得一些在存在论上也颇有意义的成果。也许，即使就医学而论，疾病与死亡也必须从根本上被理解为生存论现象？

死亡的生存论阐释先于一切生物学和生命存在论。而且它也才奠定了一切对死亡的传记－历史研究的和人种－心理研究的基石。"死"的"类型学"标画出"体验"亡故的状况与方式；而这种"类型学"也已经把死亡概念设为前提。再则，"死亡过程"的心理学与其说提供了死本身的消息，倒不如说是提供了"垂死者"的"生"的消息。这只是一种反像，反映出此在在死时甚或本真地死时不必寓于对实际亡故的体验，也不必在这种体验之中。同样，在原始人那里，在他们以魔术与偶像崇拜对待死亡的态度中，对死亡的看法首先照亮的也是此在之领会；而对此在之领会的阐释则已需要某种生存论分析与相应的死亡概念。

另一方面，向终结存在的存在论分析也绝不预先掌握对待死亡的生存上的态度。如果说死亡被规定为此在的亦即在世的"终结"，这却绝不是从存在者层次上决定了"死后"是否还能有一种不同的，或更高级或更低级的存在，以及此在是否"继续活着"甚或是否是"持存的"、"不朽的"。这并不从存在者层次上决定"彼岸"及 248
其可能性，一如这并不决定"此岸"，仿佛应得预先设置对死亡的态度的规范与规则以资"教化"似的。不过，我们的死亡分析只就死亡这种现象作为每一个此在的存在可能性悬浮到此在之中的情况来对它加以阐释；就这一点而论，这种死亡分析纯然保持其为“此岸的”。也只有理解了死亡的整个存在论本质，才能够有方法上的保障把死后是什么这个问题问得有意义、有道理。这样一个问题究竟是否可以表述为一个理论问题，在这里还悬而未决。此岸的、存在论的死亡阐释先于任何一种存在者层次上的彼岸的思辨。

在死亡的生存论分析领域之外的，最后还有一种能够以“死亡的形而上学”为名加以讨论的东西。死亡如何以及何时“来到世间”？死亡作为存在者全体的折磨与苦难能够以及应当具有何种“意义”？诸如此类的问题不仅要求先行领会死亡的存在性质，而且大而言之还需要存在者全体的存在论，特殊言之还要求从存在论上澄清折磨以及一般否定性。

从方法上说，生存论的死亡分析位于死亡的生物学问题、心理学问题、神正论问题与神学问题之先。从存在者层次上说，这种分析的结果把一切存在论特征标画工作所特有的形式性与空洞无物显示出来了。但这却不可使人盲然无视这一现象的丰富错综的结构。因为能存在以本己的方式属于此在的存在方式，所以本来就不能把此在作为现成事物来通达；而说到死亡，就更不可期望能够简简单单地掇取出死亡的存在论结构——如果死亡的确是此在的特具一格的可能性。

另一方面，这一分析也不能胶着于某种偶然及随便设想出来的死亡观念。只有先行从存在论上标识出“终结”借以悬浮到此在的平均日常状态之中的存在方式，才能驱开那种任性。为此需要使从前整理出来的日常状态结构充分现形。在生存论的死亡分析中会连带听到生存上的向死存在的可能性，这种情况原基于一切存在论探索的本质。所以生存论的概念规定就必须愈加突出地不与生存上的情形结伴同行；事涉死亡则尤其如此，因为此在的可能性质依藉死亡而最为鲜明地绽露出来。生存论问题的提法唯以整 249
理出此在向终结存在的存在论结构为标的[①]。

第五十节　标画生存论存在论的死亡结构的工作

对亏欠、终结与整体性的诸种考察曾得出结论：必须从此在的基本建构来阐释死亡之为向终结存在的现象。只有这样才能弄清楚：按照此在的存在结构，在此在之中一种由向终结存在组建起来

① 在基督教神学人类学关于"生"的解释中，从圣·保罗直到卡尔文的 meditatio futurae vitae〔来生的沉思〕都曾涉及死亡问题。狄尔泰哲学的真正目标是建立某种"生命"存在论，可他却不能忽视"生"和"死"之间的关联。"……归根结底，从生到死，这一关联最深刻而普遍地规定了我们此在的感受，这是因为那由死而来的生存的界限，对于我们对生的领会和评价，总是具有决定性的意义。"《体验和诗》第二版，第 211 页。新近，齐梅尔〔G. Simmel〕也明确地用"死"的现象来定义"生"，不过，他却没能清晰地区分出生物学－存在者层次上的和存在论－生存论上的这样两种对问题的提法。参见他的《生命观：形而上学四章》，1918 年版，第 99—152 页。关于上述问题，还可特别参照雅斯贝尔《世界观的心理学》，1925 年，第三版，第 229 页及以下，特别是第 259—270 页。雅斯贝尔把死视为引向他所提出的"边缘境况"现象的导索，而这一"边缘境况"的基本意义趣然于一切"态度"与"世界图像"的类型学之上。鲁·盎格尔〔Rud. Unger）继承了狄尔泰激发起来的思想，这表现在他的著作《赫尔德，诺瓦里斯和克莱斯特。从狂飙突进运动到浪漫主义的诗歌和思想中关于死亡问题发展的研究》，1922 年出版。盎格尔在他的讲演"作为问题史的文学史。人文－历史的综合问题，特别着眼于狄尔泰"（魁里希堡科学家协会论文集·人文科学类，第一节，第一部，1924 年）中说到了他所以提出这一问题的基本考虑。盎格尔清楚地看出了为"生的问题"奠定了更为彻底的基础的现象学研究的意义。参见同上书第 17 页及以下。——原注

的整体存在在何种程度上是可能的。我们曾把操心视作此在的基本建构。这个词的存在论含义曾在下述“定义”中表达出来：先行于自身的——已经在（世界）之中的——作为寓于（世内）来照面的存在者的存在[1]。以此就表达出了此在之存在的诸种基础性质：
250 在先行于自身中，生存；在已经在某某之中的存在中，实际性；在寓于某某的存在中，沉沦。苟若死亡在某种别具一格的意义上属于此在之存在，它（或向终结存在）就必须从这些性质得到规定。

首先须得以标画其特征的方式弄清楚此在的生存、实际性与沉沦如何借死亡现象绽露出来。

在亏欠的意义上阐释此在终结的尚未，而且还是它最极端的尚未，这是不适当的；我们曾拒斥过这种不适当的阐释，因为它包含着存在论上的一种倒错，把此在弄成了一种现成事物。存在到头在生存论上等于说：向终结存在。最极端的尚未具有此在**对之有所作为**的那种东西的性质。终结悬临于此在。死亡不是尚未现成的东西，不是减缩到极小值的最后亏欠，它毋宁说是一种**悬临**〔Bevorstand〕。

然而，有很多东西可能悬临在世的存在，悬临的性质本身还没有标出死亡的与众不同之处。相反，连这种阐释也还会容易使人推想，须得在悬临于前的、于周围世界照面的事件的意义上来领会死亡。例如，悬临于前的可能是一场暴雨，是房舍的改建，是一位朋友的到来，因此就可能是现成存在者、上手存在者或共同在此的存在者，但悬临于前的死亡并不具有这种方式的存在。

---

① 参见本书第四十一节，第192页。——原注

悬临于此在之前的却也可能像某一次旅行，某一次与他人的辩争，某一次放弃此在本身所能是的东西：放弃自己的、奠基在共他人同在之中的存在可能性。

死亡是此在本身向来不得不承担下来的存在可能性。随着死亡，此在本身在其最本己的能在中悬临于自身之前。此在在这种可能性中完完全全以它的在世为本旨。此在的死亡是不再能此在的可能性。当此在作为这种可能性悬临于它自身之前时，它就被充分地指引向它最本己的能在了。在如此悬临自身之际，此在之中对其他此在的一切关联都解除了。这种最本己的无所关联的可能性同时就是最极端的可能性。此在这种能在逾越不过死亡这种可能性。死亡是完完全全的此在之不可能的可能性。于是死亡绽露为最本己的、无所关联的、不可逾越的可能性。作为这种可能性，死亡是一种与众不同的悬临。这种与众不同的悬临在生存论 251
上的可能性根据于：此在本质上对它自身是展开的，而其展开的方式则是先行于自身。操心的这一结构环节在向死存在中有其最源始的具体化。当我们这样来标画此在的与众不同的可能性时，向终结存在就从现象上变得更清楚可见了。

这种最本己的、无所关联的和不可逾越的可能性却不是此在事后偶然地在它的存在过程中产生出来的。只要此在生存着，它就已经被抛入了这种可能性。它委托给了它的死亡而死亡因此属于在世；对此，此在首先与通常没有明确的知更没有理论的知。在畏这种现身情态中[①]，被抛进死亡的状态对它绽露得更源始更中

① 参见本书第四十节，第 184 页及以下。——原注

切些。在死之前畏，就是在最本己的、无所关联的和不可逾越的能在“之前”畏。这样一种畏之所畏者就是在世本身。畏所为而畏者则完完全全是此在的能在。不可把畏死与对亡故的怕搅在一起。畏死不是个别人的一种随便和偶然的“软弱”情绪，而是此在的基本现身情态，它展开了此在作为**被抛**向其终结的存在而生存的情况。这样看来，生存论的死这一概念之为被抛向最本己的、无所关联的和不可逾越的能在的存在这种情况就变得清清楚楚了。同时也就最鲜明地把这一概念与纯粹的消失，而且也与单纯的完结，最终还与对亡故的“体验”界划开来。

向终结存在不是通过也不是作为时而浮现出来的某种态度才产生的；它本质地属于此在在现身情态（情绪）中这样那样绽露出来的被抛境况。实际上向来在此在之中占统治地位的对这种最本己的向终结存在的“知”或“无知”，仅仅表达出了在生存上能够以种种不同的方式保持在这种向之存在的情形。实际上有许多人首先与通常不知死亡，这并不可充作证据来说明向死存在并非“普遍地”属于此在；它作为证据只能说明：此在首先与通常以在死亡之前逃避的方式掩蔽最本己的向死存在。只要此在生存着，它就实际上死着，但首先与通常是以沉沦的方式死着。因为实际的生存
252 活动并不仅仅一般地和无差别地是一种被抛的能在世，而且总也已经是消散于操劳所及的“世界”。在这种沉沦着寓于某某的存在中，从茫然失所的状态中逃避出来的情形来报到了，而现在这就是说：在最本己的向死存在之前逃避。生存、实际性、沉沦标画着向终结存在的特征，因此对生存论的死亡概念具有组建作用。死，**就**
a **其存在论的可能性着眼，奠基于操心**。

但若向死存在源始地本质地属于此在之存在，那么它必定在日常生活中也可以展示出来——虽然首先是以非本真的方式。又假使向终结存在应为此在在生存上的整体存在提供一种生存论上的可能性，那么其中就会有对下面这个论题的现象上的验证：操心是此在整体结构的整体性的存在论名称。但要从现象上充分辩护这一命题，把操心与向死存在之间的联系标画出来还不够。首先须得在此在的最切近的具体化之中，即在此在的日常生活中，使这种联系映入眼帘。

第五十一节　向死存在与此在的日常状态

对日常平均的向死存在的整理工作是依循以前获得的日常状态诸结构制定方向的。在向死存在中此在对它本身之为一种别具一格的能在有所作为。日常状态的自己却是常人[①]，它是在公众解释事情的讲法中组建起来的，而公众讲法又是在闲言中道出自身的。据此，闲言就必定会公开出日常此在以何种方式向自己解释其向死存在。构成解释基础的向来都是一种领会——总也现身着的亦即具有情绪的领会。所以就必得问一问：在常人的闲言中现身的领会如何展开了向死存在？常人如何领会着而对此在的这种最本己的、无所关联的、不可逾越的可能性有所作为？何种现身情态向常人开展出委托给死亡的情形？其开展的方式如何？

① 参见本书第二十七节，第126页及以下。——原注

日常共处的公众意见把死亡“认作”不断摆到眼前的事件，即
253 “死亡事件”。这个或那个亲近的人或疏远的人“死了”。每日每时都有不相识的人们“死着”。“死亡’，作为熟知的、世内摆到眼前的事件来照面。作为这样一种事件，死亡保持在那种用以描述日常照面者特征的不触目状态中①。常人对这类事件也已经备好了一种解释。对此道出的话以及多半是有所保留的“躲躲闪闪”的话都像是说：人终有一死，但自己当下还没碰上。

对“有人死了”的分析将明确无误地崭露出日常向死存在的存在方式。在这类说法里，死亡被领会为某种不确定的东西，最主要的是这种东西必定要从某个所在来到，但当下对某一个自己**尚未现成**，因此也还不构成威胁。“有人死了”散播着一种意见，仿佛是死亡碰上常人。公众的死亡解释说，“有人死了”；因为每一个他人与自己都可以借助这种说法使自己信服：不恰恰是我；因为这个常人乃是**无此人**。“死”被敉平为一种摆到眼前的事件，它虽然碰上此在，但并不本己地归属于任何人。如果说两可向来为闲言所固有，那它也为说到死的话语所固有。死本质上不可代理地是我的死，然而被扭曲为摆到公众眼前的、对常人照面的事件了。在上面这类话语中死亡被说成是不断摆到眼前的“偶然事件”。这种话语把它充作是总已“现实的”东西而掩藏了它的可能性质，并从而一起掩藏了隶属于它的无所相关和不可逾越这两个环节。从此在的别具一格的、隶属于其最本己的自己的能在着眼，此在随着这样一种两可就把自己放到了在常人中失去自己的地位上。而常人则为

---

①　参见本书第十六节，第72页及以下。——原注

此首肯并增加了向自己掩藏其最本己的向死存在的诱惑[①]。

有所掩藏而在死面前闪避，这种情形顽强地统治着日常生活，乃至在共处中“最亲近的人们”恰恰还经常劝“临终者”相信他将逃脱死亡，不久将重返他所操劳的世界的安定的日常生活。这种“操持”意图如此去安慰临终者帮着他更充分地掩藏他的最本己的、无所关联的存在可能性，想通过这种办法把他带回此在。常人就以这种方式为提供对死亡的持续的安定而操劳。这种安定作用其实 254
却不只对“临终者”有效，而且同样对“安慰者”有效。甚至在亡故的情况下，公众意见还要不让这种事件打扰它为之操劳的心安理得，还要求其安定。他人之死常被看作给社会带来不便，甚而至于看作公众应加防范的不智之事[②]。

这种安定作用把此在从它的死亡排除开去。而与这种安定之举同时，人们还以保持沉默的方式调整着人们必须如何对待死亡的方式，并由此通情达理而获尊敬。对公众意见来说，“想到死”就已经算胆小多惧，算此在的不可靠和阴暗的遁世。常人不让畏死的勇气浮现。由常人加以解释的公众意见的统治也已经决定好了选用何种现身情态来规定对死亡的态度。在死之前畏，于是此在作为被委托给了不可逾越的可能性的此在把自己带到自己面前来了。常人则操劳着把这样一种畏倒转成在一种来临的事件之前怕。此外，畏被当作怕而被弄得模棱两可；这种意义两可的畏则被

① 参见本书第三十八节，第 177 页及以下。——原注

② 托尔斯泰在他的小说《伊万·伊里奇之死》中描写了这种“死了人”时的悲恸和崩溃现象。——原注

当作软弱，而自信的此在是不该识知这种软弱的。按照常人的无声谕令，理所当然之事就是对人总有一死这件“事实”漠然处之。这种“优越的”淡漠的教养使此在异化于其最本己的、无所关联的能在。

诱惑、安定与异化却标识着沉沦的存在方式。日常的向死存在作为沉沦着的存在乃是在死面前的一种持续的逃遁。向终结存在具有一种重新解释的、非本真领会的、掩盖着的在死之前逃避的样式。一向本己的此在实际上总已经死着，这就是说，总已经在一种向终结存在中存在着。然而此在把这一实际情况对自己掩蔽起来了——因为它把死亡改铸成日常摆到他人那里的死亡事件，这类事件有时倒令我们更清楚地担保“人自己”确乎还“活着”。然而，凭借在死面前的沉沦逃遁，此在的日常状态倒证明了：连常人本身也一向已经被规定为向死存在了；即便它没有明确地活动在
255 一种“想到死”的状态中也是这样。即使在平均的日常状态中，此在的本旨也始终在于这种最本己的、无所关联的、不可逾越的能在，即使其样式是为一种针对其生存的最极端的可能性的无动于衷而操劳也罢。

我们将尝试更中肯地阐释沉沦着向死存在亦即在死面前闪避，从而确保向终结存在的充分的生存论概念。而对日常的向死存在的澄清工作同时也就为我们将作的尝试提供了指示。我们已使在什么面前逃遁这一点在现象上足够明白可见了；依据逃遁所逃避的东西，就必定可以从现象学上筹划出闪避着的此在本身如何领会它的死亡[①]。

---

① 有关这种方法上的可能性，参见对畏进行分析时所说的内容。本书第四十节，第184页。——原注

第五十二节　日常的向终结存在与充分的生存论死亡概念

在生存论的标画中，向终结存在被规定为向最本己的、无所关联的、不可逾越的能在存在。生存着向这种可能性存在把自己带到生存的完完全全的不可能面前来。经过这种对向死存在的貌似空洞的特征标画，这一存在的具体化又已在日常生活的样式中绽露出来。按照对日常生活具有本质性的沉沦倾向，向死存在表明自身为在死面前的有所掩蔽的闪避。我们的探索曾首先从对死亡的存在论结构进行形式上的标画这项工作过渡到对日常的向死存在的具体分析；而现在则应当反过来进行：通过对日常的向终结存在的补充性阐释来获取充分的生存论死亡概念。

对日常向死存在的解说以常人的闲言为线索：人总有一天会死，但暂时尚未。前此只阐述了“人会死”。而在“总有一天但暂时尚未”这种说法中，日常状态承认了某种对死的确知之类的东西。没谁怀疑人会死，死在曾经描述过的别具一格的可能性的意义上作为某种东西悬浮而入此在；而上面所说的“不怀疑”所包含的那种确知却无须乎与那“某种东西”相对应。日常状态就停留在这种两可地承认死亡的“确知”上——以便继续遮蔽死，削弱死，减轻被 256
抛入死亡的状态。

有所遮蔽地在死之前闪避，就其本来意义来说，可能对死亡并不是本真地“确知的”，但它却又是某种确知。这种“确知死亡”的情形如何呢？

确知某一存在者，这等于说：把它作为真的存在者持以为真〔für wahr halten〕。而真理意味着存在者的被揭示状态。一切被揭示状态在存在论上都基于源始的真理即此在的展开状态[①]，此在作为展开了且开展着的和揭示着的存在者本质上就"在真〔理〕之中"。确知则基于真理或同样源始地隶属于真理。"确知"这个词同"真理"这个述语一样有双重含义。真理源始地等于说有所开展的，这是此在的一种作为〔Verhaltung〕。由此派生的含义意味着存在者的被揭示状态。与此相应，确知源始地意味着作为此在的存在方式那样的一种确知。而在派生的含义上，此在所能确知的存在者却也被称作某种"被确知的"或"确定的"存在者。

确知〔Gewissheit〕的一种样式是确信〔Ueberzeugung〕。在确信中，此在唯通过对被揭示的（真的）事情本身的见证来规定它向这一事情的有所领会的存在。如果"持以为真"基于被揭示的存在者本身，如果就其对这样得到揭示的存在者的适当性来看它作为向这一存在者的存在变得透彻明晰了，那么持以为真作为"自持在真〔理〕之中"是敷用的。而随意编造或对一存在者的单纯"观点"则欠缺诸如此类的性质。

持以为真是否敷用要以它隶属于其下的真理的要求来衡量。真理的要求则从有待开展的存在者方面与开展活动的方向方面获得它的权利。随着存在者的种种不同，按照开展活动的主导倾向与广度，真理的方式，从而还有确知的方式就有所变化。眼下的考察还始终局限于对确知死亡的分析，而这种确知最终会表现为一

---

① 参见本书第四十四节，第 212 页及以下，特别是第 219 页及以下。——原注

种别具一格的对此在之确知。

日常此在通常遮蔽着其存在的最本己的、无所关联的、不可逾越的可能性。这一实际上的遮蔽倾向验证了这一论题：此在作为实际的此在在"不真"之中，因而，隶属于这样一种遮蔽着向死存在 257
的活动的确知必定是一种不适当的持以为真，而不是怀疑意义上的不确知。不适当的确知把它所确知的东西保持在遮蔽之中。如果"人们"把死亡领会为在周围世界中照面的事件，那么由此得出的确知就无涉乎向终结存在。

人们说："这个"死要到来是确定已知的。人们这样说着，但却忽略了，为了能够确知死亡，本己的此在自己就向来须得确知它最本己的无所关联的能在。人们说：这个死是确定已知的，并从而把一种假象植入此在：仿佛它自己确知它的死。日常确知的根据何在？显然不在于单纯的相互说服。人们却日日经验到他人的"死"。死是无可否认的"经验事实"。

日常的向死存在以何种方式领会如此奠定的确知？当日常的向死存在尝试"思考"死亡的时候，答案就泄露出来；甚至这种思考是以批判的审慎态度（这却又是说以适当的方式）进行时，也是一样。就人们所知，人皆有死。死对每一个人都是最高程度地或然的，但却不是"绝对"确定可知的。严格说来，死"只"能具有经验上的确定可知性。这种确知必然赶不上最高程度的确知，即我们在某些理论认识领域中所达到的确定无疑的确知。

在这样"批判地"规定死亡的确知与悬临的时候，首先公开出来的复又是对此在的存在方式的误解以及对隶属于这种存在方式的向死存在的误解；这种误解标画出了日常状态的特征。亡故作为摆到眼前的事件"只"在经验上是确定可知的，这一点并不决定对死的确知。死亡事件当然可能是使此在才刚注意到死亡的实际诱因。但若停留在上述经验的确知上，则此在可能根本没有就死亡所"是"的那样对死有所确知。即使在常人的公众意见中此在似乎只"谈"对死的这种"经验上的"确知，归根到底此在却仍然不是
258 唯一地和首要地拘执于摆到眼前的死亡事件。即使在闪避自己的死亡之际，日常的向死这一终结存在所确知的事情也不同于它自己在纯理论思考中可能持以为真的事情。日常状态通常对自己掩藏起这一"不同"。它不敢透视其中堂奥。前面曾描述过一种日常的现身情态，那就是貌似大无畏地面对死亡而其实小心翼翼地操劳于对这一确知"事实"的优越感。日常状态通过这种优越感承认了某种比单纯经验确知更高的确知。人们知道确定可知的死亡，却并不本真地对自己的死"是"确知的。此在沉沦着的日常状态识得死亡的确定可知；但是它以闪避的方式"是"确知的。这种闪避在现象上却从它所闪避的东西方面证明了：必得把死领会为最本己的、无所关联的、不可逾越的、确知的可能性。

人们说：死确定可知地会到来，但暂时尚未。常人以这个"但"字否认了死亡的确定可知。而这个"暂时尚未"并不单纯是个否定命题，而是常人的一种自我解释，它借这种自我解释把自己指引向此在当下还可以通达、可以操劳的事务。日常状态迫入操劳活动的紧迫性，松解开乏味地、"无所作为地想死"这种羁绊。死被推迟到"今后有一天"去，而这又是以引称所谓的"普遍裁判"来进行的。于是，常人掩盖起死亡之确定可知性质中的特有性质：死随时随刻都是可能的。何时死亡的不确定性与死亡的确定可知结伴同行。

日常的向死存在赋予这种不确定性以确定性并以这种方式来闪避这种不确定性。但赋予确定性却不会是意味着要去计算亡故这件事何时会碰到头上。此在反倒逃避这样一种确定性。日常操劳活动为自己把确知的死亡的不确定性确定下来的方法是：它把切近日常的放眼可见的诸种紧迫性与可能性堆到死亡的不确定性前面来。

但这样掩盖起不确定性也累及确定可知性。于是死亡的最本己的可能性质掩藏起来了。这种可能性质就是：确知的而同时又是不确定的，也就是说随时随刻可能的。

对常人关于死亡及其悬浮而入此在的方式的日常话语所进行的充分阐述已把我们引到确定可知与不确定性这两种性质。现在就可以用下述规定来界说整个生存论存在论的死亡概念了：**死作为此在的终结乃是此在最本己的、无所关联的、确知的、而作为其本身则不确定的、不可逾越的可能性。死，作为此在的终结存在，** 259
存在在这一存在者**向**其终结的存在之中。

对向终结存在的生存论结构进行界说是为了把此在藉以能**整体地作为此在**存在的存在方式摸索出来。连日常此在向来也已经向其终结**存在着**，这就是说，不断地——即使以"逃遁"的方式——理解它的死。这显示出：这一囊括着、规定着整体存在的终结，绝不是此在在其亡故的时候才最终来到其上的某种东西。此在作为向其死存在的存在者，它自己的最极端的"尚未"总已经被包括到它自身中了，而其他的一切则还都处在这一极端尚未之前。所以，就存在论而言不适当地把此在的尚未阐释为亏欠而又由此从形式上推论出此在的非整体性，这些做法都是没有道理的。**从先行于自**

身中取出的尚未现象与操心的结构一样，根本不是反对某种可能的生存整体存在的证据，这种先行于自身倒才刚使那样一种向终结存在成为可能。如果操心作为此在的基本建构与死亡作为这一存在者的最极端的可能性“联系起来”了，那么，我们自己向来所是的那一存在者的可能的整体存在问题就有道理可言了。

同时，这一问题是否业已得到充分解答却还是个悬案。向死存在基于操心。此在作为被抛在世的存在向来已经委托给了它的死。作为向其死亡的存在者，此在实际上死着，并且只要它没有到达亡故之际就始终死着。此在实际上死着，这同时就是说，它在其向死存在之中总已经这样那样作出了决断。日常沉沦着在死之前闪避是一种非本真的向死存在。但非本真状态以本真状态的可能性为根据[①]。非本真状态标识出了这样一种存在方式：此在可能错置自身于其中而且通常也已经错置自身于其中了，但此在并非必然地与始终地必须错置自身于其中。因为此在生存着，所以它向来就从它自己所是的和所领会的某种可能性方面来把自己规定为如它所是的那样的存在者。

此在也能够本真地领会它的最本己的、无所关联的、不可逾越的、确知的而作为其本身则不确定的可能性吗？这就是说：此在也
260 能够保持在一种本真的向其终结存在之中吗？只要不曾把本真的向死存在提供出来并从存在论上对之加以规定，对向终结存在的生存论分析就总带有一种本质缺陷。

---

① 参见本书第九节，第 42 页及以下；第二十七节，第 130 页及以下，特别是第三十八节，第 175 页及以下，那里讨论了此在的非本真状态。——原注

本真的向死存在意味着此在的一种生存上的可能性。这种存在者层次上的能在复又必须在存在论上是可能的。这种可能性的生存论条件都是些什么?这些条件本身又应如何成为可通达的?

第五十三节 对本真的向死存在的生存论筹划

实际上此在首先与通常把自身保持在一种非本真的向死存在中。如果此在根本从来不本真地对它的终结有所作为,或者说这个本真的存在按其意义看来不能不始终对他人隐而不现的话,那么本真的向死存在之存在论的可能性会有什么办法得到"客观的"标画呢?如果这种生存上的能在本有疑问,那从生存论上对这种能在的可能性进行筹划岂不是一项幻想的事业吗?为要使这样的筹划脱出只不过是任意杜撰的虚构的范围,究竟需要什么呢?此在本身提供了为此筹划所需的指示吗?从此在本身中找得出这一筹划的现象上的合法性的根据来吗?现在提出来的存在论任务能够从以往对此在进行的分析中为自身提供出一些在先的标识,以便迫使这一任务的计划走在一条可靠的轨道中吗?

死亡的生存论概念已经定下来了,从而本真的向终结存在应能对之有所作为的那个东西也就定下来了。此外,非本真的向死存在已经标画过了,从而本真的向死存在不能是何种情形,这一点也就从禁阻的方面先行标识出来了。本真的向死存在之生存论的建筑必须借助这些积极的和禁阻的指示才能让自己得到筹划。

此在是靠展开状态组建起来的,也就是说,是靠现身的领会组建起来的。**本真的**向死存在**不能闪避**最本己的无所关联的可能性，不能在这一逃遁中**遮蔽**这种可能性和为迁就常人的知性而**歪曲地解释**这种可能性。因此对本真的向死存在的生存论筹划必须把这样一种存在的各环节都清理出来。这些环节把本真的向死存在作为不逃遁不遮蔽地向着曾标识过的那种可能性存在这一意义上的死亡之领会组建起来。

261　首先要做的事情是把向死存在标识为**向着一种可能性的存在**，也就是向着此在本身别具一格的可能性的存在。向一种可能性存在，也就是说，向一种可能事物存在，可以有这种意思：汲汲求取一种可能事物，亦即为使其实现而操劳。在上手事物与现成事物的园地里经常碰得到这样一些可能性：可做到的事情、可控制的东西、可通行的东西之类。有所操劳的汲汲求取一种可能事物，其中有一倾向，即通过使其成为可供使用而把可能事物的**可能性消灭了**。但是只要实现了的东西也还有而且恰恰有因缘的存在性质，这种操劳着实现上手用具的活动（制造、准备、改装等等）就总只是相对的。实现了的东西虽然实现了，但它作为现实的东西仍然还是一种可能为了……的东西，这种东西的特征是由一种"为了某某之用"标画出来的。眼下的分析只要弄清楚，有所操劳的汲汲以求如何对可能的东西行事：不是去把可能的东西作为可能的东西甚至再去就它的可能性之为可能性来作理论课题的考察，而是这样行事：有所操劳的汲汲以求**寻视**着把视线从可能的东西**移到**那为什么东西而可能上去。

正在追问的向死存在显然不能有操劳着的汲汲求其实现的性质。首先，死作为可能的东西不是任何可能上手的或现成在手的东西，而是此在的一种存在可能性。其次，实现这一可能的东西的操劳肯定意味着引起亡故。但这样一来，此在就会恰恰把自己所需的生存着的向死存在的基地抽掉了。

可见向死存在的意思并不是指“实现”死亡，那么向死存在也就不能是指：停留在终结的可能性中。这样的行为也许在“想去死”时才会有。“想去死”思量着这种可能性究竟要在什么时候以及如何变为现实。这样的思虑死亡固然不完全把死亡的可能性质取消掉，死总还作为将来临的死而被思虑着，但是此种思虑由于总盘算着要支配死亡而减弱了死亡的可能性质。死作为可能之事须尽可能少地显示其可能性。与此相反，如果向死存在是必须把上面已说明的可能性本身领会着开展出来的话，那么在向死存在中，这种可能性就必须不被减弱地作为可能性得到领会，作为可能性成形，并坚持把它作为可能性来对待。

然而此在却通过期待把可能的东西保持在其可能性中。对于殷切盼望可能的东西的存在，可能的东西会无阻无碍不折不扣地 262
在其“出现或不出现或终于出现了”中来照面。但通过分析期待现象所见到的向可能事物存在的方式，同我们在分析汲汲求取的操劳时已经标识出来的那种存在方式有什么两样呢？所有的期待都这样去领会与“有”它的可能的东西：这种可能的东西是否将、何时将、如何将确实成为现实现成的。期待还不仅偶或把目光从可能的东西移到可能的东西之可能的实现上去，而且在本质上等待这种实现。即使在期待中，也是从可能的东西跳出，在现实的东西中下脚，所期待的东西就是为这种现实的东西而被期待的。从现实的东西中出来并回到现实的东西上去，可能的东西就合乎期待地被吸入现实的东西中去了。

但作为向死存在的向可能性存在要这样地对死亡行事：死在这种存在中并为这种存在而绽露自身为可能性。我们在术语上把这样的向可能性存在把握为先行到可能性中去。但这样的行为岂不是内藏着一种接近可能事物的做法吗？岂不由于可能事物的临近而浮现出可能事物的实现吗？但这种接近并不趋向于有所操劳而使某种现实的东西成为可用；在领会着的靠近中可能事物的可能性只不过是“更大”了。向死这种可能性存在的最近的近处对现实的东西说来则是要多远就有多远。这种可能性越无遮蔽地被领会着，这种领会就越纯粹地深入这种可能性中，而这种可能性就是生存之根本不可能的可能性。死亡，作为可能性，不给此在任何“可实现”的东西，不给此在任何此在本身作为现实的东西能够是的东西。死是对任何事情都不可能有所作为的可能性，是每一种生存都不可能的可能性。在先行到这种可能性中去之际，这种可能性“越来越大”，也就是说，它崭露为这样的可能性：这种可能性根本不知有度，不知更多也不知更少，而是意味着无度地不可能生存的可能性。按其本质说来，这种可能性不提供任何依据，可藉以殷切盼望什么东西，藉以“想象出”可能是现实的东西，从而忘记这种可能性。向死存在，作为先行到可能性中去，才刚使这种可能性成为可能并把这种可能性作为可能性开放出来。

向死存在，就是先行到这样一种存在者的能在中去：这种存在者的存在方式就是先行本身。在先行着把这种能在揭露出来之际，此在就它最极端的可能性而向其自身开展出自身。把自身筹划到最本己的能在上去，这却是说：能够在如此揭露出来的存在者的存在中领会自己本身：生存。先行表明自身就是对最本己的最极端的能在进行领会的可能性，换言之，就是本真的生存的可能性。本真生存的存在论建构须待把先行到死中去之具体结构找出来了才弄得明白。如何从现象上界说这种具体结构呢？显然是这样：我们规定必须属于先行着的开展的那些性质，从而先行着的开展就该能够变成对最本己的、无所关联的、无可逾越的、确知的而作为其本身则是不确定的可能性的纯粹领会。还须注意，领会主要不是指凝视一种意义，而是指在通过筹划揭露自身的能在中领会自身①。 263

死是此在的最本己的可能性。向这种可能性存在，就为此在开展出它的最本己的能在，而在这种能在中，一切都为的是此在的存在。在这种能在中，此在就可以看清楚，此在在它自己的这一别具一格的可能性中保持其为脱离了常人的，也就是说，能够先行着总是已经脱离常人的。领会这种"能够"，却才揭露出〔此在〕实际上已丧失在常人自己的日常生活中了。

最本己的可能性是无所关联的可能性。先行使此在领会到，在能在中，一切都为的是此在的最本己的存在，而此在唯有从它本身去承受这种能在，别无他途。死并不是无差别地"属于"本己的此在就完了，死是把此在作为个别的东西来要求此在。在先行中所领会到的死的无所关联状态把此在个别化到它本身上来。这种个别化是为生存开展出"此"的一种方式。这种个别化表明，事涉最本己的能在之时，一切寓于所操劳的东西的存在与每一共他人

① 参见本书第三十一节，第142页及以下。——原注

同在都是无能为力的。只有当此在是由它自己来使它自身做到这一步的时候，此在才能够**本真地作为它自己**而存在。然而操劳与操持之无能为力绝不意味着此在的这两种方式要从本真的自己存在身上隔断。这两种方式作为此在建构的本质性结构一同属于一般生存之所以可能的条件。只有当此在作为操劳寓于……的存在与共……而操持的存在主要是把自身筹划到它的最本己的能在上去，而不是筹划到常人自己的可能性上去的时候，此在才本真地作为它自己而存在。先行到无所关联的可能性中去，这一先行把先
264 行着的存在者逼入一种可能性中，这种可能性即是：由它自己出发，主动把它的最本己的存在承担起来。

这种最本己的、无所关联的可能性是**无可逾越**的。向这种可能性存在使此在领会到，作为生存之最极端的可能性而悬临在它面前的是：放弃自己本身。但这种先行却不像非本真的向死存在那样闪避这种无可逾越之境，而是为这种无可逾越之境而给自身以**自由**。为自己的死而先行着成为自由的，这就把此在从丧失在偶然地拥挤着各种可能性的情况中解放出来，其情形是这样：这才使此在可能本真地领会与选择排列在那无可逾越的可能性之前的诸种实际的可能性。这种先行把放弃自己作为最极端的可能性向生存开展出来，并立即如此粉碎了每一种僵固于已达到的生存之上的情况。此在先行着，防护自身以免于回落到自己本身之后以及所领会的能在之后，并防护自身以免于“为它的胜利而变得太老”（尼采）。这些最本己的可能性是由**有限性**规定的，也就是说，是作为**有限的**可能性得到领会的；当此在面对这些可能性而成为自由的时候，此在就制止了一种危险，不再会由于自己有限的生存

领会而否认他人的生存能够逾越它，甚或出于曲解而把他人生存的可能性逼回到自己的生存可能性上来——从而以这种方式放弃最本己的实际生存。作为无所关联的可能性的死造就个别化，但它只是为要作为无可逾越的可能性来使作为共在的此在对他人的能在有所领会才造就个别化的。因为先行到无可逾越的可能性中去，把一切排列在这种可能性之前的诸种可能也一齐开展出来，所以在这种先行中就有在生存上先行拿取整个此在的可能性，也就是说，就有作为**整个能在**来生存的可能性。

最本己的、无所关联的而又无可逾越的可能性是**确知**的。确知着这种可能性**而存在**的方式从与这种可能性相应的真理（展开状态）来规定自身。此在把死亡的确知的可能性作为可能性开展出来，但其方式只能是此在向这种可能性先行着而**使**这种可能性**可能**作为它自身的最本己的能在。可能性的展开状态就奠基于这种先行着使这种可能性成为可能。把自身保持在这真理中，也就是说，对所展开的东西有所确知，才正要求先行。死亡之确定可知不能靠确定到底有多少死亡事故来照面而计算出来。死亡之确定可知根本不寄身于现成事物的真理中。从揭示现成事物的情况着眼，让它最纯粹地照面的方式就是仅仅观看着让存在者就其本身来照面。获取纯粹的事实性，也就是说，获取一无所谓的绝然明白确凿〔die apodiktische Evidenz〕，诚然这也可以是操心的一种本己的任务与可能性；但此在为此首须已把自己丧失在种种事实之 265
中。如果关于死亡的确知不具有这种性质，那么这并不是说，这种确知与那种明白确凿相比其确定程度较低，而是说：**这种确知根本不属于关于现成事物的明白确凿程度的等级**。

与任何有关世内照面的存在者或形式上的对象的确定可知相比照，对死亡持以为真——死总只是自己的死——显示出的是一种另外的方式，而且要更源始些；因为这种把死亡持以为真确知在世。这种把死亡持以为真作为在世的存在，不仅要求此在的某一种确定的行为，而且是在生存的充分的本真状态中要求此在[①]。在先行中，此在才能使它的最本己的存在在其无可逾越的整体性中被确知。因此各种体验的、我的、以及意识的某种直接给定状态之明白确凿必然落后于已包含在先行中的确定可知。而这不是因为明白确凿所辖领的把握方式不严密，而是因为这种把握方式在原则上不能把它归根到底想要"此时此地"就当真具有的东西即此在持以为真（使它展开）；而我自己就是这个此在而且我作为能在只有先行着才能本真地是这个此在。

死是最本己的、无所关联的、无可逾越的而又确知的可能性，而其确定可知本身却是不确定的。先行如何开展出此在这种别具一格的可能性的这一性质来呢？如果一种确知的能在始终是可能的，而生存的完完全全的不可能性何时变为可能的那个"何时"却始终不确定的话，那么向着一种确定的能在的先行领会又如何筹划自身呢？在向着不确定的确知的死先行之际，此在把自身的一种从它的此本身中产生出来的持续的威胁敞开着。向终结存在必须把自己保持在这威胁中，不仅不能淡化这威胁，反倒必须培养确定可知状态的不确定性。在生存论上如何可能把这种持续的威胁本然地开展出来？一切领会都是现身的领会。情绪把此在带到它

① 参见本书第六十二节，第305页及以下。——原注

被抛入的“它在此”的境界前面[①]。但能够把持续而又完全的、从此在之最本己的个别化了的存在中涌现出来的此在本身的威胁保持在敞开状态中的现身情态就是畏[②]。在畏中，此在就现身在它 266
的生存之不可能的可能性的无之前。畏是为如此确定了存在者之能在而畏，而且就这样开展出最极端的可能性来。因为先行把此在彻底个别化了，而且在把它自己个别化的过程中使此在确知它的能在之整体性，所以畏这种基本现身情态从此在的根底深处属于此在的这种自我领会。向死存在本质上就是畏。向死存在会把 a
畏倒转为懦怯的害怕并在克服这害怕之际把懦怯暴露在畏面前，这时，前面曾标明出来的向死存在就为上面的论点提供了无欺的、虽则“只是”间接的见证。

对从生存论上所筹划的本真的向死存在的特征标画可以概括如下：先行向此在揭露出丧失在常人自己中的情况，并把此在带到主要不依靠操劳操持而是去作为此在自己存在的可能性之前，而这个自己却就在热情的、解脱了常人的幻想的、实际的、确知它自己而又畏着的向死的自由之中。

所有归属于向死存在的与此在的已经标画出的最极端的可能性之完满内容发生的关联都聚集于这件事中：把凭这些关系组建起来的先行作为使这一可能性成为可能的活动揭露出来、展开出来并坚持下来。从生存论上筹划着的对先行所作的界说使生存上的本真向死存在的存在论上的可能性显而易见了。但这时此在的

① 参见本书第二十九节，第134页及以下。——原注

② 参见本书第四十节，第184页及以下。——原注

一种本真整体能在的可能性就因而浮现了——不过只是作为一种存在论的可能性浮现。固然,先行之生存论上的筹划把自身保持在以前获得的此在诸结构上面并且让此在仿佛自己把自己筹划到这一可能性上去,而不是把一种"具有内容的"生存理想摆到此在面前,"从外面"强加于此在。尽管如此,这一在生存论上"可能的"向死存在在生存上却仍还是一种想入非非的奢望。只要相应的存在者层次上的能在不是从此在本身表明出来,此在之本真的整体能在在存在论上的可能性就毫无意义。此在实际上可曾把自身抛入这样一种向死存在?此在哪怕只从它最本己的存在的根据处来要求一种由先行加以规定的本真能在吗?

267 在解答这些问题之前,须追究此在究竟在何种程度上并以何种方式从它的最本己的能在方面来为其生存的一种可能的本真状态作证,而且是这样作证:此在不仅表明这种本真状态在生存上是可能的,而且是由它自己要求的。

追究此在之本真的整体存在及其生存论建构的问题仍游移未决。只有当我们能够依循由此在自己确证了的它的存在之可能的本真状态来进行这一追问,这问题才算被放到了经得起考验的现象基地上。如果在现象学上竟然成功地揭开了这样的确证以及在这确证中所确证的东西,那么这个问题就要重新发生:迄今只在其存在论的可能性中被筹划的向死先行是否与被确证的本真能在处于本质联系之中?

第二章　一种本真能在的此在式的见证，决心

第五十四节　一种本真的生存上的可能性的见证问题

所寻求的是此在的一种本真能在；这种本真能在是由此在本身在其生存可能性中见证的。但这一见证自身首先必须能够被找 a
到。如果这种见证可以“让”此在在其可能的本真生存中领会自己本身，那它就会在此在的存在中有其根苗。从而，对这样一种见证的现象学展示就包含着对它源出于此在的存在建构的证明。

这种见证应供人领会一种本真的**能自身存在**。我们曾用“自己”这个词来回答此在为**谁**的问题①。我们曾从形式上把此在的自己之所以为自己规定为一种**去生存的方式**，也就是说并非规定为一种现成存在者。此在之谁首先并非**我自己**，而是常人自己。本真的自己存在规定自身为常人的一种生存变式，这种生存变式

① 参见本书第二十五节，第 114 页及以下。——原注

可以从生存论上加以界说。[1] 这种变式中含有些什么？这种变式之所以可能的存在论条件都有哪些？

268 随着丧失于常人之中的境况，此在切近的实际能在——诸种任务、规则、措施、操劳在世和操持在世的紧迫性与广度——总已被决定好了。常人总已经从此在那里取走了对那种种存在可能性的掌握。常人悄悄卸除了明确选择这些可能性的责任，甚至还把这种卸除的情形掩藏起来。谁"真正"在选择，始终还不确定。此在就这样无所选择地由"无名氏"牵着鼻子走并从而缠到非本真状态之中。只有当此在本己地从丧失于常人之中的境况中把自己收回到它自己面前时才能扭转上述情形。而这一收回所具有的存在方式必定就是那样一种存在方式：由于它的耽搁，此在曾丧失于非本真状态中。从常人中收回〔zurückholen〕自己就是从常人自身的生存方式转为本真的自己存在的生存方式；而这必定以补做〔nachholen〕某种选择的方式来进行。补做选择却意味着对这一补做的选择进行选择，意味着决定要从本己的自己方

a 面来能在。借助对选择进行选择，此在才使自己本真的能在成为可能。

但因为此在已丧失于常人之中，它就首先得找到自己。而要找到自己，它就得在它可能的本真状态中被"显示"给它自己。此在需要某种能自身存在的见证，即见证此在按照可能性向来已经是这种能自身存在。

在下面的阐释中提出来作为这样一种见证的，是此在的日常

---

[1] 参见本书第二十七节，第126页及以下。特别见第130页。——原注

自我解释所熟知的；它被称为“良知的声音”[①]。对良知这一“事实”尚有争议，关于良知对此在生存的裁决作用有各种不同的估价，而对于“它说的是什么”又有各种各样的解释。若不是这种实际情况的“可疑性”和良知解释的“可疑性”恰恰证明了这里摆着此在的一种源始现象，上面提到的纷纭状态真要误引我们轻视良知这种现象了。下面的分析将从基础存在论的意图着眼，把良知作为纯生存论探索先行具有的东西进行专题讨论。 b

首先应得把良知直追溯到其生存论基础和结构，使它作为此在的现象而明显可见。提到此在，则须牢记前此获得的这一存在 269
者的存在建构。以这种方式着手的存在论良知分析先于心理学上对良知体验的描述和分类，同样它也不同于生理学上的解释，那种“解释”意味着把良知这种现象抹灭。它同良知的神学解释却也一样不沾边，更别说把这种现象用来作为对上帝的证明或对上帝的“直接”意识。

不过，在对良知探索加以这些限制的时候，我们既不可夸大其结果，也不可反过来小视其结果。良知作为此在的现象不是摆在那里的、偶尔现成在手的事实。它只“存在”于此在的存在方式中；它只同实际生存一道并即在实际生存之中才作为实情宣泄出来。要求对良知的“事实性”及其“声音”的合法性提供“归纳的经验证明”，这根源于在存在论上倒置了良知现象。但凡把良知只当作时而出现的而非“已普遍确定了的和可以确定的事实”来对良知进行

① 前面的和以下的考察都曾在马堡的一次关于时间概念的公开讲演中（1924 年 7 月）作过专题报告。——原注

批评，无论多么高超，也都免不了这种倒错。良知的实情根本摆不到这类证明或否证之下，这不是什么缺陷，而是一种标志，说明它在存在论上与周围世界的现成事物根本不属同类。

良知给出某种可加领会的东西；它有所开展。这一形式上的特征指示我们把这一现象收归此在的展开状态。我们自己向来所是的这种存在者的这种基本建构是由现身、领会、沉沦与话语组建而成的。对良知的更深入的分析揭露其为呼唤。呼唤是话语的一种样式。良知的呼唤具有把此在向其最本己的能自身存在召唤的性质，而这种能自身存在的方式就是召唤此在趋往最本己的罪责存在。

流俗的良知解释在某种限度内总也对良知有些领会并且把这种领会变成概念，作为良知的"理论"。虽然是生存论阐释为这些日常存在者层次上的知性理解提供了存在论上的基础，两者却必然相去迢迢。从而，生存论的阐释须得通过对流俗的良知解释加以批判而获验证。从清理出来的良知现象将能表露出它在何种程
270 度上见证此在的一种本真能在。与良知的呼唤相应的是一种可能的听。对召唤的领会崭露其自身为愿有良知。而在愿有良知这一现象中就有我们所寻找的那种生存上的选择活动——对选择一种自身存在的选择。我们按照其生存论结构把这一选择活动称为决心。因此，本章的分析分为：良知的生存论存在论基础（第五十五节）；良知的呼声性质（第五十六节）；良知之为操心的呼声（第五十七节）；召唤之领会，罪责（第五十八节）；生存论的良知阐释和流俗的良知解释（第五十九节）；在良知中得以见证的本真能在的生存论结构（第六十节）。

第五十五节　良知的生存论存在论基础 a

良知分析将从对这种现象的一种未经分辨的现有情形开始： b
无论通过何种方式，良知总给出某种可领会的东西。所以，就生存论现象来说，良知所开展的、所归属的范围也就是组建此之在这种展开状态的那些生存论现象[①]。现身、领会、话语、沉沦的最一般的结构已经剖析过了。现在我们若把良知问题放到这一系列现象里来讨论，却不是要把那里剖析而得的结构当作表格运用到此在开展的一种特殊“例子”上去。毋宁说，良知阐释是要推进早先对“此”之展开状态的分析；不仅如此，它还要从此在的本真存在着眼而更源始地把握早先的分析。

我们称之为此在的这一存在者通过展开状态而存在于这样一种可能性中：它即是它的此。它连同它的世界为它本身在此，以致首先与通常它是从它所操劳的“世界”方面把能在展开出来的。此在作为能在存在，而能在一向已经委弃给某些确定的可能性了。这是因为此在是一被抛的存在者——这一存在者的被抛境况通过具有情绪的存在或多或少清楚入里地展开了。现身（情绪）同样源始地包含有领会。从而，此在是“知道”它于何处共自己存在 c
的——这里谈的只是要么它向着它本身的种种可能性筹划自己了，要么由于消散于常人而听任公众解释向自己提供这些可能性。但在生存论上，只因为此在作为有所领会的共在能听从他人，后一 271a

① 参见本书第二十八节以后，第130页及以下。——原注

种情况才可能发生。此在迷失在常人的公论与闲言之中，它在去听常人本身之际对本己的自我**充耳不闻**。苟若能把此在从这种充耳不闻其自身的迷失状态中带回来——当然是通过它自己——那它就首须能找到它自己：那个曾充耳不闻自身的它自己，那个在**去听**常人之际而充耳不闻自身的它自己。必须打断去听常人，这就是说，必须由此在本身给与它自己一种听的可能性——这种听将中断去听常人。这样一种打断的可能性在于直接被呼唤。同这种呼声的性质相应，这种呼声所唤起的听同那种迷失了的听相比处处都截然相反，在唤起这种听的时候，这种呼声就打断了此在充耳不闻自身而去听常人的情形。这两种听是截然相反的：若说迷失了的听沉迷于日常"新奇"闲言中各式各样模棱两可的"嘈杂"，那这呼声必定以不嘈不杂、明白单义、无容好奇立足的方式呼唤着。**以这种方式呼唤着而令人有所领会的东西即是良知。**

我们把呼唤把捉为话语的一种样式。话语使可理解性得以分环勾连。把良知的特征描述为呼声绝非只是一种"形容"，像康德用法庭表象来形容良知那样。对话语从而也对呼声来说，付诸音声是非本质性的，这一点不该忽视。一切道出与"呼出"都已经以话语为前提[①]。若说日常的解释把良知认识为一种"声音"，那这种解释
b 想到的主要不是付诸音声，实际上也没有付诸音声这回事现成摆在那里；在这里，"声音"实被看作"供人领会"。在呼声的开展倾向
cd 中有着推动，有着陡然惊动这一类环节。呼声由远及远，唯欲回归者闻之。

① 参见本书第三十四节，第160页及以下。——原注

对于良知的生存论结构分析来说，上面对良知的标识还只勾画出了现象上的视野。我们并非拿这种现象同一种呼声相比较，而是从对此在具有组建作用的展开状态出发来把它理解为一种话语。我们的考察从一开始就避而不走那首先摆在良知解释面前的道路：把良知引向到知、情、意这些灵魂能力之一，或把它解释为这些能力的混合产物。面对良知这类现象，套在分门别类的灵魂能 e272
力和个人行为上面的游移无据的框框在存在论人类学上何其简陋不足，可谓有目共睹①。

第五十六节　良知的呼声性质

话语中包含有话语之所及。话语给出关于某种东西的消息并且是向特定方面着眼给出消息的。话语作为这一特定话语所说的，亦即所言之为所言，是从如此这般言及的东西那里汲取出来

① 除了康德、黑格尔、叔本华、尼采对良知的解释外，应当重视的还有：凯勒〔M. Kähler〕的《良知》中关于历史的第一部分（1878 年）和在实用百科全书中新教神学和教会条目之下的论文；里茨尔〔A. Ritschl〕的《论良知》（1876 年），这在 1896 年的文选（第 177 页及以下）中重又选人；史托克〔H. G. Stoker〕刚刚发表的专文"良知"（哲学和社会学文集，第二卷，马克斯·舍勒编，1925 年）。上述研究已经澄清了良知现象丰富的多样性，批判性地表明了这一现象的各种不同的、可能的行为方式的特征并且指示出进一步的文献材料，尽管这些材料就良知概念的历史来说还是不够充分的。除了某些一致而外，史托克的专文自始至终都和上述的存在论解释不同。从一开始，他就低估了"描写""客观实际存在着的良知"（第 3 页）的诠释学上的条件，这就导致他抹煞了现象学与神学之间的界限。这种抹煞无论对现象学还是神学都是不利的。关于舍勒的人格主义研究的人类学基础，参见同上书第十节第 47 页及以下。同样，史托克的专文在反对迄今的良知解释上，表现出值得重视的进步。但是，他的解释更多的只是泛泛地对待良知现象和它的旁枝，而不是去展示这一现象的存在论根系。——原注

的。而话语既为传达，所言便借话语而对他人的共同此在成为可通达的；而其途径通常是通过语言而付诸音声。

在良知的呼声中，什么是话语之所及，亦即召唤之所及？显然是此在本身。这一回答无可争议，同时却也无可确定。如果说呼声的目标如此含混，那么对此在来说，呼声无非是促使此在留意于它本身的诱因罢了。但此在本质上就包含有下述情况：此在在展开世界之际也对它本身展开了。于是乎，此在总已领会自身。就是在这样以日常平均方式操劳着而又总已领会自身之际，呼声及于此在。操劳着共他人存在的常人自身为呼声所及。

此在被召唤向何处？向其**本己的自身**。不是向芸芸公论认为
273 此在所当是、所能做和所操劳的东西，更不是向此在已把握了的、已投身于其中的、已由之载沉载浮的东西。此在，就其作为常人的世俗的领会之对他人与对它自身所是的东西，在这一召唤中被**跨越过去了**。对自身的呼唤丝毫不从常人的看法汲取认识。因为被召唤的、被带来听呼声的恰是常人自身的那个**自身**，所以，常人就崩坍了。呼声**跨越了**常人以及公众解释此在的讲法，这绝不意味着呼声不也一同及于常人。恰恰是在这种**跨越**中，呼声将那热衷于公众声誉的常人驱入无意义之境，但那在召唤中被剥去了栖所和遮蔽的自身却通过呼声被带回其本身。

常人自身被召唤向自身。然而却不是那种能够变自己为判断“对象”的自身，不是那种对其“内在生活”扰扰好奇无所驻执地加以解释的自身，也不是一种以“分析方式”凝注于灵魂状态及其各种背景的自身。召唤常人自身中的那个自身，这种召唤并不把它推进自己本身的某个内部，从而使之与“外部世界”隔绝开来。呼

声越过并摧毁所有诸如此类的东西，它恰恰要召唤那无非是以在世方式存在的自身。

但是，我们应当怎样来规定这一话语之所言呢？良知向召唤所及者呼唤了什么？严格说来——无。呼声什么也没有说出，没有给出任何关于世间事物的讯息，没有任何东西可能讲述。呼声更绝对不曾希冀在所唤及的自身那里开放出一种“自身对话”。“无物”被呼**向**召唤所及的自身，倒是这呼唤所及的自身向它自身**被唤起**，亦即向它最本己的能在被唤起。就呼声的呼声倾向来说，呼声并不是要让被召唤的自身去“商谈”，呼声作为朝向最本己的能自身存在倒是一种唤上前来——把此在呼唤上前来而到它最本己的可能性中。

呼声不付诸任何音声。它根本不付诸言词——付诸言词却照样晦暗不明、无所规定。**良知只在而且总在沉默的样式中言谈**。它非但不因此丧失其可觉知的性质，而且逼迫那被召唤、被唤起的此在进入其本身的缄默之中。无言可表述呼唤之何所呼唤，这并 274
不把呼唤这种现象推入一种神秘莫测之音的无规定状态，它倒只是指明：对于所呼唤的东西的领会不可寄望于诸如传达告知之类的东西。

尽管各别的此在对呼唤有种种可能的领会并因而对呼唤会有不同的解释，呼唤所开展出来的东西还是明了一义的。呼唤的内容虽似漫无规定，然不可忽视呼唤的指向是无可疑问的。呼唤并不用先去试探寻索那被召唤者，也用不着任何标识来表明那被召唤者是否正是呼唤所要呼唤的。在良知中，“错觉”的出现并非由于呼唤的误认（误唤），而恰是由于**听**呼唤的方式。由于这种产生

“错觉”的听的方式，呼唤未得本真的领会，而是被常人自身引入一种商谈式的自我对话之中，于是在其开展方向上遭到歪曲。

须得确认：我们所称的良知，即呼唤，是在其自身中召唤常人自身；作为这样一种召唤，它就是唤起这个自身到它的能自身存在上去，因而也就是把此在唤上前来，唤到它的诸种可能性上去。

我们不仅要弄清在呼唤中被唤的是谁；而且还要弄清：谁本身在呼唤？被召唤者与呼唤者的关系如何？必须怎样从存在论上来把捉这种作为存在关联的“关系”？只有这些问题都弄清楚了，我们才能获得一种在存在论上充分的良知解释。

第五十七节　良知之为操心的呼声

良知从丧失于常人的境况中唤起此在本身。这个被召唤的本身是“什么”，仍还空无规定。当从操劳所及的东西出发作解释之际，无论此在首先与通常把自己领会为什么，这个“什么”反正都已由呼声跨越过去了。然而涉及本身这回事是明白无误的。不仅呼声之对被召唤者是“无视其人声誉”的，而且呼唤者也显然不确定。对于名衔、地位、出身和声誉这些问题，呼唤者不仅拒不回答，而且，他使人丝毫也不可能凭着以“世界”为指向的此在之领会来了解他，虽然他在呼声中绝不伪装自己。呼声的呼者绝然远隔
275 于任何一种知名，这是他的现象特征之一。让人拿去打量议论一番，有悖于这一呼者的存在方式。这一呼者的这种特有的不确定性与不可确定性并非虚无，而是一种积极的与众不同之处。这种与众不同之处宣泄出：呼者唯致力于“向……唤起”，他唯愿作为这

一呼者被人听到，舍此不愿被人胡乱谈起。但若如此，不去管呼者为谁的问题岂不正适于对待这种现象？这对在生存上倾听实际的良知呼声来说是合适的；但要从生存论上分析呼唤的实际情况与听的生存性质，就不能不回答这一问题了。

然而，究竟还有没有必要明确提出谁在呼唤的问题？对此在来说，这个问题不是像追问在呼唤中谁被召唤的问题一样明明白白地得到回答了吗？此在在良知中呼唤自己本身。在实际聆听呼声之际，这一对呼唤者的领会或多或少是醒觉着的。然而这答案，即此在既是呼唤者又是被召唤者，在存在论上却远不充分。此在作为被召唤者在"此"，岂不有别于它作为呼唤者在此吗？充任呼唤者的，该是最本己的本身能在吧？

呼唤恰恰不是而且绝不会是由我们本身计划的或准备的或有意作出的。一声呼唤，不期而来，甚至违乎意愿。另一方面，呼声无疑并不来自某个共我一道在世的他人。呼声出于我而又逾越我。

我们不可把这种现象解释岔了。人们曾把这现象当作出发点，用来把这种声音解释为闯入此在的异己力量。沿着这种解释方向走下去，人们又为这样确定下来的力量添置上一个拥有者，或把这种声音本身当作宣告自身的人格（上帝）。反过来，人们又尝试驳斥这种把呼唤者当作异己力量表达的解释，同时干脆从"生物学上"把良知解释岔了。两种解释都太过匆忙地跳过了良知现象。这类办法由于下面这种未曾明言的指导性的存在论教条而轻而易举：凡存在的，也就是说，凡像呼声这样事实上存在的，必然是现成的；凡无法作为现成的东西加以客观指证的，就根本不存在。

与这种方法上的急躁针锋相对，我们不仅应得把现象实情确认下来——呼声出自我逾越我又来到我这里；而且应得把其中所含的存在论标识确认下来——这种现象在存在论上被标识为此在的一种现象。唯有这一存在者的生存论建构能够为解释发出呼声者的存在方式提供线索。

276

前此对此在的存在建构的分析是否指出了一条道路，可使我们从存在论上理解呼唤者的存在方式，并从而理解呼唤的存在方式？呼声不是明确地由我呼出的，倒不如说"有一声呼唤"，但这不是在某种非此在式的存在者中寻找呼唤者的理由。此在一向实际生存着。此在并非漂浮无据的自身筹划；它由被抛境况规定为它所是的存在者的事实；这样，它总曾已托付给并仍不断托付给生存。此在的实际性却在本质上有别于现成事物的事实性。生存着的此在不是作为一种世内现成事物向它自己照面的。而被抛境况也并不是像某种无法通达的、对此在的生存无足轻重的性质那样贴在此在身上。此在作为被抛的此在被抛入生存。它作为这样一种存在者生存着：这种存在者不得不如它所是的和所能是的那样存在。

此在实际上存在着。这件事的为什么尽可以隐而不露，但这件事本身却对此在是展开了的。这一存在者的被抛境况属于"此"的展开状态，并不断在当下的现身情态中展露出来。现身情态或多或少明确地本真地把此在带到其"它存在并作为它所是的存在者而不得不以能在方式存在"面前来。但情绪通常封锁着被抛境况。此在躲避被抛境况，逃到臆想的常人本身的自由中去求轻松。这一逃遁曾被标识为逃避无家可归的状态，而无家可归其实规定着个别化的在世。无家可归在畏的基本现身情态中本真地暴露出来；它作为被抛此在的最基本的展开状态把此在在世摆到世界之无面前，而此在就在这无面前，在为其最本己的能在的畏中生畏。**如果那在其无家可归的根基处现身的此在就是良知呼声的呼唤者，那又会如何呢？**

这种说法无可否认，而迄今清理出来的用以标画这呼唤者及其呼唤的一切现象特征都肯定了这种说法。

“世间”无可规定呼唤者为谁。他是无家可归的此在，是源始的、不在家的被抛在世的存在，是在世界之无中的赤身裸体的“它存在”。呼唤者与日常的常人本身不亲不熟——所以传来的像是 277
一种**陌生**的声音。常人迷失于它所操劳的纷纷扰扰的“世界”，对它来说，还有什么比那在无家可归中个别化为自己的、被抛入无的自身更陌生呢？一声呼唤；而这对操劳好奇的耳朵却不提供任何可以听来再去对别人讲、去同公众议论的东西。然而，从无家可归的被抛存在中，此在又有什么可加报道的呢？除了在畏中暴露出来的此在本身的能在，还给此在剩下**什么**？除了向着只关此在的这一能在唤起，还该怎样呼唤？

呼声不报道任何事件；它也不借任何音声呼唤。呼声在无家可归的沉默样式中言谈。之所以是这样，只因为呼声不是把被召唤者唤入常人的公众闲言中去，而是从这闲言**唤回到生存的能在的缄默之中**。呼唤者及乎被召唤者的那种断然无疑之态，既竦然无亲，又绝非一种不言而喻的冷漠。若不是由于此在无家可归而个别化为自身并从而绝不可能混淆它自身，还能是由于什么呢？如果不是由于此在在委弃于它自身之际而茕茕孑立，还有什么能这样决绝地剥夺了此在从其他途径来误解自己和误认自己的可能性呢？

无家可归是在世的基本方式，虽然这种方式日常被掩蔽着。此在本身作为良知从这种在世的基本存在中呼唤。“呼唤自我”是此在的一种别具一格的话语。呼声的情绪来自畏，唯有这样一种呼声使此在能够把它自身筹划到它最本己的能在上去，我们前面[①]仅只能提出：无家可归状态追迫着此在，使它忘却自身的迷失状态受到威胁。现在通过对良知呼声的生存论领会，这一点才得以正式宣告出来。

此在既是呼唤者又是被召唤者这一命题现在摆脱了它形式上的空洞性质和想当然的性质。良知公开自身为操心的呼声：呼唤者是此在，是在被抛境况（已经在……之中）为其能在而畏的此在。被召唤者是同一个此在，是向其最本己的能在（领先于自己）被唤起的此在。而由于从沉沦于常人（已经寓于所操劳的世界）的状态
278 被召唤出来，此在被唤起了。良知的呼声，即良知本身，在存在论上之所以可能，就在于此在在其存在的根基处是操心。

所以根本无须乎逃避到这种那种非此在式的力量中去〔求解释〕，何况这种后退的做法简直不曾澄清呼声的无家可归状态，相反却否弃了这种状态。人们之所以把良知解释岔了，其原因归根到底岂不就在于眼光过于短浅，甚至不足以把呼声的现象实情确定下来，而又先就默不作声地用一种偶然的存在论规定或也就是无规定来设定此在？当人们还没有先行保证自己不曾在分析之初

---

① 参见本书第四十节，第189页。——原注

太过低估了此在的存在，也就是说，把此在设定为无关痛痒的随便什么样子摆到眼前来的、配备以人的意义的主体之际，为什么就急于从陌生的力量那里求解呢？

从世俗的方式来看待呼唤者，他是“无此人”。把呼唤者解释为一种什么力量，这似乎意味着不偏不倚地承认一种“客观摆在那里的东西”的存在。但若正确地看，这种解释只是在良知前的一种逃遁，是此在的一条退路——它借以从那把常人同此在存在的无家可归状态隔开的一堵薄壁那里溜走。这种所谓的良知解释作得好像是承认呼声是有“普遍”约束力的声音，这声音“不仅仅以主观方式”发言。更甚一步，这一“普遍的”良知被抬升为“世界良知”，这种世界良知按其现象性质而言是某一发出呼唤的不定人称“它”，或“无此人”，然而因此也就是那在个别“主体”中作为这一不确定者在此发言的东西。

可是说到这种“公共良知”，它不是常人的声音又是什么呢？“世界良知”是一种可疑的发明；而只因为在根基上和本质上良知向来是我的良知，此在才能搞出这件发明。“良知向来是我的良知”，这不仅意味被召唤的向来是最本己的能在，而且也因为呼声来自我向来自身所是的那一存在者。

前面对于呼唤者的阐释纯粹追随着呼唤的现象性质，这一阐释并不降低良知的“力量”，并不把它弄成“仅仅是主观的”。相反，只有这样阐释，呼声的不为所动与明了一义才成为自由的。召唤的“主观性”当然拒认常人自身的统治，但恰恰由于良知被阐释为召唤而保留住了这种“主观性”，召唤的“客观性”才言之成理。

上面把良知阐释为操心的呼声。然而，人们将对这种阐释提 279

出质疑说：一种与“自然经验”相去如此之远的良知解释能站得住脚吗？良知首先与通常只是责斥与警告，这时它应得怎样才能充任唤向最本己的能在的唤起者呢？良知是这样就一种最本己的能在而空洞不定地发言，而不是就铸成的或面临的失误疏漏而确切具体地发言吗？所称的呼唤生自“坏”良知[①]抑或“好”良知？难道良知竟提供出了什么正面的东西而并非像以前那样仅只起批评作用吗？

这些考虑言之有理、无可辩驳。对任何一种良知阐释都可以要求“人们”能在这种阐释中像日常所经验的那样复认出问题所及的现象。但满足这一要求却又不等于说承认流俗的存在者层次上的良知领会是某种存在论阐释的首席裁判。而另一方面，只要上面那些考虑所涉及的良知分析还没有引向标的，做这些考虑就未免操之过急。前此所作的工作还只是要把良知作为此在的现象引回到这一存在者的存在论建构上去。这可算作准备工作，而为之作准备的任务则是使人领会到良知是在此在本身之中的对其最本己能在的见证。

但唯当充分清晰地界说了天然与呼唤相应的听必须具有何种性质，良知所见证的东西才会得到完整规定。“跟随”呼声的、本真的领会并不仅仅是一种附加在良知现象上的东西，并不是一种可介入可排除的过程。完整的良知体验只有从召唤之领会并与这种领会下一道才能得到把捉。既然呼唤者与被召唤者向来同是本己的此在本身，那么对呼声的每一漏听、对自己的每一误听都会有此

① 西方有“坏良知”一说，意思就是良心不安。——中译注

在的一种确定的存在方式。从生存论上来看，浮游无据、"后无所继"的呼声只是不可能的虚构。就此在来说，"后无所继"则意味着某种正面的东西。

所以，也只有对召唤之领会作一番分析，才能进一步明确讨论呼声给出了什么可加领会的东西。但又只有借助前面对良知所作的一般存在论特征描述，才可能从生存论上理解在良知中所呼唤 280
的"有罪责"。所有良知经验与良知解释在这一点上都是一致的——良知的"声音"这样那样，无非在说"罪责"。

第五十八节　召唤之领会，罪责

为了从现象上把捉在领会召唤时听到的东西，最好重新回到召唤上来。常人本身的召唤意味着把最本己的本身向着它的能在唤起；这本身指的是此在，亦即操劳在世的存在与共他人的存在。所以，只要对呼声向何处唤起的生存论阐释在方法上对自己的可能性与任务领会得正确，这种阐释就不可能打算去界说具体的个别的生存可能性。我们所能确定和所要确定的，不是那在生存上在各个此在中向这个此在所呼唤的东西，而是那使各种实际生存上的能在成为可能的生存论条件所包含的内容。

此在愈少旁涉地倾听与领会其被召唤的存在，愈少把呼声的意义倒错为人们之所云和理所当然之事，生存上对呼声的倾听领会就愈加本真。而从本质上看，召唤之领会的本真性包含着什么？呼声每一回都给出了什么可加领会的东西——即使这东西实际上并非每次都被领会？

我们已经用一个命题给出了这个问题的答案:呼声不说出任何可供议论的东西,它不提供任何关于事件的知识。呼声向前指引此在到其能在处去,而这时呼声是出自无家可归状态的呼声。呼唤者诚然是不确定的,但他从何处呼唤,对呼唤来说却并非无关紧要。这个何所由来,即被抛的个别化的无家可归状态,在呼唤中被一道呼出,也就是说,一道展开。在唤上前去到……之际,呼唤的何所由来就是唤回的何所归去。呼声并不给出任何理想的普遍的能在供人领会;它把能在展开为各个此在的当下个别化了的能在。唯当我们把呼声领会为唤上前来的唤回,才能充分规定呼声的开展特点。只有依循这一方向以这种方式把捉呼声,才问得上呼声给出什么东西供人领会。

在一切良知经验中充耳所闻或充耳不闻的是:呼声向此在进
281 言说,它"有罪责",或作为发生警告的良知揭示可能的"有罪责",或作为"清白"的良知确证"不觉得有罪责"。如果我们"直截了当"地指明这些,是不是能更容易、更有把握地回答呼声说的是什么这一问题了呢?但愿这种"一致"经验到的"有罪责"到了经验良知解释良知的时候不那么五花八门呢!而且就算这种"有罪责"的意义可以众口一声地加以把握,什么"是"有罪责,罪责怎么"存在",这一生存论概念仍还晦暗不明。然而当此在向它自己进言说它"有罪责"时,罪责这一观念[①]若不取自对此在存在的解释,又该取自何处呢?老问题又提出来了,谁在说?我们如何是有罪责的?罪

① Schuld在德语中有多重含义。一般说来,可归纳为债务、罪过、责任三种。现代汉语中难以找到同时满足于这一组含义的概念,权且译为"罪责"。——中译注

责意味着什么？罪责这一观念不可任意设想出来强加到此在头上。但若确乎可能对罪责的本质有所领会，那么这种可能性就必得在此在中先行描绘出来。我们该如何寻觅可引导揭示这一现象的线索呢？一切从存在论上对罪责、良知、死这一类现象的探讨都必须从日常此在解释这些现象时所"说"的东西入手。而同时在此在沉沦的存在方式中又包含着这样的情况：此在的解释通常以非本真的方式"制定方向"而不涉及"本质"，因为要从源始处就对存在论问题提得适当，这对此在来说还是陌生的。但在视而不见之际，也一道暴露出对现象的源始"观念"的一种指示。在讨论"有罪责"的源始的生存论意义之时，我们的标准取自何处呢？取自于这一"有罪责"是作为"我在"的述语浮现出来这一情形[①]。难道说被非本真的解释领会为"罪责"的东西是在此在本身的存在之中吗？也就是说：只要此在实际生存着，它就已经是有罪责的吗？

由此可见，援引一致听到的"有罪责"还不就是回答呼声之所呼的生存论意义问题。呼声之所呼还有待把握为概念，这才能够使人理解到所呼的"有罪责"意指什么，为什么日常解释倒置了它的含义以及这是怎样发生的。

日常知性首先是在"负债"、"赊欠某人"的意义上来理解"有罪责存在"的。人应得归还他人有权要求的东西。这种"负有债责"的"有罪责存在"是在交出、纳入这类操劳活动方面与他人共在的一种方式。这类操劳活动的样式还有拖欠、剽窃、拒付、巧取豪夺，

① Schuldig在德语中为形容词，和系动词sein构成述语，如Ich bin schuldig〔我是有罪责的〕。这里，Ich bin可解作"我在"；但中文难于表达这层意思，只能译为"我是……"。——中译注

282 亦即以这种那种方式不满足他人的财产要求。这种方式的有罪责存在关涉到**可为之操劳的东西**。

有罪责存在还有一层含义即“**有责于**”某事，这就是说，是某事的原因或肇始者，或也可能是某事的“事由”。在这种“有责”于某事的意义上，人们可能并不对某个他人“负债”或成为“有债责的”，但却仍是有罪责的。反过来，人们也可能自己并无责于某事却仍然对他人负债——一个他人可能“为我”而向他人“背债”。

有罪责存在的这两种流俗含义，即“负债于……”和“有责于……”可能归于一处，造成一种我们称之为“使自己负罪责”的行为，这也就是对于伤害某种债权的事负有责任并且使自己应受惩罚。不过，未被满足的要求并非一定牵涉到某种占有物：这种要求还可以调整一般的公众共处。而在权利伤害中的“使自己负罪责”既经这样规定，则同时还可能具有“**对他人成为有责**”的性质。这事不是通过权利伤害本身发生的，而是我对他人在其生存中受到危害、误入歧途甚或毁灭负有责任。即使无伤于“公”法，这种“**对他人成为有责**”仍是可能的。因而在“对他人成为有责的”这一意义上的有罪责存在的概念也可以从形式上规定为：是某一他人此在中的缺欠的**根据**。这一作为根据的存在按照它是造成何种缺欠的根据来规定自己“欠什么”。这种缺欠在于它不满足生存着共他人存在的某种要求。

我们姑且不追问这些要求如何起源，以及我们又必须以何种方式根据这一起源来理解它们的要求性质与法规性质。无论怎样，在最后提到的那一意义上即伤害某种“伦理要求”的意义上，**罪责存在**总都是**此在的存在方式**。这对“使自己应得受罚”、“负债”

和各种“有责于……”等罪责存在当然也都是一样的。这些也都是此在的行为。若把“负有伦理罪责”把捉为此在的一种“性质”，这也没说出什么。相反，这种说法倒只表明这样的特征描述法不足以从存在论上把此在某种“存在规定性”〔即“罪责”〕的这一方式〔即“伤害伦理要求”〕与前面几种行为〔即“负债”等〕界划开来。道德罪责的概念在存在论上也一样没得到什么澄清。结果，在解释 283
道德罪责现象的时候，一直能占统治地位的而且一直占着统治地位的是那样一些学说，——它们把应加惩罚乃至负人债款这类观念拉进道德罪责这一概念之中，甚而至于就从这类观念出发来规定这一概念。但这样一来，“有罪责”又被推回到对权益要求加以结算找补这类操劳活动的领域中去了。

只有首先从根本上询问此在的罪责存在，亦即从此在的存在方式来把握“罪责”观念，才能澄清未必牵涉“欠债”与权利伤害之类的罪责现象。

要达到这一目标，“有罪责”这一观念就必须在一定程度上形式化，直到摆脱对操劳共处的流俗的罪责现象的牵涉。罪责观念不仅必须越过结算这种操劳的领域脱颖而出，而且也必须解脱与“应当”及法规的牵涉，即并不指那因违反“应当”与法规的要求而承担罪责。因为即使在这里罪责仍必定被规定为缺欠，即欠缺那应当存在与能够存在的东西。但欠缺说的是不现成存在。缺欠之为某种应当事物的不现成存在是关于现成事物的一种存在规定性。生存按其本质而言不可能在这种意义上缺欠任何东西，这并非因为生存是完满的，而是因为其存在性质始终有别于一切现成性。

然而在"有罪责"观念中有着不〔Nicht〕的性质。如果"有罪责"能规定生存，那就由此生出一个存在论问题来：如何从生存论上澄清这一"不"的不之特性〔Nicht-Charakter〕？再则，"有罪责"观念还包含有"作为……的根据存在"——这一点在"有责于"这一罪责概念中是以未经分辨的方式表达出来的。从而我们把"有罪责"的生存论观念从形式上规定为：作为一种由"不"规定的存在之根据性的存在，这就是说：是一种不之状态〔Nichigkeit〕的根据。以生存论上加以领会的罪责概念为基础的"不"这一观念排除了和某种可能的或被要求的现成事物的牵涉。此在一般地就不应以某种现成事物或通行事物来衡量，不该由不是它自己所是的或不是以它的方式即生存方式存在的事物来衡量。如果是这样，那么，也就不再可能参照"是某种缺欠的根据"这一提法而把作为根据的存在者结算为"有所缺欠"。不能简简单单把某种以此在方式"引起的"缺欠，把某种要求的不满足归算到"原因"的有所缺欠上去。"是……的根据"所具有的不之特性无须等同于根基于它、自它发
284 源的阙失物的不之特性。根据无须反过来从根据它的东西那里才能得到它的不之状态。但包含在其中的就是：有罪责并非作为某种欠债的结果出现，相反，欠债只有"根据于"一种源始的有罪责才成为可能。能够在此在的存在中展示出这样一回事吗？它在生存论上怎样才是可能的？

此在的存在是操心，操心包括实际性（被抛）、生存（筹划）与沉沦。作为存在者，此在是被抛的此在，而不是被它自己带入它的"此"的。作为存在者，此在被规定为这样一种能在：它听到了它自身，但却不是作为它自身把自己给与本己的。生存着的此在从不

回到其被抛境况后面去，以便能把这一“它存在，且不得不存在”从它的自身存在割舍掉并把它引入“此”。但被抛境况并非挂在此在身后好似随此在发生的、事实上落到此在身上却又能从它身上脱落的事件。实则只要此在存在，此在作为操心就总是它的“它存在且不得不存在”。此在委托给了这个存在者，它只有作为它所是的存在者才能生存；作为这样一个存在者，此在生存着就是它能在的根据，虽然此在不曾自己设置这根据，但它依栖在这根据的重量上，而情绪把这重量作为负担向此在公开出来。

那么此在如何作为这种被抛的根据而存在？只是这样：它向着它被抛入的种种可能性筹划自己。自身之为自身不得不为自身设置它的这根据；这自身却绝不能控制这根据，而是不得不生存着接受根据性的存在。去作为本己的、被抛的根据存在，这就是能在；而操心就是为这一能在而操心。

此在是作为根据的存在者，也就是说，它作为被抛的此在生存着。作为这一存在者，此在始终落在它的种种可能性之后。此在在生存上从不在它的根据之前存在，而一向只出自这根据并作为这根据存在。从而，作为根据性的存在就等于说：从根本上从不控制最本己的存在。这一“不”属于被抛境况的生存论意义，此在这一存在者作为根据，其本身就是它本身的一种不之状态。不之状态绝不意味着不现成存在、不实存；它所意指的“不”组建着此在的被抛境况这一存在。这一“不”的不之特性在生存论上规定自己为：此在自身以存在者的方式存在着，此在作为自身而是被抛的存 285
在者。为了作为根据而存在，此在离脱根据；它不是以通过它本身的方式，而是以趋就它本身的方式离脱根据。并非只有当此在存在的根据源于本己的筹划之时，此在才本身是这根据；情况却是：此在作为本身存在就是根据的存在。根据总只是这样一种存在者的根据——这种存在者的存在不得不接受作为根据的存在。

此在生存着是它的根据。这也就是说：此在从种种可能性领会自己，它就是这样领会着自身的被抛的存在者。但其中就含有：此在向来就以能在的方式处在这种或那种可能性中，它始终不是另一种可能性，在生存的筹划中它已放弃了那另一种可能性。筹划不仅作为向来被抛的筹划是由根据性的存在的不之状态规定的，而且筹划之为筹划，其本身本质上就是具有不性的〔nichtig〕。这种规定却又绝不意指"无结果"或"无价值"这一类存在者层次上的属性，而是筹划活动的存在结构的生存论组建因素。这里所指的"不性"属于此在面对其生存上的诸可能性的自由存在。但自由仅在于选择一种可能性，这就是说，在于把不曾也不能选择其他可能性这回事承担起来。

在被抛境况的结构中也像在筹划的结构中一样，本质上有着一种不之状态。这种不之状态是在沉沦中的非本真的此在的不之状态之所以可能的根据，而此在一向总已作为这一沉沦实际存在着。就其本质而言，操心本身自始至终贯穿着不之状态。从而，作为被抛的筹划，此在的存在即操心就等于说：是不之状态的（具有不性的）根据。而这意味着：此在之为此在就是有罪责的——苟若从生存论上讲确乎可以从形式上把罪责规定为不之状态的根据性的存在。

生存论上的不之状态绝不具有阙失的性质，好像说相对于某种设置好了但在此在中未被达到的理想而有什么缺陷。情况倒是：先于此在能够加以筹划并且多半达到了的一切，这一存在者的存在作为筹划已经是不的。从而，这一不之状态也就不是偶或呈现在此在身上，好像它是一种晦暗不明的性质附于此在，而当此在有了足够的进步就能予以排除似的。

虽然如此，这一生存论上的不之状态的不性〔Nichtheit〕的存在论意义却仍晦暗不明。但说到一般的"不"之存在论本质，情况也是一样。存在论与逻辑学对"不"的作用一向寄予厚望，从而也零碎片段地使不的种种可能性映入眼帘。然而它们却不曾从存在论上揭开"不"本身。存在论过去曾发现这个"不"摆在那里，于是就使用它。但每一个"不"都这样不言而喻地意味着匮乏意义上的 286
否定因素吗？"不"的肯定性难道仅在于组建着"过渡"吗？为什么所有的辩证法都躲避到否定性中，却不辩证地论证这类东西本身，甚至不能把它作为问题确定下来呢？人们可曾把"不"的存在论起源变成问题了吗？或哪怕先行对"不"及其不性和可能性这些问题得以提出所赖的诸条件探寻一番了吗？但若不专题澄清一般存在的意义，不澄清"是"，还该在何处找到这些条件呢？

要从存在论上解释罪责现象，阙失与匮乏这些本身不大清晰的概念显然已经不够用。尽管若以充分形式化的方式把握这些概念，它们毕竟还可广派用场。至于依循罪恶观念，依循 malum〔恶〕之为 privatio boni〔善之阙失〕的观念来制定方向，那简直就丝毫也接近不了生存论上的罪责现象。bonum〔善〕与 privatio〔阙失〕出自关于现成事物的存在论。而由这二者抽象出来的"价值"观念也是与这同一种存在论相适应的。

其存在为操心的存在者不仅能背负实际的罪责，而且它在其存在的根据处就是有罪责的。唯有这种"是有罪责的"才提供了使此在实际生存着能够成为有罪责的存在论上的条件。这种本质性的有罪责存在也同样源始地是"道德上的"善恶之所以可能的生存论条件,这就是说,是一般道德及其实际上可能形成的诸形式之所以可能的生存论条件。源始的有罪责存在不可能由道德来规定,因为道德已经为自身把它设为前提。

但何种经验可为此在的这一源始罪责存在作证呢?然而别忘记反过来问一问:只有当罪责意识觉醒时,罪责才"在此"吗?抑或说,源始的罪责存在恰恰在罪责"沉睡"之际才宣告出来?罪责存在首先与通常保持其未展开状态,由于此在存在的沉沦而保持其封闭,这恰只揭露出我们所说的不之状态。罪责存在比任何一种对它的知都来得更源始。而只因为此在在其存在的根据上就是有罪责的,此在作为被抛沉沦的此在对它本身封闭它自己,良知才是可能的——因为呼声提供出来让人领会的其实就是这一罪责存在。

呼声是操心的呼声。罪责存在组建着我们称之为操心的存
287 在。此在在无家可归状态中源始地与它自己本身相并。无家可归状态把这一存在者带到它未经伪装的不之状态面前;而这种"不性"属于此在最本己能在的可能性。只要此在是为其存在操心,它就从无家可归状态中把自己本身作为实际的沉沦的常人向着它的能在唤起。召唤是唤上前来的唤回,向前就是:唤到一种可能性中去,生存着承受它所是的被抛的存在者;唤回就是:唤回到被抛境况,以便把被抛境况领会为它不得不接纳到生存中来的不的根据。良知的这种唤上前来的唤回使此在得以领会:此在——在其存在

的可能性中作为其不之筹划的不的根据——应把自己从迷失于常人的状态中收回到它本身来，也就是说：此在是**有罪责的**。

人们会觉得：那么，此在以这种方式使人领会的东西似乎是某种关于它本身的信息，与这种呼声相应的听似乎是对“有罪责”这一实际情况的**信息接收**。但若呼声应得具有唤起的性质，这种良知解释岂不要把良知的功能彻底倒置了？向罪责存在唤起，岂不是说向恶唤起？

再粗暴的解释也不会愿意把这样一种呼声意义硬压到良知上。那么，“向罪责存在唤起”说的是什么呢？

如果不是把罪责理解为通过某种行动或拖拖拉拉的不行动而“产生”的欠债并把从这种意义引出的概念当作基础，而是坚持按罪责存在的生存论意义来理解它，那么呼声的意义就变得清清楚楚了。既然良知的呼声来自此在本身而且唯指向这一存在者，提出上述要求就不是任意之举。然而，这样一来，向有罪责的存在唤起就意味着唤上前来，唤向我作为此在向来已是的能在。这一存在者无须乎先有错失或拖欠才担上“罪责”；此在只不过应当以“有罪责”的方式**本真地**去**是**它所是者。

于是，正确地倾听召唤就等于在其最本己的能在中领会自己，亦即在这样一种自身筹划中领会自己—这种自身筹划的所向就是能以**最本己**的本真的方式成为有罪责的。此在有所领会地让自己被唤上前去，唤向上面这种可能性，其中就包含：此在对呼声**成为自由的**——准备着能被召唤。此在以领会呼声的方式**听命于**它**最本己的生存可能性**。此在选择了它自己。

随着这一选择，此在使其最本己的罪责存在对自己成为可能，288

而这种罪责存在对常人自身则保持其封闭。常人的知性只识得是否满足手头规矩与公众规范。常人结算这些规矩规范受了几许冲撞并企求得到找补。常人溜过最本己的罪责存在，以便嘈嘈嚷嚷议论"犯错误"。但在召唤中，常人自身被召唤回本身的最本己的罪责存在。领会呼声即是选择；不是说选择良知，良知之为良知是不能被选择的。被选择的是有良知，即对最本己的罪责存在的自由存在。领会召唤就等于说：愿有良知。

这并非意指：愿有"清白的良知"；也非指：着意培育"呼声"；而只是指：准备被召唤。愿有良知当然远非搜求种种实际的疚责，它同样也远非从罪责——其意义是本质性的"有罪责"—求解放的倾向。

愿有良知毋宁是实际上之所以可能变成有罪责这件事的最源始的生存上的前提。此在领会着呼声而让最本己的自身从所选择的能在方面自在行为。只有这样，它才能是负责的。但一切行为实际地却必然是"没良知的"，这不仅因为行为避免不了实际上的道德疚责，而且因为行为基于其不的筹划的不的根据一向在共他人存在之际就已经成了对他人有罪责的。于是愿有良知就要把本质性的"没良知"承担过来；而只是在这"没良知"之内才有着"善良清白地"存在这种生存上的可能性。

虽然呼声不提供任何信息，它却并不因此只是批判性的。呼声是积极的，它把此在最源始的能在作为罪责存在开展出来。因而，良知公开自身为一种此在存在的见证，在这一见证中把此在本身唤到它最本己的能在面前来。还能够从生存论上更具体地规定如此这般见证的本真能在吗？在这之前还有一个问题：如果人们犹诧异我们在这里何以一味回到此在建构上去阐释良知而匆匆越过流俗良知解释所熟知的所有现有情形，那么，像我们这样提出在此在本身之中所见证的能在是否称得上足够明白确凿呢？在上面的阐释中，究竟还能不能像良知“实际”所是的那样复认出良知现 289
象来？我们不会是太过自信太过率直地从此在的存在建构演绎出一种良知观念吧？

良知阐释的最后一步是从生存论上界说在良知中得以见证的本真能在。为了保证良知的流俗理解也得通达这一步，就需要明确指出存在论分析的结果与日常良知经验之间的联系。

第五十九节 生存论的良知阐释与流俗的良知解释

良知是操心的呼声，来自在世的无家可归状态；这呼声把此在向最本己的能有罪责的存在唤起。与此相应的召唤之领会就是愿有良知。这两句规定不可能马上就同流俗的良知解释协调起来。它们甚至显得针锋相对。我们之所以称流俗良知解释，因为这种解释在描述这一现象特征和标识其“功能”的时候执着于人们认作良知的东西以及执着于人们如何跟随这种良知或不跟随这种良知的情况。

但是，存在论阐释非得与流俗解释取得一致吗？流俗解释在原则上存在论上不恰恰须得怀疑吗？既然此在首先与通常从操劳所及的事物方面来领会自己并把它的所有行为都解释为操劳，那它不是要以沉沦晦蔽的方式来解释它的存在的这种方式了吗？此在迷失于常人所操劳之事；那么，它所解释的存在方式不恰恰是它作为呼声要从这种迷失状态中收回的那种存在方式吗？日常生活把此在当作某种上到手头的东西来操劳、亦即加以管理结算的东西。“生活”是桩“经营”，也许赢利也许蚀本。

所以，考虑到此在本身的流俗存在方式，就无法担保源于这种存在方式的良知解释与依这种解释制定方向的良知理论已为这类阐释工作找到了适当的存在论视野。虽说如此，流俗的良知经验却也必定这样那样于前存在论就触到了这一现象。由此引申出两个方面：一方面，日常良知解释不能作为衡量某种存在论分析的
290 “客观性”的最终标准；另一方面，存在论分析也不该对日常良知理解掉头不顾，不该越过基于这一理解的人类学、心理学和神学的良知理论。如果生存论分析从良知现象的根源处把这现象剖析清楚了，种种流俗解释就一定恰恰从这一分析而成为可理解的；特别是它们在何处错失良知现象以及它们为什么掩蔽良知现象也同时可得理解了。不过，从本书所讨论的问题看，良知分析只是为解决存在论基础问题服务的，所以，描述生存论良知阐释与流俗良知解释的联系的工作就只能满足于指出本质性的问题。

前面曾把良知阐释为把操心向罪责存在唤起。流俗良知解释针对这一阐释所会提出的诘难有四种：1.良知本质上具有批评作用。2.良知向来是要对某种确定的已施行的或所要施行的行动发言的。3.按照经验，“声音”从不这样在根源处关涉此在的存在。4.这种阐释没考虑到良知现象的诸种基本形式：良知“不安”、良知“清白”、“谴责的”良知和“警告的”良知。

恐怕可以从最后提到的这类考虑开始讨论。良知“不安”、良

知“有愧”在一切良知解释中都是首先讨论到的。良知本来就是“不安的良知”。这就宣告出：一切良知经验最先经验到的是诸如“有罪责”这样的东西。但该如何领会在这种良知“有愧”的观念中的恶的昭示呢？“良知体验”在行为完成或拖拉未作之后浮现出来。声音跟在过失之后并回身指向此在因之负了罪责的、已铸成的事情。如果说良知宣告一种“罪责存在”，那么它不可能以向……唤起的方式发生，而是以回忆的方式指向所涉的罪责。

然而，声音随后到来这件“事实”是否与呼声在根本上是呼上前来的这种说法不相容呢？把声音把捉为随后跟来的良知蠢动却并不表明对良知现象的源始领会。如果实际疚责只是实际良知呼声的事由而已呢？如果对良知之恶的上述阐释是中途而废呢？而情况正是这样；若把如上阐释的良知现象引入其存在论上先行具有的东西，就可以看到这一点。声音是某种浮现出来的东西，它在 291
一一相续的现成体验中有其位置，它跟随着对行为的体验。然而，无论呼声，还是发生了的行为，还是所负的罪责，它们都不是摆到眼前的事物，并不具有一一相续的现成事物的性质。呼声具有操心的存在方式。在呼声中此在先行于它自身而“存在”，其情形是：它同时反过来指向它的被抛境况。只因为一开始就把此在当作接踵而来的体验的前后联系，才可能把声音当作随后跟来的较晚的东西，从而也就必然是回过来进行指引的东西。声音确乎呼回，但却越过发生了的行为而直回到被抛的罪责存在，这种存在比一切疚责“更早”。呼回却同时向着罪责存在呼上前来，这罪责存在则须得在本己的生存中才掌握得到，所以，生存上的本真罪责存在恰只是“跟随”着呼声，而不是相反。良知有愧从根本上远不只以责备方式回指，毋宁说它倒是以向前指向被抛境况的方式唤回。一一相续的体验的前后顺序不提供生存活动的现象结构。

如果说对良知"有愧"的特征描述还未达到源始现象，那么对良知"清白无愧"的描述就差得更远了。无论把良知"无愧"当作一种独立的良知形式还是一种从本质上植根于良知"有愧"的形式，都是一样。就像良知"有愧"公告出一种"罪恶存在"一样，良知"无愧"必得公告出此在的"善良"。不难看出，这样一来，良知先前作为"神圣权能的流溢"，现在成了伪善的奴仆。良知应得让人说他自己："我是善良的"。谁能说这话呢？而谁又不愿这样表白自己？大概只有善人吧？这就看出良知无愧这一观念导出的结论是不可能的，但由此恰只映现出：良知呼唤罪责存在。

为了摆脱上面的结论：人们曾把良知无愧阐释为良知"有愧"的缺失，把它规定为"经历到良知有愧的阙然"[①]。因而，良知无愧似乎就是对呼声不浮现的经验，亦即经验到我没有什么可责备我自己的。但怎样才能"体验"到这种"阙然"呢？这种臆想的体会根本不是对某种呼声的经验，而是使自己确知：此在并不曾施行归给
292 它的某件行为，所以它是无罪责的。确知〔gewiss〕自己不曾做什么，这根本不具有某种良知〔Gewissen〕现象的性质。相反，这种确知倒可能意味良知的遗忘，亦即出离了能被召唤的可能性。这种所谓"确知"以安定方式把愿有良知这回事加以压制；亦即压制对最本己的、常驻的罪责存在的领会。良知的"无愧"既非独立无

① 参见舍勒《伦理学中的形式主义和实质的价值伦理学》第二部分，本年鉴第二卷（1916年），第192页。——原注

依的又非另有根基的良知形式，也就是说，它根本就不是良知现象。

良知"无愧"这种说法源自日常此在的良知经验，就此而论，日常此在不过由此泄露出，即使它在讲良知"有愧"时也不是从根本上触到良知现象。因为良知"有愧"的观念实际上是依良知"无愧"的观念制订方向的。日常解释执着在操劳结算与找补"罪责"与"无罪责"这一维度上。于是，人们只是在这一视野上"体验"到良知的声音。

当我们描述良知"无愧"或"有愧"这类观念的起源时，我们实也已经断定了良知指向前去加以警告与指向后去加以指责的区别。良知警告的观念似乎最切近于向……唤起的现象，它和这种唤起都分有指向前去的性质。这种一致却只是假象。良知警告的经验仍只是从所欲的、然而良知却要加以抵制的行动着眼来看待声音的。警告是对所愿之事的阻拦，它之所以可能，只因为"警告的"呼声以此在的能在为标的，亦即以领会到自己存在在罪责之中为标的，而"所愿之事"恰由于这样的领会才夭折。良知警告具有不时调整而摆脱疚责的功能。良知"警告"的经验所看出的良知的呼声倾向仅仅是在常人的知性所能够到的范围之内。

我们提到的第三点考虑基于这样一种事实：日常良知经验认不出有向着罪责存在被唤起这样的事儿。对此必予承认。然而，日常良知经验是否已经能担保：良知声音的一切可能的呼声内容都在这种经验中听到了？是否由此可以推断，奠基在流俗良知经验上的良知理论确已为良知现象的分析提供了恰当的存在论视 293
野？然而，沉沦这一此在存在的本质方式不是恰恰显示出：在存在者层次上，这一存在者首先与通常是从操劳活动的视野上来领会自己，但在存在论上，它则是在现成性意义上来规定存在吗？由此就生出了对这现象的双重晦蔽：理论所见到的是一一接续的体验或“心理过程”，而这种接续过程的存在方式则大都或甚至全然未加规定。经验所对的良知则是裁判者和警告者，此在与他以结算的方式进行协商。

康德用“正义法庭”作为主导观念来奠定他的良知解释，这不是偶然的；这通过道德律令的观念已露端倪——虽然他的道德概念离功利道德及快乐主义还相去甚远。就连价值论，无论从形式上还是从质料上开端，也都将一种“道德形而上学”，亦即将此在及生存的存在论，设为其未经道出的存在论前提。此在被当作可以对之操劳的存在者，而这种操劳具有“实现价值”或“实现规范”的意义。

要把日常良知经验当作良知阐释的唯一裁判而援引它所识认的东西，就必须首先考察一下日常良知经验是否能本真地通达良知，才有可能言之成理。

如果是这样，下面这种指责也就失去了它的力量：生存论解释不重视把良知呼声牵到某种确定的“已实现的”或所愿的行动上去。无可否认，人们常常在呼声的这一方向上经验到呼声。问题只在于：这种呼声经验是否让呼声对自己充分“呼出”了。知性解释可能会自以为牢牢守住了“事实”，但到头来却恰恰由于其知性性质而限制了呼声的开展广度。不可把良知“有愧”的作用压低成对现成疚责的提出或对可能疚责的嫌避，一如不可把良知“无愧”用来为“伪善”服务。此在好像就是“一户人家”，它所欠的债务无非需要有条有理地抵偿就是了；于是乎，自我却可以对这些一一接续的体验袖手“旁”观。

我们所提到的第一点考虑认为生存论阐释没有看到良知“本质上”具有**批评**作用。但是，如果呼声原本并不牵涉实际上是“现成的”罪责或实际愿望的会生罪责的行动，从而使良知的“指责”和 294 “警告”**不**能表达出源始的呼声功能，那么，上面这项考虑也就失掉了地基。不过，在某种限度内这项考虑也可说源自对良知现象的真见。因为在呼声的内容里实际上展示不出任何由声音“肯定地”推荐或提供的东西。但怎样来领会良知作用的这种错失掉的肯定性呢？由此可以推出良知的“否定”性质吗？

之所以错失所呼之中的某种“肯定”内容，**是因为期待一种当下用得上的指示，它提供出那些可用的、可计算的而又可靠的“行动可能性**”。这种期待根系在知性操劳活动的解释视野上，在这里，此在的生存活动被纳入一种可调整的经营整体的观念之下。部分地也因为未经明言地基于这种期待，人们针对“唯”形式的价值伦理学而要求一种**唯物的**价值伦理学。良知当然使这类期待大失所望。良知之所以不给出这类“实践性的”指示，只因为良知向生存、向最本己的能自己存在唤起此在。良知若像所期待的那样提供可以简明一义地结算的公理，那么，良知就恰恰对生存否定掉了**去行动的可能性**。因为良知显然不能以这种方式成为“肯定的”，所以它也不能以这种方式“仅仅否定地”起作用。肯定地也罢，否定地也罢，呼声不开展任何能够作为**可操劳之事的东西**，因为呼声意指存在论上截然不同的一种存在，即**生存**。反过来，在生存论意义上，经正确领会的呼声提供出“最肯定的东西”，亦即此在能够先行给与自身的最本己的可能性：以唤上前来的方式唤回到当下实际的能自己存在。本真地倾听呼声意味着把自己带入实际行动。但我们先得弄清楚，以本真地倾听的方式来领会召唤这件事情本身包含着何种生存论结构，只有那时，我们才可能充分完整地阐释呼声之所呼。

上面我们首先指出的是：只是由流俗的良知解释所熟悉的那些现象若经存在论上的恰当领会是如何指回到良知呼声的源始意义上去的；然后指出的是：流俗解释源于此在在沉沦着自我解释之际的局限性；还有：因为沉沦属于操心本身，所以流俗解释尽管其不言而喻却不是偶然的。

295　从存在论上对流俗良知解释的批评可能会导致一种误解。好像在指出日常良知经验在生存论上的非源始的同时也就要评判处身在这种经验中的此在的生存上的"道德品质"。在生存论上恰当的良知阐释并不保证在生存上对呼声的领会，一如生存并不必然地、直接地因在存在论上不充分的良知领会而遭贬损。在流俗的良知经验中一样可能有诚实认真，正如在更源始的良知领会中一样可能有轻浮不真。不过，只要存在论上的理解不把自己同存在者层次上的经验割断，那么，在生存论上更源始的阐释也就同时在生存上更源始的领会中开展出可能性来。

第六十节　在良知中得以见证的本真能在的生存论结构

良知的生存论阐释应当提供出对此在的最本己能在的见证，

这种见证是在此在自身之中的存在者层次上的见证。良知提供见证的方式并不是漠然公告，而是以唤上前来的方式向罪责存在唤起。如此这般得到见证的东西是由听“把捉住”的；这一听未经歪曲地在自己所意向的意义上领会着呼声。召唤之领会只有作为此在的存在样式才提供了在良知呼声中所见证的东西的现象内容。我们曾把本真的呼声之领会标画为：愿有良知。这等于说，在其罪责存在中从它自身出发而“让”最本己的自身“在自身中行动”。这种“让在自身中行动”在现象上代表着在此在自身中所见证的本真能在。现在必须来剖明这种本真能在的生存论结构。只有这样，我们才能深入到此在生存的本真性在此在自身中所展开的基本建构。

愿有良知，作为在最本己能在中的自我领会，是此在的展开状态的一种方式。除了领会而外，组建展开状态的还有现身情态和话语。生存上的领会等于说：向着能够在世这样一种一向最本己的实际可能性筹划自身。但只有在这种可能性的生存活动中，能在才可获得领会。

何种情绪对应于这一领会？呼声之领会在此在个别化的无家
可归状态中开展着本己的此在。在领会中一道被揭示出来的无家 296
可归状态天然地通过这一领会中包含的畏之现身情态而被展开出来。良知之畏这一实际情形是现象上的保证，说明此在在领会呼声之际已被带到它自己的无家可归状态面前来了。愿有良知成为畏之准备。

展开状态的第三个本质环节是话语。没有一种话语回应呼声这种此在的源始话语，甚至在商谈议论良知所说之事的意义上也没有。对呼声的领会倾听无言回应，这并非因为它被某种压顶而来的“混沌力量”所震慑，而是因为它未经晦蔽地把呼声的内容据为己有。呼声呈现出常驻的罪责存在，这样也就把本身从常人知性的嘈杂闲言中收回。所以，有所勾连的话语这一样式包含在愿有良知中，而这种样式乃是**缄默**。我们曾把沉默描述为话语的本质可能性[①]。谁默默给出供人领会的东西，总必“有的可说”。此在在召唤中让自己领会到它最本己的能在，因而这一呼唤是一种沉默。良知的话语从不付诸音声。良知只默默呼唤，亦即：呼声来自无家可归的无声无闻，并把被唤起的此在作为静默下来的此在唤回到它本身的静默中去。从而，愿有良知只有在缄默中才恰当地领会到这种默默无语的话语。缄默抽掉了常人的知性闲言之言。

“严格奉守事实”的知性良知解释以良知仅只默默言谈为由而把良知弄得好像是根本确定不了和根本不现成的东西。**人们**只听得到、只领会得到嘈杂的闲言而不能“断定”呼声，这也被归咎于良知，其托辞是：良知是“哑”的，它显然不现成存在。其实，常人只不过是用这种解释来掩盖自己所固有的对呼声充耳不闻以及自己“听觉”的行而不远罢了。

因此，此在在愿有良知之中的展开状态是由畏之现身情态、筹划自身到最本己的罪责存在上去的领会和缄默这种话语组建而成的。这种与众不同的、在此在本身之中由其良知加以见证的本真
297 的展开状态，**这种缄默的、时刻准备畏的、向着最本己的罪责存在**

① 参见本书第三十四节，第164页。——原注

的自身筹划，我们称之为决心。

决心〔Entschlossenheit〕是此在展开状态〔Erschlossenheit〕的一种突出样式，而我们前面[①]曾从生存论上把展开状态阐释为源始的真理。真理原本不具有"判断"的性质，它根本不具有某种特定行为的性质，真理是在世之为在世的本质组建要素。必须把真理理解为基本生存论环节。我们从存在论上澄清"此在在真理中"这一命题的时候，曾揭示这一存在者的源始展开状态即是生存的真理，并为界说这一真理而指引向此在本真状态的分析[②]。

现在我们随着展开状态来到了此在的最源始的真理，因为这也就是此在的本真的真理。此的展开状态同样源始地开展着当下整体的"在世界之中存在"，亦即：世界、在之中、本身——这个本身即是作为"我在"的这个存在者。世内存在者向来已随着世界的展开状态一道被揭示了。上手事物与现成事物的揭示奠基于世界的展开状态[③]，因为要敞开上手事物的当下因缘整体性就要先行领会意蕴。操劳着的此在以领会着意蕴的方式寻视着把自己指派于照面的上手事物。要领会意蕴，亦即要开展当下的世界，则又基于领会一切得到揭示的因缘整体性所回归的"为何之故"。为介入之故，为居持之故，为发展之故，这些都是此在的切近和常驻的可能性。这一为其存在而存在的存在者一向已经向着这些可能性筹划自己了。既经抛入它的"此"，此在实际上向已被指派到一个特定的"世界"——它的"世界"。与此同时，这些切近的实际筹划是由

① 参见本书第四十四节，第212页。——原注

② 参见本书第四十四节，第221页。——原注

③ 参见本书第十八节，第83页及以下。——原注

操劳着丧失于常人的境况来引导的。当下本己的此在可能向这种境况发出召唤，这召唤只能以决心的方式加以领会。这一本真的展开状态却也同样源始地使根基于这种展开状态而业已被揭示的“世界”的被揭示状态和其他人存在的展开状态改变样式。上到手
298 头的“世界”就内容而言并不变成另一个世界，他人的圈子并未被更换，然而，领会着操劳着向上手事物的存在和操持着共他人的存在现在都从其最本己的能本身存在方面得以规定了。

决心这一本真的自身存在并不把此在从其世界解脱，并不把此在隔绝在一个漂游无据的我中。——决心之为本真的展开状态恰就是本真地在世，它又怎会去解脱、隔绝？决心恰恰把自身带到当下有所操劳地寓于上手事物的存在之中，把自身推到有所操持地共他人存在之中。

出于选择了自身的能在这种“为何之故”，下了决心的此在解放自己，自由面对其世界。唯有断然朝向其自身的决心才把此在带入这样的可能性：让一道存在着的他人在他们自己最本己的能在中去“存在”，而在率先解放的操持中把他们的能在一道开展出来。这种下了决心的此在可以成为他人的“良知”。本真的共处，唯源出于决心中的本真的本身存在，而非源出于模棱两可心怀妒忌的约许和在常人及其所欲从事之业中的喋喋不休的称兄道弟。

决心依其存在论本质而言就是当下实际的此在的决心。这一存在者的本质即是其生存。决心只有作为领会着筹划自身的决定来“生存”。但此在在下决心之际是向什么方向作决定？此在应为何而作决定，只有决定本身能提供回答。人们要是以为决心现象只不过是把提交出来的、推荐出来的可能性取来抓住，那可就完完

全全误解了决心现象。决定恰恰才是对当下实际的可能性的所有开展的筹划与确定。此在的一切实际被抛的能在都具有不确定的性质，而这种不确定性必然属于决心。决心只有作为决定才吃得准它自己。但决心的这种不确定性，这种生存上的每次只有在决定中才得到确定的不确定性，却正具有其生存论上的确定性。

此在是在操劳着操持的方式中的能在。在存在论上，决心之何所向先行描绘在此在一般的生存论性质中了。但此在之为操心是由实际性与沉沦决定着的。此在展开在它的"此"中，它便同样源始地处身在真与不真之中[①]。这一点恰恰"本真地"对决心也有 299
效，既然决心是本真的真理。决心本真地把不真据为己有。此在向来已在无决心中，也许马上又在无决心中。无决心这一名称所表达的现象恰就是我们曾解释为服膺于占统治地位的常人解释事物方式的那种存在。此在作为常人本身仍依公众意见的知性两可状态而存在，在那种两可状态中无人作决定，却也总已经有了决议。决心意味着让自己从丧失于常人的境况中被唤起。常人的无决心虽还保持统治地位，但却只是不能滋扰下了决心的生存。无决心作为与生存论上领会的决心相反的概念，不是指被某些阻碍压制住了那一意义上的存在者层次上的心理属性。而决定也仍是指向常人及其世界的；就决心才刚给与此在本真的透视性而言，理解这一点，也一道属于决定所开展的东西。此在在决心中为的是它最本己的能在，这能在作为被抛的能在只能向某些特定的实际可能性作筹划。决定并不抽身而出离"现实"，而是恰恰揭示着实

① 参见本书第四十四节 b，第 222 页。——原注

际可能之事;其情形是:决定把可能之事按照它作为常人中最本己的能在所能是的那样加以掌握。可能的、下了决心的此在的生存论规定性包括着另一现象的结构环节,我们把前此一直跨过去的这一生存论现象称为**处境**〔Situation〕。

处境(形势——"处其势而能作某事")这一术语带有空间含义。我们不打算把这种含义从生存论概念中清洗出去。因为此在的"此"也有这种含义。在世包含有某种本己的空间性,这种空间性的特征由去远现象与定向现象描述出来。只要此在实际生存,它就"设置空间"。不过,生存据以规定其"处所"的此在式的空间性奠基于在世这一建构。这一建构的本来要素是展开状态。正如"此"的空间性奠基在展开状态之中一样,处境也在决心中有其基础。处境是那向来已在决心中展开了的此,生存着的存在者就作为这个此而在此。处境并非此在被摆在其中的现成框架,或好像此在不过是也可以把自己带到这现成框架里去似的。处境还远异
300 乎前来照面的环境与偶然事件的现成混合。处境只有通过决心并在决心之中才**存在**。"本身"生存着就不得不作为此而存在,而唯决心为此,环境的当下实际的因缘性质才对"本身"开展出来。我们称之为偶然事件〔Zufälle〕的东西只会撞到〔zufallen〕决心上,从共同世界与周围世界撞到决心上。

然而,处境本质上对常人封闭着。常人只识得"**一般形势**",丧失于切近的"**机会**",靠总计"偶然事件"维持此在,而常人又误认"偶然事件",把它们当作或说成自己的功业。

决心把此之在带入其处境的生存。但决心也界说着在良知中得以见证的本真能在的生存论结构,即愿有良知的生存论结构。

在愿有良知这种能在中我们曾看出适当的领会召唤的途径。由此已变得清清楚楚:当良知呼声向着能在唤起,它不是把任何空洞的生存理想摆到那里,而是向前呼入处境。正确领会的良知呼声的这种生存论上的积极性质同时也就使我们明见:把呼声倾向局限到摆到眼前的疚责的做法同等程度地误认了良知的开展性质,又在同等程度上只是似是而非地传达给我们对良知的声音的具体理解。而从生存论上把对召唤的领会阐释为决心,这就揭示出良知乃是包括在此在根基处的存在方式。借这种方式,此在见证着最本己的能在而使实际生存对它自己成为可能。

把一种空洞的"习惯"和一种不确定的"随意动机"拼凑到一起并不就是我们以决心这一名称所称的现象。决心并非刚刚有所认知地把处境呈到眼前〔sick vorstellen〕,而是已经把自身投入〔sick stellen in〕处境。此在作为下了决心的此在已经行动着。我们有意避免使用"行动"这个语词①。因为,一方面,我们不得不重新在很广泛的意思上把握这个词,结果它本似专指积极活动,却把阻碍这类"活动"也包括进来,虽然阻碍其实是消极的不活动。另一方面,它易于导致对此在存在论的误解,似乎决心是与理论职能对应的某种实践职能所特有的行为。可是操心作为有所操劳的操持却至为源始、至为整全地包罗着此在的存在,乃至若要区分理论行为与实践行为,总先就得把操心设为前提,而并非由这两种职能才始得合建起操心来——即使借辩证法之助也不行,辩证法由于未在

① 实际上,海德格尔经常使用 Handeln 这一概念。只是在遇到"决心"这一概念时,他才避免使用它。——英译注

301 生存论中奠立根基而必然是无根基的。**决心恰只是操心本身的本真状态——是操心中为之操心的本真状态**，**而它只有作为操心才可能成为操心本身的本真状态**。

提供实际生存的种种可能性所具有的主要特征和联系，按照这些可能性的生存论结构来阐释它们，这些任务都划在生存论人类学的课题范围之内①。而从生存论上界说由此在本身在良知中为它本身所见证的本真能在，这对眼前这部探索的基础存在论目的来说也就够了。

我们把决心清理为缄默的、准备畏的、向着最本己的罪责存在的自由筹划。随着这一工作的进行，这部探索也就能来界说我们所寻求的此在**本真**整体能在的存在论意义了。现在，此在的本真状态既不是一个空洞名号也不是一个虚构观念。虽然如此，从生存论上演绎出来的本真的向死存在作为本真的整体能在仍然是一种缺少此在式见证的纯生存论筹划。唯当找到了这种见证，这部探索才能像这里的讨论工作所要求的那样满意地展示出在生存论上得到保障与澄清的此在本真整体能在。因为，只有当我们能从现象上通达这一存在者的本真整体性，**这**个存在者、即唯有其生存包含有存在之领会的这个存在者的存在意义问题才放到了屡验不爽的地基之上。

---

①　在这一问题上，雅斯贝斯第一次明确地理解和进行了世界观学说的工作。参见他的《世界观的心理学》第三版，1925年。在这里，雅斯贝斯提出了"人是什么?"的问题并且从其所根本能是的方面来加以规定(参见第一版序言)。由此，"边缘处境"的基本的生存论存在论意义得到了澄照。如果人们仅仅把《世界观的心理学》当作"世界观类型"的参考书加以"使用"的话，那就全然误解了这本书的哲学倾向。——原注

第三章　此在的本真整体能在与时间性之为操心的存在论意义

第六十一节　从对此在式的本真整体存在的界说到对时间性的现象剖析——这一进程的方法步骤之草描

我们已从生存论上筹划出了此在的一种本真的整体能在。这一现象的解释把本真的向死存在展露为先行[①]。在从生存上证实 302
此在的本真能在时，这种本真能在曾作为决心展示出来并从生存论上得到了阐释。应得怎样合聚这两种现象？对本真的整体能在的存在论筹划把此在引至的那一维度，同决心现象岂不风马牛不相及吗？死与做事的“具体处境”会有什么共同之处呢？把决心与先行硬凑到一起，这种尝试岂不误引向某种不可容忍的、完全不是现象学的虚构吗？这种虚构岂不无可再自称具有基于现象的筹划性质了吗？

当然要禁止从外部把两种现象系到一起。在方法上还只留下

① 参见本书第五十三节，第260页及以下。——原注

一条可能的道路——从我们业经在其生存的可能性中证实了的决心现象出发并去追问：就其最本己的生存的存在倾向来说，决心是否先就指向作为自己最本己的本真可能性的先行着的决心？如果情况竟是，按照决心的本己意义，只有当它并不是向着随意的、不过是最近便的可能性作筹划，而是向着蛰伏于此在的一切实际能在之前的最极端的可能性作筹划，并且或多或少不加伪装地就作为这种最极端的可能性悬浮而入此在的一切实际把握了的能在之时，决心才把自己带入本真状态呢？如果情况竟是，作为此在的本真的真理，决心唯有在向死先行之际才达到它所包含的本真的确定性呢？如果情况竟是，下决心去做的一切实际的“暂先行之”〔Vorläufigkeit〕唯有在向死先行〔Vorlaufen〕之中才得到本真的领会，亦即在生存上被追上呢？

作为生存论阐释的给定课题的存在者具有此在的存在方式；这一存在者无法靠把现成片段拼凑成一个现成事物的方法而得。只要生存论阐释不忘记这一点，它就必须由生存观念指引自己的全部步骤。就追问先行与决心之间的可能联系这一问题来说，这
303 一点所意味的无非是要把这些生存论现象向着在它们本身那里草描出来的生存的可能性作筹划，再从生存论上对这些现象“刨根问底”。通过这种方法，研究先行着的决心（作为生存上的可能的本真整体能在）的工作就去掉了任意虚构的性质。这项工作就成为以阐释方式进行的此在的解放——把此在向着它最极端的生存可能性解放出来。

这一步骤同时也昭示出生存论阐释的最本己的方法性质。除了几处必不可少的注释，我们至今一直压下了对方法问题的明确

讨论。首先应该“走到”现象“面前”。而在剖析业已依其基本现象内容绽露出来的存在者的存在意义之前则须暂驻探索的步伐——不是为了“休息”，而是要为探索工作获取更精猛的动力。

真切方法的根本在于以适当的方式先行看到有待展开的“对象”及对象领域的基本建构。所以，真切的方法上的考虑同时也就提供出作为我们课题的存在者的存在方式的讯息——这与关于技 a
术的空洞讨论大相径庭。而唯有把一般生存论分析工作在方法上的可能性、要求与限度加以澄清，才能为生存论分析的奠基性步骤、为展露操心的存在意义确保必不可少的透彻性。**但对操心的存在论意义进行阐释，必须凭据充分地、持驻地以现象学方式再现前此整理出来的此在生存论建构**。

从存在论着眼，此在原则上有别于一切现成事物与实在事物。此在的“实存”〔Bestand〕并非根据某种实体的实体性，而是根据于生存着的自身的“独立自驻”〔Selbständigkeit〕。① 我们曾把这一自身的存在理解为操心。包含在操心之中的“**自身**”这一现象需得一种源始而本真的生存论界说；这种界说与对非本真的常人自身的准备性的展示相对应。与此相连的工作是把那些一般指向“自身”的诸可能的存在论问题确定下来——苟若“自身”既非实体又非主体的话。

---

① 在这一句子中，至少有五个词源自印欧语系的词根 st。它们分别是 Bestand〔实存〕，Substanz〔实体〕，Substantialität〔实体性〕，existierenden〔生存着的〕，Selbstsändigkeit〔独立自驻〕。Bestand 这个词十分重要，在海德格尔的用法中，它不仅意指“持续的存在”，而且还常在“某物由之组成”，亦即“内容”的意义上使用。Selbalständigkeit 译为“独立自驻”，一方面是常驻的〔ständig〕(参见本书第 291—292 页)；另一方面又是驻立于自身的(参见本书第 322 页)。——英译注

只有这样才能充分澄清操心这一现象。然后可得以询问这一现象的存在论意义。这一意义的规定则将成为时间性的剖析。这
304 一展示并不导向某种僻远殊隔的此在领域；它倒恰是立足在此在本己的存在论可理解性的最临近的基础上来理解此在的生存论基本建构的整体现象内容。源始地从现象上看，时间性是在此在的本真整体存在那里、在先行着的决心那里被经验到的。如果时间性是在这里源始地昭示出来，那么可以推测先行的决心的时间性是时间性本身的一种特具一格的样式。时间性可以在种种不同的可能性中以种种不同的方式到(其)时(机)。此在的本真状态与非本真状态这两种基本的生存可能性在存在论上根据于时间性的诸种可能的到时[①]。

倘若说由于沉沦着的存在之领会(把存在领会为现成性)占有统治地位而此在的本己存在的存在论性质与此在已相隔甚远，那就更不用说这一存在的源始基础了。无怪乎时间乍看上去与流俗领会所通达的"时间"可能格格不入。所以，不能不经检查就把流俗时间经验的时间概念和由此滋生出来的问题提法当作衡量某种时间阐释是否适当的标准。探索工作反倒必须先熟悉源始的时间性现象，以便从这一现象出发烛照流俗时间领会的源流的必然性和方式，以及它占有统治地位的根据。

对源始时间性现象的保证靠的是表明：前此整理出来的此在的一切基础结构，就它们可能的整体性、统一和铺展来看，归根到

① Zeitigen是名词Zcit〔时间〕的动词形式，其基本意思为"某某东西的发生、造成(的时机)"，"果实成熟(的时机)"。本书译为"到其时机"，或简译为"到时"。——中译注

底都须被理解为"时间性的"，理解为时间性到时的诸样式。于是，生存论分析工作在剖析时间性之时便又承担起把进行过的此在分析工作重演一番的任务，其意义则在于就其时间性来阐释诸本质结构。时间性本身草描出了这一任务所需的诸项分析的基本方向。从而，这一草描包括下列部分：生存上的此在本真整体能在即先行的决心(第六十二节)；为阐释操心的存在意义所获得的诠释学处境与一般生存论分析工作的方法性质(第六十三节)；操心与自身性(第六十四节)；时间性之为操心的存在论意义(第六十五 305
节)；此在的时间性与由之发源的更源始地重演生存论分析的任务(第六十六节)。

第六十二节　生存上的此在的本真整体能在即先行的决心

如果按照决心的最本己的存在倾向把它"想到头"，决心能带我们向本真的向死存在走出多远？应当如何理解愿有良知与生存论上被抛的此在本真整体能在之间的联系？把二者扔到一处就产生出一种新现象吗？抑或这种现象仍不离乎在其生存可能性中得到见证的决心，于是乎决心凭借向死存在就能够在生存上样式化？但说从生存论上把决心现象"想到头"，又是什么意思？

我们曾把决心标识为期求自己去畏的缄默无言的自身筹划：向着最本己的罪责存在的自身筹划。这种罪责存在包含在此在的存在之中：它意味着一种不之状态的具有不性的根据性存在。属于此在存在的"有罪责"增不了也减不了。它先于一切量化——苟或谈得上量化的话。且此在本质性地有罪责，而非时有之时无之。愿有良知为这种罪责存在而下决心。只要此在存在，它就作为这种罪责存在而存在。决心本来就是向这种罪责存在筹划自身的意思。所以，只有当决心在它开展此在之际对它自己变得透彻了，乃至领会到罪责存在乃是持驻的罪责存在，这才谈得上从生存上以本真方式接受决心之中的这种“罪责”。但唯当此在为自己把能在开展“到头”，才有可能把罪责存在领会为持驻的罪责存在。而在生存论上，此在存在到头就等于说：向终结存在。作为有所领会的向终结存在，亦即作为先行到死，决心本真地成为它所能是的东西。决心与先行还不仅是“有”一种联系，好像与一种它本身之外的东西有联系似的；决心把本真的向死存在隐含在本真之中作为其本己本真性在生存上的可能样式。须得从现象上廓清这种“联系”。

决心等于说：让自己被唤向前去，唤向最本己的罪责存在。罪责存在属于此在本身的存在；而我们曾把此在的存在首要地规定
306 为能在。在此持驻地以有罪责的方式“存在”；这说的只能是：此在向来作为本真的或非本真的生存活动处身在这种存在中。罪责存在并非只是某种持驻的现成事物的滞留不去的属性，而是本真地或非本真地以有罪责的方式存在的生存可能性。“有罪责”只在当下实际的能在中存在。罪责存在因为属于此在的存在而必须被理解为能有罪责[①]。决心向这种能在筹划自身，亦即在这种能在中领会自身。所以，这种领会处在此在的一种源始可能性之中。如

---

① Schuldigseinkönnen是Seinkoennen〔能在〕的一种方式，硬译应为“罪责能在”但中文欠通，故译为：“能有罪责”。——中译注

果决心源始地即是它所倾向于去是的东西，决心便本真地处在源始的可能性中。而我们曾把此在向其能在的源始存在绽露为向死存在，亦即向着已标画出来的此在的别具一格的可能性去存在。先行这一活动把可能性作为可能性开展出来。从而，决心只有作为先行的决心才是向着此在最本己的能在的源始存在。只有当决心有资格作为向死存在，决心才始领会能有罪责的这个“能”。

此在是其不之状态的具有不性的根据。此在本真地在其生存中下了决心把这一点接受下来。我们曾从生存论上对死加以理解，把它标识为生存特有的不可能的可能性，亦即此在绝对的不之状态。死并非在此在“到头”之际拼砌到此在身上，此在作为操心倒是其死的被抛的（亦即具有不性的）根据。这一源始地统治着整体此在存在的不之状态在本真的向死存在中向此在本身绽露出来。唯从此在整体存在的根据出发，先行这一活动才使罪责存在显而易见。操心同样源始地隐含着死与罪责于其自身。只有先行的决心才本真地且整体地亦即源始地领会能有罪责。①

对良知呼声的领会展露出失落到常人中的境况。决心把此在 307
拉回到他最本己的自身能在。在有所领会地向死这种最本己的可

① 罪责存在源始地属于此在的存在建构。这应当同神学上所理解的 Status corruptionis〔堕落状态〕完全区别开来。在从生存论上规定了的罪责存在中，神学能够找到堕落状态的实际可能性的某种存在论上的条件。那由堕落状态的观念决定的罪责是某种以十分特别的方式出现的实际疚责，这种疚责有其自己的证明。这一证明从原则上看始终摒弃了任何哲学的经验。对罪责存在的生存论分析既不表明它赞同也不表明它反对这种罪孽的可能性。但严格讲来，既然此在的存在论作为哲学上的询问对罪孽还根本一无所“知”，人们甚至不可以说这种存在论对这种可能性不置可否。——原注

能性存在之际，本己的能在就成为本真的和通体透彻的。

在召唤中，良知的呼声跨越过此在的一切“世间的”声誉和能力。呼声义无反顾地把此在个别化为其能有罪责，而呼声正是期求此在本真地作为这能有罪责来存在。从本质上个别化为最本己的能在这一过程中不减其锋锐，而这锋锐把向死先行作为向无所旁涉的可能性开展出来。先行着的决心让能有罪责作为最本己的无所旁涉的能在整体地击中良知。

愿有良知意味着准备被召唤到最本己的罪责存在，这一罪责存在在一切实际疚责之前且在消除了它们之后，总已经规定着实际的此在。这种率先的持驻的罪责存在的率先性若要无遮无掩地显现出来，那只有当这一率先性被罗织到对此在来说断然无可逾越的可能性中。如果决心先行着赶上了〔einholen〕死的可能性直至其能在，那么此在的本真生存就不再能被任何东西逾越〔ueberholen〕。

我们曾借决心现象来到生存的源始真理面前。一旦下了决心，此在的当下实际的能在就绽露在此在本身面前，其情形是：此在本身是这一绽露又是被绽露的存在。真理中包含有与其本身相应的持认为真。明确地把展开的事物和揭示的事物占为己有，这就是有所确知地存在。生存的源始真理要求有一种同样源始的确知，亦即要求处在决心所开展的东西中。决心为自己给出当下实际的处境并把自己带入这种处境。处境是无法事先加以计算或像一个等待把握的现成东西那样给定的。只有在一种自由的、事先无所确定但却对可确定性敞开的毅然决然之中，处境才始展开。那么，属于这种决心〔Entschlossenheit〕的确知性意味着什么呢？

这种确知性应得处在由决定展开的东西中。但这又等于说：确知性恰不能僵固在处境上，它必须领会到：按照决定所固有的展开意义，决定必须对当下实际的可能性保持其自由与敞开。决定的确 308
知性意味着：为其可能的而且一向实际上必要的回收而保持其自由。决心的这种持以为真（作为生存的真理）却绝不是让我们回落到无决心中去。相反，下决心为回收而持守其自由这样一种持以为真才是去重演其本身的本真决心。而这恰恰在生存上埋葬了失落在无决心之中的状况。决心所包含的持以为真按其意义来说趋向于持驻地保持其自由，亦即为此在的整体能在而保持其自由。决心状态之所以确保这种持驻的确知性，就在于它同能够绝对确知的可能性联系在一起。此在在其死中必定绝对地回收它自己。决心持驻地确知这一点，亦即先行着确知这一点；决心于是而获得其本真的和整体的确知性。

但此在又同样源始地在不真之中。先行的决心同时给予此在对其封闭状态的源始确知。此在先行地下了决心，从而就对持驻的、基于本已存在就可能的失落于常人的无决心状态保持其敞开。无决心状况作为此在的持驻的可能性被一道确知。决心对其本身是透彻的；决心领会到：能在的不确定性只有在面向当下处境的决定中才能使自己得到规定。决心对自始至终统治着那一生存着的存在者的不确定性有所知。但若这种知要与本真的决心相应，它自身就必须源自一种本真地作出决定的活动。本已能在的不确定性——虽然能在在决定中向来已变成确知的——只有在向死存在中才整体地公开出来。先行活动把此在带到一种可能性面前：这种可能性持驻地是确知的；然而就可能性何时变为不可能而言，这种可能性却时时刻刻保持其为不确定的。这种可能性公开出：这一存在者被抛入了它的"极限处境"的不确定性之中；此在因面对这种"极限处境"下决心而赢得其本真的整体能在。死的不确定性在畏中源始地开展自身。这一源始的畏则又趋近于期求自身下决心。畏把加在此在委弃于其自身这一状况之上的一切遮蔽都加清除。畏是对无的畏，"无"绽露出在此在的**根据**处规定此在的不之状态，而这根据本身则作为被抛入死的状况而存在。

309 我们曾表明本真的向死存在是最本己的、无所旁涉的、不可逾越的、确知的，然而又是不确定的可能性。现在我们的分析又依次展露出决心出自自身驱向于**这些样式化的环节**。而这些环节正是从本真向死存在这一可能性生长出来的。决心只有作为**先行的决心**才本真地整体地是它所能是的东西。

但反过来说，我们前面又只是通过阐释决心与先行之间的"联系"才始达到对先行本身的充分的生存论领会。不过，至此还只能被视为存在论上的筹划。现在要显示：先行并非发明出来硬加到此在头上的可能性，而是在此在之中得到见证的生存上能在的**样式**；苟若此在作为下了决心的此在本真地领会自身，它便为自己期求这种样式。先行并非作为某种浮游无据的行为而存在，它必须被理解为**决心的本真状态的可能性，这种可能性遮藏在从生存上得以见证的决心之中并由是而一道得以见证**。本真地"想到死"便是在生存上达乎透彻的愿有良知。

如果决心作为本真的决心趋向于由先行加以界说的样式而先行造就了此在的本真的整体能在，那么在从生存上得以见证的决心中就有此在的一种本真的整体能在一道得以见证。**整体能在的**

问题是一个实际的生存的问题。此在作为下了决心的此在对这个问题加以回答。此在的整体能在问题在开始时[①]显示出来的性质似乎是：这个问题仅仅是此在分析工作的一个理论和方法问题，源自那为达到整体此在的某种充分的"给予状态"而作的努力。现在，这个问题完全脱除了这种性质。开始只从存在论方法论上讨论此在整体性问题自有其道理，但这只因为这道理的根据是回归到此在的一种存在者层次上的可能性之上的。

我们已表明了先行与决心之间的联系，其意义是：决心是先行的可能的样式化。这样也就从现象上展示出了此在的一种本真的整体能在。如果说我们通过这种现象触及到了此在借以把自己带向自身和带到自己面前的存在方式，那么，无论从存在者层次上还是从存在论上，这种现象对常人日常从知性上对此在的解释来说都必定始终是不可理解的。想把这种生存上的可能性当作"未曾 310
证明的"而推到一边或者要从理论上"加以证明"，这都是误解。不过，这一现象确须防备粗陋的歪曲。

先行的决心并非一条逃路，发明出来以便"克服"死；它是追随着良知呼声的领会，这一领会向死开放出将去掌握生存的可能性和把一切逃遁式的自身遮蔽彻底摧毁的可能性。被规定为向死存在的愿有良知也不意味着遁世的决绝，相反却毋宁意味着无所欺幻地投入"行动"的决心。先行的决心也不是来自某种高飞在生存及其可能性之上的"理想主义"期求，而是源自对此在诸实际的基本可能性的清醒领会。清醒之畏〔把此在〕带到个别化的能在面

① 参见本书第四十五节，第231页及以下。——原注

前，坦然乐乎这种可能性。坦荡之乐与清醒之畏并行不悖。在这坦荡之乐中，此在摆脱了求乐的种种“偶然性”，而忙忙碌碌的好奇首要地是从诸种世事中为自己求乐的。不过，对以上种种基本情绪的分析超出了基础存在论目标为目前阐释所划的限度。

可是，上面进行的对此在生存的存在论阐释难道不是以关于本真生存的某种确定的存在者层次上的看法为根据，难道不是以某种实际的理想此在为根据吗？确实如此。不仅不可否认和必得承认这一实情，而且还必须从这部探索的专题对象出发来理解这一实情的正面必然性。哲学从不想否认其种种“前提”，但它也不可仅止于认可它们。哲学领会诸前提，并渐行深入地铺展这些前提以及这些前提对之成为前提的东西。现在所要求的思考在方法上就具有这一职能。

第六十三节　为阐释操心的存在意义所获得的诠释学处境与一般生存论分析工作的方法性质

凭借先行的决心，此在就其可能的本真性和整体性来说已从
311 现象上清楚可见了。前此为阐释操心的存在意义还一直不够充分的诠释学处境[①]现已获得所需的源始性。此在是源始的，这就是说：就其本真的整体能在来看，它被置于先行具有之中；指导性的先行视见，即生存的观念，由于澄清了最本己的能在而获得了它的

---

① 参见本书第四十五节，第232页。——原注

规定性；具体整理出来了的此在存在结构清清楚楚地把此在的存在论所特有的方式同一切现成事物加以区别，从而使先行掌握为此在的生存论结构提出一种恰如其分的分环勾连，以便把从概念上整理诸生存论性质的工作可靠地进行下去。

此在分析工作前此所行的全程可得而具体显明一个命题，而这个命题在开始时只不过被抛将出来而已[①]：**我们本身向来所是的存在者在存在论上是最远的**。这种情况的根据在于操心本身。沉沦着的存在寓于“世界”之中的最近便的所操劳之事；这种存在引导着此在的日常解释并从存在者层次上遮蔽着此在的本真存在，结果使指向这一存在者的存在论不能获得适当的基地。所以， a 这一存在者的源始的、现象上的先行给予绝对不是自明的，甚至连存在论也首先追随日常此在的解释的方向。若要剖析此在的源始存在，倒必须与沉沦着的存在者层次上及存在论上的解释倾向**针锋相对**而从此在那里**争夺出**结果来。

不仅对在世界之中的存在的最基本结构的展示、对世界概念的界说、对最近便的与通常的这一存在者为谁即常人自身为谁的澄清、对“此”的阐释，而且首先是对操心、死、良知和罪责的分析，统统显示出：有所操劳的知性**如何**在此在本身之中控制了能在及其展开，亦即及其封锁。

所以，如果有一种存在论阐释以现象展示的源始性为目标，此在的**存在方式就要求这种阐释针对其本己的遮蔽倾向而为自己攻占这一存在者的存在**。所以，对于日常解释的要求与满足，对于其

① 参见本书第五节，第15页。——原注

起安定作用的自明性，生存论分析便持驻地具有一种强行暴施的性质。这种性质固然在此在的存在论那里格外突出，同时却也为
312 一切阐释所共有，因为在阐释中逐步成形的领会具有筹划活动的结构。但在这里就没有一种出于自身的领导与规制吗？但各种存在论筹划应从何处取得证据来表明它的“取样”具有现象上的适当性？存在论阐释向着先行给定的存在者所固有的存在来筹划这一存在者，以期理解这一存在者的结构。筹划方向若要碰到上存在，路标何在？如果作为生存论分析工作课题的存在者根本就在它去存在的方式之中掩盖着它所拥有的存在，那又该怎么办？这些问题要求澄清此在的分析工作，而这里的回答也必须首先限制在澄清这一分析工作上面。

此在的存在中包含有自身解释。在寻视操劳地揭示“世界”之际，操劳活动本身也被一道视见。此在实际上总已经在某些确定的生存的可能性中领会自己，即使诸种筹划可能只不过生自常人的知性也罢。无论明确与否，合适与否，生存总已经以某种方式被一道领会着。一切存在者层次上的领会都有其“暗含的东西”，即使这些东西还只是前存在论的，亦即未作为理论专题加以理解的。一切在存在论上明确提出的询问此在存在的问题都已通过此在的存在方式有所预备。

但说来说去，究竟该从何处求取构成此在的“本真”生存的东西呢？若没有生存上的领会，一切对生存论结构的分析就还是没有地基的。本书对此在的本真性与整体性的通篇阐释岂就不是以某种在存在者层次上对生存的看法为根据的吗——这种看法是可能的，虽不必对人人具有约束力？生存论阐释从来不要把裁断生

存上的种种可能性与约束性这件事承接下来。然而，如果生存论
阐释用某些生存上的可能性来为存在论阐释提供存在者层次上的
地基，那它不是必须着眼于这些生存上的可能性来为自己辩护吗？
如果此在的存在本质上是能在，是向着其最本己的诸种可能性的
自由存在，如果此在向来只是生存在面向这些可能性的自由中和
背逆这些可能性的不自由中，那么，存在论阐释设为根据的不是存
在者层次上的可能性（能在的某些方式），又能是什么呢？它不是
把这些可能性向着它们的存在论可能性加以筹划，又能筹划什么
呢？如果此在通常从失落于为"世界"操劳的状况出发来解释自
己，那么，借反其道行之而获得的对存在者层次上及生存上的诸种
可能性的规定过程以及基于这种规定的生存论分析工作岂不就是 313
适合于这种存在者的开展它的方式吗？那么，筹划的强行暴施岂
不就是随时地把此在的无所伪装的现象内容开放出来吗？

"强行"的先行给定生存的种种可能性或许是方法上的要求；
但这能与自由任意区分开来吗？如果说分析工作把先行的决心这
样一种生存上的本真能在设为根据，而此在就朝向这种可能性唤
起自己，而且竟至从其生存的根据处向之唤起自己，那么这种可能
性会是任意的吗？此在的能在所依靠的、与其特具一格的可能性 a
即与死相连的存在方式会是一种偶然拾得的存在方式吗？除了死
而外，在世的存在对于它的能在还有什么更高的裁决吗？

就算此在向一种本真的整体能在所作的存在者层次上及存在论上的筹划不是任意的吧，但这就使依这现象所进行的生存论阐释得到辩护了吗？这种阐释若不从某种"设为前提的"一般生存的观念又从何处得到其指导线索呢？非本真日常状态的分析若不通

过在开端处提出生存概念，又通过什么规制其步骤呢？我们说此在“沉沦”，所以能在的本真性要靠对抗这种存在倾向而从此在那里争夺出来，我们是从何处着眼说这话呢？岂非一切都已透进了“设为前提的”生存观念的光线，即使这光线朦朦胧胧？这种生存观念的道理何来？提出这一观念的最初筹划曾是无所引导的吗？断然不是。

我们曾从形式上揭示出生存概念；而那是由此在本身之中的存在之领会引导的。这种领会无待乎任何存在论透视也已经展露出：我自己向来就是我们称之为此在的存在者，而且即作为为了能是这一个存在者的能在而存在。即使存在论的规定性尚不充分，此在总也把自身领会为在世的存在。具有上手事物与现成在手事物的存在方式的存在者来向这样存在着的此在照面。尽管区别出生存与实在还远不算达到一种存在论上的概念把握，甚至尽管此在首先把生存领会为实在，此在仍不止是现成的，而是向来已经领会了自己，即使通常以神话和魔法的解释方式也罢。因为它否则就不曾“生活”于某种神话中，就不曾在仪式和崇拜中操劳于魔法。在开端处提出的生存观念草描出一般此在领会的形式结构，虽然这种草描在生存上是不具约束力的。

314　在这一生存观念的引导下，我们从对最近便的日常状态的准备性分析进展到对操心的初步概念界说。操心这种现象使我们更精细地把捉生存及其所含有的与实际性和沉沦的关联。操心的结构的界说则为初步从存在论上区别生存与实在提供了基地[①]。由

① 参见本书第四十三节，第200页及以下。——原注

此导出的命题是:人的实体是生存[1]。

然而,就连这种形式上的、从生存上来看没有约束力的生存概念却也隐含着某种确定的、即使未经凸显的存在论"内涵"于自身;这种"内涵"和与之截然不同的实在观念一样,都把一般存在的观念"设为前提"。只有在一般存在观念的视野上才能把生存与实在区别开来。然而,这二者都意指存在。

但要从存在论上澄清一般存在的观念,不应先把属于此在的存在之领会整理出来吗?然而只有依据源始的此在阐释才能源始地把捉这种存在之领会,这就要求由生存观念来引导。那么到头来岂不完全显露出:一一铺开的基础存在论问题是在一个圈子里"循环"?

在分析一般领会的结构时,我们已经显示,人们用"循环"这个不适当的语词加以指责的东西实属于领会本身的本质及其与众不同之处[2]。尽管如此,鉴于探索工作目前正在对基础存在论问题提法的诠释学处境进行澄清,我们又必须明确地回到"循环论证"问题上来。针对生存论阐释而提出的"循环论证的指责"想说的是:生存的观念与一般存在的观念被"设为前提","而后"此在才得以阐释,而阐释此在则又是要从这种阐释中获得存在的观念。然而,"设为前提"意味着什么?难道是用生存观念去设定一个命题,而我们则依照推论的形式,从这命题演绎出关于此在存在的种种其他命题吗?抑或这种"设为前提"具有领会筹划的性质?那就是

---

① 参见本书第 212 页和第 117 页。——原注

② 参见本书第三十二节,第 152 页。——原注

315 说：形成这样一种领会的阐释，让有待阐释者恰才第一次**使它自己成言，俾使有待阐释者从它自身出发来决定：它作为这样的存在者提供出来的存在建构，是不是它在筹划的形式揭示中所向之展开的那样**？如果考虑的是存在者的存在，存在者竟还能有其他方式成言吗？在生存论分析工作中，“循环论证”委实“避免”不了，因为它**根本不是**按“逻辑推论”的规则来论证的。知性自以为满足了科学探索的最高严格性；而知性希冀靠避免“循环”而加以排除的东西，恰恰就是操心的基本结构。此在源始地由操心组建起来，于是它向来已先行于自身。在存在者层次上此在向来已向其生存的某些确定的可能性对自身作了筹划，而在这些生存的筹划中它于前存在论已经一道对生存和存在之类作了筹划。那么，当一种研究工作，一方面像所有研究一样，**其本身具有所有开展着的此在的一种存在方式**，另一方面又要使属于生存的存在之领会成形为概念，这种研究竟能不包含上面讲到的对此在本质性的筹划活动吗？

然而，“循环指责”本身却来自此在的一种存在方式。对于操劳着消散于常人的知性来说，像筹划活动这样的事情即使是一种存在论上的筹划活动，必然始终是陌生的，因为知性“原则上”要把自己与筹划活动栅隔开来。知性无论是“理论的”还是“实践的”都只操劳于可由寻视周览的存在者。知性的别具一格之处在于它只意在经验“事实上的”存在者，以便能摆脱对存在的领会。它忽视了：即使还不曾从概念上把握了存在，但只有已领会了存在，才能“从事实上”经验到存在者。知性误解了领会和领会的性质。所以，凡处于知性理解之外的，以及要超出知性理解之外的，知性也就必然把它说成是“生造强加”。

说领会的“循环”，这话表达出两重误解：1.领会本身构成了此在存在的一种基本方式；2.这一存在是作为操心组建起来的。否认这循环，秘而不宣或竟至要加以克服，到头来都等于在加重这种忽视。努力的目标倒必须是源始地整体地跳入这个“圈子”，以便在此在分析之初就为自己保障一种能尽收循环式此在存在的眼光。当人们从一个无世界的我“出发”，以便过后为这个我创造出 316
一个客体及一种无存在论根据的与这种客体的关系之际，人们为此在的存在论“预先设定”的不是太多了，而是太少了。把“生命”弄成问题，然后也间或顾念到死亡，这眼光太短浅。当人们“首先”局限于“理论主体”，过后再补上一部“伦理学”，“按其实践方面”来补全这个主体，课题的对象就被人为地教条地割裂了。

这也许已够澄清源始的此在分析工作的诠释学处境的生存论意义了。先行的决心的提出就此在的本真整体性而把此在带入先行具有。自身能在的本真性担保了先行视见源始的生存论结构，而生存论结构则又保证了铸造适当的生存论概念方式的工作。[①]

对先行的决心的分析同时也曾引向源始的和本真的真理现象。在前面我们曾显示首先与通常占统治地位的存在领会如何在现成性的意义上理解存在，并如何因此而掩蔽了源始的真理现象[②]。但如果说只有真理“存在”才“有”存在[③]，如果说存在之领会

① 这里所说的“概念方式”〔Begrifflichkeit〕就是“先行掌握”，Vorgriff 与“先行具有”与“先行视见”并列。——中译注

② 参见本书第四十四节，第 219 页及以下。——原注

③ “有”是 es gibt 的翻译。本句因此也可译作：只有真理存在才“给得出”存在。参见本书德文页码第 212 页中译注。——中译注

向来随真理的方式演变，那就非得由源始的本真的真理来保证对此在存在的领会和对一般存在的领会。生存论分析的存在论“真理”是根据于源始的生存的真理成形的，然而，并非后一种真理必需前一种。基础存在论的讨论为一般的存在问题作准备，它力求达到最源始的、奠立基础的生存论真理；而这样的生存论真理就是**操心的存在意义的展开状态**。为了剖析这两层意义，我们须得一丝不苟地把操心的全部结构成分准备停当。

第六十四节　操心与自身性

a　生存论结构、实际性与沉沦性这些操心的组建环节的统一曾
317 使我们得以初步从存在论上界说此在结构整体的整体性。我们曾用一个生存论公式来表达操心的结构：先行于自身的-已经在（世界中的）-作为寓于（世内照面的存在者）的存在。操心的结构的整体性并不是靠了拼合才产生的，但它却是**分成环节的**[①]。在估价这一存在论结论时，我们曾不得不问它在何种程度上满足一种源始的此在解释的诸项要求[②]。考虑的结果是：**整体**此在及其**本真**能在从未被当成课题。然而要从现象上把捉整体此在的尝试似乎恰恰是因操心的结构而失败的。先行于自身表现为尚未。但若本然生存论的考察在亏欠的意义上来标识先行于自身，先行于自身便绽露为**向终结存在**，而每一此在在其存在的根据处就是这向终

① 参看本书第四十一节，第191页及以下。——原注

② 参看本书第四十五节，第231页及以下。——原注

结存在。同样我们也曾弄清楚了：操心在良知呼声中向最本己的能在唤起此在。源始地领会起来，召唤之领会公开自身为先行的决心。决心包括此在的一种本真整体能在。操心的结构并不**反对**可能的整体存在，而是这样一种生存上的能在之所以可能的条件。这些分析的进程弄清楚了：死、良知和罪责这些生存论现象都驻足于操心这种现象。**结构整体的整体性环节划分得更其丰富了，因而，关于这一整体性如何统一的生存论问题也就变得更其紧迫了。**

我们应如何理解这种统一？此在为何可能在其存在的上述种
种方式与可能性中统一地生存？显然只能是这样：它**即是在**其诸
种本质可能性中统一存在**本身；我**即一向是这一存在者。"我"似 a
乎拢集了结构整体的整体性。"我"和"自身"自古就在这一存在者
的"存在论"中被理解为起承担作用的根据（实体和主体）。眼下我
们的分析工作在准备性地标识日常状态之际，也曾碰上此在为准
的问题。当时曾显示：此在首先与通常不是它自身，它倒失落于常 b
人自身，常人自身是本真自身的一种生存上的变式。自身性的存 318
在论结构问题还未得到回答。不过，问题的指导线索已经从原则上固定下来了①：如果自身属于此在的本质规定，而此在的"本质"却在于**生存**，那么我性与自身性就必须从**生存论**上加以理解。从否定方面也曾显示：对常人的存在论标识，禁用一切现成性（实体）范畴。原则上已澄清了：操心在存在论上不是从实在导出的或借实在诸范畴建成的②。我们曾提出，操持是为他人而操心，但若与

① 参看第二十五节，第114页及以下。——原注

② 参看本书第四十三节，第211页及以下。——原注

之相应而说“自身之操心”，这个术语就会是**同语重复**[①]。苟若这个命题言之成理，那么操心就已经隐含着自身现象。但这样一来，此在自身性的存在论规定问题就转变为一个更尖锐的问题：操心与自身性之间的生存论“联系”。

对自身的生存论结构的阐释从此在的日常自身解释获得“自然而然的”出发点。在“**说我**”〔Ich-sagen〕之时此在以涉及“自己本身”的方式说出自己。这不一定要付诸音声。这一存在者以
a “我”意指它自身。这一语词的内容被当作绝对简单的。这内容向来意指：我，别无它哉。作为这样一件简单的东西，“我”也不是它物的规定，“我自身”不是述语，而是绝对“主体”。在说我之际说出和说起的东西始终作为同一个贯彻始终的东西而被遇到。例如，康德就把“单纯性”、“实体性”和“人格性”这些性质当作其“纯粹理性诸悖论”[②]这一学说的基础，而这些性质源自某种真实的先于现象学的经验。问题如故：是否可以借所谓的“范畴”之助来从存在论上阐释这种存在者层次上如此这般经验到的东西。

康德与在说我中所提供的现象内容严格保持一致，他指出从上述诸性质导出存在者层次上的关于灵魂实体的命题是没有道理
b 的。但这只不过驳斥了对“我”的一种**存在者层次上**的错误阐释。借此却绝不就得到了自身性的**存在论**阐释，甚至还谈不上对这一阐释提供出了什么保证或积极的准备。康德比前人更严格地设法

---

① 参看本书第四十一节，第193页及以下。——原注

② 参见康德《纯粹理性批判》第二版第399页，特别见对第一版第348页及以下的修订。——原注

固守说我的现象内容，并且在理论上拒绝把实体存在论的存在者 319
层次上的基础应用于“我”，但他**还是**滑回到**这种**不恰当的实体存在论中去了。我们应该更确切地指出这一点，以便由此确定以说我开始自身性的分析这一方式具有何种存在论意义。我们将用康德对“我思”的分析作为例解，但讨论只限于澄清上述问题提法所要求的限度①。

“我”是伴随一切概念的一种纯意识。随着这意识，“除了一种超验的思想主体，别无其他得以表象”。“意识自在地可说不〔是〕一种表象……而是一般表象的一种形式。”②“我思”是“统觉的形式，这形式附于一切经验并先行于一切经验。”③

康德不无道理地用“我思”这一表达来把捉“我”的现象内容；如果还注意把“实践的人”也包括到“智性”中来，也可以把“我”的现象内容作为“我行”来加以把捉。在康德的意义上，我们必须把说我把捉为说“我思”。康德尝试把“我”的现象内容确定为思执〔res cogitans〕，于是，当他把这个我称为“逻辑主体”时，那不等于说，“我”根本是一个只靠逻辑方式获得的概念。倒不如说“我”是逻辑行为的主体，是维系的主体。“我思”等于说：我维系。一切维系都是“我维系”。在一切联系与关系中总有“我”作为根据——
ὑποκείμενον。因而，Subjektum 是“意识本身”，它不是表象倒是 a
表象的形式。这要说的是：我思不是被表象的东西，而是表象活动

① 关于先验统觉的分析，现可参见：海德格尔著《康德和形而上学问题》1951 年第二版，第三章。——原注

② 康德《纯粹理性批判》第二版，第 404 页。——原注

③ 同上书，第 354 页。——原注

之为表象活动的形式结构，诸如被表象的东西之类唯通过这种形式结构才成为可能的。表象形式所意指的既非一种框架亦非一种普遍概念，而是那种作为εἶ-δος〔理念〕的东西，它使一切被表象的东西和表象活动本身成为它们所是的东西。被领会为表象形式的“我”等于说它是“逻辑主体”。

在康德的分析中有两重积极的东西：一方面，他看到从存在者
320 层次上把“我”引回到一种实体是不可能的；另一方面，他坚持“我”即是“我思”。然而他又把这个“我”把捉为主体，因而是在一种从存在论上来说不当的意义上把捉这个“我”的。因为主体这一存在论概念所描述的不是“我”之为**自身的自身性**，而是一种**总已现成的事物的自一性与持存性**。从存在论上把“我”规定为**主体**，这等于说：把我设为总已现成的事物。“我”的存在被领会为 res cogi-
a tans〔思执〕的实在性[①]。

---

① 康德根本上是在世内现成存在者的不恰当的存在论视野内将人格自我的存在论特征把捉为“实体性的东西”。这从海姆索丝〔H. Heimsoeth〕的《康德哲学中的人格性意识和物自身》一文（载于《康德二百周年诞辰纪念文集》，1924 年）所提供的材料可以清楚地看出。这篇文章在倾向上已超出了仅仅历史报告的范围，它的目标在于提出人格性的“范畴”问题。海姆索丝说道：“康德总是很少涉及和考虑、同样也极少重视理论理性和实践理性之间的密切的相互作用。人们很少注意，范畴（和其在‘原则’中自然的实现相反）在这里应当如何明确地拥有价值，并在承认实践理性的优先作用下，应如何去找出一种和自然主义的理性主义相脱离的新应用（例如在人格中的实体和人格的不朽：因果性作为‘自由的因果性’；‘有理性的生灵的社会’中的相互影响等等）。这些范畴开辟了一条导向作为思想的固定工具的绝对物的新通道，而没有因此想妥给出理性化的对象性认识。”第 31、32 页。——但在这里，本真的存在论问题却被逾越了。这些范畴是否能拥有源始的价值而只不过需要以另外一些方式应用罢了？抑或它们从根本上就不得颠倒此在存在论对问题的提法？这些问题都不能撇开。纵使理论理性渗入了实践理性，“自身”的生存论存在论问题仍然不仅未得解决而且**未得提出**。在
a 什么样的存在论基础上理论理性和实践理性才“相互作用”呢？是理论的行为还是实践

康德不能在存在论上使“我思”这一真切的现象开端发扬光
大，而终必落回到“主体”亦即实体，原因何在？“我”不仅是“我 321
思”，而且是“我思某某”。不过康德自己不是一再强调这个“我”始
终同其表象相联系，而没有这些表象“我”就一无所是吗？

对康德来说，这些表象却是由“我”所“伴随”的“经验事物”，是
有“我”“依附”于其上的现象。但康德从无一处指出过这种附着和
“伴随”的存在方式。不过这种存在方式其实被领会为“我”与其表
象持驻地共同现成存在。康德虽然避免了把“我”思割断，他却还
不曾把“我思”本身的全部本质内容设定为“我思某某”，尤其他还
不曾看到若把“我思某某”当作自身的基本规定性，在存在论上还 a
须把什么“设为前提”。因为连“我思某某”这一开端在存在论上也
还是有待规定的，因为“某某”还未得到规定。如果这“某某”被领
会为**世内**存在者，那么其中未曾明言地也就把**世界**设为前提了，而
恰恰是世界这一现象参与规定着“我”的存在建构——苟若“我思
某某”这样的事情能够存在的话。说我意指的存在者就是“我”作
为“我存在在一世界中”向来所是者。康德没看到世界现象，于是
势所当然地把“表象”同“我思”的先天内涵划得泾渭分明。但这样

的行为规定着人格的存在方式？抑或两者都不规定？那么究竟谁来规定呢？这种种乖谬，无论其基本意义如何，难道还没有公开出从笛卡尔的 res cogitana 直到黑格尔的精神概念关于自身问题的提法在存在论上都是无根基的吗？人们根本不需要“自然主义地”、也不需要“理性主义地”思考，同时仍可能被“实体性的东西”的存在论统治着；而这种统治恰因为它似乎不言而喻而更其不祥。——作为上文的本质性补充，参见海姆索丝：《批判唯心主义形成中的形而上学动因》，载于《康德研究》第二十九卷，1924年，第 121 页及以下。关于康德的自我概念的批判，还可参见舍勒：《伦理学中的形式主义和质料的价值伦理学》第Ⅱ部，本年鉴，第二卷.1916 年，第 388 页及以下：关于“先验统觉的‘人格’和‘我’”。——原注

一来，"我"又被推回到一个绝缘的主体[①]，以在存在论上全无规定的方式伴随着种种表象。

在说我之际此在把自己作为在世的存在说出。但日常的说我所意指的自己是不是作为在世的存在者呢？这里须加区别。此在在说我时所意指的存在者确是它自身一向所是的存在者。但日常的自身解释却有从操劳所及的"世界"方面来领会自己的倾向。在存在者层次上意指自我之际，此在误认了自己——就它本身所是的存在者的存在方式来说误认了自己。这一点对此在的基本建构即在世来说尤为突出。[②]

322 这种逃遁式的说我动因何在？在于此在的沉沦。此在因沉沦而逃避它自己，逃到常人中去。"自然的"说我是由常人自身来进行的。在"我"中说出其本身的那个自身是我首先与通常并不本真所是的那个自身。对于消散在日常状态的形形色色与所操劳的纷扰自逐这种境况来说，遗忘自身的"我操劳"的自身作为持驻自一但空洞无定的简单者显现出来。就因为人是人所操劳的东西。"自然的"存在状态上的言我〔Ich-Rede〕漏看了用我所意指的此在的现象内涵，但对"我"的存在论阐释却不能以此为理由也一道这样漏看，并把一种不适当的"范畴"视野强加到自身问题的讨论上去。

"我"的存在论阐释拒绝追随日常言我的路线；当然它并不借此就获得了问题的解答，但这却草描出向何处继续提问的方向。

① 参见对康德的"驳斥唯心主义"的现象学批判。本书第四十三节，第 202 页及以下。——原注

② 参见本书第十二节和第十三节，第 52 页及以下。——原注

"我"所意指的存在者即是人作为"在世的存在者"所是的那个存在者。已经在一世界中作为寓于世内上手事物的存在却同样源始地等于说:先行于自身。"我"所意指的存在者即为着它所是的存在者的存在的那个存在者。操心借"我"说出自己,而其方式首先与通常是操劳活动的"逃遁"式的言我。常人自身我呀我呀说得最响最频,因为它其实不本真地是它自身并闪避其本真的能在。自身的存在论建构既不可引回到某种"我"之实体也不可引回到某种"主体",而须倒过来从本真的能在来领会日常逃遁的我呀我呀地说;但由此还得不出一个命题说:于是自身便是操心的持续现成的根据。然而,从生存论上说,只有在本真的能自身存在那里,亦即只有在作为操心的此在存在的本真性那里,才得掇取出自身性来。自身的持续常驻被臆想为 Subjectm 的稳定性,其实它只有从操心出发才能廓清。本真能在的现象还让人放眼看到自身的持续常驻的另一种意义:获得了驻足处。在持续地立定脚跟这一双重意义上,独立性或常驻于自身的状态就是针对无决心的沉沦的无独立性或常驻于非自身状态[①]这一情形的本真的反可能性。独立自驻在生存论上恰就意味着先行的决心。先行决心的存在论结构展露出自身的自身性的生存论结构。

此在自身本真地存在在缄默着期求畏的决心的源始个别化之 a

① 海德格尔将 Unselbstständigkeit〔不独立、依赖〕拆开另造为 Unselbst-ständigkeit,意在表明无独立性在于不持驻于自身,但同时它也是一种持驻,即持驻于他人。依此意,我们这样翻译如下语调:ständig,持续地、常驻地;Ständigkeit,持续常驻;Ständigkeit des Selbst,常驻于自身;Selbst-ständigkeit,常驻于自身、独立性;Unselbst-ständigkeit,常驻于非自身,不独立。参见本书第 308 页英译者注。——中译注

323 中。本真的自身存在作为沉默的自身存在恰恰不“我呀我呀”地说，而是在缄默中作为被抛的存在者“存在”，并且能够本真地作为这个存在者存在。这个由下了决心生存的缄默揭示出来的自身便是回答“我”之存在这个问题的源始现象上的地基。只有从现象上依循本真的能自身存在的存在意义制订方向，才可以去讨论在存在论上是否有道理把实体性、单纯性和人格性指归为自身性的性质。占统治地位的说我持驻地把顽冥的现成自我物设为先行具有的东西，而要从存在论上来询问自身的存在，就必须从这样的先行具有中转出身来。

操心不需要奠基在某个自身中，而是生存性作为操心的组建因素提供出此在自身持驻的存在论建构。相应于操心的整个结构内涵，向着持驻于非自身状态〔无独立性〕的存在的实际沉沦就包含在这一建构之中。我们曾把此在的存在整体性规定为操心。充分领会了的操心之结构包括着自身性现象。这一现象的澄清过程也就是对操心的意义的阐释。

第六十五节　时间性之为操心的存在论意义

标识出操心与自身性之间的“联系”，这不仅以澄清我之为我这一特殊问题为目的，而且也应是为从现象上把握此在的结构整体的整体性作最后准备。生存论问题的提法需要不容破坏的纪律；因为在存在论的眼界里，此在的存在方式绝不可倒错成一种现成性的样式，即使全无紧要差别也不行。此在在作为先行的决心组建起来的本真生存中变为“本质性的”。操心之本真性的这种样式包含着此在的源始独立性〔持驻于自身的状态〕与整体性。只有用毫不松懈的、以生存论方式进行领会的眼光来看上述独立性与整体性，剖析此在存在的存在论意义这项工作才能得以进行。

从存在论上看，提到操心的意义时，寻找的是什么？**意义**意味
着什么？在这部探索中，意义现象是同我们对领会与解释的分析 324
联系在一起来照面的[①]。按照那段分析，意义就是某某事物的可理解性持守于其中之处，而同时这某某事物本身却并不明确地专题地映入眼帘。意义意味着首要的筹划之何所向，从这何所向方面，某某事物作为它所是的东西能在其可能性中得以把握。筹划活动开展出种种可能性亦即开展出使事物成为可能的东西来。

剖析某种筹划的何所向，等于说：开展出那使被筹划者成为可能的东西。这种剖析在方法上要求我们去探寻作为某种解释的根基的多半未经明言的筹划；而探寻的方式须得使在筹划中被筹划的事物能就其何所向而得以展开和把捉。于是，摸索出操心的意义，等于说：追寻作为源始的生存论此在阐释根基的并且引导这一阐释的筹划，而追寻的方式须得使在这一筹划所筹划的东西中能弄清被筹划者的何所向。被筹划的是此在的存在，而它是在把它组建为本真的能整体存在的那种东西中展开的。这一被筹划的东西的何所向，亦即展开了的、如此这般组建起来的存在的何所向，就是那使作为操心的存在的组建成为可能的东西。借操心的意义问题而问的是：**什么东西是操心的分成环节的结构整体之整体性**

① 参见本书第三十二节，第148页及以下，特别是第151—152页。——原注

在铺展开来的环节划分的统一中成为可能?

严格说来,意义意味着存在之领会的首要筹划的何所向。自身开展自身的在世的存在随着它自身所是的存在者的存在同样源始地也领会着世内被揭示的存在者的存在,即使其方式是非专题的,即使连生存和实在这样的首要样式还未经分化。对存在者的一切存在者层次上的经验——对上手事物的寻视计算也罢,对现成在手事物的实证科学认识也罢——都植根于对相应存在者的存在的筹划,而这些筹划当下或多或少是透彻可见的。但这些筹划包藏一种何所向于自身中,存在之领会就仿佛是从这种何所向吸取养分。

当我们说:存在者"有意义",那么这意味着:它就其存在得以通达了;存在是存在者向之得以筹划的何所向,所以,存在才"本真地""有意义"。存在者"有"意义,只因为存在已经事先展开了,从而存在者在存在的筹划中成为可以领会的,亦即从这一筹划的何
325 所向方面成为可以领会的。存在之领会的首要筹划"给出"意义。
提出某一个存在者的存在意义问题,就使存在者的全部存在所据的存在之领会的何所向成了课题。

此在就其生存而言已经本真地或非本真地对它自己展开了。它生存着领会自身,其情况是:这一领会并非表现为纯粹的把握,而是构成了实际能在的生存上的存在。展开了的存在是为其存在而存在的存在者的存在。这一存在的意义亦即操心的意义使操心的组建成为可能;而正是这一意义源始地构成能在的存在。此在的存在意义不是一个漂浮无据的它物和在它本身"之外"的东西,而是领会着自己的此在本身。什么东西使此在的存在成为可能并

从而使它的实际生存成为可能？

生存的源始的生存论筹划所筹划的东西绽露为先行的决心。 a
什么使此在的这一本真整体存在能够把分成环节的结构整体统一起来？如果我们现在不总是提称全部结构内涵，而是从形式上来把捉，先行的决心在生存论上就是朝向最本己的别具一格的能在的存在。这种情况只有这样才可能——此在根本就能够在其最本己的可能性中来到自身，并在这样让自身来到自身之际把可能性作为可能性保持住，也就是说，此在根本就生存着。保持住别具一格的可能性而在这种可能性中让自身来到自身，这就是将来的源始现象。如果说本真的或非本真的向死存在属于此在的存在，那么，就这里所提示的及下面将进一步加以规定的意义上讲，这一向死存在只有作为将来的存在才是可能的。"将来"在这里不是指一种尚未变成"现实"的，而到某时才将是"现实"的现在，而是指此在借以在最本己的能在中来到自身的那个"来"。先行使此在本真地是将来的，其情况是：只有当此在作为存在者层次上的此在根本总已向着自身到来，亦即在其存在中根本是将来的，先行本身才成为可能。

此在在其本质性的罪责存在中领会先行的决心。这一领会等于说：生存着承担起罪责存在并作为不之状态的被抛的根据存在。承担被抛境况却意味着：如其一向已曾是的那样本真地是此在。承担被抛境况却只有这样才是可能的——将来的此在能够是它最本己的"如其一向已曾是"，亦即是它的"曾是"〔或在其所"曾在"〕。 326
只有当此在如"我是所曾在"那样存在，此在才能以回来的方式在将来来到自己本身。此在本真地是将来而是曾在。先行达乎最极端的最本己的可能性就是有所领会地回到最本己的曾在来。只有当此在是将来的，它才能本真地是曾在。曾在以某种方式源自将来。

先行的决心这样开展着此的当下处境：生存有所行动地对实际周围世界上手的东西寻视操劳。下决心寓于处境中的上手事物的存在，亦即有所行动地让周围世界在场的东西来照面，这只有在这种存在者的某种当前才是可能的。只有在当前化的意义上作为当前[①]，决心才能是它所是的东西：无所伪饰地让它有所行动地加以把握的东西来照面。

在将来回到自身来，决心就有所当前化地把自身带入处境。曾在源自将来，其情况是：曾在的（更好的说法是：曾在着的）将来从自身放出当前。我们把如此这般作为曾在着的有所当前化的将来而统一起来的现象称作时间性。只有当此在被规定为时间性，它才为它本身使先行决心的已经标明的本真的能整体存在成为可能。时间性绽露为本真的操心的意义。

这一意义的现象内涵是从先行决心的存在建构中汲取出来的；这一内涵满足时间性这一术语的含义。把这一语词用作术语时，首先必须远离一切从流俗的时间概念里涌上前来的“将来”、

① 作者使用好几个词来表示“现在”。Gegenwart 译为“当前”，这个词的原意为出现在某个地方或某个事件中，作者在中性上使用。Gegenwärtigung 译为“当前化”，是非本真的当前。Augenblick 是本真的当前，译为“当下即是”。这个词初版译作“眼下”，主要为了照顾与 Augenblick 里的 Augen〔眼睛〕对应，但“眼下”这个词听上去太近于非本真。虽说作者把 Gegenwärtigung 定为非本真的而把 Augenblick 定为本真的并没有多少语感上的根据，但译者还是要尽量照顾原作者的成说。Jetzt 译为“现在”，作者不用这个词来表述自己的时间学说，只在谈到传统时间概念原不过是“现在序列”时才用这个词。——中译注

"过去"和"当前"的含义。也必须远离"主观的"和"客观的"或"内在的"和"超越的""时间"概念。只要此在本身首先与通常非本真地领会自己，就可以推想流俗的时间领会的"时间"固然也提供出一种真切现象，但那是一种衍生出来的现象。这现象源自非本真的时间性，而非本真的时间性本身又有自己的来源。"将来"、"过去"和"当前"这些概念首先是从非本真的时间领会中生出的。要
用某些术语来界说相应的源始而本真的现象，难免与一切存在论 327
术语都摆脱不掉的同一困难做斗争。在这一探索园地中，强行硬施并非任意妄为，而是事出有因，不得不然。但若要能从源始而本真的时间性毫无纰漏地展示出非本真的时间性的源头，首先还需要对才只粗略标明的源始现象作一番具体研究。

如果说决心构成了本真的操心的样式而操心本身又只有通过时间性才是可能的，那么，着眼于决心而获得的现象本身也必定只是使一般的操心之为操心成为可能的时间性的一种样式。此在的存在整体性即操心，这等于说：先行于自身的－已经在（一世界）中的－作为寓于（世内照面的存在者）的存在。在最初确定这一分成环节的结构时曾指出：考虑环节划分的存在论问题还不得不推后一步，直到剖析结构多样性的整体性之统一时再来解决[①]。**操心的结构的源始统一在于时间性。**

"先行于自身"奠基在将来中。"已经在……中"本来就表示曾在。"寓于……而存在"在当前化之际成为可能。由此看来，在这里当然不容许从流俗的时间领会来把捉"领先"中的"先"，以及"已

---

① 参见本书第四十一节，第196页。——原注

经”。“先”意指的不是“现在尚不——但是以后”那种意义上的“先于”,“已经”也不意味“现在不再——但是以前”。“先”与“已经”等语词也可以具有这种时间含义,不过假若它们的时间含义就是这样,那么上述操心的时间性说的就是一种同时是“以前”和“以后”,同时是“尚不”与“不再”的东西了。那么操心就被理解为“在时间中”摆到眼前而一一接续的存在者了。一种具有此在性质的存在者的存在就成了一种现成事物。如果这些都不可能的话,那么上述诸语词就必定另有时间含义。“先”与“领先”表示将来,而将来之为将来才使此在能够为其能在而存在。向“为它本身之故”筹划自身根据于将来,而这种自身筹划是生存论建构的本质特性。生存论建构的首要意义就是将来。

328 同样,“已经”意指这样一种存在者在生存论上的具有时间性的存在意义——这种存在者只消存在,就向来已是被抛的东西。只因为操心基于曾在,此在才能作为它所是的被抛的存在者生存。“只消”此在实际上生存着,它就从未过去,反倒总在“是我所曾在”的意义上曾在。而只有当它存在着它才能是曾在的。相反,我们用过去来称那不再现成存在的存在者。从而,此在生存着就从来不能把自己确定为现成事实,仿佛“随时间”生灭并且有些片断已经过去。它总只作为被抛的实际而“现身”〔发现自己〕[①]。在现身情态中,此在被它自身所袭,这个袭击此在的自身即是此在作为现在还是却也已曾是的存在者,亦即此在持驻地是所曾是的存在者。实际性首要的生存论意义即在于曾在。操心之结构的表达借“先”

① 参见本书德文页码第 134 页中译注。——中译注

和"已经"这样的语词提示出生存论建构与实际性的时间性意义。

反之,对操心的第三个组建环节即沉沦着"寓于……的存在",却没有这样一种提示词。这并不意味着沉沦并不同样根据于时间性,相反,沉沦于所操劳的上手事物与现成事物这一状况之首要基地就是当前化,这种当前化作为源始时间性的样式,始终包括在将来与曾在中。下了决心的此在恰恰是从沉沦中抽回身来了,以求"当下即是地"愈加本真地朝向展开的处境在"此"。

时间性使生存、实际性与沉沦能够统一,并以这种源始的方式组建操心之结构的整体性。操心的诸环节不是靠任何积累拼凑起来的,正如时间性本身不是由将来、曾在与当前"随时间之流"才组成的一样。时间性根本不是"存在者"。时间性不存在,而是"到时候"。至于我们为什么仍然不得不说:"时间性'是'——操心的意义","时间性'是'——如此如此被规定的,"那只有等澄清了一般存在与"是"的观念之时才能得以理解。时间性到时,并使它自身的种种可能方式到时。这些方式使此在形形色色的存在样式成为可能,尤其是使本真生存与非本真生存的基本可能性成为可能。

将来、曾在与当前显示出"向自身"、"回到"、"让照面"的现象性质①。"向……"、"到……"、"寓于……"等现象干干脆脆地把时

---

① "向……"〔zu...〕、"到……"〔auf...〕、"寓于……"〔bei〕这些词同将来〔Zukunft〕、曾在〔Gewesenheit〕、当前〔Gegenwart〕之间的联系,即使在德文中,也是有点模糊不清的。但在前面已进行的研究中,它们得到了很好的澄清。可以将它们之间的相互关联大致显示如下:"向"〔zu〕:将来〔Zukunft〕;来向自身〔auf sich zukommen〕;向自身来〔Auf sich zu〕;先行于自身〔Sich vorweg〕。"到"〔auf〕:曾在〔Gewesenheit〕;回来到〔Zurückkommen auf〕;回到〔Zurückauf〕;已经在〔Schon sein in〕。"寓于"〔bei〕:当前〔Gegenwart〕;让照面〔Begegnenlassen von〕;寓于……存在〔Sein bei〕。——英译注

329 间性公开为ἐκστατικόν〔绽出〕[1]。时间性是源始的、自在自为的"出离自身"本身。因而我们把上面描述的将来、曾在、当前等现象称作时间性的绽出。时间性并非先是一存在者,而后才从自身中走出来;而是:时间性的本质即是在诸种绽出的统一中到时。流俗领会所通达的"时间"的种种特性之一恰恰就在于:时间被当作一种纯粹的、无始无终的现在序列,而在这种作为现在序列的时间中,源始时间性的绽出性质被敉平了。而敉平绽出性质这件事本身,按其生存论意义来看,却又奠基在某一种确定的可能的到时之中,时间性依照这种到时而作为非本真的时间性使上面提到的"时间"到时。因而,如果表明了此在的知性所通达的"时间"不是源始的,而毋宁是源自本真的时间性的,那么,依照 a potiori fit denominatio〔根据主要事实命名〕这一原则,把现已崭露的时间性称为源始的时间就是合情合理的了。

在历数诸绽出的时候,我们总是首先提到将来。这就是要提示:将来在源始而本真的时间性的绽出的统一性中拥有优先地位,虽则时间性不是通过诸绽出的积累与嬗递才发生的,而是向来就在诸绽出的同等的源始性中到时的。但是在这种同等的源始性中,到时的诸样式复又有别。差别在于:到时可以首要地借不同的绽出来规定自身。源始而本真的时间性是从本真的将来到时的,其情况是:源始的时间性曾在将来而最先唤醒当前。源始而本真

① ecsatsia(希腊文ἐκστασις;德文 Ekstase)这个词的原意是"站出去"、"绽出"。在希腊文中,它一般指某物"移动"或"位移"。现在,人们通常用 Eksatase 来称谓某种"狂喜"、"出神"的精神状态。在海德格尔那里,一般坚持用这个词的原意,同时他也敏锐地注意到这一意义同"生存"〔existence〕这个词的原意之间的联系。——英译注

的时间性的首要现象是将来。非本真时间性本身有其不同的到时样式；将来所拥有的优先地位将与此相应而有所改观，但这种优先地位也还会在衍生的"时间"中浮现出来[①]。

操心是向死存在。我们曾把先行的决心规定为向此在的这种特殊的绝对不可能的可能性的本真存在。在这种向其终结的存在中，此在作为它因"被抛入死"而能是的存在者本真地整体地生存着。此在并没有一个它仅停止于彼的终结，此在倒是**有终地生存着**。因而本真的将来绽露其本身为有终的将来。正是有终的将来首要地使构成先行决心的意义的**那一**时间性到时。然而，尽管我 330
自己不再在此，难道"时间不继续前行"了吗？不是有无限多的东西还能够处"在将来中"，并从将来中来到吗？

这些问题都须给予肯定的回答。尽管如此，它们并不包含任何对源始时间性的有终性的非议，因为它们根本不再是讨论源始的时间性。问题不是：哪些东西"在一种继续前行的时间中"还照样发生以及何种"让来到自身"能够"从这种时间"前来照面；问题是："来到自身"本身之为来到自身是如何源始地被规定的。这种来到自身的有终性首要的不等于说一种停止，而是到时本身的一种性质。源始而本真的将来是来到自身。到自身，亦即作为不之状态的不可逾越的可能性而生存着。源始的将来的绽出性质恰恰在于：源始的将来封闭能在，亦即它本身是封闭了的，而它作为封闭了的将来使下了决心的生存上的对不之状态的领会成为可能。

① 海德格尔这里将本真的时间样态（此在在其中从将来"来向"自身）和非本真的样态进行比较。后者"离开"前者或者从前者"导出"，因此，这具有"衍生的"性质。——英译注

源始而本真的来到自身就是在最本己的不之状态中生存的意义。时间性的源始的有终性这一命题并不驳斥“时间继续前行”这一命题,而只是要坚持源始时间性的现象特性;这一现象特性在此在的源始的生存论筹划所筹划的东西中显现自身。

忽视源始而本真的将来的有终性,从而也忽视时间性的有终性,“先天地”认这种有终性为不可能,这种企图源于流俗时间领会的不断侵扰。如果流俗的时间领会正确地认识了一种无终的时间且只认识这种时间,这还不曾表明它已经领会了这种时间及其“无终性”。时间“继续前行”和“继续流逝”说的是什么?一般说“在时间中”以及专门说“在将来”和“从将来”意味着什么?在何种意义下“时间”是无终的?如果流俗之见对源始时间的有终性的非议不愿停留在无根基状态的话,上述问题都必须廓清。但只有获得了适当的提法来提出有终性与无终性,才能廓清上述问题。然而对问题的适当提法又源自领会着源始时间现象的眼光。问题不能
331 是:现成事物“在其中”生灭的那种“派生的”无终的时间如何**变成源始的有终的**时间性?而是:非本真的时间性如何源自有终的本真的时间性?以及:非本真的时间性作为非本真的时间性又如何从有终的时间使一种无终的时间到时?只因为源始的时间是**有终的**,“派生”的时间才能作为**无终的**时间到时。按领会把握的顺序来说,只有当摆明了可以与“时间的有终性”相对照的“无终端的时间”之际,时间的有终性才充分可见。

我们把前此对源始时间性的分析概括为下面几个命题:时间源始地作为时间性的到时存在;作为这种到时,时间使操心的结构之组建成为可能。时间性在本质上是绽出的。时间性源始地从将

来到时。源始的时间是有终的。

虽然操心之为时间性这种阐释靠着把此在的源始而本真的整体存在收入眼帘而迈出了最初几步，但这一阐释却不能始终局限在前此获得的狭窄基础上。"此在的意义是时间性"这一命题须得就这一存在者的已经摸索出来的基本建构的具体内容加以验证。

第六十六节　此在的时间性与由之发源的更源始地重演生存论分析的任务

业经剖明的时间性现象不仅要求在更广泛的范围内肯定它的组建力量，而且，恰恰通过这一工作，到时的诸种基本可能性才进入眼帘。根据时间性指明此在存在建构的可能性，这一工作我们简称为"时间性的"阐释，不过这一称法只是临时的。

眼下的任务超出了对此在本真的能整体存在的时间性分析以及对操心的时间性的一般描述，而要使此在的非本真状态在其特殊的时间性中明白可见。时间性首先在先行的决心那里显现出来。决心是展开状态的本真样式，而展开状态通常则处在常人以沉沦方式解释自身的非本真状态之中。描述一般展开状态的时间性这项工作把我们引向切近的操劳在世的时间性领会，并从而引向此在的平均的无差别状态；生存论分析工作最先就是从这种平均的无差别状态着手的[①]。我们曾把此在首先与通常处身于其中 332

① 参见本书第九节，第 43 页。——原注

的那种平均的存在方式称为日常状态。我们在重演早先的分析时必须使日常状态在其时间性的意义上绽露出来，从而使时间性包括的问题可得而真相大白，并且使准备性分析似乎带有的那种“自明性”完全消失。时间性会在此在基本建构的一切本质结构那里得到验证。不过，这并不引导我们外在地以表格方式把已经完成的分析按从前表达它们的顺序重新过一遍。时间性分析的进程依循不同的方向，这应使以前的考察变得更加清楚并将扬弃偶然性与似乎存在的任意性。除了这种方法上的必然性而外，现象本身中的理由也在起作用：它将迫使我们以不同的方式来一一进行所要重演的分析。

我自身向来所是的那一存在者的存在论结构集中在生存的独立自驻性中。因为自身既不能被理解为实体也不能被理解为主体而是奠基在生存中的，所以对非本真的自身的分析即对常人的分析曾被完全放到准备性的此在分析过程之中[①]。现在，我们已把自身性明确地收归操心的结构，因此也就是收归时间性的结构；于是，从时间性上对持驻于自身的状态〔独立性〕与持驻于非自身的状态〔不独立性〕进行阐释自然就变得重要了。进行这一阐释须得条分缕析，各依专题。唯有这一阐释才提供出正当的保障以防止谬误立论以及从存在论上对一般“我”的存在提得不适当的问题。但不仅如此；相应于它的中心作用，这一阐释同时还将使我们更源始地洞见时间性的到时结构。时间性绽露为此在的历史性。此在是历史性的，这一命题将被证明为生存论存在论的基础命题。这

---

① 参见本书第二十五节及以下，第113页及以下。——原注

一命题远异于仅仅从存在者层次上确认“此在出现在一种‘世界历史’之中”这一事实。但此在的历史性确是之所以可能从历史学角度进行领会的根据；而进一步又只有依靠这种领会才可能以特加把握的方式使历史学成形为科学。

对日常性与历史性的时间性阐释牢牢盯着源始的时间，以便充分地把源始时间本身作为日常时间经验的可能性与必然性的条 333
件揭示出来。作为为其存在而存在的存在者，此在明确或不明确地原本为它自身运用它自己。操心首先与通常是寻视的操劳。由于为它自己之故而运用它自己，此在“用损”它自己。由于“用损”〔verbrauchen〕自己，此在需用〔brauchen〕它自己本身，亦即需用时间。由于需用时间，此在估算时间。寻视估算的操劳才始揭示时间并形成计时，估算时间对在世起组建作用。寻视以操劳的方式进行揭示；凭借计算时间，寻视的揭示让被揭示的上手事物与现成事物到时间中来照面。世内存在者于是作为“在时间中存在着的东西”得以通达。我们把世内存在者的时间规定性称为**时间内性质或时间内状态**。

在时间内状态那里，首先从存在者层次上发现的“时间”成为形成流俗的传统时间概念的基础。但时间内状态这种时间则发源于源始时间性的一种到时方式。这一源头告诉我们，现成事物“在其中”生灭的时间是一种真切的时间现象，而不似柏格森的时间解释——一种在存在论上全无规定的和远不充分的时间解释——要让我们相信的那样，仿佛那种时间是“具有质的时间”外在化为空间的结果。

只有把此在的时间性整理为日常性、历史性和时间内性质，我们才能无所反顾地洞见源始的此在存在论的盘根错节之处。此在作为在世的存在实际上共世内照面的存在者一道生存，并且寓于它们而生存。从而，只有找到了一片视野，能够借以澄清非此在式的存在者的存在——包括既非上手事物亦非现成事物而只"存有"的存在者的存在，此在的存在才能获得其包罗万象的存在论透彻性。但要阐释凡我们说它存在的那一切东西的存在的诸种演变，就先须充分洞明一般存在的观念。只要还未获得一般存在的观念，重演对此在的时间性分析这一工作就是不完整的并摆脱不掉种种含混性质——这里且还不去说事质上的诸种困难。从生存论上时间性上进行的此在分析为它本身之故就要求在存在概念的原则性讨论的框架内从新再演一遍[①]。

---

① 这里所说的应是计划中的第一部第三篇：时间与存在。这一篇海德格尔未曾写出。——中译注

第四章　时间性与日常性 334

第六十七节　此在生存论建构的基本内容及其时间性阐释的草描

在准备性分析中[①]，虽然我们集中于奠立根基的操心之结构整体性，然而仍使不该逃脱现象学眼光的现象的多样性成为可通达的。此在建构的源始整体性作为**分成环节的**整体性并不排除这种多样性，倒反是要求它。存在建构的源始性与某种终极组建因素的简单性、唯一性不相涵盖。此在存在的存在论源头并不比由它发源的东西“细弱”，反倒因居前位而威凌后者；在存在论原野上，一切“源出”都是降格。从存在论上探入“源头”并非是来到“通常知性”从存在者层次上认作自明的种种东西，倒不如说它是把一切自明之事的可疑性向“通常知性”公开出来。

为了把在准备性分析中获得的现象反过来收入现象学的眼界，有必要提示一下这一分析所经历的诸阶段。对操心的界说产生于对展开状态的分析；展开状态则组建着“此”之在。澄清“此”

---

① 参见本书第一篇，第41—230页。——原注

之在这一现象意味着对此在基本建构即在世的浅近阐释。研究工作先标识出在世界之中的存在，为的是从一开始就保证充分的现象视野，反对多半未曾明言地、不适当地从存在论上对此在作出种种在先的规定。我们曾首先从世界现象着眼描述在世界之中存在。具体说来，阐释工作曾从在存在者层次上及存在论上标识出在周围世界“**之中**”上手的和现成在手的事物起步，进而崭露出世界内性质，以便从这一性质使世界之为世界的现象得以视见。但世界之为世界的结构，即意蕴，却表明自身是括在另一样东西里的，而本质上属于展开状态的领会就向这种东西筹划自己；这就是此在的能在，就是此在**为其故**而生存的能在。

从时间性上阐释日常此在的工作应从展开状态在其中组建自
335 己的那些结构着手。那就是：领会、现身情态、沉沦与话语。我们将从这些现象着眼剖明时间性到时的诸样式，而这些样式将为规定在世的时间性提供地基。这将引导我们重新来到世界现象并允许我们界说世界之为世界所特有的时间性问题。这一界说必须通过对切近的日常在世的描述，通过对沉沦着的寻视操劳的描述来得到保障。操劳的时间性使寻视得以变形为以观看方式进行的知觉以及奠基于这种知觉方式的理论认识。以上述方式浮现出来的在世的时间性同时将表明其自身为此在特有的空间性的基础。这就可以显示去远与定向的时间性建制了。这些分析的整体揭示出时间性到时的一种可能性；从存在论上说，此在的非本真状态就奠基在这种可能性中。这一整体还引出一个问题：应该如何领会日常状态的时间性性质，如何领会前此不断使用的“首先与通常”的时间性意义。这一问题的确定将摆明，至此所达到的〔日常状态〕

现象的澄清仍是不充分的，它也将摆明，它在何种程度上还不充分。

据此，眼下这一章包括下述环节：一般展开状态的时间性（第六十八节）；在世的时间性与超越问题（第六十九节）；此在式空间性的时间性（第七十节）；此在日常状态的时间性意义（第七十一节）。

第六十八节 一般展开状态的时间性

我们曾就其时间性意义加以描述的决心表现出此在的一种本真的展开状态。展开状态这样组建一存在者：它使这存在者生存着能是它的此本身。我们曾就操心的时间性意义标识出操心，不过还只标识出它的基本特征。而要展示它的具体的时间性建制，就等于说：从时间性上分别阐释它的结构环节，亦即领会、现身情态、沉沦与话语。一切领会都有其情绪。一切现身情态都是有所领会的。现身领会具有沉沦的性质。沉沦着的、有情绪的领会就其可理解性而在话语中勾连自己。上述现象各具的时间性建制向来都引回到这样一种时间性：这一时间性担保领会、现身、沉沦与话语可能从结构上达到统一。

a. 领会[①]的时间性 336

我们用领会这一术语意指一种基础的生存论环节。它既不是

① 参见本书第三十一节，第 142 页及以下。——原注

与澄清解释和概念领会并列而有别的某一种特定的认识方式，也不是在专题把握这一意义上的一种一般认识；领会倒是这样组建此之在：一个此在能够生存着根据领会使视、四下寻视、仅仅观看等等诸种不同的可能性成形。澄清解释即是对不领会的东西有所领会地加以揭示，故而一切澄清解释都植根在此在的原本的领会中。

若源始地从生存论上加以把捉的话，领会等于说：有所筹划地向此在向来为其故而生存的一种能在存在。领会以这种方式开展本己的能在：此在有所领会地向来就这样那样地知道它于何处共它自己存在。这个"知"却不是已然揭示了某件事实，而是处身于某种生存可能性中。与此相应，"不知"也不在于领会的某种缺断，而必须被当作能在的被筹划状态的残缺样式。生存是能够询问的。但须得有某种展开，才可能"处在问题中"。在一种生存可能性中有所筹划地领会自己，这事的基础是将来，即从当下的可能性来到自身，而此在向来就作为这种当下的可能性生存。将来在存在论上使这样一种存在者成为可能：这种存在者是以有所领会地在其能在中生存的方式存在的。在其根基处具有将来性质的筹划活动原本并不把被筹划的可能性专题把握为一种见解，而是投身于其中，投身于可能性之为可能性中。此在有所领会地向来像它所能在的那样存在。我们曾看到决心作为源始而本真的生存活动出现。当然，首先与通常此在犹豫不决；这就是说，只有在个别化中此在才把自己带向其最本己的能在，而就这种最本己的能在来说，首先与通常此在是被封闭了的。其中就有这样的情况：时间将并不常驻地从本真的将来到时。这种不持驻性质却不等于说:时间性有时缺欠将来;而是说:将来的到时是会发生衍变的。

我们确认先行〔Vorlaufen〕这个词为标识本真将来的术语。先行这个词提示:此在在本真生存之际作为最本己的能在让自己来到自己;〔本真的〕将来必须从非本真的将来而不是从某种当前 337
赢得自己本身。〔对本真或非本真〕不加分辨地从形式上用于将来的术语是领先于自己〔Sich-vorweg〕,这也就是操心的第一个结构环节的名称。此在实际上持驻地领先于自己,但从生存上的可能性来说并不持驻地先行。

应得怎样与先行相对崭露出非本真的将来呢?本真的将来是在决心那里绽露出来的;与此相应,只有在存在论上从日常操劳着的非本真的领会回溯到它的生存论时间性意义,〔非本真的将来〕这一绽出样式才能够绽露出来。此在作为操心本质上领先于自己。操劳在世的存在首先与通常从它所操劳的东西那里领会自己。非本真的领会向着日常事务经营的可操劳的、有所可为的、紧迫的、避免不开的东西筹划自己。但所操劳的东西如它所是的那样为的是有所操心的能在之故。有所操心的能在让此在在有所操劳地寓于所操劳的存在中来到自己。此在原本并不在其最本己的而无所旁涉的能在中来到自己;它有所操劳地从它所操劳之事的结果或无果方面期备能在。此在从它所操劳之事来到自己。非本真的将来具有期备的性质。有所操劳的自身领会作为从所从事之事而来的常人自身是在将来的这种绽出样式中有其可能性的“根据”。只因为实际此在这样从所操劳之事期备它的能在,它才能预期和等待[①]。期备必已展开了某种可以预期之事所从出的视野与范围。**预期是将来的一种植根在期备中的样式**；**而将来则本真地作为先行到时**，从而，与在操劳活动中对死的预期相比，在先行中有一种更加源始的向死存在。

无论在何种被筹划的能在中，领会作为一种生存活动原本总是将来的。但假使领会不是时间性的，亦即假使它并非同样源始地由曾在与当前规定，那它就不会到时了。我们已经大致弄清了最后提到的绽出样式如何一道组建非本真领会的方式。能在可能从当下操劳之事的可能成果与可能失败方面迎向日常操劳活动，而日常操劳正是从这种能在来领会自己的。与非本真的将来即期备相应的是一种**寓于**操劳之事的本己存在。这种绽出样式就是当
338 前。当我们把本真时间性的对应绽出样式引来作一番比较时，这种当－前〔Gegen-wart〕就绽露出来了。决心的先行中包含有一种某项决定依之开展处境的当前，在决心中，当前不仅从涣散于切近操劳之事的境况中被拉回来，而且被保持在将来与曾在中。我们把保持在本真的时间中的并因而是**本真的当前**称为**当下即是**〔Augenblick〕。必须在积极的或动态的意义上把这一术语领会为一种绽出样式。它意指此在以下了决心而又**保持**在决心之中的方式放浪于那在处境中从可加操劳的种种可能性和环境那里来照面的东西。"当下即是"这一现象**原则上**不能从**现在**得到澄清。"现

① 我们把 gewärtigen 和 gewärtig sein 都译作"期备"。我们期望读者注意到"期备"不仅有"预期"而且有"预备"之义。与此相关，erwarten 译作"预期"。warten auf 译作"等待"。这里，中译"等待"丧失了与前面几个词在字面上的联系。下面，作者还进而指出这组词与 Gegcnwan〔当前〕的联系。——中译注

在”这种时间性现象属于作为时间内状态的时间：那是某种东西生灭或现成存在“于其中”的那个现在。却没有任何东西“当下即是地”现成摆在那里；是当下即是作为本真的当－前才始让那能作为上手事物或现成事物存在“在一种时间中”的东西来照面[①]。

我们把非本真的当前称为当前化〔gegenwärtigen〕，以与本真的当前即当下即是相区别。从形式上领会起来，一切当前都是有所当前化的，但并非都“当下即是”。当我们使用当前化而不附加任何其他说法，那就总是意指非本真的、不是当下即是的、无决心的当前。只有靠从时间性上对沉沦于所操劳的“世界”这种境况加以阐释才能廓清当前化，而这一境况则又在当前化之中有其生存论意义。但只要非本真的领会是从可操劳之事来筹划能在，这就意味着它是从当前化方面到时的。与之相反，当下即是则是从本真的将来到时的。

非本真的领会作为有所当前化的期备到时：而有所当前化的期备的绽出统一性必包含有一种与之相应的曾在。先行的决心本真地来到自身，而这同时又是回到最本己的、抛入其个别化的自 339
身。这种绽出样式使此在能够下决心把它已是的存在者承接下

---

① 克尔凯郭尔极为深刻地看到了生存上的“当下即是”现象。但这并不已经意味他也相应成功地在生存论上对这一现象作出了阐释。他停留在流俗的时间概念上并借助于现在和恒常性来规定当下即是。当克尔凯郭尔谈到“时间性”对，他指的是人的“在时间中存在”。作为时间内状态的时间只知道现在，绝不知道当下即是。但如果我们在生存上经验到了这种当下即是，那么就已经有一种更为源始的时间被设为前提了，尽管这种时间在生存论上还是未曾明言的。关于“当下即是”，可参见雅斯贝尔《世界观的心理学》，1925 年第三版（未修订版），第 108 页及以下；《克尔凯郭尔评论》，第 419—423 页。——原注

来。在先行中，此在复又把自己领向前去领入最本己的能在。我们把这种本真的曾经存在称为“重演”〔Wiederholung〕。非本真的筹划所向之筹划的诸种可能性则是以使所操劳之事当前化的方式从所操劳之事中汲取出来的。而只有此在在其最本己的被抛能在中遗忘了自己，这种非本真的自身筹划才是可能的。遗忘并非无或只是记忆的阙失，遗忘是曾在状态固有的一种“积极的”绽出样式。遗忘这种绽出（放浪）〔Entrücken〕具有如下性质：封闭着自己本身而在最本己的曾在面前放溜〔Ausrücken〕，其情形是：这种在……面前放溜以绽出方式封闭着它在其面前放溜的东西，并从而一道封闭着自己本身。忘却作为非本真的曾在状态于是就与被抛的本己存在取得联系；忘却是这样一种存在方式的时间性意义：我首先与通常按照这种存在方式而是曾在的。只有基于这一遗忘才能眷留于有所操劳有所期备的当前化，亦即眷留于非此在式的、从周围世界来照面的存在者。与这种眷留相应的是一种不眷留，它表现为派生意义上的“遗忘”。

正如预期只有基于期备才是可能的，记忆也只有基于遗忘才是可能的，而不是相反。因为曾在状态原本在忘却的样式中“开展”出一条视野来，而失落于所操劳的“外在性”的此在只有进入这一视野的内部才能回忆①。有所遗忘有所当前化的期备是一种本己的绽出统一性，非本真的领会就其时间性来看就是按照这一统一到时的。这些绽出样式的统一封闭着本真的能在并从而是犹豫

① Sich errinnern〔回忆〕的词源意义为“内在化”；在这里，这个词以及 in den Horizont〔进入视野之中〕是与 Aeuβerlichkeit〔外在性〕对照使用的。——中译注

不决之所以可能的生存论条件。虽然非本真的有所操劳的领会是从所操心之事的当前化得以规定的，但领会原本是在将来之中到时的。

b. 现身[①]的时间性

领会从不是漂游无据的，而总是现身的领会。此向来同样源始地由情绪展开或封闭着。有情绪状态把此在带到它的被抛境况 340
面前；其情形是：被抛境况本身恰恰不是由认识通达的，而是在"觉得如何如何"之中远为源始地展开了。被抛的存在在生存论上等于说：这样或那样现身。从而，现身奠基在被抛境况中。情绪体现出一种方式，我在这种方式中原本一向是被抛的存在者。如何使有情绪状态的时间性建制得以视见？如何从当下时间性的绽出样式的统一中洞见现身与领会在生存论上的联系？

情绪以趋就或背离本己此在的方式开展着。唯当此在的存在按其意义来说是持驻地曾在，才可能在生存论上〔把此在〕带到"它存在且不得不存在"这一本己的被抛境况面前，不管这一被抛境况是本真地有所绽露还是非本真地有所遮盖。带到人们自身所是的被抛存在者面前，这事并不才刚创造出曾在，而是曾在的绽出才使以现身方式发现自己这件事成为可能。领会原本奠基在将来中；相反，现身原本在曾在状态中到时。情绪到时；也就是说，情绪特有的绽出样式理所当然地属于某种将来与当前，其方式倒是：曾在使这两种同样源始的绽出方式改变其样式。

① 参见本书第二十九节，第 134 页及以下。——原注

我们曾强调，诸种情绪虽在存在者层次上已为熟知，却并不曾就其源始的生存论作用得到认识。情绪被当作流变的体验，这些体验为"灵魂状态"的整体"染上色彩"。对于一种观察来说，具有消长流变性质的东西却属于生存的源始的持驻性。尽管如此，种种情绪却又该与"时间"有何共同之处呢？这些"体验"来而又去，"在时间中"相续而过；确认这回事是琐碎之举。当然有这回事，虽然这只是一种存在者层次上的心理学确认。有待完成的任务则是把有情绪状态的存在论结构在其生存论时间性建制中展示出来。而首先则只能设法使一般情绪的时间性得以视见。"现身原本奠基在曾在状态中"这一命题等于说：情绪的基本生存性质是一种"带回到……"。这一"带回到……"并非才刚产生出曾在状态，而是：现身为生存论分析公开出曾在的一种样式。从而，现身的时间
341 性阐释不可能意在从时间性演绎出诸种情绪并使它们消散到纯粹的到时现象中。所要作的只是表明：若非基于时间性，诸种情绪在生存上所意味的东西及其"意味"的方式就都不可能存在。这里的时间性阐释限于怕和畏这两种在准备阶段已经分析过的现象。

我们的分析将从展示怕[①]的时间性开始。怕曾被描述为非本真的现身情态。在何种程度上曾在是使怕成为可能的生存论意义？这种绽出的何种样式标识着怕所特有的时间性？怕是在某种具有威胁性质的东西面前害怕。我们曾描述过这种对此在的实际能在有害的东西怎样在操劳所及的上手事物与在手事物的范围内临近。害怕以日常寻视的方式开展这一威吓者。一个仅止直观的

① 参见本书第三十节，第140页及以下。——原注

主体从不能揭示这样的东西。但“在……面前害怕”的这种展开不就是一种“让来到自己”吗？人们曾把怕规定为对某种来临的恶事〔malum futurum〕的预期不是颇有道理吗？难度怕的源始时间意义根本不是曾在，而是将来吗？毋庸争议，害怕不仅使自身“关系”到唯“在时间中”来临的东西这一含义上的“将来的东西”；而且这一自身关系本身在源始的时间性意义上就是将来的。怕的生存论时间性建制虽然一道包含有一种期备，但这首先只等于说：怕的时间性是非本真的时间性。“在……面前害怕”仅只是对某种来临的威胁者的预期吗？预期来临的威胁者无须乎已经是怕，仅仅预期它倒恰恰缺乏怕所特有的情绪性质。这种情绪性质在于：怕这种期备让威胁者回到实际操劳着的能在。只有当所回到的东西根本已经以绽出方式敞开着，威胁者才以回到我所是的存在者的方式被期备，于是此在才被威胁。有所害怕的期备“自己”害怕，亦即：“在……之前害怕”向来就是“因……害怕”；这其中就有怕的情绪性质与激动性质。怕的生存论时间性意义由一种自身遗忘组建起来；这种自身遗忘是：在本己的实际能在面前迷乱放溜，而被威胁的在世就作为这种迷乱放溜而操劳于上手事物。亚里士多德正确地把怕规定为λύπη τις ἤ ταραχή，即一种抑制或迷乱[①]。抑制 342
把此在逼回到它的被抛境况，而其方式却恰恰是使被抛境况封闭起来。迷乱奠基于一种遗忘。在实际的下了决心的能在之前遗忘着放溜，这种活动附于先前就由寻视揭示开来的诸种自救与闪避的可能性，惧怕着的操劳活动因为遗忘自己并从而不掌握任何确

① 参见《修辞学》第五卷 1382 a 21。——原注

定的可能性而从切近的可能性跳到切近的可能性。一切"可能的"可能性，亦即连不可能的可能性也包括在内，纷陈眼前。害怕的人不把定任何一个；"周围世界"并不消失，而是在不复在周围世界之中认出自己的境况下来照面。这种迷乱地把就近处最好的东西摆到当前的做法属于怕之中的自身遗忘。以人所周知的例子来说：房子失火时，住在里面的人经常去"救"最不相干的然而就近上手的什物。遗忘了自身而把一团乱七八糟东浮西漂的可能性摆在当前，这使得构成怕的情绪性质的那种迷乱成为可能。迷乱这种忘却也使期备改变其样式，使它的特性成为受到抑制的或迷乱的期备，这种期备当然与纯粹的预期有别。

从生存论上使惧怕成为可能的特殊的绽出统一性原本是从上述遗忘到时的；这种遗忘作为曾在状态的样式使与之相属的当前和将来都在其到时中改变其样式。怕的时间性是一种期待着当前化的遗忘。知性的解释朝着在世内照面的东西制订方向；依着这一方向，对怕的知性解释首先设法把"来临的恶事"规定为怕之何所怕，又与这"来临的恶事"相呼应而把与这恶事的关系规定为预期。怕这现象此外还包含有的就是一种"快感或不快感"了。

畏的时间性与怕的时间性有何关系？我们曾把畏这种现象称为一种基本现身情态[①]。它把此在带到其最本己的被抛存在之前，并绽露出日常所熟悉的在世的无家可归性质。畏与怕一样在形式上由畏惧的何所畏与因何而畏所规定。分析却曾显示，畏的
343 何所畏与因何而畏这两种现象互相涵盖。这不应是说这两种现象

① 参见本书第四十节，第184页及以下。——原注

的结构性质相融相销，似乎畏既无所畏又因无而畏。这两种现象互相涵盖，说的应是：满足这两种结构的是同一个存在者，亦即此在。细说起来，畏之何所畏不是作为某种确定的可加操劳之事照面的；威胁不是从上手事物与现成事物方面来的，而恰恰是从一切上手事物与现成事物绝不再向人出一"语"的方面来的。周围世界的存在者断了因缘。我生存于其中的世界向着无意蕴沉降，而借此被展开的世界则只能开放出以无因无缘为性的存在者。畏之所畏为世界之无；而世界之无不等于说：在畏中似乎经验到世内现成事物的某种不在场。恰恰是世内现成事物必须来照面，这样一来它便荡然全无因缘而会在一种空荡荡无所慈悲的境界中显现。然而其中就有：操劳的期备找不到任何东西可由之领会自己，它探入世界之无；而当领会撞上世界，领会却被畏带到在世之为在世面前了；而畏的这个何所畏却同时就是其何所因而畏。"在……之前生畏"既没有预期的性质也没有一般期备的性质。畏之何所畏却已在"此"，那就是此在自身。那么，畏岂不是由一种将来组建的吗？当然是；不过不是由期备这种非本真的将来。

在畏中展开了世界的无意蕴；这一无意蕴绽露出可操劳之事的不之状态，亦即不可能向着某种主要植根在所操劳之事中的能在来筹划自己的生存。绽露出这一不可能却意味着让一种本真能在的可能性亮相。这一绽露具有何种时间性意义？被抛入无家可归状态的此在是赤裸裸的此在，畏就因这赤裸裸的此在而畏，畏〔把此在〕带回到纯粹的"它存在且不得不存在"，带回到最本己的、个别化的被抛境况。这一带回没有闪避遗忘的性质；但也没有回忆的性质。不过也并非在畏中已经重演着把生存承接到决定之中这样的事情。畏倒相反〔把此在〕带回到作为可能重演之事的被抛境况。就这样，畏一道揭示出一种本真能在的可能性，这种能在必得借重演而作为将来的能在回到被抛的此。带到可重演性面前，这是组建畏这一现身的曾在状态所特有的绽出样式。

344 对怕起组建作用的遗忘迷性乱真而让此在在未经掌握的“世间的”可能性之间冲来荡去。与这种未经把持的摆到当前相对的是在把自己带回到最本己的被抛境况中的对畏之当前的把持。畏按其生存论意义就不可能迷失于可加操劳之事。如果迷失之类的事情在一种与畏相似的现身情态中发生，那便是怕，而日常领会则把怕与畏混为一谈。虽说畏之当前业经把持，它却并非已经具有那在决定中到时的当下即是的性质。畏只是带入某种可能作决定的情绪。畏之当前本身就作为“当下即是”存在并且只有它可能作为当下即是存在；它以正在跃起的方式把持住这一当下即是。

畏的时间性源始地奠基在曾在状态中而将来与当前只从这曾在状态才到时；在畏所特有的这种时间性那里表明了畏之情绪借以高标特立的威势的可能性。在畏中，此在全然被收回〔zurückgenommen〕到它赤裸裸的无家可归状态并为之沉迷〔benommen〕。但这种沉迷状态不仅仅把此在从“世间的”诸种可能性收回，而且也给予它一种本真能在的可能性。

怕与畏这两种情绪却从不孤零零地“出现”在“体验流”里，它们向来就规定着[①]一种领会并从这样一种领会规定自身。怕的事

① 海德格尔在这里把 bestimmen〔规定〕写成 be-stimmen. 以突出它与 Stimmung〔情绪〕的字面联系。中译失去了这一联系。——中译注

由是周围世界中操劳所及的存在者。畏则相反发源于此在自身。怕从世内事物袭来。畏从被抛的向死存在这一在世升起。从时间性上来领会，畏的这一从此在的“升腾”等于说：畏的将来与当前从一种源始的曾经存在到时，这曾经存在的意义是带回到可重演性。但畏只能真正在一个下了决心的此在中升腾。下定决心者不识怕，却恰恰把畏的可能性领会为对他无所拦阻无可迷乱的**那种**情绪。畏〔把他〕**从**种种“具有不之状态”的“可能性”中解放出来，让〔他〕**为**种种本真的可能性成为自由的。

虽然怕与畏这两种现身的样式原本都奠基在某种**曾在状态**中，但从它们在操心之整体中各有的到时来看，它们的源头是不同的：畏发源于决心的**将来**；而怕发源于失落了的当前，怕因会惧怕而怕当前，结果恰恰就这样沉沦到失落了的当前。 345

但关于这两种情绪的时间性的命题不会只对分析这两种选出来的现象有效吗？百无聊赖的无情无绪状态统驭着“灰色的日复一日”，在这种状态中应得怎样找出一种时间性意义呢？希望、欢乐、感奋、快活这一类情绪与激动的时间性又如何？除了怕与畏，还有其他种种情绪在生存论上植根于一种曾在状态；这一点只要我们提到厌倦、悲哀、忧郁、绝望之类就清楚了。当然，要阐释它们就要把它们放回到由细加研究的此在生存论分析工作提供的更广阔的基础之上。但即使连希望这样一种现象也必须以分析怕那样的方式加以分析，虽然希望似乎完全植根在将来之中。人们把希望同怕加以区别：怕关系到一种 malum futurum〔将来的恶事〕，而希望的特点则是对一种 bonum futurum〔将来的好事〕的预期。决定现象结构的关键却不是希望与**之发生关系的东西**的“将来”性质,而是希望这种活动自身的生存论意义。即使在这里,情绪性质也原本在于希望中;这种希望就是为自己有所希冀,就仿佛希望者把自己一道带入希望而迎向所希冀的东西。但这事的前提却是自己已经罹致了某种东西。希望减轻有所压抑的不安,这只是说:希望这种现身情态也仍然作为曾经存在的样式关涉到负担。只有此在绽出着从时间性上与它自身的被抛根据相联系,在存在论上才可能有一种高昂的情绪或不如说有所高涨的情绪存在。

懒洋洋漠漠然的无情无绪状态无所寄托无所进取,唯自遗于每日发生的事却因而以某种方式裹带着一切。这种状态最深入地表明遗忘在最接近我们的操劳活动的诸种日常情绪中具有何等力量。凡事都像它们是的那样"让它去",这种混日子之方奠基于一种遗忘着自遗于被抛境况的境况。它具有一种非本真曾在状态的绽出意义。漠漠然可以与手忙脚乱的营求并行不悖,然而同沉着却泾渭分明。沉着这种情绪发源于决心,而决心当下即直面先行到死所展开的整体能在所可能具有的诸种处境。

346 只有按其存在意义即为现身情态的存在者,亦即只有生存着向来已经是曾在的并在曾在状态的某种持驻样式中生存的存在者,才能被激动。在存在论上,激动以当前化为前提,其情形是:在当前化之际,此在能被带回到它自身,带回到它作为曾在的此在的自身。至于如何从存在论上界说一仅仅有生命之物的感官刺激与触动,至于动物之类的一般存在又如何以及在何处是由一种"时间"组建的,这些当然还是未被解决的问题。

c. 沉沦[1]的时间性

对领会与现身的时间性阐释不仅分别遇上对该现象起首要作用的绽出样式，而且也总同时遇上整体的时间性。将来首要地使领会成为可能，曾在状态首要地使情绪成为可能，与此相应，组建操心的第三结构环节即沉沦则在当前中有其生存论意义。对沉沦的准备性分析是从阐释闲言、好奇与两可开始的[2]。沉沦的时间性分析应取同一进程。然而我们将把探索工作局限在对好奇的考察上，因为在好奇这里可以最容易地看到沉沦所特有的时间性。反之，对闲言与两可的分析则以澄清话语与说明（解释）的时间性建制为前提。

好奇是此在的一种别具一格的存在倾向，此在借好奇而操劳于一种能看[3]。像视这个概念一样，"看"也不局限于用"肉眼"〔leibliche Augen〕知觉。更广意义上的知觉着眼于外观而让上手事物与现成事物就其本身"亲身"〔leibhaftig〕照面。这种"让照面"奠基于某种当前。只有当前才提供出存在者能在其内亲身在场的绽出视野。但好奇之把现成事物摆到当前却不是为了在延留于它之际对它加以领会；好奇之设法去看它，只为了看看，为了看 347
过。作为这种拘囚于其自身的当前化，好奇处在一种与相应的将来和曾在状态相统一的绽出方式中。对新奇之骛好诚然蜂趋尚未看到过的东西，但其方式却是：这种当前化设法从期备抽身。好奇

① 参见本书第三十八节，第 175 页及以下。——原注

② 参见本书第三十五节及以后诸节，第 167 页及以下。——原注

③ 参见本书第三十六节，第 170 页及以下。——原注

完完全全以非本真的方式而是将来的，而其中又有这样的情况：好奇不期备一种可能性，而是可能性已经只还作为现实的东西在骛好中被欲求。好奇是由一种难以居持的当前化组建的，这种当前化只顾当前化，从而不断设法从它难以居持地“居持”在其中的期备脱身[①]。当前不仅发源于期备，而且是在我们刚刚强调的“跑开”这一意义上从与之相属的期备“跳开”[②]。好奇这样以“跳开”的方式当前化，却不是投身于“事”，它倒是在看到一眼之际就已向一最新近的东西转盼了。这种当前化不断地“跳开”对某种确定的掌握住了的可能性的期备，并从存在论上使标识着好奇的无所延留成为可能。当前化“跳开”期备，其方式却并非在存在者层次上所领会的那样，仿佛它从期备解脱自己而把自己委弃给自己本身。这种“跳开”是期备的一种绽出变式，其情形是：期备跟着当前化跳，期备仿佛放弃了自身，它也不再让操劳活动的种种非本真的可能性从所操劳之事来到自身，除非是那些为了一种难以居持的当前化的可能性。期备通过跳开着的当前化变为跟着跳的当前化，这一绽出的式变过程是涣散之所以可能的生存论时间性条件。

当前化通过跟着跳的期备而愈发委弃于它自身。它为当前之

---

① 在这一句子中，海德格尔利用“期备”〔gewärtigen〕、“当前化”〔gegenwärtigen〕、“居持”〔gehalten〕、“难以居持”〔ungehalten〕这几个词的多义性玩了一个颇难翻译和解释的文字游戏。在德文中，ungehalten 除了通常所说的“难以居持”的意思外，还可从“不能自持”引申出“恼怒”的含义。以上这个句子中的 ungehalten 就有这双重含义。在“好奇”中，当我们“期备”某种东西“当前化”时，我们是何等地迫不及待，力图去超出这种仅仅的期待，但实际上我们却不能超出，于是就不能自持，陷于恼怒。因此，当我们“居持”于期待之际，我们又是“难以居持的”。——英译注

② 我们通常把 entspringen 译为“发源”，但这里，海德格尔强调这词的另一含义“跳开”，同时又保留着“发源”的含义。——中译注

故而当前化。就这样自己拘囚于自己本身，涣散的无所延留成为无所去留。这种当前样式是"当下即是"的最极端的反现象。在这种无所去留的当前中，此在到处存在而又无一处存在。而当下即是则把生存带入处境并开展着本真的"此"。

当前愈非本真，亦即当前化愈来到它"自身"，它就愈加有所封闭地逃离一种确定的能在，但将来却也愈不能回到被抛的存在者。在当前"跳开"之际同时就有一种增长着的遗忘。好奇总已经去抓下一个而遗忘了上一个；这不是好奇才刚产生出来的结果，而是好奇自身的存在论条件。

我们曾展示过沉沦的诸种性质：引诱、安定、异化和自我拘囚；
从时间性意义着眼，这些性质等于说："跳开"的当前化按其绽出倾 348
向试图从它本身到时。此在拘囚自己，这一规定有一种绽出意义。生存在当前化之中的放浪着实不意味此在从它的我和自身解脱开来。即使在最极端的当前化中此在仍是时间性的，亦即：期备着的，遗忘着的。即使在当前化之际，此在仍领会自己，虽然它异化于首要地奠基在本真将来与本真曾在状态中的最本己能在。但只要当前化不断提供"新奇东西"，它就不让此在回到自己而重新安定此在。这种安定却又增强了跳开的倾向。"驱使"好奇的并不是无始无终无可遍观的尚未见过的东西，而是不断跳开的当前所具有的沉沦的到时方式。即使一切都见过了，好奇也正好发明出新奇东西来。

当前的这种"跳开"的到时样式奠基在其本身为有终的时间性的本质之中。此在业经被抛入向死的存在，它首先与通常所逃离的就是这种或多或少明白绽露出的被抛境况。当前跳开其本真的将来与曾在状态，结果是使此在只有绕开当前才来到本真的生存。当前的这种“跳开”的源头，亦即沉沦到失落状态中去的源头，是那使被抛的向死存在成为可能的本真时间性本身。

此在能够被本真地带到被抛境况面前，以便在被抛境况之中本真地领会自己；虽然如此，从其存在者层次上的“何所来”以及“如何”着眼，被抛境况对此在还封闭着。这种封闭状态却绝不只是一种事实上存有的不知，而是组建着此在的实际性。它也一道规定着生存之被委弃于其自身的具有不之状态的根据这回事所具有的绽出性质。

被抛入世界的存在的这个抛，首先并不被此在本真地捕捉住，在这一抛之中的“动荡”并不因为此在如今“在此”就已经“停驻”。此在在被抛境况中被裹挟；亦即：此在作为被抛入世界的东西在实际的被指派到有待操劳之事的情况中把自己失落于“世界”。构成了被裹挟状态的生存论意义的当前从来不能从自己获得另一种绽
349 出的视野，除非它下了决心从其失落状态被收回，以便作为有所居持的当下即是来开展当下的处境，并从而一道开展向死存在的源始的“极限处境”。

d. 话语[①]的时间性

由领会、现身情态与沉沦组建而成的完整的此之展开状态通过话语得以勾连。所以话语并非首要地在某一种确定的绽出样式中到时。但因话语实际上通常在语言中说出自己，而说的方式又

① 参见本书第三十四节，第160页及以下。——原注

首先是操劳议论着就“周围世界”说起，所以**当前化**就当然具有一种**占优势的**组建作用。

语言中的“时”〔tempora〕就像语言中的“态”和“序”这些时间性现象一样，其源头并不在于话语对“时间性过程”亦即“在时间中”照面的过程“也”有所说。其根据也不在于说话这种活动“在一种心理时间中”一一相续。一切“关于……的”、“对……的”、“向……的”话语都奠基于时间性绽出的统一，这样看来，话语**就其本身**而言就是时间性的。**语态**植根在操劳活动的源始时间性中，无论这种活动是否关系到时间内状态。语言学捉襟见肘，只好求援于流俗的传统时间概念，但倚借于这种时间概念，语态的生存论时间性结构问题甚至**还从未提出来过**①。不过，话语向来是对存在者的议论，虽说并非首要地与着重地在理论命题的意义上议论；因此，只有从时间性问题出发把存在与真理的原则联系问题铺开，才能着手分析话语的时间性建制并阐释语言构造的时间性性质。那时也就可以界说“是”的存在论意义了；而一种外在的句子理论和判断理论却把“是”降格，弄成为“系词”。只有从话语的时间性出发，亦即从一般此在的时间性出发，才能澄清“含义”的“发生”，才能从存在论上使形成概念的可能性得以理解。

领会首要地奠基于将来(先行与期备)。现身情态首要地在曾 350
在状态(重演与遗忘)中到时。沉沦在时间性上首要地植根于当前(当前化与当下即是)。然而领会也是向来“曾在”的当前；现身情

① 参见瓦克拿格〔Jak Wackernagel〕《关于句法的讲演》第一卷，1920年，第15页；特别是第149—210页。此外，参见荷尔比格〔G. Herbig〕《语态和时序》，载于《印－欧语系研究》第六卷，1896年，第167页。——原注

态也作为“当前化的”将来到时；当前也从一种曾在的将来“发源”和“跳开”，并且由曾在的将来所保持。在这里就可以看到：时间性在每一种绽出样式中都整体地到时，即：生存、实际性与沉沦的结构整体的整体性，也就是说，操心之结构的统一，奠基于时间性当下完整到时的绽出统一性。

到时不意味着诸绽出样式的“前后相随”。将来并不晚于曾在状态，而曾在状态并不早于当前，时间性作为曾在的当前化的将来到时。

此的展开状态以及本真状态与非本真状态这两种此在在生存上的基本可能性都植根于时间性。但展开状态总同样源始地涉及整个在世界之中的存在；既包括“在之中”又包括世界。所以，沿着展开状态的时间性建制这一方向，必定也可以展示出那作为在世的存在而生存的存在者之所以能够存在的存在论条件。

第六十九节　在世的时间性与世界的超越问题

时间性的绽出统一性，亦即在将来、曾在状态与当前这诸种放浪样式中“出离自己”的统一性，是那作为其“此”生存的存在者之所以可能存在的条件。具有在此这一称号的存在者是“明敞的”[①]。组建着此在之明敞的那种光明不是任何存在者层次上的现成力量或来源，仿佛来自一种辐射着的、时而出现在这一存在者

① 参见本书第二十八节，第133页。——原注

身上的亮光。从本质上敞明这一存在者的东西，亦即使它为自身“敞开”而又“明亮”的东西，先于一切“时间性的”阐释曾被规定为操心。在操心中奠定了此的整个展开状态。这一明敞才使得一切光亮和照明成为可能，才使得一切知觉某事、“看”某事与有某事成 351
为可能。只有当我们不去寻觅一种植入的现成力量而是去询问此在的整体存在建构，去询问操心，依其生存论可能性的统一根据去询问操心，我们才能领会这一明敞的光明。**绽出的时间性源始地敞明“此”**。绽出的时间性首要地调整着此在本质上具有的一切生存论结构的可能统一。

我们在此在分析工作之初就把**在世界之中存在**这一现象标明为〔此在的〕基本建构，而只有从“在此”如何植根于时间性的情况才能洞见这一现象在生存论上的**可能性**。在开始时曾需确保这一现象的不可撕裂的结构统一；这一**分成环节的结构之所以可能统一的根据**问题则还留在背景中。为了保护这一现象免受最不言而喻的从而也是最不祥的分裂倾向之害，我们曾尤为深入地阐释了在世的就近日常样式，亦即**有所操劳地**寓于世内上手事物的存在。而今已从存在论上界说了**操心**本身并把操心引回到了它的生存论根据即时间性，在这之后，就能从操心和时间性反过来**明确地**理解**操劳活动**了。

对操劳活动的时间性的分析首先就从寻视着对上手事物有所事的样式着手。而后分析工作将追问是什么样的生存论时间性上的可能性使寻视操劳得以变式为对世内存在者的“仅仅”观看着的揭示，其意义也就是追问科学研究的某些可能性。对寻视着、以及理论操劳**着**寓于世内上手事物与现成事物的存在所具有的时间性进行阐释，这一工作同时也将显示，这同一个时间性如何先已是寓于世内存在者的一般存在奠基于其中的在世之所以可能的条件。在世的时间性建制的专题分析寻问下述问题：世界这样的东西以何种方式一般地是可能的？世界在何种意义上存在？世界超越什么？如何超越？无所赖系的世内存在者如何同超越的世界“联系”？从存在论上摆明这些问题并不就是回答了这些问题。倒不如说，这使我们先就有必要澄清超越问题会要由之提出的那些结
352 构。在世的生存论时间性阐释将分为三层进行考察：a.寻视操劳的时间性；b.寻视操劳变式为对世内现成事物的理论认识的时间性意义；c.世界之超越的时间性问题。

a.寻视操劳的时间性

我们将如何获得着眼点来分析操劳活动的时间性？我们曾把操劳寓于“世界”的存在称为在周围世界中与周围世界打交道[①]。作为“寓于……的存在”的现象取样我们选取了对上手事物的使用、操作和制造，以及它们的残缺样式与无差别样式，亦即选取了寓于日常需要范围内的东西的存在[②]。连此在的本真生存也持身在这种操劳活动中——即使它对于本真生存来说并“无所谓”。并非操劳所及的上手事物引起操劳，仿佛操劳活动只基于世内存在者的作用才发生似的。寓于上手事物的存在不可能在存在者层次上从世内存在者得到澄清；反过来，世内存在者也不能从寓于上手

① 参见本书第十五节，第66页及以下。——原注

② 参见本书第十二节，第56页及以下。——原注

事物的存在推演出来。然而，操劳作为此在的存在方式而所操劳之事作为世内上手事物却也不仅仅共同现成存在。虽然如此，这二者间却存有一种“联系”。须得正确领会是在同什么东西打交道；这种东西向操劳打交道的活动本身投下光明。反过来，如果错失了这种东西的现象结构，结果就会误认打交道这一活动的生存论建构。只要不跳过就近照面的存在者所特有的用具性质，对这一存在者的分析就可谓已有了本质性的收获。不过还应超出这一点而领会到操劳打交道从不逗留于一个个别的用具。使用一特定用具或用一特定用具操作，这事本身就始终指向一种用具联系。例如，我们寻找一件“放乱了的”用具，这时我们不是在一孤立的“行为”中只是(甚至也不是首要地)着意于我们正在寻找的东西；用具整体的环围已经是先行揭示了的。凡当“着手干活儿”抓取什么东西，我们总不是一头从无撞出，撞上一件孤零零事先给定的用具；在抓取之际我们是从一向已展开的工作世界回到一件用具上。

由此就产生出一种指示：既然对打交道的分析所注重的是与什么东西打交道，那么我们恰恰不能依一种孤立的上手用具而必须依用具整体制订方向来分析生存着寓于所操劳的存在者的存在。而对上手用具的与众不同的存在性质的考虑，亦即对因缘[①]的考虑，也迫使我们以上述方式来把握与之打交道的东西。我们从存在论上领会因缘这一术语。某种东西同某种东西结因缘，这话不应是从存在者层次上确认一件事实，而是提示着上手事物的 353

① 参见本书第十八节，第 83 页及以下。——原注

存在方式。用具的关联性质即“因……缘……”的关联性质提示：在存在论上不可能只有一件用具，尽管可能只有一件唯一的用具上手而其他用具“阙如”。但其中恰昭示出这唯一的用具属于另一件用具的连属状态：操劳打交道只有已经领会了因某种东西缘某种东西而有的因缘或诸如此类，它才能让上手事物向寻视照面。操劳以寻视方式有所揭示地寓于……而存在，这种存在是一种了却因缘，亦即有所领会地对因缘作筹划。如果了却因缘构成了操劳的生存论结构而操劳作为寓于……的存在属于操心的本质建构，如果操心却又奠基在时间性中，那么就必须在时间性的某种到时样式中寻找了却因缘之所以可能的生存论条件。

在对一件用具的最简单的操纵中就有了却因缘。了却因缘的何所缘具有何所用的性质。着眼于这种何所用，用具才是可用的，才被使用。对何所用的领会，亦即对因缘之何所缘的领会，具有期备的时间性结构。操劳活动唯因期备于所用才同时回到因缘之何所因。对何所缘的期备同对因缘之何所因的居持连在一道而在其绽出统一性中使用具所特有的有所操作的当前化成为可能。

对何所用的期备既不是对“目的”的考察，也不是对悬临的把有待制作的工件制成这回事的预期。它根本不具有专题把握的性质。但就连居持于因缘之所缘也不意味一种专题确认。操作着打
354 交道不单单与了却因缘的何所因相干，同样也不单单与它的何所缘相干。了却因缘倒毋宁是在有所期备的居持的统一中组建自己的；其情形是：由此发源的当前化使标志操劳活动特征的消散于其用具世界这回事成为可能。“本真地”、整个投身去经营某事，这既不单单寓于工件，也不单单寓于工具，也不是“共同”寓于两者。由

时间性奠定的了却因缘已经建立起了操劳寻视着“活动”于其中的诸种关联的统一。

对于组建了却因缘的时间性来说，有一种特有的遗忘是本质性的。为了能“失落于”用具世界，为了能“现实地”去工作去操作，自身必须遗忘自己。然而，只要在操劳到时的统一中向来有一种期备在引导，那么如我们还要显示的那样，有所操劳的此在本己能在就被放进了操心。

有所期备有所居持的当前化组建着熟悉；此在作为共处的存在由于熟悉而在公共周围世界中“认出”自己。我们从生存论上把了却因缘领会为让“存在”。基于这种让“存在”，上手事物作为它所是的存在者向寻视照面。所以，如果我们注意寻视着“让照面”的诸种样式，即我们先前[①]描述为触目、窘迫与腻味的那些样式，我们还能进一步廓清操劳的时间性。向着对物的专题感知照面的，恰恰不是上手用具的“真的自在”方面，而是“自明地”“客观地”摆在那里的东西的不触目的状态。但若在这一存在者的整体中有着什么东西触目，那么在其中就有一种可能性：用具整体本身也一道变得窘迫了。若要能使某种触目的东西来照面，了却因缘在生存论上必得怎样构造呢？这一问题的标的不在于种种把注意力引向某种先行给定的东西的事由，而在于这种可引导性本身的存在论意义。

某种东西不合用，例如一件工具不灵了，这件事只有在某种打

---

① 参见本书第十六节，第72页及以下。——原注

交道之际并且只有对一种打交道才会触目。即使最精细地最固持
355 地[1]对物进行"感知"和"表象"，也从不能揭示工具的损坏这类事情。非得是动手操作受到扰乱，不称手才会照面。但这在存在论上意味着什么？有所期备有所居持的当前化消散在因缘关联中，而它却被某种后来摆明是损坏的东西持留住了。当前化同样源始地期备着何所用，而它被所用过的用具卡住，于是何所用以及"为了作某某之用"现在明确地照面了。但当前化本身若要碰得上一种"对……不合适"的东西，它就必已有所期备地居持于某种东西，而其因缘就是随这种东西而有其何所因的。当前化被"持留"住了，这是说：它在与有所居持的期备的统一中更多地留在自己本身中作尝试，于是便组建起："反顾"检查、排除干扰。假使操劳打交道只是"在时间中"一一相续的"体验"，那么，无论这些体验多么内在地"环联着"，让触目的、不合用的用具来照面这回事在存在论上就还是不可能的。在打交道之际无论使用具联系中的什么东西成为可通达的，了却因缘之为了却因缘，总必奠基在有所期备有所居持的当前化的绽出统一性之中。

如何能不仅确认不称手的上手事物而且还"确认"欠缺的东西，亦即不上手的东西？寻视在若有所失中揭示不上手的东西。若有所失奠定了对某种东西不现成存在的"认证"，而若有所失以及这种"认证"有其本己的生存论前提。若有所失绝不是不当

① 德文中 anhaltendste〔最固持的〕是动词 halten〔持守〕加上前缀 an 后形成的复合动词的形容词化。在本书中出现的一组相关词还有：behalten〔居持〕、aufhalten〔持留〕、fasthalten〔坚持〕等等。——英译注

前化，而是当前的一种残缺样式，其意义是：把某种预期和某种总已可资利用的东西的不当前摆到当前。假使寻视着了却因缘并不“一上来”就期备着所操劳之事，假使期备并非在与一种当前化的统一中到时，那此在就根本不能“发现”某种东西有所欠缺了。

反过来，由于某种东西而吃惊这一可能性的根据则在于：在有所期备地把某种上手事物摆到当前之际不曾期待可能与所期备的东西处在某种因缘联系中的另一种东西。失落了当前化未作期待，这才开展出“视野上的”余地，使令人吃惊之事能袭击此在。

制造、办理，乃至嫌避、疏远、自卫，所有这些操劳打交道的方 356
式都制服不了的东西，绽露其为不可克服的。操劳顺从它。而顺从是寻视着“让照面”所固有的一种样式。操劳基于这种揭示活动可以发现不舒服、扰乱、妨碍、危险以及这样那样地起阻碍作用的东西。顺从的时间性结构在于一种有所期备地摆到当前的不居持。例如，如果有一样东西不合适，虽然还可用，但有所期备的当前化却不“指靠”〔rechnen auf〕它。不指望〔rechnen mit〕是计算〔Rechnungtragen〕的一种样式，即计算到有一种不能倚之持身的东西。不是遗忘它，而是居持于它，其方式是：它恰恰始终在其不合适性中上手。这一类上手事物属于实际展开了的周围世界的日常内容。

只因为阻碍是基于操劳的绽出的时间性得到揭示的，实际此在才能在其委弃于一个“世界”而它又从不是这个“世界”的主人的情况下领会自己。即使操劳活动始终限于日常必需的紧迫之事，它也仍然从来不是一种纯粹的当前化，而是从一种有所期备的居持中发源的；而此在就根据于这一有所期备的居持并作为这一居持的根据而生存在一个世界中。所以实际生存的此在即使在一个陌生的"世界"中也总已经以某种方式认出它自己。

这一由时间性奠定的操劳的了却因缘，是对因缘与上手状态的一种还完完全全前存在论的、非专题的领会。下面将要显示出：时间性在何种程度上也最终奠定着对这些存在规定性本身的领会。首先须更具体地指明"在世界之中存在"的时间性。本着这一意图，我们将研究对"世界"的理论态度如何从对上手事物的寻视操劳中"产生"出来。对世内存在者的寻视揭示和理论揭示都奠基于在世。对这些揭示方式的生存论时间性阐释将为从时间性上描述此在的这一基本建构作好准备。

b. 寻视操劳变式为对世内现成事物的理论揭示的时间性意义

既然我们是在生存论存在论分析的进程中来追问理论揭示如
357 何"产生"于寻视操劳，那其中已包含：我们的问题不是在存在者层次上的科学史和科学发展，也不是科学的实际事由与切近目的。我们寻找的是理论活动的存在论生庚证；我们问：在此在的存在建构中，哪些是此在之所以能够以科学研究的方式生存的生存论上的必然条件？问题的这一提法瞄向科学的生存论概念。"逻辑上的"概念与之有别；它从科学的结果着眼来领会科学并把它规定为"真命题，亦即有效命题组成的论证联系"。生存论概念把科学领会为一种生存方式，并从而是一种在世方式：对存在者与存在进行揭示和开展的一种在世方式。然而，只有从生存的时间性上澄清了存在的意义以及存在与真理[①]之间的“联系”，才能充分地从生存论上阐释科学。下列考察是为领会这一中心问题作准备的；现象学的观念也在这一中心问题之内得到发展而与导论中提示出来的先行概念[②]相区别。

与前此达到的考察阶段相适应，对理论活动的阐释还受到进一步的限制。我们在探索从对上手事物的寻视操劳到对摆在世内的现成事物的研究的转折时，主要只意在探入一般在世的时间性建制。

在描述从“实践地”寻视着的操作、使用及诸如此类到“理论”研究的转折时，下述方式最为近便：对存在者的纯观看是由于操劳从当下操作抽身而发生的。于是乎，理论活动“发生”的关键就在于“实践”的消失：恰恰是当人们把“实践”操劳设为实际此在的首要的和占统治地位的存在方式之时，“理论”的存在论可能性就被归因于实践的阙然，亦即归因于一种阙失。然而，在操劳打交道之际，一种特定操作的中断并不就让引导这操作的寻视简简单单地作为一种残剩物留在后面。这时，操劳活动倒毋宁特特试着仅仅 358
左寻右视。但这还绝未达到“理论的”科学态度。相反，那中止操作的延留可以取得一种更尖锐的寻视的性质：作为“反顾”，作为对已达到的东西的翻检，作为对这时“停顿下来的活动”的综观。从用具的使用抽身，这还远不已经是“理论”；延留着、“考察着”的寻

① 参见本书第四十四节，第 212 页及以下。——原注

② 参见本书第七节，第 27 页及以下。——原注

视还完全附于所操劳的上手用具。"实践的"打交道有它本己的延留方式。就像实践具备其特有的视("理论")一样,理论研究也并非没有它自己的实践。收取实验所产生的数据往往需要错综复杂的"技术性"工作来建立实验程序。显微镜观察依赖于"被检验标本"的制作。在考古学中,挖掘工作先行于对"发现"的阐释,而挖掘工作要求最粗拙的操作。但就连研究问题、确立已获得的东西这一类"最抽象的"工作,也要使用书写用具之类进行操作。对科学研究来说,这些组成部分尽可以是"无趣的"和"不言而喻的",但它们在存在论上却绝非无关紧要。指出科学行为作为在世的一种方式并非仅是"纯精神活动",这可以被看作琐碎或多余。但愿人们无须涉此琐碎就会明白:"理论"活动与"非理论"活动之间的存在论界线真正该在哪里划分还绝不曾大白于天下呢!

人们会主张科学中的一切操作都是为纯观察、为以研究方式揭示和开展"事情本身"服务的。"看",就其最广的意义而言,管理着一切"筹备活动"并居优先地位。"一种认识无论以何种方式和通过何种手段使自己联系于对象,但凡认识借以与对象直接联系的东西,以及一切作为手段的思维以之为目的的东西(重点号为作者所加),却只是直观。"[①] Intuitus 这一观念自希腊存在论之始直到今天一直领导着一切对认识的阐释,无论实际是否可能达到这个 intuitus。由于"看"的优先地位,展示科学的生存论生庚证这一工作不得不从描述领导着"实践"的操劳的寻视开始。

359　寻视活动在上手用具联系的因缘关联中。它本身又处于一种

① 康德《纯粹理性批判》第二版,第 33 页。——原注

或多或少是明确的概观的领导之下，那就是对当下用具世界以及与之相属的公众的周围世界的用具整体的概观。概观并非仅仅是事后把现成事物敛聚在一起。概观中本质的东西是对因缘整体性的原本领会；而实际操劳每次都是从这因缘整体性之内着手的。照亮了操劳的概观从此在的能在获得自己的“光明”；而操劳作为操心就为这能在之故生存。在此在当下使用与操作之际，操劳的“概观”寻视以解释所视的方式，把上手事物更为切近的带往此在。这种特殊的、寻视着加以解释而把所操劳之事带近前来的活动，我们称之为考虑〔Ueberlegung〕。考虑所特有的格式是：如果——那么。例如，如果应得制作、采用、防护这或那，那么就需要这一或那一手段、途径、环境或者机会。寻视考虑照亮了此在在其所操劳的周围世界中的当下的实际局势。因而它并非仅仅是“认证”一个存在者及其属性的现成存在。即使在寻视考虑中近前来的东西本身并不伸手可及地上手，并不在就近所视的范围内在场，考虑也照样能够进行。借寻视考虑而把周围世界带近前来，这具有当前化的生存论意义。因为再现[①]只是当前化的一种样式。在再现之际，考虑直接去视不上手的必需之事。再现的寻视无关乎“纯粹表象”。

但是，寻视的当前化是一种另有多重基础的现象。它首先向

① gegenwärtigen 是胡塞尔从 Gegenwart〔当前〕造出来的一个动词，我们译为“当前化”，它不仅指在物理意义上把某物摆到当前，而且常常指在思想中把某种东西活生生地唤到眼前。这后一层意思在与德文中既有的 vergegenwärtigen〔清楚地设想、借思考将不在手头之事唤到眼前〕一词意义相近。我们把 vergegenwärtigen 译为“再现”，当然，这样一来就失去了与 gegenwärtigen 以及 Gegenwart 的字面联系。——中译注

来属于时间性的一种完整的绽出统一性。它奠基在对用具联系的一种**居持**中。此在操劳于这一用具联系而**期备**着一种可能性。在有所期备的居持中已经敞开了的东西把有所考虑的当前化和再现带近前来。但要使考虑能够在“如果—那么”这一格式中活动，操劳就必须对某种因缘联系有一种“概观的”领会。就“如果”所说的东西必须已经是作为**这种东西**或作为**那种东西**得到领会的。为此并不要求对用具的领会用述语形式表达出来。“某种东西作为某种东西”这一格式在先于述语形式的领会的结构中已经草描出来了。在存在论上，“作为”结构奠基在领会的时间性中。此在期备
360 着一种可能性，在这里就是说：期备着某种何所用；此在以这种期备的方式回到了某种用于此，亦即居持于某种上手事物；而居持是从当前化着手的。只有这样，属于有所期备的居持的当前化才能**反过来**把被指引向何所用的用于此**明确地带近前**来。有待带近前来的东西的存在方式于是在一种确定的格式中当前化；而把它带近前来的考虑则必须适合于这一当前化的格式。并非考虑才刚揭示上手事物的因缘性质；考虑只是以下述方式把这种因缘性质带近前来：考虑让某种东西缘之**结缘**的那种东西**作为**那种东西被寻视看见。

当前植根于将来与曾在状态，这是在寻视领会的领会中得以筹划的东西之所以能够在当前化中被带近前来的生存论时间性上的条件；其情形是：在带近前来之际，当前必须适合于那在期备居持的视野上来照面的东西，亦即：当前必须在“作为”结构的格式中得到阐释。我们前面曾提出一个问题：“作为”结构是否与筹划现

象处在生存论存在论联系之中[1]；现在这一问题得到了回答。“作为”像一般领会与解释一样奠基在从视野上绽出的时间性的统一中。作为copula〔系词〕的“是”所“表达”的就是把某种东西作为某种东西来说。我们今后将与这个系词“是”的阐释联系在一起对存在进行基础分析，而那时候我们必将重新专题讨论这个“作为”现象并从生存论上界说“格式”的概念。

然而，就回答理论行为的发生这一悬而未决的问题来说，对寻视考虑以及格式的时间性描述应有何种帮助呢？只在于：这一描述弄清楚了从寻视操劳到理论揭示这一转折的此在式的处境。转折本身的分析则不妨依循一个具有寻视考虑性质的命题及其种种可能变式为线索来寻找。

在寻视着使用工具时我们可能会说：这锤子太重或太轻。而锤子重这个句子也可以用来表达一种有所操劳的考虑，它意味着：锤子不轻，不轻松，亦即：用它动手干活要费力，它加重了操作。但这句子也能够是说：我们从寻视上已经认识为锤子的这个摆在眼 361
前的存在者有一种重量，亦即有重这种“属性”：它对垫在下面的东西施有压力，如果这种东西撤走了，它就要跌落。如此领会的话语不再是在期备居持于某一用具整体及其因缘关联这一活动的视野中说话了。眼光落在属于“物质性”存在者本身的东西上，而所说的东西就是从这种眼光汲取出来的。现在所视见的东西不再属于作为工具的锤子，现在锤子作为服从重力法则的物体。现在再从寻视上说“太重”或“太轻”这话就不再有“意义”；亦即：就能够“觉

① 参见第三十二节，第151页及以下。——原注

得"锤子太重或太轻的角度来说，现在来照面的存在者就其本身不再提供任何东西了。

话语之所及，即重的锤子，何以在变式了的话语中就有不同的显现？不在于我们与操作保持距离，但也不在于我们仅仅不顾这一存在者的用具性质，而在于我们"从新"视见前来照面的上手事物，把它看作现成事物。与世内存在者操劳着打交道的活动是由存在之领会领导的，现在是这一存在之领会转变了。我们不再寻视着考虑上手事物，而是把上手事物作为现成事物来"看待"。但由此就已组建起一种科学态度了吗？而且，即使上手事物也可以成为科学研究与科学规定的课题；例如：把研究某一周围世界、研究某人的环境同研究某一历史传记联系起来。日常上手的用具联系，它在历史上的产生、利用，它在此在中的实际地位，这是经济学的对象。上手事物无须失去其用具特征也照样能成为一门科学的"对象"。对于面向"物"的理论行为的发生来说，存在之领会的式变似乎并不必然具有组建作用。诚然——如果式变应得是说：摆在眼前的存在者的在领会活动中得到领会的存在方式发生变化。

为了标明理论态度怎样从寻视发生，我们把对世内存在者的、对物理自然的理论把握的一种方式设为基础。在这种方式中，存在之领会的式变等同于一种转折。在"锤子是重的"这一"物理学"命题中，被忽视的不仅是照面的存在者的用具性质，并从而还有属
362 于每一上手用具的东西：用具的位置。位置变成了无所谓的。并非现成事物根本失去了它的"处所"。位置变成一种时空"地点"，变成一个"世界中的点"，与其他任何点不分轩轾。从而，不仅上手用具在周围世界中有所囿限的位置多样性变式为一种纯粹的地点

多样性；而且周围世界的存在者根本就**消其囿限**了：现成事物的全体成为课题。

在眼前这个例子里，存在领会的式变包含有周围世界的消囿。现在起领导作用的存在之领会的意义是对现成性的领会；依循这一领会，消囿却同时成为对现成事物的“领域”的界定。有待研究的存在者的存在愈适当地在这种存在之领会的引导下得到领会，从而作为一门科学的专题对象的全部存在者愈适当的在其种种基本规定性中得以表述，那么，方法上的发问的各种角度就愈可靠。

科学发展史上的经典例子，但同时甚至是其存在论发生的经典例子，是数学化的物理学。科学形成的关键既不在于给予对“事实”的观察以更高的估价，也不在于把数学“应用”来规定自然进程，而在于**对自然本身的数学筹划**。这一筹划先揭示出一种持驻的现成事物（物质），开启出一种视野，从而主要地着眼于这一现成事物的可从量上加以规定的组建环节（运动、力、处所、时间）。只有借如此得以筹划的自然之“光”才会发现“事实”，并为从这一筹划加以调整界说的实验设定“事实”。只有研究者领会到原则上并没有“纯粹事实”，“事实科学”的“论证”才是可能的。而且就自然的数学筹划来说，起首要决定作用的又不在于数学的东西本身，而在于：数学筹划**对先天的东西有所开展**。所以，数学化的自然科学之作为典范，也就不在于它特别精确以及它对“人人”都一样有约束力，而在于数学中成为课题的存在者是以其唯一能被揭示的方式而得到揭示的——先行筹划存在者的存在建构。一旦从基本概念上把起领导作用的存在之领会研究清楚，方法上的线索、概念方式的结构、真理与确定性的与之相属的可能性、论证方式和证明方 363

式、约束性的样式和传达方式等等也就得到确定。这些环节的整体组建着科学的完整的生存论概念。

存在者向来总已这样那样地照面了；对存在者的科学筹划使人明确地领会存在者的存在方式；其情形是：这样就使通达世内存在者的纯粹揭示的道路敞开了。存在之领会的表述，由存在之领会所引导的对实事领域的界说，以及对适合于存在者的概念方式的草描，都属于上述筹划活动的整体。我们把这一整体称为专题化。这一整体的目标是这样开放世内照面的存在者：它们能把自己向着纯揭示活动"对抛"，亦即成为"对象"或"客体"[①]。专题化进行客观化：专题化并非才刚"设置"存在者，而是去开放存在者，从而使存在者在"客观上"成为可询问的和可规定的。通过客观化而寓于世内现成事物的存在具有独特的当前化的性质[②]。它与寻视的当前有别，其区别首先在于：有关科学的揭示活动只期备现成事物的揭示。从生存上说，这种期备奠基于此在的一种决心。在这一决心中此在向着在"真理"之中的能在筹划自己。这种筹划之所以可能是因为在真理中存在构成了此在的一种生存规定性。科学发源于本真的生存，不过在这里无需再追寻这一源头。现在要

---

①　作者将 entgegenwerfen〔对抛〕同 Objekt〔客体、对象〕放在一起使用，意在强调 Objekt 在字面上具有"被抛向对面的某物"之意。——英译注

②　所有知识都以"直观"为标的。这一命题的时间性意义就是说：所有认识都当前化。但各门科学，甚至哲学知识是否都以某种当前化为目标，这里尚未论定。胡塞尔用"当前化"这一术语来表征感官的感知，参见《逻辑研究》1901 年第一版第二卷，第 588 页和第 620 页。对一般感知和直观的意向性分析会使我们更易了解这一现象的"时间性"特征。至于"意识"的意向性植根于绽出的时间性，以及它如何植根于绽出的时间性，我们将在下面的章节中说明。——原注

领会的只是：世内存在者的专题化是、而且如何是以此在的基本建构即在世为前提的。

为了使现成事物的专题化即自然的科学筹划成为可能，此在必须超越被专题化了的存在者。超越并不是客观化，而是客观化以超越为前提。但若世内现成事物的专题化是寻视的揭示操劳的 364
一种转变，那么"实践地"寓于上手事物的存在就必已在此在的超越中有其基础。

再则，如果存在之领会的专题化有所式变有所勾连，那么，只要进行专题化的存在者即此在生存着，它就一定领会着存在这样的东西。对存在的领会可能仍是中性的，于是上手状态与现成状态就还无所区别，就还更不曾从存在论上得到理解。但此在若要能同一种用具联络打交道，它就必须领会因缘这样的东西，即领会：一定有一个世界向此在展开了，即使这种领会未成为专题也罢。如果说此在这个存在者本质上是作为在世的存在生存的话，那么这个世界就是与此在的实际生存一道展开的。而如果此在的存在整个地奠基在时间性之中，那么时间性就必定使在世并从而使此在的超越成为可能，而此在的超越则又承担着寓于世内存在者的存在，无论这种寓于世内存在者的操劳存在是理论的抑或是实践的。

c. 世界之超越的时间性问题

在寻视操劳中包含有对一种因缘整体性的领会，这种领会奠基于对为了此、何所用、用于此与为其故这些关联的先行领会。我们前面[①]曾把这些关联的联系作为意蕴提了出来。它们的统一性构成了我们称之为世界的东西。问题是：像与此在相统一的世界这样的东西在存在论上如何是可能的？世界必须以何种方式存在，才能使此在作为在世界之中的存在生存？

此在为了它本身的能在之故生存。此在生存着而被抛，它作为被抛的此在委托给了它所需要的存在者；它需要这个存在者以便能像它自身所是的那样存在，亦即为它本身之故存在。只要此在实际上生存着，它就在为它本身之故与某种当下的"为了此"的联系中领会自己。生存着的此在在其中领会自己的东西随着此在的实际生存而在"此"。首要的自身领会的这个"在其中"具有此在的存在方式。此在生存着就是它的世界。

我们把此在的存在规定为操心。操心的存在论意义是时间
365 性。我们显示了时间性组建着以及如何组建着此的展开状态。在此的展开状态中，世界也一通展开了。意蕴的统一性，即世界的存在论建构必定同样奠基在时间性中。世界之所以可能的生存论时间性条件在于时间性作为绽出的统一性具有一条视野这样的东西。绽出不仅仅是向……放浪。毋宁说绽出包含有放浪的"何所向"。绽出的这一何所向我们称之为视野上的格式。绽出的视野在三种绽出样式中各个不同。此在借以本真或非本真地从将来来到自己的那一格式即是为它自己之故。此在作为在现身中被抛的此在向它自己展开，它借以这样展开的格式我们把捉为被抛境况之被抛到什么面前，亦即委弃之委弃于什么。这标识着曾在状态的视

① 参见本书第十八节，第87页及以下。——原注

野结构。此在为它本身之故而生存在委弃于它本身之为被抛此在的境况中，而这同时，此在就作为寓于……的存在有所当前化。当前的视野格式由“为了此”得到规定。

将来、曾在状态与当前这些视野格式的统一奠基在时间性的绽出统一性之中。整体时间性的视野规定着实际生存着的存在者本质上向何处展开。随着实际的在此，向来在将来的视野就有一种能在得到筹划，在曾在状态的视野就有“已经存在”得到展开，在当前的视野就有所操劳之事得到揭示。绽出格式在视野上的统一使诸种“为了此”的关联能够与为其故源始地联系在一起。其中就有：根据时间性绽出的统一性的视野建构，就有展开了的世界这样的东西属于那个向来是其此的存在者。

就像当前在时间性到时的统一性中发源于将来与曾在状态一样，某种当前的视野也与将来和曾在状态的视野同样源始地到时。只要此在到时，也就有一个世界存在。此在就其作为时间性的存在而到时，于是此在根据时间性的绽出视野建构本质上就存在“在一个世界中”。世界既非现成在手的也非上手的，而是在时间性中到时。世界随着诸绽出样式的“出离自己”而“在此”。如果没有此在生存，也就没有世界在“此”。

实际操劳着寓于上手事物而存在，把现成事物专题化，以及以客观化的方式揭示这一存在者，这些都已经把世界设为前提，亦即：这些都只有作为在世界之中存在的方式才是可能的。世界奠 366
基在绽出的时间性的统一视野之上，于是世界是超越的。为使世内存在者能够从世界方面来照面，世界必定已经以绽出方式展开了。时间性已经以绽出方式处在其绽出样式的视野上，并且在到时之际回到向着此照面的存在者之上。随着此在的实际生存，世内存在者也已照面。诸如此类的存在者是随着生存固有的此得以揭示的，这事由不得此在。唯有此在当下揭示和开展什么，在何种方向上、到何种程度以及如何揭示和开展，才是此在自由之事，虽然仍始终在其被抛境况的限度之内。

从而，规定着世界结构的意蕴关联并非种种形式组成的网络，由一个无世界的主体罩上某种质料。毋宁说，实际此在以绽出方式在此的统一性中领会着自己与世界，它从这些视野回到在这些视野上照面的存在者。这种有所领会的"回到……"就是有所当前化地让存在者来照面的生存论意义，而来照面的存在者因此被称为世内的存在者。就仿佛说，无论一个客体能如何"在外"，世界都要"更在其外"。不能把"超越问题"换成如下问题：主体如何超出〔自己〕来到客体，而在那里客体整体又同世界观念相同一。要问的是：在存在论上是什么使存在者能在世界之内照面并作为照面的存在者被客观化？回溯到以绽出视野的方式奠定基础的世界之超越将给出答案。

如果"主体"在存在论上被理解为生存着的此在而其存在奠定在时间性中，那么必须说：世界是"主观的"。但这个"主观的"世界作为时间性的超越的世界就比一切可能的"客体"更"客观"。

把在世引回到时间性的绽出的统一视野上就使此在的这种基本建构的生存论存在论的可能性成为可理解的了。同时也就弄清楚了：只有充分可靠地依循业已澄清的一般存在观念来讨论可能的世内存在者的存在论，才能着手具体廓清一般世界结构及其种种可能的衍变。而若要能阐释一般存在的观念就首须清理出此在的时间性，而现下对在世的描述就是为这一工作服务的。

第七十节　此在式空间性的时间性 367

虽然“时间性”这个词所意谓的东西与“时空”这种说法中所领会为“时间”的那种东西不是一码事，但空间性却似乎也像时间性一样构成了此在的一种相应的基本规定性。从而，生存论时间性的分析就似乎在此在的空间性这里达到了极限，结果凡说起我们称为此在的这种存在者就必须把具有时间性“而且也”具有空间性相提并论。我们曾把一种现象认识为此在式的空间性并展示出它是属于在世的[①]；这种现象是否为生存论时间性的此在分析提供了支点呢？

在生存论阐释的进程中，此在具有“空间性时间性的”规定，这话不会等于说这一存在者现成存在“在空间中以及时间中”；这一点无须乎赘论了。时间性是操心的存在意义。此在的建构和它去存在的方式在存在论上只有根据时间性才是可能的，无论这一存在者是否摆在“时间中”。于是，此在特有的空间性也就必定奠基于时间性。另一方面，指出这一空间性在生存论上只有通过时间性才可能，这却既非意在从时间中演绎出空间来，也非意在把空间抹灭为纯粹时间。如果说此在的空间性在生存论上被作为基础的时间性所“包纳”，那么这一在下文中将要澄清的联系却也有别于康德意义上的时间优先于空间这种提法。“在空间中”的现成事物

① 参见第二十二节至二十四节，第101页及以下。——原注

的种种经验表象作为心理上出现的事物“在时间中”进行，于是“物理的东西”间接地出现“在时间中”，这种说法并不是对空间之为直观形式进行生存论存在论上的阐释，而是从存在者层次上确认心理上的现成事物“在时间中”一一相续。

应得从生存论分析的角度来追问此在式的空间性之所以可能的时间性条件。而此在式的空间性则又奠定了对世内空间的揭示。我们首先必须回想此在以何种方式是空间性的。此在之为空间性的，只因为它能作为操心**存在**，而操心的意义是实际沉沦着的
368 生存活动。从反面看，这等于说：此在从不、甚至(在日常状态上)也从不首先现成存在在空间中。此在不像一件实在的物或用具那样充满一块空间，于是乎把它与包围它的空间分开来的界限本身就从空间性上规定着那块空间。此在设置(按“设置”的严格字面意义)空间。此在绝非现成存在在一块由躯体充满的空间中。此在生存着向来就占得了一个活动空间。此在向来以如下方式规定着它本己的处所：它从设置了的取得了的空间回到它订好了的“位置”上。若要能够说此在在空间中现成存在在一个地点，我们先就必得在存在论上不适当地**看待**这个存在者。一个广延物的“空间性”与此在的空间性之间的区别不在于此在知道空间，因为取得空间与“表象”具有空间性的东西全然不能画等号，毋宁说这种“表象”是以取得空间为前提的。也不可把此在的空间性解释为一种不完满，仿佛由于“精神注定要连系于一个肉体”，生存就总免不了那种不完满似的。毋宁说因为此在是“精神性的”，**并且只因为**这个，此在具有空间性的方式才可能是广延物体本质上始终不可能具有的方式。

此在取得空间的活动是由定向与去远组建起来的，诸如此类在生存论上是如何根据此在的时间性而可能的呢？时间性对此在空间性的奠基作用只应得简短地提示一下，只限于对今后讨论空时"对偶"的存在论意义有必要的东西。此在之取得空间包含有某种揭示活动，即通过为自己定向而揭示场所这样的东西。我们用场所这个词首先指用具的可能连属的何所向，而用具是在周围世界上手的可定位的用具。但凡对用具的发现、操作、移置、移开之际，场所总已是揭示了的。操劳在世是定了方向的——为自己定向着的。连属本质上与因缘相关联。它实际上总是从操劳所及的用具的因缘联络方向得到决定的。只有在一个展开了的世界的视野上，因缘关联才是可理解的。因缘关联的视野性质也才使得场所连属的何所向所特有视野成为可能。通过为自己定向而揭示场所，这一活动奠基于某种期备，即以绽出方式有所居持地期备着可能的向那里和到这里。取得空间作为对场所的定了向的期待同样源始地也就是把上手事物与现成事物带近前来（去远）。操劳活动从先行揭示了的场所有所去远地回到切近的东西。接近，以及估 369
计与衡量去远的世内现成事物之内的诸种距离，这些都奠基在一种属于时间性的统一的当前化之中；而定向也只有在这种时间性的统一中才是可能的。

因为此在作为时间性在它的存在中就是绽出视野的，所以它实际地持驻地能携带〔mitnehmen〕它所取得的一个空间。从这种以绽出方式取得〔einnehmen〕的空间着眼，当下实际的形势和处境的"这里"所意味的就不是一个空间地点，而是切近操劳所及的用具整体的环围的活动空间，而这一活动空间是在定向与去远中敞开的。

带近前来使得“消散于事”的操作和经营成为可能。在带近前来之际,沉沦这一操心的本质结构昭示出来。在沉沦之际并从而也在奠基于“当前”的带近前来之际,有所期待的遗忘跟着当前跳;由此就展示出沉沦的生存论时间性建制。当前化把某种东西从那里带近前来;而在这种当前化中,“那里”被遗忘了,于是当前化失落在它自身之中。于是就有这样的情况:当对世内存在者的“观察”始于这样一种当前化时,便发生出一种假象——“首先”只是一个物现成摆在这里,同时也是不确定地摆在一个一般空间之中。

只有根据绽出视野的时间性,此在才可能闯入空间。世界不现成存在在空间中;空间却只有在一个世界中才得以揭示。恰恰是此在式空间性的绽出时间性使我们可以理解空间不依赖于时间,但反过来却也可以使我们理解此在“依赖”于空间。这种“依赖性”在下述众所周知的现象中公开出来:此在的自身解释与一般语言的含义内容广泛地由“空间表象”统治着。具有空间性的东西在表述含义与概念之际具有优先地位,其根据不在于空间特具权能,而在
a 于此在的存在方式。时间性本质上沉沦着,于是失落在当前化之中。唯当上手事物在场,当前化才会与之相遇,所以它也总是遇到空间关系,结果,时间性不仅寻视着从操劳所及的上手事物来领会自己,而且从诸种空间关系中获取线索来表述在一般领会中领会了的和可以加以解释的东西。

第七十一节　此在日常状态的时间性意义 370

我们在提出时间性之前曾对此在存在建构的本质结构进行阐释，而其目标则是引向时间性的阐释。而对操劳的时间性的分析则已显示，此在存在建构的本质结构本身在生存论上必得被回收到时间性之中。在最初着手时，分析工作不曾选择此在的某种确定的、特具一格的生存可能性作为课题，而是依循生存活动的不触目的平均方式制订方向。我们曾把此在首先与通常处身其中的那一存在方式称为日常状态[①]。

若从存在论上予以界说，这一术语究竟意味的是什么则还含混不明。而且在探索之后也没有任何途径使日常状态的生存论及存在论意义哪怕只作为问题提出来。现在此在的存在意义作为时间性亮相了。现在谈到"日常状态"这个名称的生存论时间性含义还有什么可怀疑的吗？虽说如此，我们离这一现象的存在论概念还远远的呢。甚至前此进行的时间性阐释是否足以界说日常状态的生存论意义也还是可疑问的。

但日常状态显然意指此在"日日"处身于其中的那种去生存的方式。而"日日"却不意味着此在"一生"所得的"日子"的总和。虽然不应从日历上来领会"日日"，但在"日日"或"日常"的含义中却仍含有这样一种时间规定性的意味。不过日常状态这个词首要地

---

① 参见本书第九节，第42页及以下。——原注

却是意指生存的某种“如何”，那种统治此在“终生”的“如何”。我们在前面的分析中常用“首先与通常”这两个词。“首先”意味着：此在借以在公众的共处中“公开地”存在的方式，即使此在“其实”恰恰在生存上“克服”了日常状态。“通常”意味着：此在借以虽非永远地、然而却“常规地”向人人显现的方式。

日常状态意指此在依以“进入白日生活”的“如何”，无论是此在的一切行为举止的“如何”抑或是由共处草描出来的那些行为举止的“如何”。这个“如何”还包含有喜溺于习常这类情况，即使习
371 常把此在迫向负累之事和“非所期愿”之事也罢。日常操劳始终期备的是明日之事，而这明日之事则是“永久的昨日之事”。日常状态的单调把无论这一日带来的什么事情都当作变化。即使当此在不曾把常人选为它的“英雄”，日常状态也仍规定着此在。

日常状态的这些多重性质却绝非是把日常状态标识为一些单纯的“方面”，仿佛当“人们”“看”人的所行所为之际此在便提供某种方面似的。日常状态是一种去存在的方式，公众的公开状态当然属于这种方式。作为此在固有的生存活动的方式，日常状态却也或多或少地为各个“个别的”此在所熟悉，这熟悉靠的是懒洋洋无情无绪的现身情态。此在可能木木然“受着”日常状态，可能沉浸到日常状态的木木然之中去；此在可能为涣散在诸种经营的境况找寻新的消遣，以这种方式闪避日常状态。而生存甚至还可能在当下即是（当然往往也不比“当下即是”更持久）掌握起日常，虽然生存从不能抹灭日常。

以此在实际被解释的情况而言，在存在者层次上人所周知的东西，乃至我们因而从不加以重视的东西，在生存论存在论上却迷

雾重重。在最新着手进行此在的生存论分析工作时的“自然的”视野**只不过似乎是自明的**。

但我们前此已着眼于日常状态结构的生存论界说对时间性做了阐释，我们所处的形势是否从而具有更广阔的前景了呢？抑或这一令人迷惑的现象恰恰公布出前面对时间性的阐释不够充分？难道我们前此不曾始终把此在滞持在某些形势和处境中，“结果”没注意到：既然此在进入它日日的生活，所以此在在其日日相续的过程中“从时间上说”是伸展的吗？单调、习常、“昨天是怎样，今天和明天还是怎样”、“通常”，这些东西若不回溯到此在的“时间性”伸展（途程）就把捉不到。

此在一面度时一面日复一日地计算着“时间”，并借天文历法调整这种“计算”，难道这一实际不也属于生存着的此在吗？只有当我们把此在的日常“演历”以及此在在这种演历中操劳的计“时”收入此在时间性的阐释，我们的方向才足够广阔，从而使日常状态之为日常状态的存在论意义成为问题。然而，因为日常状态这个名称所意指的其实无非是时间性，而正是时间性使此在的**存在**成为可能，所以，只有在对一般存在的意义及其种种可能的衍变的原 372
则性讨论的框架内才可能充分地从概念上界说日常状态。

第五章　时间性与历史性

第七十二节　历史问题的生存论存在论解说

生存论分析工作的一切努力都在于一个目标：找到回答一般存在的意义问题的可能性。要解答这个问题就要界说可借以通达存在这样的东西的那种现象，即界说存在之领会。而存在之领会属于此在的存在建构。只有先充分而源始地对这一存在者进行了阐释，才可能理解被包容进这一存在建构的存在之领会本身，才可能据此把追问在存在之领会中得到领会的存在与追问这一领会的诸种“前提”的问题提出来。

虽然此在的很多结构分别看来仍晦暗不明，然而，随着时间性亮相为操心之所以可能的源始条件，看来已达到了所要求的对此在的源始阐释。我们就此在本真的能整体存在着眼提出了时间性。操心的时间性阐释而后又通过指明操劳在世的时间性得到了验证。对本真的能整体存在的分析揭示出死、罪责与良知的联系，这种同样源始的联系是植根在操心之中的。还能把此在领会得更源始些吗，亦即比在对它本真的生存的筹划中领会此在来得更源始？

虽然我们前此一直看不出有以更激进的办法开始生存论分析工作的可能，但只要回顾前面对日常状态的存在论意义的讨论，还是能醒悟到一重困难的考虑：就此在本真的整体存在着眼，我们究竟有没有把此在的整体带进了生存论分析的先行具有？与此在的整体性相关的问题提法或许天然具有存在论上的明了一义。问题 373
本身甚或会借回顾向终结存在找到答案。不过，死只是此在的“终结”，从形式上来看，只是囊括此在整体性的一个“终端”。而另一个终端是“开端”、是“出生”。只有这个生死“之间”的存在者表现出所寻求的整体。所以，尽管我们努力求取生存着的整体存在，尽管我们用天然的方式阐释了本真的和非本真的向死存在，分析工作前此所制订的方向仍然是“片面的”。在前面形成的课题中，此在只是“向前”生存着而把一切曾在“留在身后”。始终未经重视的不仅是向开端的存在，而且尤其是此在在生死之间的途程。对整体存在的分析所曾忽视的恰恰是此在这样那样总持身于其中这一“生命的联系”。

我们把时间性设为此在整体性的存在意义；但若被说成是生死之间的“联系”的那种东西在存在论上全然晦暗不明，我们还不定然该把上述设定收回吗？抑或恰恰是业经清理出来的时间性才给出了地基，以便把追问上述“联系”的生存论存在论问题带入简明一义的方向？我们学会了不要轻易把诸种问题接受下来；也许在前面的诸种探索的园地中，这一点已经是一种收益了。

看起来，还有什么比描述生死之间的“生命联系”来得“更简单”呢？这一“生命联系”由“在时间中”一一相继的体验组成。若更深入一步来察看对这种成问题的联系的描述，尤其是查看一下其中包含的存在论先见，结果就会发现一些值得注意的东西。在这一一相续的体验中，“真正说来”向来只有“在各个现在中”现成的体验是“现实的”。过去的以及还待来临的体验则相反不再是或还不是“现实的”。在两条界限之间的一段时间〔Zeitspan〕是赋予此在的，此在遍历这段时间的方式是：它向来只在现在是“现实的”，就仿佛把它的“时间”的一一相续的现在都跳跃一遍。所以人们说，此在是“时间性的”。在体验的这种不断变化之中，自身始终保持在某种一定的自一性中。在如何规定这种持久的东西及其与体验变化所可能具有的联系之际，意见开始发生分歧。这一持久的变化着的体验联系的存在则始终未予规定。但在这样描述生命联系的时候，无论人们是否愿意承认，其实都已设置了一个“在时间中”现成的东西，虽然不言而喻地是一个“非物性的东西”。

374　回顾曾以时间性这一名称作为操心的存在意义清理出来的东西便显现出：流俗的此在解释在自己的限度内虽亦有理虽亦充分，但若以这种流俗解释为线索，不仅不可能对此在在生死之间的途程进行本然的存在论分析，而且根本就不可能把这一分析作为问题固定下来。

此在并非作为种种相继来临而后逝去的体验的瞬间现实〔Momentarwirklichkeit〕的总和生存。也并非相继来临者逐渐充满一个框架。因为，既然向来只有“实在的”体验是“现实的”，既然这个框架的两条界线即出生和死亡作为过去的东西与还有待来临的东西缺乏现实性，那么这个框架又该怎样是现成的呢？“生命联系”的这种流俗看法其实也不是在此在“之外”张开而又围住[①]此在的框架，而是正确地在此在本身之中寻找这一框架。但是，把这一存在者设为一种“在时间中”现成的东西的这一悄不则声的存在论开端却使要从存在论上来描述生死“之间”存在的每一尝试都碰了壁。

并非这样或那样有一条现成的“生命”轨道和路程〔Streckung〕，而此在则只是靠了诸多阶段的瞬间现实才把它充满；而是：此在的本己存在先就把自己组建为途程〔Erstreckung〕，而它便是以这种方式伸展自己〔sick erstrecken〕的。在此在的存在中已经有着与出生和死亡相关的“之间”。绝非是相反的情况，仿佛此在在某一时间点上现实地“存在”，而此外还被它的出生和死亡的不现实“围绕”着。从生存论上领会起来，出生不是而且从不是在不再现成这一意义上的过去之事；同样，死的存在方式也不是还不现成的、但却来临着的亏欠。实际此在以出生的方式生存着，而且也已在向死存在的意义上以出生的方式死亡着。只要此在实际生存着，两个“终端”及它们的“之间”就存在着，而且它们以根据此在之作为操心的存在所唯一可能的方式存在着。在被抛境况与逃遁或先行着向死存在的统一中，出生与死亡以此在方式“联系着”。作为操心，此在就是“之间”。

但操心的建构整体性是在时间性中有其统一的可能的根据。对“生命联系”的存在论阐释，亦即对此在特有的途程、行运与持久

① 中译失去了 gespannt〔张开〕，umspannend〔围住〕及前文 Zeitspan〔一段时间〕的字面联系。——中译注

性的存在论阐释于是就必须被设置在这一存在者的时间性建构的
375 视野上。生存的行运不是现成事物的运动。生存的行运是从此在的途程得以规定的。这种伸展开来的自身伸展所特有的行运我们称为此在的演历。此在"联系"的问题是其演历的存在论问题。演历结构及其诸生存论时间性的可能条件的剖析意味着赢获对历史性的存在论领会。

我们在即将剖析时间性之前曾触及到自身的常驻性问题，在那里我们曾把自身规定为此在的谁①。现在，随着对此在的演历所特有的行运与持久性的分析，探索将回到自身的常驻性问题上来。自身常驻性是此在的一种存在方式并因而奠基在时间性特有的一种到时样式中。对演历的分析将引到对到时之为到时的专题探索的诸问题面前。

如果说历史性的问题引回到这些"源头"，那么，历史性问题的处所也就由此决定下来了。这一"处所"不可在作为历史科学的历史中寻找②。当然，对"历史"问题的科学的理论处理方式是更进了一筹，它不仅以"从认识论上"（西美尔〔Simmel〕）澄清把握历史的方式为目的或以表达历史的概念构造的逻辑（李凯尔特〔Rickert〕）为目的，而且也依循"对象方面"来制订方向；然而，即使这样提出问题，历史在原则上却也总只是作为一门科学的对象得以通

---

① 参见本书第六十四节，第 316 页及以下。——原注

② 本书中，海德格尔明确区分 Historie 和 Geschichte 这两个同义词。Geschichte 用来专称实际发生的历史，我们译为"历史"；Historie 用来指对历史的记载、反省和研究，我们译为"历史学"。与此相应，geschichtlich 和 historisch 分别译为"历史上的"和"具有历史学性质的"或"历史学的"。——中译注

达的。历史的基本现象先于历史学所可能进行的专题化，而且是这种专题化的基础；而上述做法却无可挽回地把历史的基本现象放到一边去了。历史如何能够成为历史学的*可能*对象，这只有从历史事物的存在方式，从历史性以及这种历史性植根在时间性中的情况才能得到回答。

如果历史性只会由时间性照明而且源始地只会由*本真的*时间性照明，那么要完成眼前的任务，关键就在于走现象学构造这一条 a376
路[①]。必须*针对*起遮蔽作用的对此在历史的流俗解释作斗争才能博得历史性的生存论存在论建构。历史性的生存论构造在流俗的此在领会那里有其特定的支点而同时则由前此赢得的诸生存论结构加以指引。

探索工作首先要标识出诸流俗的历史概念，以便着眼于一般认为对历史具有本质性的环节而为探索工作制订方向。这时候必须弄清楚被源始地看作为历史的东西究竟是什么。这样一来也就标明了解说历史性这一存在论问题的出发点。

已经完成的对此在本真的能整体存在的阐释以及由此生长出来的对操心之为时间性的分析，为历史性的生存论构造提供出指导线索。对此在历史性的生存论筹划只是用以揭开已包藏在时间性到时之中的东西。历史性植根于操心；与此相应，此在向来作为本真地或非本真地是历史性的此在而生存。在此在的生存论分析工作中，在日常状态这一名称下所提到的东西会作为最切近的视野呈于眼帘，这种东西将把自己表明为此在的非本真的历史性。

---

① 参见本书第六十三节，第 310 页及以下。——原注

此在的演历本质上包含有开展与解释。从这个历史性地生存着的存在者的这一存在方式中，生长出明确地开展历史和把握历史的生存可能性。历史的专题化亦即历史的**历史学**把握是之所以可能"在人文科学中建设起历史世界"的前提。对历史学这门科学的生存论阐释只意在证明它在存在论上源出于此在的历史性。只有从这里出发才能标出一些界限，依照实际科学工作制定方向的科学理论在这些界限内可以具有其提问方式上的偶然性。

此在历史性的分析想要显示的是：这一存在者并非因为"处在历史中"而是"时间性的"，相反，只因为它在其存在的根据处是时间性的，所以它才历史性地生存着并能够历史性地生存。

虽说如此，此在也必须在存在"在时间中"这一意义上被称作"时间性的"。即使历史学没有成形，实际此在也需要并确实使用着日历与钟表。此在把"随着它"所演历的事经验为"在时间中"演
377 历的。有生命的自然与无生命的自然"在时间中的"进程也是以同一种方式来照面的。这些进程是在时间内的。所以，虽然我们把对时间内状态的"时间"如何源出于时间性的分析推迟到下一章[①]才去进行，但似乎本也可以把这一分析放到对历史性与时间性之间的联系的讨论之前。然而对历史事物的流俗描述借助于时间内状态的时间而显得是不言而喻和唯一可能的；而要消除这种不言而喻与唯一可能的性质就应得首先纯粹地从此在的源始时间性中"演绎"出历史性来。甚至"事情本身"的联系也要求这样做。当然，时间，作为时间内状态，也是从此在的时间性中"生长"出来的，

① 参见本书第八十节，第411页及以下。——原注

就此说来，历史性与时间内状态表明自身为同样源始的。从而，对历史的时间性质的流俗解释在自己的限度内也不无道理。

在这样粗浅地标识出了历史性源出于时间性的存在论讲解进程之后，还有必要明确地肯定以下的探索并不以为只费举手之劳就可以解决历史性问题吗？愈把历史性问题引向其源始扎根之处，可资利用的“范畴”手段之贫乏与首要的存在论视野之游移不定就愈令人窘迫。下述考察以提出历史性问题的存在论处所为满足。当今这代人还面临把狄尔泰的诸种研究据为己有的任务；下述分析其实只是为了更进一步促进这一任务的完成。

而且，既然我们的标的是基础存在论，所以对历史性的存在论问题的讲解必然是有限度的。这一讲解有下列环节：流俗的历史领会与此在的演历（第七十三节）；历史性的基本建构（第七十四节）；此在的历史性与世界历史（第七十五节）；历史学在此在历史性中的生存论源头（第七十六节）；此处对历史性问题的讲解与狄尔泰的研究及约克〔Yorck〕伯爵的观念的联系（第七十七节）。

第七十三节 流俗的历史领会与此在的演历 378

切近的目标是：为追问历史本质的源始问题亦即为历史性的生存论构造找到一个出发点。这一地点由那源始地即是历史性的东西标识出来。所以，考察以标识出那在流俗的此在解释中用“历史”和“历史的”这两个词所意指的东西开始。这两个词有多重含义。

“历史”这个术语既意指“历史现实”也意指关于历史现实的可能科学。由此昭示出来这个术语最切近可见的暧昧两可，这种暧昧两可经常受到注意但却绝非“无伤大雅”。在“历史”的含义中我们暂先排除历史科学(历史学)这一意义。

“历史”这个词有时既不意指关于历史的科学也不意指历史学的对象，而是意指未必对象化了的这个存在者本身。在这一类含义中，把历史领会为**过去之事**可算得一种具有优先地位的用法。在“这事或那事已经属于历史了”这话中昭示出这一层含义来。在这里，“过去”又等于说：不再现成；甚或：虽还现成，但对“当前”已无“效用”。当然，当我们说人们不能脱离历史之际，历史之作为过
a 去之事就有了正相反对的含义；在这里，历史仍意指过去之事，然而却是有后效的东西。无论如何，历史之为过去之事总是就其对“当前”的积极的或阙失的效用关联得以领会的，而“当前”的意义则是“在现在”和“在今天”现实的东西。在这里“过去”还有明显的双重意义。过去之事无可挽回地附属于较早的时间；它属于当时的事件，然而“过去”也还能现成存在，例如希腊殿宇的遗迹。“一段过去”还随着这遗迹“当前”。

于是，历史主要不是意指过去之事这一意义上的“过去”，而是指**出自**这过去的渊源。“有历史”的东西处在某种变易的联系中，在这里“发展”是时兴时衰。以这种方式“有历史”的东西同时也能**造就**历史。这种东西以“造就时代的”或“划时代”的方式在“当前”规定一种“将来”。在这里历史意味着一种贯穿“过去”、“现在”与
379 “将来”的事件联系和“效用联系”。从而过去在这里根本不具特别的优先地位。

历史还意味着“在时间中”演变的存在者整体。虽然自然也“在时间中”运动，但这里强调的是“在时间中”演变的存在者与自然的区别。也就是说，历史意味着人的、人的组合及其“文化”的演变和天命。在这里历史主要不是指存在者的演历这一存在方式，而是主要指存在者的一种领域；人们着眼于人的生存的本质规定性，即通过“精神”和“文化”把这一存在者的领域与自然区别开来，虽说如果这样领会历史，即使自然也以某种方式属于历史。

最后，流传下来的事物本身也被当作“历史的”，无论我们是以历史眼光来认识它抑或把它当作不言而喻的东西接受下来而任其渊源掩藏不露。

若要把上述四种含义概括起来，结果就是：历史是生存着的此在所特有的发生在时间中的演历：在格外强调的意义上被当作历史的则是：在共处中“过去了的”而却又“流传下来的”和继续起作用的演历。

这四种含义由此具有一种联系，它们都关系到作为事件“主体”的人。应得怎样规定这类事件的演历性质？演历是不是一一相续的诸过程，是不是种种事项的兴衰浮沉？这一历史的演历以何种方式属于此在？是否此在先已实际“现成”存在而后才时或“缠进一种历史”？是否此在须得被环境与事件缠住才**变成**历史的？抑或此在的存在倒是通过演历才始得组建起来，乃至**只因为此在就其存在来说就是历史的**，所以环境、事件与天命这样的东西在存在论上才是可能的？为什么在“从时间性上”描述在“时间中”演历的此在之际单单强调过去的作用呢？

如果历史属于此在的存在，而此在的存在奠基于时间性，那么，近便之方就是从历史事物的**那些**显而易见具有时间性意义的性质着手进行对历史性的生存论分析。于是，更鲜明地标识出“过去”在历史概念中的显著地位就会为讲解历史性的基本建构作好准备。

380　在博物馆里保存着的“古董”，例如家用什物，属于某一“过去的时间”，然而在“当前”还现成存在。既然这种用具**还不**曾过去，那它在何种程度上是历史的呢？大概只因为它成为了历史学兴趣的对象或古董收藏的或方志学的**对象**吧？但诸如此类的用具只因为就其本身而言就以某种方式**是历史的**，所以它才能成为**历史学对象**。问题重又提出来：既然这种存在者还不曾过去，那我们有什么道理把它称为历史的呢？或许因为这些“物件”属于今天仍现成存在却具有“某种过去的东西”“于其自身”吧？那么这些现成的东西究竟**现在还是不**是它们曾是的东西呢？这些“物件”显然有了变化。那些什物在“时间的进程中”变得朽脆蛀蚀了。即使在现成存在于博物馆里的期间，流逝也继续着；但**那**使这些什物成为历史事物的过去性质并不在这一流逝中。那么在这种用具身上又是什么过去了呢？什么“物件”过去**曾存在**而现在不再存在？它们现在却还是某种确定的用具，但却不被使用了。然而，假使它们今天还被使用——不少手摇纺车就是这样——那它们就不再是历史的吗？无论还在使用或已不使用，它们反正不再是它们曾是的东西了。什么“过去”了？无非是那个它们曾在其内来照面的世界；它们曾在那个世界内属于某一用具联系，作为上手事物来照面并为有所操劳地在世界中存在着的此在所使用。那**世界**不再存在。然而一度**在那个世界之内的东西**还现成存在着。但作为属于世界的用具，现在仍还现成的东西却能够属于“过去”。但世界不再存在意味着什么？生存着的此在作为在世界之中的存在实际存在着，而世界只有以这种生存着的此在的方式存在。

所以，仍然保存着的古董曾属于此在的世界，而它们的历史性质就奠基于此在的“过去”。这样一来，仿佛只有“过去的”此在而不是“当前的”此在是历史的。然而，如果我们把“过去”规定为“现在不再现成或不再上手”，那么根本说来此在会是过去的吗？显然此在从不可能是过去的，这倒不是因为它不流逝，而是因为它本质上就不可能是现成的，毋宁说，如果此在存在，它就生存着。在存在论的严格意义上，不再生存的此在不是过去了，而是曾在此。仍还现成的古董具有过去性质和历史性质，其根据在于它们以用具 381
方式属于并出自一个曾在此的此在的一个曾在世界。曾在此的此在是那原本具有历史性的东西。但是否此在由于它不再在此才始成为历史性的？抑或它岂非恰恰作为实际生存着的此在就是历史性的？是否此在只在曾在此的此在这一意义上才是曾在的此在，抑或它作为当前化的将来的此在就是曾在的，亦即在其时间性的到时中就是曾在的？

上文对属于历史的、虽还现成却以某种方式“过去了”的用具作了初步的分析；这一分析弄清楚了：诸如此类的存在者只由于它属于世界才是历史的。但世界之所以具有历史事物的存在方式，是因为它构成了此在的一种存在论规定性。这一分析还显示出：对“过去”的时间规定缺乏简明一义的意义，并显然与曾在状态有别。而我们曾习知曾在状态是此在时间性的绽出统一性的组建因素。但这样一来，倒只是使这个谜变得更尖锐了：既然曾在状态与当前及将来同样源始地到时，那为什么**主要地**规定历史事物的偏偏是“过去”，或更恰当地说，偏偏是曾在状态？

我们宣称：**首要地**具有历史性的是此在。而世内照面的东西则是**次级**具有历史性的；这不仅包括最广泛意义下的上手用具，而且包括作为“历史土壤”的**自然**的周围世界。非此在式的存在者由于属于世界而具有历史性；我们称这类存在者为世界历史事物。可以显示：流俗的“世界历史”概念的源头恰恰在于依循这种次级的历史事物制订方向。世界历史事物并非由于历史学的客观化而具有历史性；而是：它**作为**那以世内照面的方式是其自身所是的**存在者**而具有历史性。

对仍还现成的用具的历史性质的分析不仅引回到此在这一首要的历史存在者，它同时也使我们根本怀疑是否必须把历史存在者的时间性质首要地引到现成事物的在时间之中的存在这一方向上去。存在者并不因为不断推向越来越远的过去就变得“更具有历史性”，仿佛最古的东西就最本真地具有历史性似的。离开现在与今天的“时间”距离对本真地具有历史性的存在者的历史性并不具有首要的组建意义，但这却又不是因为这一存在者不在“时间

382 中”或是无时间的，而是因为只有它才**源始地以时间性方式**生存，而“在时间中”的往者来者这类现成事物按其存在论本质就**不可能这样源始地以时间性**方式存在。

人们会说：繁琐的考虑。无人否认归根到底人的此在是历史的首要“主体”，这一点上述流俗的历史概念已说得清清楚楚。人在世界历史的纷纷纭纭中表现为或多或少具有重要性的“原子”，被环境与事件抛来掷去。只不过“此在是历史的”这一命题并不仅

仅意指这种存在者层次上的事实，而是提出一个问题来：**历史主体的主观性在何种程度上以及根据哪些存在论条件把历史性作为根本建构包含在自身之中**？

第七十四节　历史性的基本建构

此在实际上向来有其“历史”并能够有其“历史”，因为这一存在者的存在是由历史性组建的。现在所以要申述这一命题之正确，其意图在于把历史的**存在论**问题作为生存论问题崭露出来。此在的存在曾被界说为操心。操心奠基于时间性。从而我们必须在时间性的范围中寻找一种把生存规定为历史生存的演历。于是对此在的历史性的阐释归根到底表明为只不过是对时间性的更具体的研究。我们曾首先从本真的生存活动的方式着眼对时间性进行揭示，在那里又曾把本真的生存活动的方式描述为先行的决心。此在的本真演历在何种程度上就寄于这一先行的决心呢？

决心曾被视为缄默的、向着本己的罪责存在的、准备去畏的自身筹划[①]。决心若作为**先行**的决心，就赢得它的本真性了[②]。在先行的决心中，此在着眼于它的能在领会自己，其方式是：它直走到死的眼睛底下以便把它自身所是的存在者在其被抛境况中整体地承担下来。这样下了决心承担本己的实际的“此”，同时就意味着投入处境的决定。此在**实际上**都决定到哪些地方去，这原则上不 383

① 参第六十节，第 295 页及以下。——原注

② 参第六十二节，第 305 页及以下。——原注

是生存论分析所能讨论的。但现下的探索也把生存的各种实际可能性的生存论筹划排除不谈。虽然如此，还是得追问：此在实际上向之筹划自己的诸种可能性一般地能从何处汲取？先行着向生存的不可逾越的可能性筹划自己，亦即向死筹划自己，这只能担保决心的完整性与本真性。生存的实际展开的诸可能性却不能从死中取得。这事之不可能更由于：先行到可能性不意味玄思可能性，而恰恰意味着回到实际的“此”上面来。自身被抛入它的世界；而承担这种被抛境况竟会开展出一条生存由之夺取自己的种种实际可能性的视野来吗？而且，我们不是曾说过此在从不回到它的被抛境况后面来吗[①]？在我们急求断定此在是否从被抛境况中汲取其本真的生存可能性之前，我们必须先保证自己获得了操心之为被抛这一基本规定性的完整概念。

此在虽以被抛的方式委托给它本身及其能在，但它却是作为在世的存在被委托的。它以被抛的方式指派给了一个“世界”并实际上与他人一道生存。首先与通常这个本身失落在常人中。它借以领会自己的诸种生存可能性，就是那些“流行”在总是现今的、公众对此在的“通常”解释之中的生存可能性。这些可能性多半由于两可而既难以认识又众所周知。生存上的本真领会不是要从流传下来的解释中脱出自身，它倒向来是从这些解释之中、为了反对这些解释同时却也是为了赞同这些解释才下决心把选择出来的可能性加以掌握。

决心作为被抛的决心承受遗业；而此在借以回到其自身的这

① 参见本书第284页。——原注

一决心就从这一遗业中开展着本真生存活动的当下实际的种种可能性。下决心回到被抛境况，这其中包含有：把流传下来的可能性承传给自己，尽管非必作为流传下来的可能性。如果说一切“好东西”都是遗产而“好”的性质就在于使本真生存成为可能，那么在决 384
心中向来就有遗业的承传组建着自身。此在愈本真地作决定，也就是说，它愈不暧昧两可而是在先行到死之际从其最本己最独特的可能性出发领会自身，有所选择地发现自身生存的可能性这一活动也就愈简明一义、不凭偶然。只有先行〔vorlaufen〕到死才排除开一切偶然的和“暂先行之的〔vorläufige〕”可能性。只有自由的为死存在才干干脆脆地把目标给予此在并把生存推入其有终性中。溺乐、拈轻避重这些自行提供出来的近便的可能性形形色色、无终无穷，而生存的被掌握住的有终性就从这无穷的形形色色中扯回自身而把此在带入其命运的单纯境界之中。我们用命运来标识此在在本真决心中的源始演历；此在在这种源始演历中自由地面对死，而且借一种继承下来的、然而又是选择出来的可能性把自己承传给自己。

此在之所以能够被命运的打击击中，只因为此在在其存在的根据处就是上面标识的意义下的命运。此在命运使然地在承传自身的决心中生存着；于是，它作为在世的存在向着“幸运”环境的“迎候”和事故的残酷性展开了自己。靠环境与事故的碰头产生不出命运。环境与事故也围绕着没有决心的人，而且更甚于围绕已做了选择的人；然而没有决心的人却不可能“有”任何命运。

当此在由于先行而让死在其自身中变得强有力〔Mächtig〕之际，自由面对死的此在就在自己有终限的自由所固有的超强力量

〔Uebermacht〕中领会自己，于是此在便在这种有终限的自由中——唯有选择了去做选择，这种有终限的自由才“存在”——把委弃于自身这一境况的无力〔Ohnmacht〕承担过来，并对展开了的处境的种种事故一目了然。但若命运使然的此在作为在世的存在本质上在共他人存在中生存，那么它的演历就是一种共同演历并且被规定为**天命**。我们用天命来标识共同体的演历、民族的演历。天命并非由诸多个别的命运凑成，正如共处不能被理解为许多主体的共同出现一样[①]。在同一个世界中共处，在对某些确定的可能性的决心中共处，在这些情况下，诸命运事先已经是受到引导的。在传达中，在斗争中，天命的力量才解放出来。此在在它的
385 “同代人”[②]中并与它的“同代人”一道有其具有命运性质的天命；这一天命构成了此在的完整的本真演历。

命运是以缄默着准备去畏的方式向本己的罪责存在筹划自身这一活动的超强力量，是无力的、一任困逆临头的超强力量。命运作为这样一种超强力量要求操心的存在建构即时间性作为它之所以可能的存在论条件。只有当死、罪责、良知、自由与有终性同样源始地共居于一个存在者的存在中，一如共居于操心中，这个存在者才能以命运的方式生存，亦即才能在其生存的根据处是历史性的。

只有这样一种存在者，它就其存在来本质上是将来的，因而能够自由地面对死而让自己以撞碎在死上的方式反抛回其实际的此之上，亦即，作为将来的存在者就同样源始地是曾在的，只有这样

① 参见本书第二十六节，第117页及以下。——原注

② 关于“同代人”这一概念，请参见狄尔泰：《论研究人、社会、国家的科学历史》(1875年)。《全集》第五卷(1924年)，第36—41页。——原注

一种存在者能够在把继承下来的可能性承传给自己本身之际承担起本己的被抛境况，并当下即是就为"它的时代"存在。只有那同时既是有终的又是本真的时间性才使命运这样的东西成为可能，亦即使本真的历史性成为可能。

决心不见得必须明确知道它向之筹划自己的诸可能性的渊源。但在此在的时间性中而且只有在此在的时间性中，才有可能明确地从承传下来的此在之领会中取得〔holen〕此在向之筹划自身的生存上的能在。那么，这种回到自身的、承传自身的决心就变成一种流传下来的生存可能性的重演〔Wiederholung〕了。这种重演就是明确的承传，亦即回到曾在此的此在的种种可能性中去。本真的重演一种曾在的生存可能性——此在为自己选择自己的英雄榜样——这在生存论上根据于先行的决心，因为只有在先行的决心中，使追随和忠实于可重演之事的斗争成为自由的这样一种选择才被首先选择出来。但重演一种曾在的可能性而承传自身，却不是为再一次实现曾在此的此在而开展它。重演可能的东西并不是重新带来"过去之事"，也不是把"当前"反过来联结于"被越过的事"。重演是从下了决心的自身筹划发源的；这样的重演并不听 386
从"过去之事"的劝诱，并不只是要让"过去之事"作为一度现实的东西重返。重演毋宁说是与曾在此的生存的可能性对答。但在决定中与可能性对答作为当下即是的对答同时却就是对那在今天还作为"过去"起作用的东西的反对。重演既不遗托给过去之事，也不以某种进步为标的。这两者对于当下即是的本真生存都无关宏旨。

我们把重演标识为承传自身的决心的样式，此在通过这种样式明确地作为命运生存。但若是命运组建着此在的源始的历史性，那么历史的本质重心就既不在过去之事中，也不在今天以及今天与过去之事的“联系”中，而是在生存的本真演历中，而这种本真的演历则源自此在的将来。历史作为此在的存在方式如此本质地扎根在将来中，乃至于死作为描述此在特点的可能性竟把先行的生存抛回到生存的实际被抛境况上去，而这样一来曾在状态才在历史事物中被赋予其独特的优先地位。本真的向死存在，亦即时间性的有终性，是此在历史性的隐蔽的根据。此在并非借重演才变为有历史性的，而是因为此在作为有时间性的此在就是有历史性的，所以它才能以重演的方式在其历史性中把自己承担过来。为做到这一点还不需要有任何历史学。

在决心中有先行着把自己承传于当下即是的“此”这回事；这一传承我们称为命运。天命就奠基于其中——我们把天命领会为此在共他人存在之际的演历。有命运性质的天命就其执着于流传下来的遗业来看可以在重演中明确地展开。重演才把此在本己的历史对此在公开出来。演历本身、属于演历的展开状态以及对这种展开状态的占有，其生存论上的根据都在于：此在作为有时间性的此在是以绽出方式敞开的。

前此标识为历史性的东西是与处在先行的决心中的演历相适应的，我们把它称作此在的本真的历史性。从承传与重演这两种
387 植根于将来的现象已澄清了本真历史性的演历为什么在曾在状态中有其重心。然而，这一演历作为命运应以何种方式组建此在从生到死的整体“联系”，却愈发谜一般难解。回溯到决心上去能增加什么启迪呢？一个决定岂不总又只是在一一相续的整体体验联系中的一个个别的“体验”吗？本真演历的“联系”是否应由许多决

心紧密无隙的相续组成？追问“生命联系”的建制的问题找不到差强人意的答案，原因何在？探索工作说到头不会是太过匆忙，一味谋求答案，却不曾先把问题的正当性检验一番吗？此在的存在论的确一再陷于流俗的存在领会的诱惑之中。从前此的生存论分析工作进程看来，没有什么比这更清楚了。从方法上说，要对付这种情况就只有：无论追问此在联系的建制的问题多么“不言而喻”，我们仍要追查这一问题的源头并确定这一问题是在何种存在论视野上活动的。

如果历史性属于此在的存在，那么非本真的存在也不能不是有历史性的。假若此在的非本真的历史性竟规定着追究“生命之联系”这一问题的方向，竟转移了通达本真的历史性及其特有的“联系”的通路呢？无论这件事是怎样的，只要对历史的存在论问题的讲解应得足够完整的话，那么我们不消说就少不得要对此在的非本真的历史性作一番考察。

第七十五节　此在的历史性与世界历史

此在首先与通常从周围世界照面的东西与寻视操劳所及的东西来领会自己。这一领会并非某种伴随着此在的一切行为的过程，其目的则仅仅在于取得关于自身的知识。领会意味着向当下在世的可能性筹划自己，亦即：作为当下在世的可能性生存。所以，领会也作为知性组建着常人的非本真生存。在公众共处之际向日常操劳照面的不仅有用具与活计，而是同时还有随之“给出”的东西：“经营”、事业、琐事、事故。“世界”同时也是地基与舞台， 388

并作为地基与舞台属于日常行动与日常游历。“人们自身”在某种活动中“共浮共泛”，而在公众共处之际他人就是这样来照面的。人们或认知这种他们与之共浮共泛的活动，或议论它，或鼓动它，或克制它，或保持它，或遗忘它；而这种种做法首要地总都着眼于这种活动所从事的东西和“来源”于这种活动的东西。我们首先从所操劳之事的进程、地位、变化和可用性来计算各个此在的进步、停滞、转变和“产出总额”。但无论我们多么细致地去指出日常知性对此在的领会，这种领会在存在论上却仍然是丝毫不明澈的。但为什么又不应从所操劳之事与“所体验之事”来规定此在的“联系”呢？用具和活计以及此在居留寓于其间的一切不也都一道属于“历史”吗？难道历史的演历只是各个主体中的“体验流”与世隔绝地一一相续吗？

历史实际上既非客体变迁的运动联系也非“主体”的漂游无据的体验接续。那么历史的演历涉及的是主客体的“链系”吧？如果人们已经把演历指定为主客体关系了，那么，其实链系本身就是某种“有所演历”的东西了。既然是这样，就不得不问链条本身的存在方式。此在的历史性这话不是说无世界的主体是具有历史性的，它说的是作为在世的存在生存着的存在者。历史的演历是在世的演历。此在的历史性本质上就是世界的历史性，而世界根据绽出视野的时间性而属于时间性的到时。只要此在实际生存着，世内被揭示的东西也就已经照面了。上手事物与现成事物向来已随着历史性的在世界中存在的生存被收入世界的历史。用具和活计，比如说书籍，有其“命运”，建筑与机构有其历史。但就连自然也是有历史的。但说自然之有历史恰恰不是当我们说起“自然史”

时的意思①，它倒相反是作为村园、居住区和垦殖区，作为战场和 389
祭场而有历史。这种世内存在者其本身就是有历史的，它的历史并非意味着某种“外在的东西”，仿佛它只不过伴随着“心灵”的“内在”历史似的。我们把这种存在者称为世界历史事物。我们选择的“世界历史”这个词在这里是从存在论上来领会的，于是须得注意它的双重含义。一方面它就世界与此在的本质上的生存上的统一而意味世界的演历。但就世内存在者向来已随实际生存上的世界得到揭示而言，“世界历史”同时就意指上手事物与现成事物在世内的“演历”。有历史的世界只作为世内存在者的世界才实际存在。随着用具与活计一道“演历”的东西具有一种本己的动变性质，这种性质至今还完全晦暗不明。举例说，一个戒指“代代相传”，“代代佩戴”，而在这一存在中，这戒指所遭际的并非简简单单的位置变化。在这种演历中有某种东西随之演历；从位置变化这种运动出发是根本把捉不到这样一种演历的动变的。一切世界历史的“进程”和事件都是这样，“自然突变”在某种方式上也是这样。我们在这里不可能多研究世界历史的演历的存在论结构问题，因为，且不说那样做必然要超出课题的界限，而且这部解说的意图恰只在于一般性地引向演历的动变的存在论之谜。

在说到此在的历史性时，在存在论上必然要连带意指某一确定的现象范围；如今要做的就只是界说这一现象范围。基于时间性而被奠基的这种世界的超越，在生存着的在世的存在之演历中，

① 关于在存在论上界划“自然演历”与历史动变的问题，请参见哥特尔〔F. Gottl〕的长久以来不曾得到充分重视的考察，《历史的分界》(1904 年)。——原注

向来已有世界历史事物“客观地”在此，而并不曾从历史学上加以把握。因为实际此在沉沦着消散于所操劳之事，所以它首先从世界历史上来领会它的历史。进而又因为流俗的存在领会漠然不辨地把“存在”领会为现成性，所以世界历史事物的存在是在来临、在场和消失的现成事物的意义上得到经验和解释的。而最后又因为一般存在的意义干脆就被当作不言而喻的东西，所以追问世界历史事物的存在方式与一般演历的动变的问题反倒“其实只是”不结果实的繁文赘论。

390 日常此在涣散在每日“经由”之事的繁复多样之中。操劳活动事先一直“策略地”期待着机会和环境，而机会和环境的结果是“命运”。非本真生存的此在听从所操劳之事才为自己计算出它的历史。此在被它的种种“经营”推转；而它若要来到它本身，它就不得不才从那恰恰是“经由之事”的涣散与无联系之中拢集自己。因此，追问此在的某种有待建立的“联系”的问题才会从非本真历史性的领会的视野中生长出来，而这里“联系”的意义是主体的“也一样”现成的体验。在这一视野中的问题之所以能够占统治地位的根据在于无决心状态，正是这种无决心构成了自身的不自立状态的本质。

从而，所谓此在的“联系”，其意义就在于生死之间体验联系的统一性，而追问这一“联系”的问题的源头已经展示了出来。问题的渊源同时也就透露出它不适合于意在源始地从生存论上阐释此在演历整体性的工作。问题的这一“自然的”视野所占的统治地位另一方面却也澄清了为什么事情看上去仿佛是：恰恰是此在的本真历史性，即命运与重演，最不能提供出这一现象上的基地，由此而把“生命联系”的问题在根底上所意向的东西赋形为在存在论上有所根据的问题。

问题不能这样讲:此在通过什么赢得联系的统一,借以事后把作为结果和产生结果的一一相续的体验链系起来?而是:此在在其自身的何种存在方式中**迷失得如此之甚**,而**结果竟仿佛不得不只在事后才从涣散中拢集自己,不得不为了拢集而为自己发明出一种包罗无遗的统一**?前面我们曾把迷失于常人与世界历史事物的境况绽露为在死面前逃遁。“在……之前逃遁”把向死存在公开为操心的一种基本规定性。先行的决心把向死存在带入本真生存。然而,我们曾把这一决心的演历、把先行着以承传方式重演种种可能性的遗产这一活动阐释为本真的历史性。在本真的历史性中有没有整体生存的延展——一种源始的、未失落的、无需乎联系的延展?自身的决心与涣散的不持立状态相对,它在其本身中就是**有所延展的持立状态**;在这种有所延展的持立状态中,此在作为命运始终把生与死及其“之间”都“合并”在其生存中,其情形是这样:此在在这样一种持立状态中当下即为其当时处境的世界历史 391
事物存在。在这样以命运方式重演种种曾在的可能性之际,此在就把自己“直接地”带回到在它以前已经曾在的东西,亦即以时间性绽出的方式带回到这种东西。而由于以这种方式把遗产承传给自己,“出生”就在从死这种不可逾越的可能性回来之际被**收进**①**生存**,

① Einholen 一词,作者在“收进”和“赶上”两重意义上使用(参见本书第 307 页)。此在通过接收其生存可能性的遗产而将其出生“收进”其生存;同时也就是说,此在“赶上了生存”。所以,在作者看来,一方面,死决不能被逾越〔ueberholt〕。另一方面,生也一定能被“赶上”、“收进”〔eingeholt〕。——英译注

只有这样，生存才会更无幻想地把本己的此的被抛境况接过来。

决心组建着对向着本真自身的生存的**忠诚**。作为准备去畏的决心，忠诚同时又是对自由生存活动所能具有的唯一权威的可能敬畏，是对生存可重演的诸种可能性的敬畏。假使人们要以为只有当决断的“行动”“延续”之时，决心作为“体验”才是现实的，那就在存在论上误解了决心。在决心中有着生存上的持立状态，这种持立状态按其本质就已先行收取了一切可能的、由它发源的当下即是。处境可能要求放弃某种确定的决定；决心作为命运就是这种放弃的自由。生存的持立状态并不因此中断，倒恰恰当下即是地保持着。并非通过和出自各个“当下即是”的相互契合才形成持立状态；倒是各个“当下即是”都发源于将来式的曾在的重演的时间性，而这重演的时间性已经是**有所延展**时间性。

相反，在非本真的历史性中，命运的源始延展隐而不露。此在作为常人自身不持立地把它的“今天”当前化。此在一面期待着切近的新东西，一面也已经忘却了旧的。常人闪避选择；常人盲目不见种种可能性；它不能重演曾在之事，而只不过保持和接受曾在的世界历史事物余留下来的“现实之事”，以及残渣碎屑与关于这些东西的现成报道。常人迷失于使今天当前化的活动，于是它从“当前”来领会“过去”。本真历史性的时间性则反过来作为先行而有所重演的当下即是**剥夺**今天的**当前性质**和常人的约定俗成。非本真地具有历史的生存则相反，它背负着对其自身来说已成为不可认识的“过去的”遗物，去寻求摩登的东西。本真的历史性把历史
392 领会为可能之事的“重返”；而且知道：只有当生存在下了决心的重演中命运使然地当下即向可能性敞开，这种可能性才会重返。

对此在历史性的生存论阐释常常不知不觉地陷入阴影之中。由于适当提出问题的诸可能维度还未曾去迷归澄，更由于存在之谜以及（现在已看清楚了）运动之谜驱迫着这一提问的本质，于是就更难廓清这层层晦暗了。尽管如此，我们仍可以大胆尝试从此在的历史性来为历史学这门科学的存在论发生作一番筹划。这一筹划可当作一种准备工作，以便我们在后文澄清从历史学角度解析哲学历史的任务[①]。

第七十六节　历史学在此在历史性中的生存论源头

像一切科学一样，历史学作为此在的一种存在方式实际上时时都"依赖"于"占统治地位的世界观"，这一点毋庸多议。然而在这一实际情形之外，还需追问在存在论上科学如何能够从此在的存在建构发源。这一源头还谈不上透彻可见。就眼前的联系来说，分析工作只是要勾画出历史学的生存论源头的轮廓，使它在一定程度上可为认识，为的是借此使此在的历史性及其植根于时间性的情况更清楚地白于天下。

如果说此在的存在原则上具有历史性，那么显然每一实际科学都与这种演历分不开。不过，历史学此外还以特有的突出的方式把此在的历史性设为前提。

要廓清这一点，或许首先可以考虑到：历史学作为此在历史的

① 参见本书第六节，第 19 页及以下。——原注

科学总得把这个源始地具有历史性的存在者设为前提，作为它的可能“对象”。然而，不仅为了得以通达历史学对象，历史才必须存在；不仅历史学认识作为此在有所演历的行为是具有历史性的；而且，无论从历史学上开展历史这件事实际上是否进行了，这件事按其存在论结构来说，其本身就植根在此在的历史性中。历史学从
393 生存论上发源于此在的历史性这话意指的就是这层联系。照明这一源头，这在方法上就意味着：在存在论上从此在的历史性来筹划历史学的观念。这种做法的关键不是要从当今实际的科学活动“抽象”出历史学概念或使这种概念适应于实际的科学活动。因为若从原则上看，什么东西担保这种实际做法实已按照历史学的种种源始而本真的可能性代表着历史学呢？我们绝不断定实际做法已代表着历史学；但即使它真的代表着，那也只有依循已被领会的历史学观念才能从实情处“揭示”出那一概念来。另一方面，即使历史学家证明了他的实际办法与历史学的生存论观念相一致，历史学的生存论观念却也并不因此就更为有道理。而它也不会因为历史学家非议这种一致性而成为“假的”。

在历史学之为科学的观念中就有：历史学把开展历史的存在者把握为自己的任务。一切科学原本都通过专题化组建自己。先于科学已然熟知的东西在此在之中、即在展开的在世的存在之中，向其特有的存在筹划。随着这种筹划，划定了存在者的领域。通向这种存在者的通道获得了方法上的“指导”，解释的概念方式的结构获得了草描。如果我们把“当代历史”是否可能这个问题推后去讲而指定历史学的任务就是开展“过去”，那么就只有当“过去”总已展开了，历史的历史学专题化才是可能的。且全然不管要从

历史学上使过去再现是否有充分的源泉可资利用，反正要从历史学上回到过去，通往过去的道路就必须是敞开的。但究竟是否敞开、如何可能敞开这类问题绝非已大白天下之事。

但只要此在的存在是有历史性的，亦即，根据绽出视野的时间性而在其曾在状态中是敞开的，那么，可以在生存中进行的把“过去”专题化的工作就有路可走。而因为此在且只有此在源始地具有历史性，所以，历史学专题化提供出来作为可能的研究对象的东西就必得具有曾在此的此在的存在方式。随着作为在世的存在的实际此在，世界历史也总一道存在。若实际此在不再在此，则世界也不曾在此。下面这种情况与这一点并不相悖——从前的世内上手事物照样可以没有过去，在当前还可以“从历史学角度”发现这 394
作为一个曾在此的世界的未过去之事摆在那里。

仍然现成的遗物、纪念碑、报道，对于具体开展曾在此的此在来说，这些都是可能的“材料”。这些东西只因为按其本己的存在方式来说就具有世界历史性质，它们才能够成为历史学的材料。只是由于它们事先已经就其世内状态得以领会，它们才变成材料。借着对“接受下来的”世界历史材料的阐释，已经被筹划的世界得到规定。搜集、整理和确证材料，并非通过这些活动才始回溯到“过去”，相反，这些活动倒已经把向着曾在此的此在历史存在、亦即把历史学家的生存的历史性设为前提了。这种历史性在生存论上奠定了历史学这门科学的基础，甚而至于奠定了最常规的、“操作式的”研究活动的基础[①]。

---

① 关于历史学领会的建构，参见斯波兰格〔E. Spranger〕“领会的理论和精神科学心理学”，载于《福科特〔J. Volkelt〕纪念文集》1918 年，第 357 页及以下。——原注

如果历史学是这样地植根在历史性之中，那么也就必定可以从这里出发来规定历史学的"真正"对象是什么。界说历史学的源始课题的工作将必须与本真的历史性、与属于本真历史性的对曾在此的开展相适应亦即与重演相适应。重演就此在曾在的本真可能性来领会曾在此的此在。于是，历史学从本真历史性"诞生"就意味着：历史学对象的原本的专题化向此在最本己的生存可能性筹划曾在此的此在。历史学由此就得把可能之事当作课题吗？历史学的全部"意义"不都据于"事实"，据于如其事实上曾在的东西吗？

只不过，此在"事实上"存在着，这意味着什么？如果此在"真的"只有在生存中才是现实的，那么它的"事实性"就恰恰在下决心向某种选择出的能在筹划自己之际组建自己。但这样看来，"事实上"本真曾在此的东西就是生存上的可能性，而命运、天命与世界历史实际上曾在这种可能性中规定着自己。因为生存向来只作为实际被抛的生存存在，所以，历史学愈是简单愈是具体地从可能性方面来领会曾在世的存在并"仅止"表现这种存在，它就将愈其深入地开展可能之事的静默的力量。

395 如果历史学本身是从本真的历史性生长出来而有所重演地就可能性揭示着曾在此的此在，那么它也就已经在一次性的事物中把"普遍的东西"公开出来了。历史学只以陈列一次性的、"个体性的"事件为对象抑或也以"规律"为对象？这个问题从根上起就失误了。历史学的课题既不是仅只演历一次之事也非漂游于其上的普遍的东西，而是实际生存曾在的可能性。这种可能性若被倒错成一种超时间模式的苍白形象，那么就没有作为其本身得到重演，亦即没有本真地从历史学上得到领会。只有实际而本真的历史性能够作为下了决心的命运开展出曾在此的历史,而使得可能之事的“力量”在重演中击入实际生存,亦即在实际生存的将来状态中来到实际生存。从而,就像不从事历史学的此在的历史性一样,历史学也绝不是在“当前”之中或在于今天“现实的东西”那里得到它的出发点,仿佛要从此出发向过去摸索似的。而是:连历史学的开展活动也是从将来到时的。应该把什么“挑选”出来作为历史学的可能对象,这件事在此在历史性的生存上的实际选择中已经安排好了,而历史学恰就在此在的历史性中才发源,并且唯有在此在的历史性中才存在。

历史学对“过去”的开展奠定在命运使然的重演中,这种开展不是“主观的”,反倒只有这种开展保障了历史学的“客观性”。因为一门科学的客观性首要地取决于它是否能把包含在它课题中的存在者无所掩蔽地在其存在的源始性中迎面带向领会。常人及其知性都要求尺度的“普遍有效性”,要求声称“普遍性”;而这些东西在本真的历史学中比在任何科学中都更不是“真理”的可能标准。

只因为历史学的中心课题向来是曾在此的生存的可能性,而曾在此的生存实际上始终以世界历史的方式生存着,所以历史学才可能要求自己不为所动地依循“事实”制订方向。实际研究与此相应就有多重分支,分别以用具史、劳动史、文化史、精神史、观念史等为其对象。同时,历史作为承传给自己的历史,其本身又向来存在在一种属于历史的解释之中,这种解释则又有它自己的历史,结果历史学通常只有通过整个传述史才能逼近曾在此的东西本 396
身。这一点说明了具体的历史学研究从来可能对其本真的课题保持或远或近的距离。一个历史学家可以一下子就“投身于”某个时代的"世界观",但却并不由此证明他本真地从历史上而非仅仅从"美学上"领会他的对象。另一方面,一个"仅仅"辑订资料的历史学家的生存却可能是由一种本真历史性规定的。

这样看来,即使历史学的兴趣逐渐分化乃至于对最僻远最原始的文化的兴趣占了统治地位,这件事本身也还不证明一个"时代"具有本真的历史性。其实,"历史主义"问题的兴起倒是再清楚不过的标志,说明历史学致力使此在异化于其本真的历史性。本真的历史性不一定需要历史学。无历史学的时代本身并非也就是无历史的。

一般历史学"对于生命来说"既可能"有利"也可能"有害";这种可能性的根据在于生命在其存在的根子上就具有历史性,从而它作为实际生存的生命向来已经决定了其为本真的历史性或非本真的历史性。关于"历史学对生命的用处与弊害",尼采在其《不合时宜的考察》的第二部(1874 年)里已经认识到了本质的东西,他在那里说得明确一义,入木三分。尼采区分了三种历史学:纪念碑式的、尚古的与批判的历史学,但他不曾明确展示这三种方式的必然性及其统一的根据。**历史学的三重性在此在的历史性中已经草描出来了**。此在的历史性同时也可使我们领会到本真的历史学在何种程度上必须是这三种可能性的实际而具体的统一。尼采的划分不是偶然的。从他的《考察》的开端处就可推知他领会的比他昭示出来的更多。

此在作为具有历史的此在只有根据时间性才可能存在。时间性在其诸放浪方式的绽出视野之统一中到时。此在作为将来的此在本真地生存在下了决心把选择出的可能性开展出来这一活动中。既然下了决心回到自身，此在便以重演的方式向人类生存的诸种纪念碑式的可能性敞开。从这样一种历史性发源的历史学是“纪念碑式”的。此在作为曾在的此在委托给了它的被抛境况。在以重演的方式占有可能事物之际同时就草描出了怀着敬意保存曾在此的生存这一可能性，而被掌握住的可能性就是在这曾在此的生存那里公开出来的。所以，本真的历史学作为纪念碑式的历史 397
学又是“尚古的”。此在在将来与曾在状态的统一中作为当前到时，当前开展着而且是作为“当下即是”本真地开展着今天。但只要今天是从对一种被掌握住的生存可能性的领会方面得到解释的，而这种领会又是以将来重演的方式进行的，那么本真的历史学就变成剥夺今天的当前性质的活动，亦即变成忍痛从今天沉沦着的公众性解脱自身的活动。纪念碑式的尚古的历史学作为本真的历史学必然是对“当前”的批判。本真的历史性是这三种历史学可能统一的基础。但本真历史学的基础的**根据**则是操心在生存论上的意义即**时间性**。

具体表现历史学在生存论历史性上的源头这一工作是借分析组建着这门科学的专题化进程来进行的。历史学专题化的要点在于形成诠释学处境。随着历史地生存着的此在的决定，诠释学处境向着重演着开展曾在此的此在这一活动敞开自身。**历史学真理**的可能性与结构要从历史生存的**本真展开状态**（“真理”）得到演示。然而，因为无论诸门历史科学的基本概念所涉及的是历史学的对象还是其处理方式，反正这些基本概念都是生存概念，所以诸人文科学的理论都把对此在**历史性**的专题生存论阐释作为前提。这一阐释始终是狄尔泰的研究工作所欲接近的目标，而瓦尔吞堡

〔Wartenburg〕的约克伯爵的诸观念则更深入地照明了这一目标。

第七十七节 此处对历史性问题的讲解与狄尔泰的研究及约克伯爵的观念的联系

上面对历史问题所作的分析是从消化了狄尔泰的工作后生长出来的。约克伯爵的一些论点确证了并同时强化了狄尔泰的研究工作。这些论点散见在他写给狄尔泰的信中①。

狄尔泰在当今广为传播的形象是:他是精神史特别是文献史
398 的“细心的”解释者,同时“还”致力于区划自然科学与人文科学的界限,并且赋予人文科学的历史以及“心理学”的历史以突出地位,总体上则让上述诸点在一种相对主义的“生命哲学”中浮现出来。对于肤浅的考察来说,这种描画不失为“正确”。但“实质”却逃逸了。这种描画掩蔽的更多于揭示的。

从形式上可以把狄尔泰的研究工作分为三个领域:人文科学理论及其与自然科学的界划研究;关于人、社会与国家的诸门科学的历史研究;心理学方面的工作,他打算在这里表现出“人这一整体事实”。关于科学理论、科学历史与诠释学的心理学的诸项探索始终互相渗透交切。这三种眼界有时其一作主导,其他则同时就是题材与手段。有些东西好像是分裂,是偶然而不可靠的“试验”,

① 参见《狄尔泰和约克伯爵的通信集,1877—1897年》,哈勒版,1923年。——原注

其实则是一种基本的不安，其目标在于把“生命”带向哲学的领会，以及从“生命本身”出发为这种领会保障诠释学基础。一切集中于“心理学”；而他的心理学是要在生命历史的发展联系与作用联系中把生命同时领会为人借以存在的方式、人文科学的可能对象与这些科学的根本。诠释学是这一领会的自身澄清；它也是历史学的方法论，不过这时它取的是一种派生出来的形式。

狄尔泰那时代的讨论迫使他自己为设立人文科学基础所作的研究片面地进入了科学理论的园地。考虑到那时候的讨论情况，他出版的论著屡屡朝向这种方向也是理所当然的。对他来说，“人文科学的逻辑”不是中心，一如他的“心理学”并非“仅仅”致力于改善关于心理事物的实证科学。

在狄尔泰与他的朋友约克伯爵的通信中，约克伯爵有一次提示，“我们共同的兴趣在于领会历史性”[①]（重点号为作者所加），这话明明白白地把狄尔泰最本己的哲学倾向表达出来了。狄尔泰的种种研究工作现在刚刚就其整个范围成为可通达的；而要把这些研究工作变为己有，则须持续而具体地从根本处进行讨论。这里无法详细讨论是哪些问题曾推动他以及它们曾如何推动他[②]。不 399
过，我们应从那些信件中挑选一些特别的段落，借以浅近地标识出约克伯爵的一些中心观念。

在通信中，约克的倾向借狄尔泰对问题的提法和研究获得生

① 参见《通信集》，第185页。——原注

② 我们所以不做详尽讨论，这是因为米尔希〔G. Milch〕已经对狄尔泰作了具体的描述。这一描述反映出了他的中心倾向。关于这一工作，仍有争议。参见：《狄尔泰全集》第五卷，1924年版，前言，第7—67页。——原注

命;而恰恰是在对分析心理学这一奠基性学科的研究任务表明态度之时,他自己的倾向显现出来了。谈到狄尔泰的学术论文《描述心理学与解析心理学的一些观念》(1894 年)时,约克写道:"对自身的思考是首要的认识手段,分析是首要的认识秩序,这些东西被牢靠地制订出来。从这里出发,由自己的内容所证实的一些命题得到表述。对于建设性的心理学,无论用批评方式消除它、解释它,还是因此从内部反驳它,或接受它,这些方面都未取得进步"(《通信》第 177 页)。"……您不注重批评的消除 = 从心理学上分别而深入详尽地指出出处,在我看来,这与您赋予认识论的概念与立场有联系"(第 177 页)。"能解释这种无法应用的情况的——这件事实已经确定下来并弄清楚了——只有一种认识论。它必须为科学方法是否充分作出说明,它必须为方法学说奠定根据,而不是像现在这样——我不得不大胆说——方法倒是从各个领域中取出来的"(第 179、180 页)。

约克归根到底是在要求一种走在科学前面并领导科学的逻辑,就像柏拉图和亚里士多德的逻辑那样。在这一要求中包括一项任务:积极而截然地为两种存在者——一种作为自然存在,另一种(此在)作为历史存在——制订出相互区别的范畴结构。约克发现狄尔泰的探索"**太少注重存在者层次上的东西与历史学上的东西之间的发生上的差别**"(第 191 页,重点号为作者所加)。"尤其是您要求把比较的方法当作人文科学的方法来使用。这里我与您有分歧。……比较总是美学上的,总依附于形态。文德尔班把多
400 种形态赋予历史。您的类型概念是完完全全内在的概念。因为这里的关键是性质,而不是形态。对文德尔班来说,历史是一系列图

像、各别的形态——一种美学要求。对于自然科学家来说，除了科学而外，只还有一种美学享受，作为一种人生的镇静剂。您的历史概念却是一种力量纠结的概念，是种种力量统一体的概念，形态这一范畴只能以转义方式应用到这些概念上”（第 193 页）。

由于对“存在者层次上的东西与历史学上的东西的差别”有一种可靠的直觉，约克认识到传统的历史研究仍然如何顽强地执着于种种纯视象的规定（第 192 页），这些规定是以物体式的和形态性质的东西为目标的。

“兰克是一个伟大的视象者。消失了的东西对于他不可能变为现实……从兰克的整个方式也就解释了（为什么）历史材料局限于政治事物。只有政治事物是戏剧性的东西”（第 60 页）。“我觉得时间过程带来的式变是非本质的，我宁愿另行估价。例如，我认为所谓的历史主义学派只是在同一河床之内的一条侧流，只代表一个贯彻始终的古老对立的一环。这名称有欺人之处。那一学派根本不是历史主义的（重点号为作者所加），而是一种在感性层面上构造出来的尚古的学派，然而占统治地位的伟大运动则是机械构建的运动。从而，历史主义学派在方法上的贡献，对理性主义方法来说，只是大概的感觉”（第 68、69 页）。

“真正的语言文献学家[①]把历史学理解为文物箱。哪里没有可触的东西，这些先生们就从不涉足，——唯有一脉相通的灵犀才能把我们导向那里。他们在骨子里是些自然科学家；而且因为缺

① 约克这里所指的“真正的语言文献学家”是卡·弗·赫尔曼〔Karl Friedrich Hermann〕。当时，约克刚读了他的著作《柏拉图哲学的历史和体系》（海德堡，1839 年）。——英译注

乏实验，他们更变成了怀疑论者。我们得远避所有那些无用的材料，例如关于柏拉图曾多少次到过大希腊或叙拉古之类。那里没什么有生命的东西。我现在已用批判的眼光透视了这种外在的姿态，它最终归结为一个大问号，而在荷马、柏拉图、新约的伟大实在面前黯然失色。一切实际上实在的东西，如果被当作物自身来考察，如果离开了体验，就都会变成幻象"（第 61 页）。"这些科学家们和时间的威势相对峙，一如精致的法国社会和当时的革命运动相对峙。两下都是形式主义，对形式的崇拜。对关系的种种规定
401 成了智慧的结语。这一思维方向当然有它的历史，我想那是尚未成文的历史。从认识论上考察起来，这种思想及对这种思想的信念是一种形而上学的活动，它们的无根基状态是历史的产物"（第 39 页）。"四百多年前偏心率原理[①]引出了一个新时代；在我看来，偏心率原理所喷出的浪潮已宽泛到了它的极限了；认识进步到了扬弃它自身的田地，人远远地出离了他自己，乃至他不再为他自己所看到。'现代人'，亦即文艺复兴以来的人，已行将入墓"（第 83 页）。另一方面，"一切真有生命的而非仅仅涂上一层生命的历史学则是批判"（第 19 页）。"但历史知识中最好的一部分是隐蔽的关于资料来源的知识"（第 109 页）。"说到历史，造成景观、触动眼目的东西不是要事。神经看不见，正如一般本质性的东西看不见一样。有话说：'静则强'，而这话变一个样子也是真的：'静则觉，则会'"，（第 26 页）。"于是我乐于静静地与自己对话，乐于与历史

---

① 这里大概是指刻卜勒根据哥白尼的理论所描绘出来的行星运行的偏心率。——英译注

精神相往来。这一精神不曾在浮士德的书斋里向他显象，也不曾向大师歌德显象。但它若显象，纵便咄咄逼人，他们也不会惊恐避让。因这种显象亲如手足，比起林边田间的居民，它们与我们的亲缘有一种不同的、更深的意义。这努力与雅各的角斗有相似之处：角斗者已知赢定了。而这是最要紧的”（第 133 页）。

约克清明地洞见到“可能状态”这一历史的基本性质；他是靠了认识到人的此在本身的存在性质而获得这种洞见的；也就是说，他恰恰不是从科学理论出发，而是在历史考察的对象那里获得这种洞见的。“整个心理物理的给定状态并非**存在着**（存在＝自然的现成存在，作者注），而是生活着，这是历史的萌发点。对自身的思考并不指向一个抽象的我而是指向我自身的全幅；这种思考发现我是从历史学上规定的，正如物理学认识到我是从宇宙论上规定的。我是历史，一如我是自然的”（第 71 页）。约克看透了一切不真实的“关系规定”和“无根基”的相对主义；他毫不踌躇地从对此在历史性的洞见中抽出最后的结论：“然而另一方面，就自我意识的内在历史性说，一种从历史中离异出来的体系在方法论上是不 402
充分的。正像生理学不能从物理学抽离开一样。哲学，尤其当它是批判性的时候，也不能从历史性抽离开来……自身的行为与历史性就像呼吸与气压一样，而且，即使听起来有几分悖谬，但从方法的联系上来说，哲学运动的非历史化在我看来却是一种形而上学的残余”（第 69 页）。“因为从事哲学就是去生活，所以——您且勿惊诧——我以为有一种历史哲学，——谁竟能写出它来呢！当然不是像迄今所了解所尝试的那种种，那些都是您无可辩争地宣布加以反对的。迄今对问题的提法是错误的，其实根本是不可能的，但它不是唯一的提法。所以，不再有任何现实的哲学活动竟会不是历史的。系统哲学与历史表现的分野从本质说来就是不正确的”（第251页）。“一门科学可能变成有实践意义的东西，如今这理所当然是一切科学的真正合理根据。但数学的实践却不是唯一的实践。我们的立场的实践目标是教育学上的实践目标——就教育这个词最广最深的意义来说。它是一切真哲学的灵魂，是柏拉图与亚里士多德的真理”（第42、43页）。“您知道我对伦理学作为一门科学的可能性有何看法。尽管如此，改善的余地总还是有的。那些书到底是为谁写的呀？汗牛充栋。唯一值得注意的只有那从物理学转到伦理学上来的冲动”（73页）。“如果把哲学理解为生命的表达，而不是理解为某种无根基的思维的宣泄——它无所根基地显现出来，因为眼光离开了意识的地基——那么，我们的任务就其结果来说会是紧凑的。一如就其获取之途来说是那么错综那么累人。无所成见是前提，而这已经是难以获取的了”（第250页）。

约克自己已经反对着存在者层次上的东西（视觉上的东西）而走上了从范畴上把历史学上的东西收入掌握的道路，走上了把“生命”上升到适当的科学领会的道路。只要看看他提示出这类探索的困难的性质，这一点就清楚了：比较那回溯到直观后面的分析工作来，感性的与机械的思维方式[①]“比较容易找到表达的语汇，这

① 约克这里是在讨论洛采和费希纳〔Fechner〕。他推测，这两人在“表述方面的奇才”得力于——如海德格尔所称——“感性的、机械式的思维方式”。约克将“感性的”、“机械式的”和“直观型的”这些词混在一起使用。对此感到困惑的读者应当记住，这里“感性的”和“直观”这些词常常是在熟悉的、康德意义之上的直接感官经验的意义上使用的；另外，约克所考虑的“机械主义”也完全是指陷入这般经验的“背景”中而不能自拔。——英译注

一点可以从大量词汇来自视觉现象得到解释……反过来，深入到生机根底处的东西则脱开了公开流传的表现形式，从而一切语汇都不是通常所能理解的，而是象征的和不可避免的，随着哲学思维 403
的特殊方式而有其语言表达的特殊性”（第 70 页）。“但您了解我对悖论的偏爱，我为这种偏爱进行的辩护是：悖论是真理的一项标志。在真理中断然没有 communis opinio〔公论〕，那只是进行一般化的一知半解的沉积，元素式的沉积，它对于真理的关系就好像是闪电过后留下的硫磺雾。真理从不是元素。政治教育的任务似乎是去消解元素式的公众意见，是尽可能使看待事物的个体眼光得以建立。于是，个体的良知，亦即良知，将取代所谓的公众良知这种极端的外在化，而重又变得强劲”（第 249、250 页）。

领会历史性这一兴趣为自己带来一项任务：具体研究“存在者层次上的东西与历史学上的东西之间的发生学区别”。从而就定下了“**生命哲学**”的**基础目标**。然而，问题的提法要求一种**原则上**的激变。我们若不把“存在者层次上的东西”与“历史学上的东西”一道带入一种**更源始的统一**以便能比较与区别它们，又怎样才能以与存在者层次上的东西相区别的方式从哲学上来把握历史性并“从范畴上”来理解历史性呢？但要获得这种更源始的统一，就要先洞见到，1. 追问历史性的问题是一个追问有历史性的存在者的存在建构的**存在论**问题；2. 追问存在者层次上的东西的问题是一个追问非此在式的存在者的、最广意义上的现成事物的存在建构的**存在论**问题；3 存在者层次上的东西只是存在者的**一个**领域。**存在观念**包括“存在者层次上的东西”与“历史学上的东西”，**这一观念**才是那必须“从发生学上加以区别”的东西。

约克并非偶然地把非历史性的存在者干脆叫作“存在者层次上的东西”。这恰只是传统存在论不间断的统治地位的反照。传统存在论来自**古代**对存在问题的提法，把存在论问题的讨论把持在一个从原则上收窄了的范围里。若要能把存在者层次上的东西与历史学上的东西之间的区别问题当作一个研究问题制订出来，就要先从基础存在论上澄清一般存在的意义问题，并由此**就事先**
404 **保障了指导线索**[①]。这样就清楚了：在何种意义上准备性的此在生存论时间性分析工作对于养护约克伯爵的精神而为狄尔泰的工作服务具有决定性的意义。

① 参见本书第五节和第六节，第15页及以下。——原注

第六章　时间性以及作为流俗时间概念源头的时间内状态

第七十八节　前面的此在时间性分析之不充分

为了指明时间性组建着以及如何组建此在的存在，我们曾显示：历史性作为生存的存在建构归根到底是时间性。在对历史的时间性质进行阐释的时候，我们没有去考虑一切演历都"在时间中"进行这一"事实"。日常的此在领会实际上把所有历史都只识认为"时间内的"演历；在从生存论时间性上分析历史性的进程中还始终未谈这种日常的领会。如果说生存论分析工作恰恰要就此在的实际状态来从存在论上透视此在，那么，我们也就必须明确地把对历史的实际的、"存在者层次上时间性上的"解释所具有的权力还给它。因为除了历史而外，自然进程也是"通过时间"得到规定的。于是就愈加有必要为存在者"在其中"照面的时间提供一种原则性的分析。虽说在历史科学与自然科学中都有"时间因素"出现这一境况是基本的，但此在先于一切专题研究就已经"计算时间"并且依照时间调整自己这一实情却要来得更基本些，而在这里，关键复又是此在“对它的时间”的**那种**“计算”，它领先于所有适合于规定时间的测量用具的使用。计算走在用具前头并从而才使钟表之类的使用成为可能。

各个此在在实际生存之际“有时间”或“没有时间”。它“取得时间”或“留不下任何时间”。此在为什么要取得“时间”，为什么会“失掉”时间？它从何处取得时间？这个时间与此在的时间性关系如何？

实际此在计算时间而未从生存论上领会时间。计算时间这种行为是基本的；在解答什么叫“存在者存在在时间中”这个问题之
405 前先须澄清这种行为。此在的一切行为都应从它的存在亦即从时间性来阐释。应得显示此在**作为**时间性是如何使得以计时方式与时间相关联这样一种做法到时的。所以，前此对时间性特征的描述不仅由于未曾把这一现象的各个维度都注意到，因而一般来说就是不充分的；而且它在原则上也是残缺不全的，因为从生存论时间性上的世界概念的严格意义上看，时间性本身就包含有世界时间这样的东西。我们应该领会：这事如何可能以及为何必要。这将使我们明见存在者发生“在其中”的流俗所识的“时间”，并与此一道明见这一存在者的时间内状态。

日常的、取获时间的此在首先在世内照面的上手事物与现成事物那里发现时间。它在切近的存在之领会的视野中领会以这种方式“经验”到的时间，亦即把时间本身领会为某种现成事物。它如何以及为什么形成这种流俗的时间概念，这要从操劳于时间的此在的存在建构得到澄清，而这建构本身又有其时间性上的根基。流俗的时间概念渊源于源始时间的敉平。待把流俗时间概念的这

个源头显明，先前我们将时间性阐释为源始的时间，也就不无道理了。

在流俗时间概念的成形过程中显现出一种引人注目的游移：究竟应得把“主观的”还是“客观的”性质归属于时间呢？把它看作是自在存在着的吧，它却又显著地归于“心灵”；说它具有“意识”性质吧，然而却又“客观地”起作用。在黑格尔对时间的阐释中，这两种可能性得到某种扬弃。黑格尔试图规定“时间”与“精神”之间的联系，以便借此弄明白为什么精神作为历史“落在时间之中”。就结果来看，前面对此在时间性的阐释以及对世界时间归属于此在时间性的阐释似乎与黑格尔相似。但因为前面的时间分析从着手处与黑格尔有原则上的区别，而且这一分析的目标即基础存在论的目的地也恰恰与他南辕北辙，所以，简短地重现黑格尔对时间与精神的关系的看法，可能有助于间接弄清楚我们对此在的时间性、对世界时间、对流俗时间概念的源头的生存论存在论的阐释，并可能有助于暂时了结这些阐释。 406

时间是否以及如何有一种“存在”？我们为什么以及在何种意义上称时间“存在着”？只有显示出在何种程度上时间性本身在其到时的整体性中使存在之领会与就存在者而谈这回事成为可能，上面的问题才能得到回答。本章的分节如下：此在的时间性与对时间的操劳（第七十九节）；被操劳的时间与时间内状态（第八十节）；时间内状态与流俗时间概念的发生（第八十一节）；针对黑格尔对时间与精神的关系的看法崭露出时间性、此在与世界时间之间的生存论存在论联系（第八十二节）；生存论时间性上的此在之分析与基础存在论上的一般存在意义问题（第八十三节）。

第七十九节　此在的时间性与对时间的操劳

此在作为为存在本身而存在的存在者生存。它本质上先行于自身；它先于对它自己的一切单纯的与事后的考察就向着它的能在筹划自身了。在筹划中它暴露为被抛的此在。它被抛着遗托给"世界"；它操劳着沉沦于世界。这个存在者即是操心，亦即它生存在沉沦被抛的筹划的统一性中；而在这同时它就作为此而展开了。它共他人存在，而这同时它就持守在一种被平均地解释的境况中；这种被解释状态在话语中得以勾连，在语言中被道出。在世的存在总已道出了自己。而它作为寓于世内照面的存在者之中的存在在谈及与意涉所操劳之事本身之际总也就道出自己。寻视着的知性操劳活动根据于时间性；而其样式是有所期备有所居持着的当前化。无论可闻其声与否，这种操劳活动作为有所操劳的结算、计划、先有所操心与防患于未然总已经在说：这事"而后"就要发生了，那事"先"就要了结，"当时"错失之事，"现在"应被补上。

操劳活动借"而后"道出自己之为期备，借"当时"道出自己之为居持，借"现在"道出自己之为当前化。在"而后"中多半未经明言地有着"现在还不"；这就是说：这是借有所期备有所居持的当前化或借遗忘着的当前化说出的。"当时"则包含有"现在不再"。居持借此道出自身之为期备着的当前化。"而后"与"当时"是着眼于

407 "现在"而一道得到领会的；这就是说：当前化具有独特的分量。当前化诚然总是在与期备和居持的统一中到时的，虽然期备与居持

可能改变其样式而成为无所期备的遗忘;在无所期备的遗忘这一样式中,时间性被凝织在当前中,这个当前一味当前化而主要说着"现在、现在"。操劳活动所期备的最迫近之事是据"立即"谈及的,首先可资利用的物品或失去的东西是据"才刚"谈及的。据"当时"道出自己的居持活动的视野是"早先";"而后"的视野是"后来"("未来");"现在"的视野是"今天"。

但每一个"而后"其本身就是"而后某事将发生",每一个"当时"都是"当时某事曾发生",每一个"现在"都是"现在某事正发生"。我们把"现在"、"当时"、"而后"的这种似乎不言而喻的关联结构称作可定期状态。在这里我们还完全不必考虑定期是不是依照日历上的日期进行的。即使没有日期,"现在"、"而后"和"当时"也或多或少确定地起着定期作用。即使定期的确定性阙如,这也还不是说没有可定期状态的结构或可定期状态的结构是偶然的。

这种可定期状态本质上属于什么以及它的根据在于何处呢?还有什么问题比这个问题更多余吗?"众所周知",我们用"现在正……"意指一个"时间点"。"现在"是时间。无可争议,"现在正……""而后将……""当时曾……"也都以某种方式被领会为与"时间"联系在一起的。但在"自然地"领会"现在"等等之际却并不已经就领会到诸如"现在正……"之类的东西意指着"时间"本身,并不已经就理解到这个"现在正……"如何可能,以及"时间"的含义是什么。到头来,说我们"直截了当地懂得""现在""而后"与"当时"之类的东西,说我们"自然地"道出这些东西,这事真是那么不言而喻吗?我们究竟从何处得来的这个"现在正……"?是在世内存在者那里,在现成事物那里找到的吗?显然不是。那它根本是不是被找到的？我们可曾动身去寻找它、去确定它？我们毋须乎先明确地接受下这个“现在正……”就“随时”有这份时间可资利用，而且我们不断地用到它，即使并非总形著声音。在最琐碎的、日常随随便便的话语中，例如在说“天真冷”之际，也就连带意指着“现在正……”。为什么凡此在谈及所操劳之事，即使大半不附音声，却也连带道出了“现在正……”，“而后将……”“当时曾……”？因为意涉某事的解释一道道出了自己，亦即道出了寓于上手事物
408 的存在。这种寻视领会有所揭示地让上手事物前来照面，因为此在在谈及某事之际必同时对自己进行解释，而这又必定根据某种当前化并且只有作为当前化才是可能的。[①]

有所期备有所居持的当前化解释自己。而这之所以可能又只因为这种当前化——就其本身而言以绽出方式开放着——向来已经对它自己展开了并在有所领会有所言说的解释中是可加以表述的。因为时间性以绽出视野组建着此的明敞，所以它源始地在此之中总已经是可解释的并从而是熟知的。我们把解释着自己的当前化亦即那作为“现在”而谈及的被解释的东西称为“时间”。这里只是昭示：时间性——它作为绽出地开放着的时间性是可以识知的——首先与通常只是在这种操劳着的被解释状态中得以识知。时间性的“直接的”可理解性与可识知性却并不排除下述情况：源始的时间性本身以及被道出的时间在源始时间性中到时的源头可能仍未被识认，未被理解。

可定期状态的结构本质上属于借“现在”“而后”与“当时”得到

① 参见本书第三十三节，第154页及以下。——原注

解释的东西。这一点为被解释的东西源出于解释自身的时间性这回事提供了最基本的证明。只要说到“现在”，我们就总也已经领会着“某事正发生之际”，虽然这一点不必一道说出来。这是为什么呢？因为“现在”解释着存在者的**某种当前化**。在“现在正……”中有着当前的**绽出**性质。“现在”、“而后”与“当时”的可定期性是时间性的**绽出**建构的**反照**并**因而**对道将出来的时间本身也是本质性的。“现在”、“而后”与“当时”的可定期性的结构是一般证据，表明“现在”、“而后”与“当时”**来自时间性而它们本身就是时间**。有所解释地道出“现在”、“而后”与“当时”，这是最源始的**列举时间**。 a
时间性随着可定期性得到领会，虽然未成为课题，未作为它本身得到认识，但因为在时间性的**绽出**统一中此在向来已作为在世的存在对它自己展开了，而世内存在者也随之一道得到了揭示，所以，得到解释的时间向来也已从随着此的展开状态来照面的存在者方面而具有某种定期：现在，门正撞上；现在，我正缺那本书；诸如此类。

根据这同一个出自**绽出**的时间性的源头，“现在”、“而后”与“当时”所包含的视野还具有另一类可定期性质；“今天正有某事发 409
生”“晚后将有……”与“早先曾有……”。

期备在“而后”中领会自己。它解释自己，而这时它作为当前化从其“现在”出发来领会它所期备之事；如果是这样，那么在“列举”出“而后”之际也就已经有着“现在还不”。有所当前化的期备领会着“直到那时”。解释勾连着这一“直到那时”，也就是说：解释具有它的时间；这一作为“两点之间”的时间同样具有可定期性的关联。这种关联在“持续一段时间”这种说法中得到表达。操劳又可以有所期备地通过更多地列举“而后”来勾连这个“持续一段时间”本身。“直到那时”便通过悉数“从而后某时到而后某时”而被划分。但这些“从而后某时到而后某时”事先就“囊括”在对原来的那个“而后”的有所期备的筹划之中。通过有所期备有所当前化地领会“持续一段时间”〔Während〕,“持续”〔Währen〕得到解说。这种绵延则又是于时间性解释自己之际公开出来的时间,这样公开出来的时间在操劳之际随时随刻都非专题地领会为“时段”。有所期备有所居持的当前化之所以能把**展为时段**的“持续一段时间”解释**出来**或释放**出来**,只因为它这时已经把**自己**展开为历史时间性的绽出的**延展**,即使绽出的延展本身还未得到认识。这里更进一步显现出“列举出来的”时间的另一种特征。不止“一段时间”是展为时段的,而且每一“现在”、“而后”、“当时”在具有可定期结构的同时总也具有时段性,其时段长度自可不同:“现在”“在休息,在吃饭,在晚上,在夏天;“而后”:吃早饭时,登山时,诸如此类。

有所期备有所居持有所当前化的操劳活动“允许自己有”如许时间,并有所操劳地为自己排定时间,虽说那不是确切的定时,更不是特地计算的定时。在这里,时间是借各种有所操劳的、允许自己有时间的情况来定期的。定期依于当下在周围世界里正为之操劳着的事情,依于在现身领会中所展开的事情,依于人们“成天”从事的事情。此在愈是有所期待的消散于所操劳的事情,越是对它自己无所期备而遗忘自己,它所“允许”自己具有的时间也就通过这种“允许”的方式而愈被**遮蔽**起来。恰恰在日常操劳的“混生活”之际,此在从不领会到自己随着纯“现在”的持续不断的序列行进。基于这种遮蔽,此在所允许给自己的时间就好像有许多漏洞似的。
410 当我们回顾“用掉的”时间之际,我们往往不再能把一“天”集齐。

这种有了漏洞的时间之不完整却并非是散碎，而是向来已展开的，以绽出方式延展的时间性的一种样式。要想能从现象上适当地解说"所允许的时间"以何种方式"行进"以及操劳活动以何种方式或多或少地为自己排定时间，我们就必须一方面远远避开连续不断的现在之流的理论"表象"，而另一方面领会到：在规定此在借以给予自己时间和允许自己有时间的诸种可能方式时，须看此在如何相应于当下的生存而"具有"其时间。

时间性的到时奠定着生存活动。我们前面曾从到时的样式着眼描述本真的与非本真的生存活动。依照那种描述，非本真生存的无决心状态是在无所期备而有所遗忘的当前化样式中到时的。切近的事故与事件在这样一种当前化中照面，千形万化涌上前来。无决心的人就是在这些事件与事故中领会自己的。他手忙脚乱地迷失于所操劳之事，同时也就把他的时间丢失于所操劳之事。从而，对他来说典型的说法就是："我没有时间"。非本真的生存者不断丢失时间而后来没"有"时间；而在决心中的本真生存从不丢失时间而"总有时间"，这始终是本真生存的时间性的独特标志。因为决心的时间性的当前具有当下即是的性质。当下即是本真地使处境当前化，而这当前化本身不居领导，却保持在曾在的将来中。当下即是的生存作为命运使然的整体途程到时，这一整体途程的意义是自身之本真的历史的持驻性。具有这种时间性的生存"持驻地"为处境要求于它的事情而有时间。但决心就这样把此只作为处境开展出来。所以，对于有决心的人，展开了的事情来照面的方式就不可能弄得他竟犹豫不决地把时间丢失在那事情上。

实际被抛的此在之所以能够"获得"和丧失时间，仅只在于它作为绽出的、伸展了的时间性又被赋予了某种“时间”，而这种赋予是随着植根于这种时间中的此的展开而进行的。

此在作为展开了的此在实际上以共他人存在的方式生存着。它持守在一种公众的、通常的可理解性中。在日常共处中被解释、
411 被道出的“现在正”、“而后将”从原则上说是得到领会的，虽然它们的定期只在某些限度内才是明了一义的。在“最初近”的共处中，可能若干人一道说“现在”，在这里每个人对所说的“现在”有不同的定期：现在发生的是这事或那事。每个人都在共处在世的公众说法中说出这个被道出的“现在”的。所以，根据此在绽出的在世，当下此在的被解释、被道出的时间本身向来也就是公众化了的。只要日常操劳从所操劳的“世界”领会自己，所取得的“时间”就不是作为它自己的时间得到识认；而是：日常操劳有所操劳地利用时间。时间“给定”在那里，人们计算时间。而实际此在愈是特特地计算时间从而明确地操劳于时间，“时间”的公众性也就愈咄咄逼人。

第八十节　被操劳的时间与时间内状态

前面我们所要粗浅地加以领会的是：奠基于时间性而生存的此在如何操劳于时间以及时间如何在有所解释的操劳活动中面对在世而公众化。尚未完全确定的则是：被道出的公共时间在何种意义上“存在”以及是否竟可以说成是存在者层次上的。在决定公共时间是否“只是主观的”抑或是“客观现实的”抑或二者都不是之前，我们必须先更进一步地确定公共时间的现象性质。

时间的公共化不是事后发生的或偶然发生的。毋宁说，因为此

在作为从时间性绽出的此在向来已**是**展开了的，而在生存中就包含有所领会的解释，所以时间在操劳活动中也已经公共化了。人们**依照时间**调整自己，以便人人都可以某种方式现成地去发现时间。

虽说操劳于时间的活动可以由上述从周围世界的事件来定期的方式进行，然而就其根据而言这事其实总已经是在某种特定的操劳于时间的活动的视野上发生的，这种操劳活动即是我们认作为天文**时间计算**和历法**时间计算**的操劳活动。这类时间计算不是偶然发生的，而是在此在之为操心的基本建构中有其生存论存在论的必然性。因为此在本质上作为被抛沉沦的此在生存，所以它以某种时间计算的方式有所操劳地解释时间。“真正的”时间**公共化**是**在计时中**到时的，乃至我们不得不说：**此在的被抛境况是有公** 412
共时间“给”定的根据。为了指出公共时间源出于实际的时间性并保证这种讲法能够得到领会，我们曾不得不首先一般地描述了在操劳活动的时间性中得到解释的时间。这至少是要能弄清楚：操劳于时间这一活动的本质**不**在于在定期之际运用某些计数式的规定性。所以，从时间的量化着眼也不会看到**计**时的生存论存在论关键，这关键须从对时间有所计算的此在的时间性着眼来加以更源始的领会。

“公共时间”表明自身为世内上手事物与现成事物“在其中”照面的**那一**时间。这就要求把这种非此在式的存在者称为**时间内的存在者**。对时间内状态的阐释将使我们更源始地洞见“公共时间”的本质同时并使我们能够界说它的“存在”。

此在的存在是操心。这一存在者作为被抛的存在者沉沦地生存着。此在遗托给那个随着它实际的“此”而被揭示的“世界”并因操劳而被指派向这个世界；于是当此在期备其能在世之际，其期备的方式就是：但凡此在为这能在之故与之有因缘——这一因缘归根到底是特具一格的因缘——的东西，它就对之有所“计算”、有所“指望”。为了能够操劳着与现成事物之内的上手事物打交道，日常寻视在世就需要视的可能性，即光明。随着其世界的实际展开状态，自然也一道对此在揭示开来。在其被抛境况中，此在委身于日夜交替。日以其光明给予可能的视；夜剥夺这视。

此在寻视操劳着期备视的可能性，此在从其白日的工作领会自己；如此期备着领会着，此在借“而后天将明之时”给予自己时间。什么在最切近的周围世界中与天明有着因缘联系呢？——日出；操劳所及的“而后”就从这日出来定期。而后日出之时，便到做……之时了。因而此在使它的必须取得的时间定期；这一定期借助的是在世内照面的东西，是在遗托给世界这一境况的视野上来照面的东西；而这种东西对寻视着的能在世具有一种别具一格的因缘。操劳活动利用放送着光和热的太阳的“上手存在”。太阳
413 使在操劳活动中得到解释的时间定期。从这一定期中生长出“最自然的”时间尺度——日。而因为必须为自己获取时间的此在的时间性是有终的，所以它的日子也已是有数的。“在白天这段时间里”使有所操劳的期备有可能先操劳着规定有待操劳之事的诸“而后”，把一个日子划分开来。划分又是着眼于使时间定期的东西即同行的太阳来进行的。日落与日午都像日出一样是这一天体所取的诸种别具一格的“位置”。被抛入世界的，有所到时地给与着时间的此在对这一天体的有规则地重复着的运行加以计算。根据这种由被抛入此的境况草描出来的、有所定期的时间解释，此在的演

历因而是日复一日的。

这一定期是借放送着光和热的天体及其在天空上各具一格的种种位置进行的，而共处是在“同一天空下”的存在，所以这一定期是对“人人”都可行的时间排定：它随时都以同样的方式对“人人”可行，而在某种限度内是人人都首先同意的。定期的东西是周围世界可资利用的东西，然而并不限于当下所操劳的用具世界。毋宁说在当下所操劳的用具世界中总已有一个周围自然世界和公共周围世界被一道揭示出来了[①]。人人都借公共的定期排定自己的时间，人人都可以同样地“指望”这种公共的定期；这种公共的定期活动使用着一种公共可用的尺度。这种定期活动在时间测量的意义上计算时间，而时间测量就需要一种计时器，亦即钟表。其中就有这样的情况：随着那被抛的、遗托给“世界”的、给与自己时间的此在的时间性，像“钟表”这样的东西也已一道被揭示出来了，也就是说，一道揭示出了一种上手事物——在有所期备的当前化之际我们可以借其有规则的重复通达它的那样一种上手事物。寓于上手事物的被抛存在根据于时间性。时间性是钟表的根据。时间性作为钟表之可能实际上成为必要的条件同时还就是钟表之可能被揭示的条件；因为，太阳的运行是随着世内存在者的揭示来照面的，而只有对太阳运行的有所期备有所居持的当前化才使我们可能从公共周围世界的上手事物方面来定期，同时也只有这种当前化作为解释着自身的当前化才要求这样定期。

“自然的”钟表随着奠基在时间性中的此在的实际被抛境况向

---

① 参见本书第十五节，第 66 页及以下。——原注

来已经得到揭示了；制造与使用更称手的钟表的动因出自于自然
414 的钟表并因而才成为可能的，其情形是：如果“人造的”钟表要想通达本来是借“自然的”钟表揭示出来的时间，它就必须依照自然的钟表进行“调整”。

在我们就其生存论存在论意义标识出计算时间与钟表使用的形成过程的特征之前，我们先应更充分地描述在时间测量中被操劳的时间。如果是时间测量才“真正”使所操劳的时间公共化的，那么，要从现象上无所遮蔽地通达公共时间，我们也就必须研究被定期的东西怎样在这种“有所计算的”定期活动中显现出来。

在有所操劳的期待中解释自己的“而后”的定期包含有：而后日出之际，便到了做白日的工作之时了。在操劳中得到解释的时间向已被领会为做……的时间了。每个“现在做这做那之时”，其本身向来就有适当与不适当之别。现在——得到解释的其他各种样式也一样——不仅是“现在正”，而且它作为这种本质上可定期的东西本质上也就同时由适当性与不适当性的结构规定着。这样得到解释的时间根本上具有“是其时”或“非其时”的性质。操劳活动的有所期备有所居持的当前化是与某种何所用相关联来领会时间的，而这种何所用最终又固定在此在能在的某种为何之故中。借这种为某某之故的关联，公共化的时间公开出那种我们前面[①]曾识之为意蕴的结构。意蕴组建着世界之为世界。公共化的时间作为“是其时”本质上具有世界性质。所以我们把在时间性到时之际公共化的时间称为世界时间。这倒不是因为它作为世内存在者

① 参见本书第十八节，第83页及以下，第六十九节，第364页及以下。——原注

是现成的——它从不可能是现成的；而是因为从生存论存在论的意义上加以阐释的话它属于世界。根据绽出视野的时间性的建构，世界结构的诸本质性关联与公共时间联系在一起，例如“做什么”与“而后将”联系在一起。下面必须显示它们是怎样联系在一起的。无论如何，只有现在才可能充分地从结构上描述所操劳的时间：它是可定期的、伸张分段的、公共的，并且它作为具有这种结构的时间是属于世界本身的。例如，每一以自然的日常的方式道出的 415
“现在”都具有这种结构，并且其本身是在此在有所操劳的“让自己有时间”之中得到领会的，即使这种领会是非专题的、先于概念的。

自然的钟表的展开状态属于以被抛沉沦方式生存着的此在；在这种展开状态中同时有着别具一格的、向来已由实际此在进行着的对所操劳的时间的公共化。随着计时的完善化与钟表使用的精密化，这种公共化过程不断提高，不断落实。这里不应从历史学角度就种种可能的演变提供时间计算与钟表使用的历史发展。毋宁是要从生存论存在论上询问：在时间计算与钟表使用的形成方向上，此在时间性的何种到时样式公开出来了？回答这个问题，便定会生长出一种更源始的领会。时间测量，也就是所操劳的时间的明确的公共化根据于此在的时间性，即根据于时间性的某种完全确定的到时。

我们对“自然的”计时的分析曾以“原始的”此在作根据；如果我们拿“原始的”此在与“进步了的”此在相比较，就会显示出白日与阳光的在场对于“进步了的”此在不再具有优先的作用，因为这种此在有着能够变夜为昼的“优点”。同样，它也不再需要特特直接地看着太阳及其位置来确定时间。特用的测量用具的制造与使用，使人们能够从特为这一目的制作出来的钟表直接解读时间。几点钟就是“几时”。就钟表要使公共计时成为可能这一意义来说，钟表必须依照“自然的”钟表进行调整。因此，钟表这种用具的使用也根据于此在的时间性，是此在的时间性随着此的展开才一道使所操劳的时间得以定期：虽然这一点在当下解读时间之际可能始终被掩蔽着。随着不断进步的自然发现形成的对自然钟表的领会，为时间测量的种种新的可能性提供了指示，这些可能性相对地不依赖于白日以及每次特有的天象观察。

不过，“原始的”此在也会测量某种随时可资利用的存在者抛下的影子；这样就不用去确定太阳在天空上的位置；就此而言，即使“原始的”此在也已经以某种方式摆脱了直接借天象来解读时间
416 的做法。这可能首先以古代的“农钟”这种最简单的形式发生。太阳在诸种不同的位置上变换其在场状况。这一点使太阳随着每一个人的影子来照面。白天，不同的影长可以“随时”以步量出。即使体长与足长因人而异，但在一定的限度之内，二者的比例始终是准确的。例如，在操劳于某种约定之际，公共时间的规定可取如下形式：“我们在日影几足长的时候要在那里见面”。这时，在一个切近的周围世界的较狭窄的限度内，共处不曾明言地就把步测影长的“地点”具有同等纬度这一点设为前提了。这种钟表还是此在无须乎随身携带的，此在以某种方式本身就是这种钟表。

在日晷上，投影反向于太阳的行进沿着刻有标度的轨道运动。这种公共的日晷无须乎进一步描写了。但我们在影子投到刻度板上的位置那里为什么找到的是时间这样的东西呢？影子与等分的轨道都不是时间本身，它们的空间联系也不是。我们以这种方式

从“日晷”上读出的时间，其实也包括从一切怀表之类上直接读出的时间究竟在哪里呢？

解读时间意味着什么？“看表”不会只等于说观察一件上手用具的变化和注视指针位置的移动。在用钟表确定几点钟之际，我们或明言或未明言地在说：现在这个时候是几时几分，现在是做……的时间了，或还有时间，亦即，现在到……还有时间。看表根据于一种获取时间并由这种获取时间所引导。在最基本的计时处已经显现出来的东西在这里变得更清楚了：以看表的方式依照时间调整自己这回事本质上就是说现在。在这里，现在向来已经就其可定期性、伸张分段、公共性与世界性这些结构的总体实情得以领会得以解释了；这一点是这样“不言而喻”，乃至于我们根本不予注意，更不对之有明确的知。

然而，“说现在”是当前化的话语表述；当前化则与有所居持的期备统一在一起到时。借使用钟表进行的定期表明自身为现成事物的突出的当前化。定期不单只是与现成事物发生关联，而且这种 417
关联的发生本身还具有测量的性质。量数虽然可以直接读出来，但这却意味着——得到领会的是：量度包含在一个有待测量的段落之中，亦即，得到规定的是：量度在这一段落中不断重复的在场[1]。测量在时间性上以在场的量度当前化于在场的段落这种方式组建自己。量度观念中所包含的不变性等于说：量度的稳定性必须随时对人人现成存在。对所操劳的时间的测量定期以有所当前化地着眼于现成事物的方式解释所操劳的时间，而作为量度与所测量的

---

① 例如，要测量的是半小时，量度是一分钟，一分钟包含在半小时内，并在半小时内重复30次。——中译注

东西的现成事物则只有在一种突出的当前化之中才得通达。因为在场事物的当前化在测量定期之际具有特殊的优先地位，所以测量看表这种时间解读也就在特加强调的意义上借现在道出自己。所以时间测量就进行着时间的公共化，依照这种公共化，时间随时对人人都作为"现在、现在、现在"来照面。这种可以"普遍地"借钟表通达的时间仿佛像一种现成的多重现在那样摆在那里，而时间测量本来就不是专题地指向时间本身的。

因为实际在世的存在的时间性源始地使空间开展成为可能，而具有空间性的此在向来已从某种被揭示了的"那里"为自己指派了某种此在式的"这里"，所以，在此在的时间性中所操劳的时间就其可定期性而言向来与此在的某个处所相系束。并非说时间被联结到一个处所上，而是说时间性是定期之所以能够与空间处所性的东西相系束的条件；而这种系束在于：空间处所性的东西作为尺度对人人具有约束力。时间并非才始与空间偶对；而是：被臆想为有待偶对的"空间"只有根据操劳于时间的时间性才来照面。此在的时间性组建这一存在者为历史的存在者，而钟表与计时就奠基在这一时间性之中；据此可以显示钟表使用在存在论上其本身就在何种程度上是历史的而且每一钟表其本身又"有历史"[①]。

418 在时间测量中公共化的时间绝不因为借空间尺度比例来定期而成为空间。同样，如果以计数方式从某种空间物的空间延展和

① 这里，我们不想进一步讨论相对论的时间测量问题。对时间测量的存在论基础的阐发已经把从此在的时间性出发来澄清世界时间与时间内状态设为前提了，同样也已经把释明自然揭示活动的生存论时间性的建构和释明一般测量的时间性意义设为前提了。任何物理测量技术的原理都立足于对测量的存在论基础的研究，而它本身绝不可能铺展开时间之为时间的问题。——原注

处所变动来规定被定期的"时间"，那从中也定然找不到时间测量在生存论存在论上具有的本质性的东西。存在论上的关键倒在于使测量成为可能的特有的当前化。借"空间性的"现成事物定期根本不是时间的空间化；这种臆想的空间化倒无非意味着那在每一个现在对每一个人都现成的存在者在其当场状态中当前化。时间测量从本质上必然只说现在；在这样一种时间测量中，赢得了尺度，却仿佛忘记了被测量的东西本身，结果除了段与数而外什么也找不到了。

操劳于时间的此在可以丧失的时间愈少，时间就愈"珍贵"，钟表就愈须称手。不仅应能"更准确地"排定时间，而且规定时间的活动也应尽可能地少费时间，而同时又应得与他人对时间的排定相一致。

我们曾要做的是粗浅地、一般地展示钟表使用与获取时间的时间性之间的"联系"。对成形的天文计时的具体分析属于对自然揭示的生存论存在论阐释；同样，历法的历史学的"年代学"的基础也只有在从生存论上分析历史学识认的任务范围内才能得到剖析①。

---

① 对年代学上的时间和"历史编年"的解释的第一次尝试，参看作者 1915 年夏季学期弗莱堡大学讲师资格讲演：历史科学中的时间概念。载于《哲学和哲学批判杂志》第一六一卷，1916 年，第 173 页及以下。历史编年，按天文计时的世界时间，以及此在的时间性、历史性这几者之间的关联还需要继续进行研究。——另外请参见：西美尔：历史时间的问题。载于由康德协会出版的《哲学讲演集》第十二期，1916 年。——关于历史年代学的形成，见以下两部奠基性著作：斯卡尼格〔Josephus Justus Scaliger〕：《时间计量改进论》，1583 年；佩塔维斯〔Dionysius Petavius〕：《时间计量论》，1627 年。——关于古代的时间测量，参见：比尔芬格〔G. Bilfinger〕《古代的报时》，1888 年，《公民的日子，关于古代和基督教中世纪历法之开端的研究》，1888 年。底尔斯〔H. Diels〕《古代的技术》第二版，1920 年，第 155—232 页：古代的钟表。——关于近代的年代学，吕尔〔Fr. Ruehe〕在《中世纪和近代的年代学》一书（1897 年）中曾予讨论。——原注

419 时间测量锻铸时间的公共化。于是我们一般称为“时间”的东西只有在这条道路上才得识认。在操劳活动中，每一事物都配有“它的时间”。它有时间并能像有任何一种世内存在者那样“有”时间，只因它根本就“在时间之中”。我们把世内存在者“在其中”照面的时间识认为世界时间。时间性中包含有世界时间，而世界时间根据于时间性从视野绽出的建构而像世界一样具有超越性。世界时间随着世界的展开而公共化，其结果是每一寓于世内存在者并操劳于时间的存在都以寻视方式把世内存在者领会为“在时间中”来照面的。

如果“客观”一词意指世内照面的存在者的自在现成存在，那么，现成事物动止“在其中”的时间就不是“客观的”。如果我们把“主观的”领会为在一个“主体”中现成存在或出现，那么时间也同样不是“主观的”。世界时间比一切可能的客体都“更客观”，因为它作为世内存在者之所以可能的条件向来已随着世界的展开以绽出视野的方式“客观化”了。所以，与康德的意见相反，世界时间在物理事物那里一如在心理事物那里一样是直接现出的，而非先要假道于心理事物才在物理事物那里出现。“时间”首先恰恰是在天空显现出来的，亦即在人们自然地依照时间调整自己之际，它恰恰在人们见出它之处显现出来；结果“时间”甚至就与天空同为一事。

但世界时间也比一切可能的主体“更主观”，因为若把操心的意义适当地领会为实际生存着的自身的存在，那就只有时间才一道使这种存在成为可能。时间既不在“主体”中也不在“客体”中现成存在，既不“内在”也不“外在”；时间比一切主观性与客观性“更早”“存在”，因为它表现为这个“更早”之所以可能的条件本身。时间究竟有没有一种“存在”？如果没有，那它是不是一种幻象抑或它比一切可能的存在者都“更是存在者”？探索工作沿着这样一种发问的方向继续走下去，就要碰上在粗浅地讨论真理与存在的联系之际已经设下的同一条“界线”。[①] 无论后面将怎样回答这个问 420
题或只不过才源始地摆出这个问题，首先都要领会到：是时间性作为绽出视野的时间性使得那组建着上手事物与在手事物的时间内性质的世界时间这类东西到时的。但从而这类存在者在严格的意义上就不能被称为“具有时间性的”。它像一切非此在式的存在者一样是非时间性的，无论它实在地出现与生灭也罢，或“理想地”持存也罢。

如果世界时间因此属于时间性的到时，那么它就既不可能“主观主义地”挥发掉，也不可能借恶性的“客观化”而“物化”。要避开这两种可能性，靠的是清明的洞见，仅只在两者之间摇摆不定无济于事；而要赢得清明的洞见，只有能领会到：日常此在在理论上如何借切近的时间领会来理解“时间”，而这种时间概念及其统治地位又在何种程度上堵塞了从源始的时间来领会这一概念所意指的东西的可能性，亦即堵塞了把这种东西领会为时间性的可能性。给与自己时间的日常操劳活动在那种“在时间中”照面的世内存在者那里发现“时间”。所以，阐明流俗时间概念的发生的工作就必须从时间内状态起步。

---

① 参见本书第四十四节 c，第 226 页及以下。——原注

第八十一节　时间内状态与流俗时间概念的发生

“时间”这样的东西最初是如何对日常的寻视操劳显现的？在何种使用着用具的操劳打交道之际它明确地成为可通达的？随着世界的展开，时间就公共化了；世界的这一展开包括世内存在者的揭示，随着这一被揭示状态，时间向来已经被操劳了，因为此在凡有所计较就要计算时间。然而，要说到“人们”明确地依照时间调整自己，那就在于钟表的使用。钟表使用的生存论时间性意义表明自己为周行的指针的当前化。以当前化方式追随指针的位置，这种活动就是计数。这种当前化是在有所居持的期备的绽出统一
421 中到时的。有所当前化地居持于“当时”，这意味着：以道说现在的方式对“早先”之事的视野敞开着，亦即对不再现在的视野敞开着。有所当前化的期备着“而后”，这等于说：以道说现在的方式对“晚后”的视野敞开着，亦即对尚未现在的视野敞开着。在这样一种当前化中到时的东西就是时间。怎样据此来定义在寻视操劳地使用钟表为自己获取时间的视野上公开出来的时间呢？追随周行的指针这一活动有所当前化，有所计数，而时间就是在这一活动中到时的所计之数；其情形是这样：居持与期备是依照早先与晚后而在视野上敞开的，而当前化则在与这样的居持与期备的绽出统一中到时。不过，这无非是亚里士多德给时间下的定义的生存论存在论解释：τοῦτο γάρ ἐστιν ὁ χρόνος ἀριθμὸς χινήσεως χατὰ τὸ πρότερον χαὶ ὕστερον“时间即是计算在早先与晚后的视野

上照面的运动时所得之数。”[①]亚里士多德是从生存论存在论的视野上取得这一定义的；而一旦我们界定了这一视野，这一定义就成为那么“自明”，那么灼识真创了，一如初看上去它是那么奇特一样。但亚里士多德却没有把如此公开出来的时间的源头当作问题。他的时间解释倒是沿着“自然的”存在之领会的方向行进的。然而，因为前面的探索从原则上使“自然的”存在之领会本身以及它所领会的存在成了问题，所以，只有解决了存在问题**以后**才能够专题解释亚里士多德的时间分析。古代的一般存在论对问题的提法有其严重的局限性。无论如何，对于积极地把握这种问题的提法的工作来说，亚里士多德的时间分析将获得根本性的意义[②]。

后来对时间概念的一切讨论**原则上**都依附于亚里士多德的定义；亦即，它们都就时间在寻视操劳中所显现的情况而使时间成为课题。时间是“所计之数”，亦即是在**周行的**指针（或影子）当前化之际所道出的东西和——虽未成为专题——所意指的东西。被推动的东西在其运动中当前化，而在这当前化之中所道出的是“现在这里，现在这里，等等”。所列计的都是现在。这些现在是“在各个现在中”显现出来的，而这各个现在则作为“立刻不再”和“刚刚还不现在”。我们把以这种方式在钟表使用中“所视见的”世界时间称作**现在时间**。

给与自己时间的操劳活动对时间的计算愈是“自然”，它便愈 422
少地逗留于道出的时间本身；它倒是丧失于向来有其时间的所操

① 参见《物理学》△11，219 b1 及以下。——原注

② 参见本书第六节，第 19—27 页。——原注

劳的用具了。操劳活动“愈自然地”规定时间和排定时间，亦即，这种规定和排定愈少专题地指向时间本身，当前沉沦着寓于所操劳之事的存在也就愈多地干脆说：现在、而后、当时，无论这是否形诸音声。于是对于流俗的时间领会来说时间就显现为一系列始终“现成在手的”、一面逝去一面来临的现在。时间被领会为前后相续，被领会为现在之“流”，或“时间长河”。那么，对所操劳的世界时间的解释包含着什么呢？

如果我们问到世界时间的完整本质结构并拿它来同流俗时间领会所识认的东西相比，就不难得到答案。我们曾把可定期性提出来作为所操劳的时间的第一个本质环节。可定期性根据于时间性的绽出建构。“现在”本质上是现在之时。在操劳之际对可定期的现在有所领会，虽未就其本身加以把握；这个可定期的现在向来是一个适当的或不适当的现在。现在结构中包含有意蕴。所以我们曾把所操劳的时间称为世界时间。流俗说法把时间解释为现在序列，在这种解释中既没有可定期性又没有意蕴。它把时间描述为纯粹的先后相续，这就使这两种结构都不能“映现”。流俗的时间解释遮蔽这两种结构。现在的可定期性与意蕴根据于绽出视野的时间性的建构，而这一建构在这种遮蔽中却被敉平了。就仿佛诸现在都被切除了这两种关联，然后作为这样切好的现在并列起来，只是为了构成前后相续。

流俗的时间领会以敉平的方式遮蔽世界时间，这不是偶然的。倒恰恰因为日常时间解释唯持守于有所操劳的知性眼界之中，只领会到在知性视野中“显现”出来的东西，所以这些结构就必然不为所见。在操劳测量时间之际所计之数即现在是在对上手事物与现成事物的操劳中一道得以领会的。这种对时间的操劳一旦回到随同得以领会的时间本身来对它加以“考察”，它见到的就是诸现在，就是这些无论如何也确实在“此”的现在；这里所借的视野就是这种操劳活动本身始终由之引导的那一存在领会的视野[①]。从而 423
诸现在也就以某种方式一道现成存在：亦即，存在者来照面并且现在也来照面。虽然不曾明确说出诸现在也像物一样现成存在，它们在存在论上却是在现成性观念的视野上被“看见”的。诸现在“逝去”，而逝去的诸现在构成过去。诸现在来临，而未来的诸现在界说着“将来”。这种把世界时间当作现在时间的流俗解释根本不曾有一种可资利用的视野能借以通达世界、意蕴、可定期性这样的东西。这些结构必然始终被遮蔽着；因为流俗的时间解释通过它借以从概念上形成其时间描述的方式更加固了这层遮蔽，这些结构自然就被遮蔽得更深。

现在序列的确被看作某种现成事物，因为它甚至可以被放到“时间中”。我们说：在每一个现在之中都有现在；在每一个现在之中，现在也已消逝着。在每一个现在中现在都是现在，所以它持驻地作为自一的东西在场，尽管在每一个现在中都有另一个现在一面来临一面消逝。作为这种更迭的东西，现在却也同时显示着它自身的持驻的在场。从而，尽管在柏拉图的眼界里时间原是不断生灭的现在序列，他却也不得不把时间称为永恒的摹像：“但他决定制造一种关于永恒的运动着的影像；在当他安排好天空的同时，制造了一种永恒的影像；这种影像按照数字运动。这是持驻于一的那一永恒

① 参见本书第二十一节，特别是第100页以下。——原注

的影像。我们所说的时间这个名称正是给与这一影像的。εἰκὼ δ’ ἐπενόει κινητόν τινα αἰῶνος ποιῆσαι, καὶ διακοσμῶν ἅμα οὐρανὸν ποιεῖ μένοντος αἰῶνος ἐν ἑνὶ κατ’ ἀριθμὸν ἰοῦ-σαν αἰώνιον εἰκόνα, τοῦτον ὃν δὴ χρόνον ὠνομάκαμεν。”①

现在序列连续不断、严丝合缝。无论我们怎样“不断地”把现在“分割下去”，现在总还是现在。人们是在一种不可消解的现成事物的视野上看见时间的持续性的。人们在存在论上依照一种持驻的现成事物制定方向，或由此寻索时间的连续性问题，或由此就抛下这进退两难之境不管。这样一来，世界时间所特有的结构必然始终被遮蔽着，因为世界时间随着可定期性——可定期性的基础是绽出——一道伸张分段(gespannt)。在操劳于时间之际公开化了的时间性的绽出统一在视野上有所延展(erstreckt)，但时间的伸张分段却不曾从这种视野的延展得到领会。无论每个现在如何转瞬即逝，在其中总已经是现在；这件事必须从更“早先”的东西来理解——每一个现在都生自这更早先的东西；也就是说，这件事
424 必须从一种时间性的绽出延展来理解——这种时间性异乎任何现成事物的连续性，而这本身却又表现为之所以可能通达现成持续之事的条件。

“时间是无终的”这一流俗时间解释的主论题最入里地表明：这样一种解释敉平着遮蔽着世界时间，并从而也敉平着遮蔽着一般时间性。时间首先被表现为不间断的相续的现在。每一个现在也已经是刚刚与立刻。如果对时间的描述首先而唯一地拘泥于这

① 参见《蒂迈欧篇》37d 5—7。——原注

种序列，那么在这种描述中本来从原则上就不可能找到始与终。每一个最后的现在其为现在就总已经是一种立刻不再，所以也就是在不再现在亦即过去这一意义上的时间。每一个刚到的现在向来是刚刚还不，所以也就是在还不现在，即"将来"这一意义上的时间。从而时间"两头"都是无终端的。这一时间命题之所以可能，其根据就在于依循某种现成的现在之流的漂浮无据的自在制定方向；在这里，整体的现在现象就其可定期性、世界性、伸张分段以及此在式的公共性来说全被遮蔽着，并降沉为一种不可识知的残片。我们的眼界若限于现成存在与不现成存在，那我们即使把现在序列"想到头（终端）来"，也仍然绝不会找到一个终端。像这样去想时间的终端，就必然还可以想到（在终点之外）总还有时间；由此人们推论出：时间是无终的。

但如此敉平世界时间、如此遮蔽时间性的根子在哪里呢？在于我们曾在准备工作中解释为操心的此在的存在本身①。此在被抛沉沦着首先与通常迷失于所操劳之事。在这种迷失中却昭示出：此在在其本真生存——我们曾把它标识为先行的决心——面前有所遮蔽地逃遁。在所操劳的逃遁中有着在死面前的逃遁，亦即掉头不看在世的终结②。这种"掉头不看"其本身就是绽出将来的向终结存在的一种样式。沉沦着的日常此在的非本真的时间性这样对有终性掉头不看，于是就必须错识本真的将来状态，从而也错识一般时间性。"表象"出来的是公共时间的"无终性"。唯当流

① 参见本书第四十一节，第191页及以下。——原注

② 参见本书第五十一节，第252页及以下。——原注

俗的此在领会是由常人领导的，这种遗忘自身的“表象”才始得巩
425 固下来。常人从不死；因为，只要死向来是我的而本真地只有借先行的决心才能从生存上得到领会，常人就不可能死。常人从不死并误会着向终结的存在；然而它为在死面前逃遁提供出一种富有特征的解释。到头之前，“总还有时间”。这里昭示出的“有时间”的意义是能迷失：“现在先来这样，然后马上那样，然后接下去……”这里不是时间的有终性得到领会，而是反过来，在这里，操劳活动意在从还在到来、“继续行进”的时间那里尽可能多地攫取。时间公共地是每个人为自己获取和能为自己获取的东西。现在序列来源于个别此在的时间性，而在日常共处中，被敉平的现在序列的这一来源始终完全不为识知。即使一个“在时间中”现成的人不再生存，这于“时间”的进程又何损分毫呢？时间继续行进，一如当时有人“出生”之际，时间也就已经曾经“存在”那样。人们只识公共时间；这种时间既已经敉平，便属于人人，亦即不属于任何人。

只不过，即使在闪避死之际，死也总跟着逃遁者，逃遁者在避弃之际也恰恰不得不看到死。而正与此相同，即使那仅只行进的、无关痛痒的、无终的现在序列也还是在一团触目的谜氛中凌驾此在。我们为什么说时间逝去而不同样强调时间生出？从纯粹的现在序列着眼，两种说法可以同样有道理。在时间逝去这话里，此在对时间的领会归根到底多于它所愿承认的；亦即：世界时间在其中到时的时间性尽管多受遮蔽却仍不是完全封闭着的。时间逝去这话表达出了这样一种“经验”：无持守的时间。而这种“经验”则又唯根据我们愿让时间驻留才是可能的。在这里就有一种对诸“当下即是”的非本真的期备，这种期备连诸“当下即是”正在滑开也已

经遗忘了。非本真生存的这种有所当前化有所遗忘的期备是人们之所以可能以流俗方式经验到时间逝去的条件。因为此在在先行之际是将来的，所以它必定有所期备地把现在序列领会为滑开着逝去的现在序列。此在从对其死的“逃遁的”知的方面识认逃遁的时间。强调时间逝去这话，也就是以公共方式反映出此在时间性的有终的将来状态。因为甚至在时间逝去这话里死仍可能被遮蔽着，所以时间作为一种“自在”的逝去显现出来。

但即使在这种自在逝去着的纯粹现在序列中，源始时间仍然穿透一切敉平与遮蔽公开出来。流俗解释把时间流规定为一种不可逆转的前后相续。时间为什么不可逆转？恰恰是在这种盯着现在之流的眼界里本来就看不出一一相续的现在为什么不也会得在逆转的方向上表现出来。逆转之所以不可能的根据在于：公共时间出自时间性，时间性的到时首要地是将来的，是以绽出方式向其终结“行进”的，也就是说，时间性的到时已经“是”向着终结的“存在”。 426

把时间当作一种无终的、逝去着的、不可逆转的现在序列，这种流俗的时间描述源自沉沦着的此在的时间性。流俗的时间表象有其自然权利。它属于此在的日常存在方式，属于首先占据统治地位的存在领会。从而，历史也首先与通常被公共地领会为时间内的演历。只有当这种时间解释声称它所传达的是“真正的”时间概念，声称它能够为阐释时间草描出唯一可能的视野，这种时间解释才失去它唯一的与优先的权利。已表明的结果倒是：只有从此在的时间性及其到时才能够理解世界时间为什么以及如何属于时间性。世界时间的全体结构都是从时间性汲取出来的；只有对这种来自时间性的全体结构的阐释才能提供出一条线索，借以“看到”流俗的时间概念所包含的一般遮蔽情况，借以估价时间性绽出视野的建构被敉平的情况。而依据此在的时间性制定方向同时又使我们能够展示这类敉平活动的遮蔽的来源与实际必然性并考验关于时间的诸种流俗论题是否有道理有根据。

相反，在流俗时间领会的视野中，时间性则倒转过来成为不可通达的。而因为现在式时间不仅就可能解释的次序来说必须首要地依时间性制定方向，而且连它本身也只有在此在的非本真的时间性之中才到时，所以，我们着眼于现在式时间来自时间性而把时间性说成源始时间，也就是理所当然的。

绽出视野的时间性首要地从将来到时。而流俗时间领会则在
427 现在中看到基本的时间现象，而这个现在是从其全体结构切开的纯现在，人们称之为“当前”。由这里可以得知，要从这种现在来澄清甚至于来导出属于时间性的、绽出视野的当下即是现象，在原则上必然不会有前途。与这相应，从绽出方面领会的将来，即可定期的、含有意蕴的“而后”，与流俗的“将来”概念——其意义是还未来临的和正恰来临的纯粹现在——是不相涵盖的。同样，绽出的曾在状态，即可定期的、有意蕴的“当时”，与已经过去的纯粹现在这一意义上的过去概念也非一事。现在不是由还不现在孕育的；而是当前在时间性到时的源始绽出统一中源自将来。[①]

① 传统的永恒性概念的含义是“持久的现在”〔nunc stans〕。无须多讲，这一概念是从流俗的时间领会中汲取而来并依据“持驻着的”现成性的观念为方向得以界定的。若能在哲学上“构建”上帝的永恒性，那它只可被领会为较为源始的、“无终的”时间性。是否能够 via negations et eminentiae〔借否定与超凡的方式〕提供出一条可能的途径，仍是悬案。——原注

虽然流俗的时间经验首先与通常只识得"世界时间",这种时间经验却也总同时使世界时间**突出地**与"心灵"和"精神"相关联。即使有时还远不是明确地首要地依循哲学上的"主体"问题制定方向,情况仍是这样。为此提出两个富有特征的证据大概就够了:亚里士多德说:"但如果说除了心灵与心灵之努斯外就没有任何东西自然地有计数禀赋,那么,如果没有心灵,时间就是不可能的。εἰ δὲ μηδὲν ἄλλο πέφυχεν ἀριθμεῖν ἢ ψυχὴ καὶ ψυχῆς νοῦς, ἀδύν-ατον εἶναι χρόνον ψυχῆς μὴ οὔσης..."。① 又有奥古斯丁写道:"所以,在我看来,时间无非是一种延展;但我不知它是何种事物的延展。而它若不是心灵自身的延展,那倒令人惊异了。inde mihi visum est, nihil esse aliud tempus quam distentionem; sed cuius rei nescio; et mirum si non ipsius animi[3]"。② 所以,就连把此在当作时间性的阐释原则上也并非处在流俗时间概念的视野之外。黑格尔就已经明确地尝试提出流俗领会的时间同精神的联系;康德则相反,在他那里,时间虽是"主观的",却不是与"我思"联系在一起,而是相互并列。③ 我们前面把此在阐释为时间性并且 428
展示了世界时间是从时间性发源的;而黑格尔对时间与精神之间的联系的明确论证颇适合用来间接地廓清以上诸点。

① 《物理学》第四卷第十四章,223a 25,参见同卷第十一章,218b 20—219a 1. 219a 4—6。——原注

② 《忏悔录》第十一卷,第二十六章。——原注

③ 另一方面,本书第二部第一篇将表明,在何种方面康德对时间的领会比黑格尔更为彻底。——原注

第八十二节　针对黑格尔对时间与精神的关系的看法崭露出时间性、此在与世界时间之间的生存论存在论联系

历史本质上是精神的历史；这一历史在“时间中”演进。所以“历史的实现落入时间之中”。[①] 然而，黑格尔并不满足于把精神的时间内性质当作实际情形断定下来，他试图领会精神落入时间之中的可能性。这里，时间是“完全抽象的东西、感性的东西”。[②] 这就仿佛时间必须能够收容精神，而精神则必须与时间及其本质有亲缘关系。从而就有两层东西须得讨论：1.黑格尔如何界说时间的本质？2.精神的本质中包含着什么东西，使精神可能“落入时间之中”？我们对这两个问题的回答只在于通过对照来廓清前面对此在之为时间性的阐释。恰恰就黑格尔来说，有些问题原本是免不了要连带提出的，但我们只回答上面那两个问题，同时并不自称对那些连带提出的问题作出哪怕只是相对充分的讨论处理；这特别是因为我们在这里并不是要对黑格尔提出“批评”。我们之所以要对照黑格尔的时间概念崭露出我们所阐释的时间性观念，首先地是因为黑格尔的时间概念表现为流俗时间领会的最极端的而又最少受到注意的概念形态。

---

① 黑格尔：《历史中的理性——历史哲学导论》1917 年拉松版，第 133 页。——原注

② 参见同上。——原注

a. 黑格尔的时间概念

哲学上的时间解释“在体系中的地位”可以被看成是借以衡量在这一体系中对时间的主要的和基本的看法的标准。最初流传下来的、对流俗时间领会的详尽的专题解释是在亚里士多德的《物理学》一书中，也就是说，它是与某种关于自然的存在论联系在一起的。“时间”与“地点”和“运动”相提并论。黑格尔的时间分析忠实 429
于传统，这一分析位于《哲学全书》的第二部，其标题是：自然哲学。第一部分讨论机械性。它的第一篇用于“空间与时间”的讨论。空间与时间是“抽象的相互外在”。[①]

虽然黑格尔把空间与时间相提并论，但这并非仅仅凭借外在并列的方式：空间“并且还有时间”。“哲学与这个‘并’作斗争”。空间向时间的过渡并不意味着讨论这二者的段落并列相接，而是“空间本身发生过渡”。空间即“是”时间，亦即，时间是空间的“真理”[②]。当空间在它的所是中辩证地被思的时候，按照黑格尔，空间的这一存在就绽露自身为时间。那么空间必得如何被思呢？

空间是自然外于自身存在的无中介的漠然无别状态[③]。这要说的是：空间是它自身中可区别的诸点的抽象的多。空间并不由于这些可区别的点而中断，但空间也不是由这些点产生的，空间根本不是借某种集合的方式产生的。这些点本身即是空间，空间虽

---

① 参见黑格尔《哲学全书》。格·波朗得〔G. Bolland〕编，1906 年莱登版，第二五四节及以下。这一版还附有黑格尔讲课稿的《附释》。——原注

② 参见同上书第二五七节附释。——原注

③ 参见同上书第二五四节。——原注

由于这些可区别的点而有所区别，空间就其本身来说却仍是无别的。诸区别本身具有它们加以区别的东西的性质。可是，就点在空间中区别着某种东西而言，点是空间的**否定**；然而，点作为这种否定（点确是空间），其本身却依然在空间之中。点并不作为某种异于空间的东西而从空间跳出。空间是点之复合的无区别的相互外在。但空间并不是点，而是像黑格尔所说的那样是“点之可能成为点”[①]。这里奠定了一个命题，黑格尔就是借这个命题来思考空间的真理的，亦即把空间作为时间来加以思考：

“这种否定性作为点使自身与空间相关联，并且作为线和面在空间中发展出其种种规定；但这种否定性在出离自己的存在的范围内同样也是**自为的**；而且，它在空间中建立起来的种种规定也是
430 如此。不过，虽然这种否定性是在出离自己的存在的范围内建立起来的，但它对于那些相互安然并列的事物来说表现为漠不相干。这样自为地建立起来的否定性，就是时间。”[②]

如果空间得到表象，亦即就它对其区别漠不相干的现存情况得到直接的直观，那么，诸否定仿佛就是直截了当给定了的。但这种表象却还没有就其存在来把握空间。那只有在思中才是可能的——这里的思是经由正题和反题并扬弃二者的合题。只有当诸否定不单单在其漠不相干状态中保持其现存，而是得到扬弃，亦即其本身又被否定，这时空间才始能**被思**，从而才就其存在得到把握。在否定之否定中，亦即在“点之可能成为点”之中，点自为地建

① 参见同上书第二五四节附释。——原注

② 参见黑格尔《哲学全书》1949年霍夫麦斯特版，第二五七节。——原注

立自己并从而脱离现存的漠不相干状态。作为自为建立起来的点，点就区别于这一点那一点，它就不再是这一点并还不是那一点。随着这种自为的自身建立，它建立起它本身处于其中的那种前后相续，这也就是出离自己的那种存在的范围，而这一范围现在是被否定的那种否定的范围了。“点之可能成为点”这种漠不相干状态的扬弃意味着不再处于空间的“麻木的安然”之中。这个点相对于其他一切点而“张扬自身”。依照黑格尔，否定之否定作为点之所以成为点即是时间。这段讨论苟若具有某种可以展示的意义，它所能意指的无非就是：一切点的自为建立自身即是现在这里、现在这里，等等。每一个点都“是”作为现在点自为建立起来的。“所以点在时间中具有了现实性”。点能够作为这样一个点借以自为建立自己的东西向来就是现在。点之所以可能自为建立自己的条件是现在。这种可能条件构成了点的存在。而存在同时即是所思。依此，点之所以为点的纯思，亦即空间的纯思所“思”的，向来是现在与现在的出离自己的存在；因此，空间就“是”时间。但怎样规定时间本身呢？

“时间，作为出离自己存在的否定性的统一，同样也是一种纯粹的抽象、纯粹的观念。时间是存在，这存在借其存在而不存在，借其不存在而存在，亦即被直观着的变易，这就是说，那些纯然瞬间的、直接的自我抛弃着的类别被规定为外在的、然而却是对其自身外在的差别。”[①]时间对这一解释绽露自身为“被直观着的变

① 参见黑格尔《哲学全书》1949年霍夫麦斯特版，第二五八节。——原注 431

易”。依照黑格尔，变易意味着从存在到无与从无到存在的过渡[①]。变易既是生又是灭。存在“过渡”，或不存在“过渡”[②]。对时间来说，这说的是什么？时间的存在是现在；但每一个现在“现在”就已经不再存在或现在向来先就还不存在，就此而论，也就可以把现在理解为不存在。时间是“被直观的”的变易，亦即是虽不被思却直接表现在现在序列中的过渡。如果时间的本质被规定为“被直观的变易”，这也就公开出：时间首要地从现在得到领会；也就是说：就像它可以由纯直观碰上的那样得到领会。

无须做周详的讨论就能弄清楚：黑格尔的时间解释完全沿着流俗时间领会的方向进行。黑格尔从现在出发来标画时间，而这里设为前提的是：现在的总体结构一直被遮蔽着、敉平着，以便能够把现在作为现成事物加以直观，尽管在这里现在只是“观念上的”现成事物。

黑格尔是首要地依循被敉平的现在对时间进行阐释的，这一点有下列命题为证：“现在具有一种非常的权利：它只作为各个单独的现在‘存在’，但这个张扬自身排斥其他一切的现在，一旦我去说出它时，就消解、融化、粉碎了”。[③]“此外，在自然中，时间是现在，而现在同那些维度（过去和将来）之间却没有什么固定的区别。”[④]“因此，人们可以从时间的肯定意义上说，只有现在存在，这

---

① 参见黑格尔《逻辑学》1923年拉松版，第一部第一篇第一章第66页及以下。——原注

② 或可译作“存在与不存在相互过渡”。——中译注

③ 参见黑格尔《哲学全书》，同上，第二五八节附释。——原注

④ 参见同上书第二五九节。——原注

之前和这之后都不存在；但是，具体的现在是过去的结果，并且孕育着将来。所以，真正的现在是永恒性。”[①]

如果黑格尔把时间称为“被直观的变易”，那么生与灭在时间中就都不具优先地位。然而他有时又把时间描述为“销蚀活动的抽象”，从而为流俗时间经验与解释提供出最激进的公式[②]。另一方面，在真正定义时间之际，黑格尔又相当一贯地不承认销蚀与逝去具有优先地位，不像日常的时间经验反倒正确地确认这一点。432
这是因为黑格尔几乎没有能力辩证地论证这种优先地位，而只好引入一种不言而喻的“境况”：“现在”恰好就在点的自为建立自己之际浮现出来。于是，即使在把时间描述为变易之际，变易仍然是在一种“抽象的”意义上得到领会的，这种意义仍然超出于时间“流”的表象。从而黑格尔对时间的看法最恰当地表达在时间之为否定之否定——亦即点之为点——这一规定中。这里，现在序列在最极端的意义上得以形式化并且以无以复加的方式被敉平[③]

① 参见黑格尔《哲学全书》，第二五九节附释。——原注

② 参见同上书第二五八节附释。——原注

③ 黑格尔从被敉平了的现在的优先地位出发，由此我们就很清楚，他对时间的概念规定也遵循于流俗的时间领会，亦即，同时也遵循传统的时间概念。这就表明，黑格尔的时间概念几乎直接从亚里士多德的《物理学》而来。在黑格尔担任大学讲师时所作的《耶拿时期的逻辑学》（参见拉松版，1923 年）一书中，《全书》中关于时间分析的所有根本性的观点都已形成了。只要粗略地考察一下就可看出，关于时间的章节（第 202 页及以下）就是在转述亚里士多德关于时间的论述。在《耶拿时期的逻辑学》中，黑格尔就已经发展出了他后来在自然哲学框架中对时间的看法（第 186 页），其第一部分的标题就是“太阳系”（第 195 页）。黑格尔是在讨论了以太和运动的概念规定之后来讨论时间概念的。在这里，对空间的分析还列在更后面。这时已经冒出了辩证法，但它还没有后来那种僵固的、程式化的形式，还能让我们较为松快地领会现象。在康德到黑格尔的成形体系的转变过程中，亚里士多德存在论和逻辑学又一次施加了决定性的

了。黑格尔只是从这种形式辩证法上的时间概念出发才能提出时间与精神的联系。

433 ## b. 黑格尔对时间与精神的关联的阐释

精神在其实现过程中落入被规定为否定之否定的时间之中。如果说这一过程合乎精神的本性，那精神本身是怎样被领会的呢？精神的本质是概念。黑格尔不是把概念领会为类的被直观的普遍

影响。虽然这一事实早已众所周知，但这一影响的途径、方式和界限至今都还晦而不明。对黑格尔的《耶拿时期的逻辑学》与亚里士多德的《物理学》和《形式上学》之间的某种具体的比较哲学方面的阐释将会给我们洒下新的光线。对于上述考察我们可能需要某些粗略的指引。

亚里士多德将时间的本质视作νῦν，而黑格尔视为"现在"；亚里士多德将νῦν把捉为ὅ-ρος，而黑格尔将"现在"视为"界限"；亚里士多德将νῦν领会为στιγμή而黑格尔将"现在"解释为"点"；亚里士多德将νῦν标明为τόδε τι，而黑格尔将"现在"称为"绝对的这"；亚里士多德依据流传下来的说法将χρόνος〔时间〕和σφαῖρα〔环围〕联系起来，而黑格尔则强调时间的"循环过程"。不过，黑格尔却错失了亚里士多德时间分析的中心倾向，即在νῦν、ὅρος、στιγμή、τόδε τι之中揭露出某种基础性的联系(ἀκολουθεῖν)。而黑格尔的命题则是：空间"是"时间。虽然柏格森在论理方面和黑格尔颇不相同，但他的结论却和黑格尔的命题是一致的。只不过柏格森倒过来说：时间(temps)是空间。就连柏格森对时间的看法显然也是从亚里士多德的时间论文的阐释中生长出来的。柏格森在《论意识的直接与料》中曾剖析时间与绵延的问题，他同时也出版了以"亚里士多德论运动感觉"为题的论文，这不会仅仅是某种外在的、文献上的联系。有鉴于亚里士多德将时间规定为 ἀριθμὸς κινήσεως〔运动的数〕，柏格森在分析时间之前就先对数作了一番分析。作为空间的时间(参见《论意识的直接与料》第 69 页)是量的接续。而他就逆着这种作为量的接续积聚的时间概念来描述绵延。这里不是对柏格森的时间概念和当今其他诸时间观念进行批判性剖析的地方。若说今天的时间分析超出了亚里士多德和康德而获得了某种本质性的东西，那就是更多地涉及了对时间的把捉和"时间意识"。指出黑格尔的时间概念同亚里士多德的时间分析之间的直接关联，并非想数落黑格尔的某种"依赖性"，而是要引起人们去注意这一联系从存在论根本上对黑格尔逻辑学的重大影响。——关于"亚里士多德和黑格尔"，请参见尼古拉·哈特曼〔Nicolai Hartmann〕在《德国唯心主义哲学论集》(1923 年版，第三卷第 1—36 页)中以此为题的文章。——原注

性这样一种所思的形式，而是思维着自己的思本身的形式：对自己——作为对非我的把握——的概念理解。就对非我的把握表现为一种区别而言，纯概念之为对这种区别的把握就含有对区别的一种区别。从而黑格尔就能够把精神的本质从形式上、语法上规定为否定之否定。笛卡尔认为 conscientia〔意识〕的本质在于 cogito me cogitare rem〔对物有所思〕，黑格尔的这种"绝对否定性"则为这种看法提供出从逻辑上加以形式化的解释。

据此，概念就是自身以理解着自己的方式得到概念理解的情况。自身作为这种得到概念理解的情况本真地是如它所能是的那样存在，亦即，自由存在。"我是纯粹概念自身，这概念作为来到了此在[①]的概念而存在。"[②]"但我就是这种源初的、纯粹的、自己与自己相关的统一，而且这个我并不是直接性的；只有在它抽去了一切的规定性和内容时，在它转回到无限制地与自己本身等同的自由中时，才是直接性的。"[③]从而我就是"普遍性"，但同样也直接是"个别性"。 434

这种对否定的否定同时是精神的"绝对不安"和属于精神的本质的自身公开。在历史中发展自己的精神的"进步"具备"排它的原则"[④]。然而这种排它并不是说〔精神〕摆脱被排除的东西，而是克服之。有所克服而同时又有所容受地使自己得到自由，这描述

① Dasein 在黑格尔、康德的引文中仍译为"此在"。但这与本书中作为专有概念的"此在"在意义上有所不同。——中译注

② 参见黑格尔《逻辑学》1923 年拉松版，第二卷，第二部分，第 220 页。——原注

③ 同上。——原注

④ 参见黑格尔《历史中的理性——历史哲学导论》1917 年拉松版，第 130 页。——原注

着精神的自由。因而,“进步”不仅意味着量上的增益;它本质上就是质的,而且是精神的质。“进步”是自觉的进步和自知其目标的进步。精神在其“进步”的每一步上都得“克服它自身,克服作为其目的的真正敌对障碍的自身。[1]”精神发展的标的是“达到它本己的概念。[2]”发展本身是“针对自己本身的艰巨而无止境的斗争。”[3]

把自己带向其概念的**精神**的发展是不安的,这种不安即是**否定之否定**;所以,落入“时间”这一直接的否定之否定适合于自我实现着的精神。因为“时间是在**此存在**的并作为空洞的直观而表现在意识面前的**概念**自身;所以精神必然地现相在时间中,而且只要它没有**把握**到它的纯粹概念,这就是说,没有把时间消灭,它就会一直现相在时间中。时间是**外在**的、被直观的、没有被自我所**把握的**纯粹的自我,是仅仅被直观的概念”[4]。于是,精神**按其本质**就必然在时间中现相。“正如理念作为自然在空间中解释自己一样,世界史一般地也就是精神从时间得到解释。”[5]属于发展运动的“排他”包含有一种与非存在的关系。这就是时间,从自我张扬的现在方面得以领会的时间。

时间是“抽象的”否定性。作为“被直观的变易”,时间是可以
435 直接摆在面前的、业经区别的自身区别,是“在此的”、亦即现成的概念。作为现成的东西并从而作为外在于精神的东西,时间没有

① 《历史中的理性——历史哲学导论》,第132页。——原注
② 同上。——原注
③ 同上。——原注
④ 参见《精神现象学》WW II,第604页;格罗克纳版第612页。——原注
⑤ 参见《历史中的理性——历史哲学导论》,第134页。——原注

凌驾于概念的权能；相反，概念“倒是时间的权能。”[①]

精神与时间都具有否定之否定的形式结构，黑格尔借回溯到这种形式结构的自一性来显示精神“在时间中”的历史实现的可能性。精神与时间被委弃于形式存在论的和形式确证的最空洞的抽象；是这样一种抽象使他能够提出精神与时间的某种亲缘关系。但因为时间同时是在全然敉平了的世界时间的意义上得到理解的，并且这样一来它的来源就始终被完全遮蔽着，结果时间作为一种现成的东西就干脆与精神相对立。由于这一点，精神才不得不首先落入“时间”。在存在论上，这个“落入”意味着什么，那凌驾于时间而本真地又外于时间“存在着的”精神的“实现”又意味着什么，这些都仍晦暗未彰。正如黑格尔几乎没有照明被敉平的时间的源头那样，他对下面这个问题也根本未加考察——如果不根据源始的时间性，精神的本质建构究竟还怎么可能作为否定的否定存在？

现在还不能来讨论黑格尔对时间与精神及二者关系的阐释是否有理，以及一般地是否依栖于存在论上的源始基础。然而，竟然可能一试从形式辩证法上“建树”精神与时间的联系，这就已经公开出了二者的一种源始亲缘关系。黑格尔力争从概念上理解精神的“具体性”，从而产生出他进行上述“建树”的动力。这一点从《精神现象学》的最后一章中的一段话昭示出来：“因此，时间是作为自身尚未完成的精神的命运和必然性而现相的，而这个必然性就意味着必然使自我意识在意识里面具有的那一部分丰富起来，必然

---

① 参见《哲学全书》第二五八节。——原注

使自在存在的直接性——这是实体在意识中具有的形式——运动起来，或者反过来说：必然使被认作内在东西的自在存在，使起初是内在的那种东西实现出来和公开出来，这就是说必然促使自我意识达到它自身的确定性。”①

与之相反，前面的此在生存论分析工作则从实际被抛的生存本身的“具体性”出发，以便把时间性作为使生存成为可能的源始
436 的东西揭示开来。“精神”并非才始落入时间之中，它作为时间的源始到时而生存。时间性使世界时间到时；而在世界时间的视野上“历史”才能够作为时间内的演历“现相”。“精神”不落入时间，而是：实际生存作为沉沦的生存，从源始而本真的时间性“沦落”。但这一“落”本身在时间性到时的一种样式——这种样式复又属于时间性——中有其生存论上的可能性。

第八十三节 生存论时间性上的此在分析与基础存在论上的一般存在意义问题

前面诸项考察的任务是：从此在的根据处出发，从生存论存在论上着眼于本真生存活动与非本真生存活动的可能性来阐释实际此在的源始整体。时间性公开自己为这一根据从而为操心的存在意义。因此，在剖析时间性之前对此在进行的准备性生存论分析工作所端出来的东西现在被回收到此在的存在整体性的源始结构

① 参见《精神现象学》，第 605 页。——原注

即时间性之中了。借助源始时间的业经分析的诸种到时可能性，早先只曾加以“展示”的结构得到了“论证”。不过此在的存在建构的提出仍只是**一条道路**；**目标**是解答一般存在问题。而对生存的**专题**分析工作恰又需要事先已澄清了的一般存在观念的朗照。这样，我们更是应当把导论中道出的那个命题确定为一切哲学探索的准则了——哲学是普遍的现象学存在论，它是从此在的诠释学出发的，而此在的诠释学作为**生存**的分析工作则把一切哲学发问
的主导线索的端点固定在这种发问所从之**出**且所向之**归**的地方上 a
了[①]。诚然，不可把这一命题当作教条，而要当作那个仍然“遮蔽着的”原则问题的表述——存在论可以**从存在论上**加以论证吗？或，存在论为此还需要一种**存在者层次上**的基础吗？若是，则必须由何种存在者承担这种奠基的作用？

生存着的此在的存在与非此在式的存在者的存在（例如现成
性）的区别之类尽可以明晰地现相出来，这却只是存在论问题讨论 437
的**出发点**，而不是哲学可借以安然高枕的东西。人们早知道，古代存在论用“物的概念”进行研究，而其危险在于使“意识物化”。然而物化意味着什么？它源自何处？为什么存在“首先”从现成事物倒不是从上手事物得到“理解”，上手事物不是**还更近些**[②]吗？为什么这种物化一再取得统治？意识的存在是怎样**正面**构造起来的，从而物化始终对它不适合？要源始地铺开存在论问题的讨论，“意识”与“物”的“区别”究竟够不够？这些问题的答案在不在我们

① 参见本书第七节，第 38 页。——原注

② 上半句的“首先”〔zunächst〕来自 nah〔近〕的最高级，这里的“更近”〔näher〕是 nah 的比较级。作者将两者对照使用，而中译未能表达出这一字面联系。——中译注

的道路上？如果追问一般存在意义的**问题**还未提出或还未澄清，那么，哪怕**只**尝试对这些问题做出回答是否可能呢？

研究一般存在“观念”的源头与可能性，借助形式逻辑的抽象是不行的，亦即不能没有藉以提问与回答的可靠视野。须得寻找[a]一条**道路并走上**这条道路去照明存在论的基础问题。这条路是不是**唯一的**路乃至是不是**正确的**路，那要待**走上以后**才能断定。涉及存在阐释的**争论**不可能得到疏解，**因为它还根本没有点燃**。归根到底，这一争论不可能“自生自长”，倒是要开启这场争论就已需要某种装备。前面的探索就正朝向这唯一目标**行进着**。它行到何处了？

像“存在”这样的东西是在存在之领会中展开的，而领会之为领会属于生存着的此在。存在的先行展开——即使还不是在概念上的展开——使得此在能够作为生存在世的存在对**存在者**有所作为：这里既包括世内照面的存在者也包括它本身这种生存着的存在者。对存在有所**开展的领会对此在来说究竟如何是可能的**？回到领会着存在的此在的源始存在建构是否能为这一问题赢得答案？此在整体性的生存论存在论建构根据于时间性。因此，必定是绽出的时间性本身的一种源始到时方式使对一般存在的绽出的筹划成为可能。如何对时间性的这一到时样式加以阐释？从源始**时间**到**存在**的意义有路可循吗？**时间**本身是否公开自己即为**存在**的视野？

附　作者手写的部分边注

以下边注采自《存在与时间》全集版（Vittorio Klostermann, Frankfurt am Main, 1977）。Friedrich-Wilhelm v. Herrmann 依照海德格尔提供的指导原则选择了这些边注。

依海德格尔的愿望，唯全集版有权从他手写的边注中选出一些予以发表。其主要著作《存在与时间》的单行本是这条规则的唯一例外。

边注用 a、b、c 等小写字母标出顺序，每一条边注关涉紧贴页码右边的关键词。在书的正文里，这些关键词所在的行边上标有这些小写字母。

页数

3.“存在”。a.存在着的东西，存在者性。

4.存在者。a.非也！而是：不能借助这样的概念方式来**决定存有**〔Seyn〕。

7.此在。a.既不是那个通常的概念也不是任何一个别的概念。

应当从哪种。b.两个互相有别的问题在这里交织到一起；误导，尤其涉及此在的角色会误导。

范本。c.误导。此在是范本,这是因为,此在是参与游戏的例子〔Bei-spiel〕,这个例子就其一般本质而言即作为在此者〔葆真存在的真理〕以传递-参与着游戏的方式把存在本身带入谐响的游戏之中。

存在。d.在此:作为进入存有〔Seyn〕之无并保持在其中者,作为保持关联者。

存在。e.但存在的意义不是在这个存在者那里被解读出来。

8.归根到底。a.即:从开端处。

给定。b.再次像上面第7页,想法过于简单化,但不无道理。此在之为存在者的一例,不是为了对存在进行表象式的抽象,此在是存在之领会的场所。

12.此在。a.存在在这里并不只是人的存在〔生存〕。这一点到后面将变得清楚。在世界之中存在在其自身中包含着生存与整体存在的关联:存在之领会。

那个。b.如此这般的。

那个。c.作为它本己的。

组建。d.因此不是生存哲学。

15."世界"。a.亦即,这里是从现成事物方面。

17. 一般。a.καθόλου〔一般的〕,καθ' αὑτό〔因其自身〕。

29.是。a.在这种情况中。

35.构成。a.存在的真理。

37.一般。a.存在——并不是类,不是一般的存在者的存在;这个"一般"= καθόλου=存在者的存在之整体;区别的意义。

38.地地道道。a.超越者当然不是——尽管它带有很重的形而上学意味——经院哲学式的、希腊式的－柏拉图式的κοινόν〔共同的〕，而是超越地作为绽出者——时间性——时间状态；但却是"境域"！存有已"越过"存有者而思〔üeberdacht〕。超越则从存有的真理而来：自成〔Ereignis〕。

生存。b.基础存在论上所说的"生存"，亦即与存在之真理本身相关联的"生存"，仅此而已！

是。c.亦即，不是批判式的康德唯心主义的那种先验哲学流派。

39.此在。a.真正说来：一贯常驻于"此"之中。

存在。b.超越式的区别。

对境域本身的克服。

回转到源头去。

从这源头出发在场。

41.时间性。a.已出版的部分中只有这一半。

存在。b.参见1927年夏季学期马堡课程(现象学的基本问题)。

我们。c.向来的"我"。

存在。d.但这是历史性的在世界之中存在。

42.存在。a.哪一种？去是"此"，并且在"此"之中持续一般存有。

去存在。b.它必须去存有；规定性！

存在。c.此"的"存有，这个"的"：genetivus objectivus〔作为宾格的属格〕。

"你是"。d.向来我属性意味着被让渡。

43.存在。a.最好说：存在之领会。

45.探索。a.这些探索完全不曾以此在为目标。

46.此在的。a.非也！

缺陷。b.不仅如此;而且,本质上完全没有达乎真理问题。

47.注1:标示出。a.但就目标与结果而论,一切都不同于当初所愿望的和所达到的。

52.不安。a.大非如此! 因为完全没有把握住世界概念。

54.存在。a.存在〔Sein〕也是 ist 的不定式:存在者存在。

此在的。b.但不是表达一般存在的术语,完全不是表达存在本身的术语——断然不是。

57.操劳。a.这里把人的存在和此－在等量齐观。

58.利用。a.这里竟可以恰当地谈论"世界"吗? 只是周遭环境!与环境的给出相应的是"有"。此－在从来不"有"世界。

解释。b.当然! 这一现象根本不是存在式的!

照面。c.一种折返的解释。

60.世界。a.当然不是! 乃至一旦把它们相提并论再加拒绝也已经无可救药。

61.可能。a.从操劳中掉头不顾并不已经是观察——观察有它自己的本源,而其结果必然是那种掉头不顾;观察有它自己的本源性。看向εἶδος要求另外一些东西。

65.属于世界的。a.此－在恰恰是倾听世界的。

自然。b.这里是康德意谓的近代物理学意义上的"自然"。

使得。c.而是相反!

68."纯粹的物"。a.为什么? εἶδος〔外观〕-μορφή〔形式〕－ ὕλη〔质料〕! 然而来自 τέχνη〔技艺〕,因而是"人为的"解释! 如果μορφή不是被解释为 εἶδος,ἰδέα!

71.看法的性质。a.却只是照面的性质。

77.一无所获。a.对于证明逻辑斯蒂的要求之所以可能则是基本的。

83.揭示。a.得到澄照。

84.让。a.让－存有。参见《真理的本质》,在那里,让－存在原则上远离任何存在者!

85.让。a.从而让它在其真理中本在。

完成时。b.在同一段里说到了“先行开放”——亦即〔一般说来〕存在为存在者可能的公开先行开放。这一存在论意义上的“先行”在拉丁文里叫作 a priori,在希腊文中叫作 Πρότεον τῇφύσειν〔自然上在先〕,见亚里士多德,《物理学》,A 1;更清楚的见:《形而上学》,E 1025 b 29, τὸ τί ἦν εἶναι〔是其所是〕,“那已经曾是的存在”,“那一向已预先本在的”,曾在,完成时。希腊语动词εἶναι没有完成时形式;它在这里是用ἦν εἶναι来表示的。并非存在者状态上的过去之物,而是向来更早的东西,是我们在追问存在者之为存在者之际将回溯到其上的东西;不说先天的完成时,也可以说:存在论上的或先验的完成时〔参见康德的图型论学说〕。

87.此在。a.人本现于其中的此－在。

自己。b.但并非作为某个主体的自我式的行为,毋宁是:此在与存在。

是……基础。c.不对。语言并非加盖一层,而是作为此的真理的源始本质。

88.之为世界。a.更好是说:世界的威临。

90. οὐσία〔实体〕。a.这恰恰是ὄν〔存在〕;τὸ ὄν;1.存在着的(存在者的存在);2.存在者。

93. univoce〔同一意义〕。a. 在一种一以贯之的意义上。

当作。b. 并且自安于某种可理解性。

94. Prätikat〔谓词〕。a."实在的"属于事物性〔Sachheit〕,属于"什么",即仅仅是这样那样与我们相涉的东西。

realiter〔在实在中〕。b. 以具有事质内容的方式。

存在问题。c. 存在论区别。

96. 规定着。a. 而是以数学性的东西本身——μάθημα〔数学〕和ὄν〔存在〕——来制定方向。

98. 自然。a. 对胡塞尔存在论建构的批判以及一般说来整个笛卡尔-批判都是以此为目的置于此处的。

100. 可理解性。a. sic〔原文如此〕! 当然,"可理解性"作为筹划而去领会,而筹划则作为绽出的时间性。

101. 具有。a. 因此,世界也是空间性的。

104. 分裂。a. 不然,恰恰是诸位置的一种特有的、未曾分裂的统一!

105. 相去之距。a. 被去远之距从哪里来?

近处。b. 根本之点在于近与在场,而非距离大小。

去远活动。c. 去远比靠近更鲜明。

近。d. 在何种程度上? 为什么? 作为持存的存在具有优先地位,当前化。

109. 世界。a. 来自我加以把持并依以转变的亲熟相属。

116. 失落自我。a. 或者是与贫乏的我性相反的真实自身性。

133. 敞亮的。a. ἀλήθεια〔真〕-公开性-明敞,光,照亮。

是。b. 但不是生产出来的。

是。c.此在生存，且唯此在生存；于是乎生存〔即是〕站出去，去进入此的公开性：生－存。

134.负担。a.“负担”：有待承担的东西；人被交托、让渡给此在。承担：从对存在本身的归属那里有所承接。

143.生存论环节。a.基本存在论上的，亦即，来自与存在之真理的关联。

145.成为你。a.但“你”是谁？是你所舍开者——是你所将是者。

146.如其本然。a.但不是作为主体和个体或作为个人〔Person〕。

147.“思维”。a.把“思维”理解为“知性”，διάνοια〔思〕，但不是理解为出自知性的“理解”。

一般。b.以何种方式在其中“有着”它？什么在这里叫作存有？

领会。c.却不是说：存在出自筹划的恩惠才“存在”。

153.本身。a.这个“自己的存在本身”却是通过存在之领会自在地得到规定的，亦即，通过站进在场性的明敞之中，在这里，无论明敞本身抑或在场性本身都不成为表象的主题。

157.解释。a.命题是怎样通过解释的变异造就的？

160.能够。a.胡塞尔。

161.是。a.被抛对语言来说是本质性的。

162.在外。a.此；作为公开所在被移置出去。

165.说。a.可说的东西？(存有)。

ἔχον〔有〕。b.人作为“采集者”，采集到存有上——在存在者〔但它是在背景之中〕的公开性中本在。

183.领会。a.但这个领会在于听。但这绝非是说：“存在”只是“主观的”，而是说：存在〔作为存在者的存在〕乃是在作为抛之被抛者的此在“之中”的差异。

领会。b.因此：存在与此在。

187.“某种东西”。a.因此，它在这里恰恰无关乎“虚无主义”。

本身。b.作为存有本身的规定者；绝对未曾拟料不可分享之物——陌异之物。

189.不在家。a.〔剥夺〕

191.我的。a.并非唯我论的，而是作为有所承传的被抛。

201.存在者。a.这里要区分：φύσις，ἰδέα，οὐσία，substantia，res，客观性，现成性。

实在。b.作为“现实”的“实在”和作为“事质”的 realitas；康德“客观实在”概念的中间立场。

207.意识概念。a.跃入此之在。

逆乎情理。b.即逆乎生存论－存在论上的经验。

属于。c.但此在属于存在本身的本在。

208.得到澄清。a.存在论区别。

209.实在。a.不是作为事质的实在。

211.流传下来的。a.当今的。

212.相提并论。a.φύσις；本身已经是ἀλήθεια，因为κρύπτεσθαι φι-λεῖ〔它喜欢隐藏自己〕。

213.范围。a.不仅如此，而是进入了中心。

214.新发端绪。a.这里是开始跃入此之在的真正处所。

223.此在的。a.此之在的，因此是处在之中的。

就必须。b.但这些从未被指明。

227.倒是。a.倒是真理的本质把我们置入向之言说的在先者！

230.究竟。a.存在论区别。

231.基本问题。a."存在－论"通过这个基本问题却同时发生了改变(参考康德与形而上学问题,第四篇)。

233.参与组建。a.同时:已经－在。

234.向终结存在。a.向终结"存在"。

此在的方式。b.依此在的本质想来。

死亡。c.不存在之存在。

235.作出。a.在－场(来临与自成)。

注1。b.即作为基础存在论的问题,就是说,以一般存在问题本身为目标。

240.死亡。a.此在式的关联于死亡;死亡自身＝它的来临——进入,死。

245.而是。a.死亡,作为死。

246.阐释。a.亦即,从基础存在论上。

生命。b.若意指的是人的生命,否则就不是——"世界"。

252.操心。a.但操心从存有的真理本在。

266.畏。a.亦即,并非只是畏,尤其不是:作为纯情绪的畏。

267.能够。a.1)见证者本身。2)由他得到见证的东西。

268.能在。a.存在之发生——哲学,自由。

探索。b.出于哲学活动的本质,这一探索现在变得更加彻底。

270.基础。a.地平线。

分析。b.这里必然有多重维度的交织:

1.我们称之为良知的那种东西的呼唤,

2.呼唤之所呼唤的存在,

3.对这种存在的经验，

4.通常流传下来的解释，

5.为听到呼唤做好准备的方式。

“知道”。c.这意指知道诸如此类的东西。

271.听。a.这个听和能听从何而来？用耳朵这种感官来听作为接受的被抛方式。

没有。b.我们不是用感官“听”音声。

惊动。c.但也是持留着的。

欲。d.从本己的自身去远者。

良知。e。亦即面对良知在自身－存在中的本源；但这一点直到现在岂不仍只是申言而已？

303.存在者。a.区分科学方法和思想进程。

311.不能获得。a.不全对！仿佛可以从真正的存在者状态那里解读出存在论。如果整体要在这个区别之中保持其为整体，那么，什么是真正的存在者状态？——若它不是出自前存在论的筹划而成其为真正的。

313.任意的。a.当然不是；但“不是任意的”却也不是说：必然的、束缚住的。

316.生存论结构。a.生存：1.为了此在存在的整体：2.只为了“领会”。

317.一向。a.此在自身即是这一存在者。

失落。b.“我”作为自身，这个自身在某种意义上是“最近的”、前台的并因此是表面上的自身。

318.自身。a.更鲜明地澄清：说我和自身性。

我。b.其意图在于获得存在者状态上的超感性的命题〔特殊的形而上学〕。

319.表象。a.不是被表象的东西，而是表象者〔das Vorstellende〕，它是在表象活动中放置到自己面前的东西〔das Vor-sich-stellende〕——但也只是在表象活动中如此，而我只作为这个自己面前的东西〔das Vor-sich〕“存在”，只作为这个自己性〔dieses Sichliche〕“存在”。

320.实在。a.“在场性”；始终“伴随”。

321.看到。a.亦即，时间性。

322.畏。a.亦即，存在之为存在的敞亮。

325.决心。a.有歧义：生存状态上的筹划和生存论上有所筹划地投入前者，这两者在这里齐头并进。

369.此在。a.这里没有对立；两者相属。

375.构造。a.筹划。

378.过去之事。a.曾经先已行去的东西，现在转回来存留的东西。

408.最源始的。a.最切近的。

436.向之归。a.因此不是生存哲学。

437.一条。a.而不是“唯一的”。

附　录　一

一些重要译名的讨论

1.sein,das Sein,das Seiende,seiend

sein 通常用作系词,和现代汉语的“是”相当。但在某些句型里另有译法,Sokrates ist in Athen,译作“苏格拉底在雅典”。西文还有一种不常见的用法,主要是哲学的用法:Sokrates ist,这时我们译作“苏格拉底存在”。这几种译法都随上下文自然而然,没有什么分歧,分歧在于名词化的 das Sein,有人译作“存在”,有人译作“有”或“在”,等等。按说,大写的 Sein 既然从小写的 sein 而来,通常应当译作“是”。所谓本体论那些深不可测的问题,在很大程度上,就从西语系词的种种变式与意味生出来,若不把 das Sein 译作“是”,本体论讨论就会走样。然而,中文里没有手段把“是”这样的词变成一个抽象名词,硬用“是”来翻译 das Sein,字面上先堵住了。Das Ontologisch-sein des Daseins ist...能译作“此是之是论之是是……”之类吗?这不是我有意刁钻挑出来的例子,熟悉《存在与时间》的读者都知道这样的句子比比皆是。本来,像 sein 这样的词,不可能有唯一的译法,只能说译作什么比较好些。即使译作“是”,义理也不能全保,因为“是”并非随处和 sein 对应,例如“意识是”就无法和 Bewusstsein 对应。现在,单说技术性的困难,就会迫使我们退而求其次，选用“存在”来翻译名词性的Sein。即使退了这一大步，译文也不好读，但好歹能读。不过，我们须注意，比起“是”来，“在”和“存在”的范围要狭窄些(虽然比本义之“有”的范围要广)。不存在麒麟这种东西，但麒麟“是”一种动物，一种想象出来的动物，在神话里“是”一种动物。如果把sein既理解为是又理解为存在，似乎会发生一种逻辑上的悖论，即迈农悖论：明明没有麒麟，但既然麒麟是这是那，那在某种意义上就有麒麟了。说到这个悖论，来了一点安慰：西方人没有系词的翻译困难，也一样纠缠在这个悖论里，更何况我们要用汉语来应付西方语言生出来的疑难。

Sein是本书用得最多的词，而且据统计，全书至少还有一百五十种以Sein-开头或以-sen结尾的复合词，例如Seinsstruktur〔存在结构〕，In-der-Welt-sein〔在世〕。我们尽量让译名反映出这层联系，译文失去了这层联系的时候则选某些重要之处加注说明。

Das Sein译作“存在”，相应，das Seiende就译作“存在者”，seiend译作“存在着的”、“作为存在者”、“存在者状态上的”。

2. Ontologie, ontologisch, ontisch

从字面上看ontologisch和ontisch，一个是“论”，一个不是。如果按成例把Ontologie译作“本体论”，则ontologisch可作“本体论的”，ontisch可作“本体的”。然而在着手翻译《存在与时间》之初，我和王庆节、刘全华、王炜等讨论，就觉得“本体论”这个译名不妥，于是把它改译为“存在论”。Ontologie一词，传统的中文译法为“本体论”。这个词的原意实际为“关于存在的学说”。因为后人将“存在”解释为与“现象”相对的“本体”,这个词就以“本体论”一译流传至今。本书中,作者的主要目标之一就是要破现象、本体之二分,除却对“存在”理解的千年之蔽。因此,译文将 Ontologie 一词改译为“存在论”。

既然把 Ontologie 译作“存在论”,ontologisch 就译为“存在论的”。按说,ontisch 就应当随着译作“存在的”。然而这行不通;在海德格尔那里,ontologisch 才是关于存在的,ontisch 涉及的则是存在者层次上的各种性状。而且,ontologisch 和 ontisch 的区别,der ontologische Unterschied 或“存在论区别”,是海德格尔哲学里头一个重要区别。于是,我当时在中译本里就追随熊先生把 ontisch 译作“存在者状态上的”。

海德格尔认为 Ontologie 应该是研究存在的,我们就把它译作“存在论”,海德格尔又认为传统上的 Ontologie 实际上是研究存在者的,那我们就把它译作“存在者论”吗?把“本体论”改译为“存在论”,再煞费苦心地采用“存在者状态上的”这个译法来对应 ontisch,现在想来颇成疑问。

Sozial 是“社会的”,soziologisch 是“社会学的”,谁都不会说“社会的”涉及社会生活的各种具体性状而“社会学的”涉及社会生活的社会性。但若真有人那么说了,我们就不再把这组词译作“社会的”和“社会学的”吗?也许有人会说,从概念结构上说,Ontologie 和 Soziologie 不同。实际上海德格尔在本书第七节用了相当篇幅说明“现象学”〔Phaenomenologie〕的概念结构和“神学”〔Theologie〕或“生物学”〔Biologie〕之类的概念结构不同。然而,无论是否同意他的说法,我们都不会因此考虑不按字面翻译成“现象学”而另寻一种构词。概念结构的差别不一定都能在构词上反映出来。德文不曾从字面上区别的，中文译者就不要在字面上加以区别。“存在论上的”和“存在者状态上的”不能像“社会学的”和“社会的”那样简单对应，关键在于海德格尔违反语言常规使用 ontologisch 和 ontisch 这两个词。经过这些考虑，我现在更倾向于按照一般字面上来翻译，而不是根据海德格尔对某些语词的特定理解。

要保持字面上的对称，第一种选择是把 Ontologie 译作“存在论”，ontologisch 译作“存在论的”，ontisch 译作“存在上的”，然而上面已说到，海德格尔把 ontisch 理解为“关涉存在者而非关涉存在的”，所以译作“存在上的”正好拧了，一定造成混乱。另一种选择是把 Ontologie 译作“本体论”，ontologisch 译作“本体论上的”，ontisch 译作“本体上的”。固然，“本体”这个词含有太多的解说，不完全相应于 on 的字面。不过，“存在”也不曾完全反映出 on 和系词“是”的关系。而且，Ontologie 本来译作“本体论”，如今仍是比较通行的译法，我不妨沿用。可是汉语现象学的专家几乎一致反对这套译法，他们所持的主要理由是，改“本体论”为“存在论”，这十几年来，当真很有助于破除本体与现象的二分。我虽然没有被他们的理由说服，但专家们的一致感觉还是让我决定审慎从事，在找到更妥帖的一组译名之前暂不作改动，留用“存在论的”和“存在者层次上的”这样不对称的译法，以避免反复改动造成混乱。

3. Dasein

Dasein 是《存在与时间》里的中心概念，我们可以用多种方式来解说这个概念，但这些解说不能代替翻译。海德格尔的法文译者古班把 Dasein 译作 realite humaine，就有以解说代替翻译之嫌。

Dasein 由 da 和 Sein 合成，其中的 da 表示某个确定的时间、地点或状态。在德国古典哲学中，Dasein 主要指某种确定的存在物，即存在在某一特定时空中的东西，多译作"限有""定在"。在海德格尔的哲学中，Dasein 特指人这种不断超出自身的存在者，最初翻译海德格尔著作的熊伟先生把它译作"亲在"。"此在"这个译名，是我先使用的，最初只是为了应付很多 Das Dasein ist da 这类文字配置。定下来采用这个译名，熊先生比我还要热心，王玖兴先生也很赞成这个译名。

有人批评"此在"这个译名把 Da 落实到了"这里"，而德语里的 da 既可以是这里也可以是那里，为此，批评者可以引用本书第 132 页的一段话："按照熟知的词义，这个'Da'可解作'这里'或'那里'"；还可以引用第 119 页的一段话："洪堡已经指出有些语言用'这里'表达'我'，用'da'表达'你'，用'那里'表达'他'。"英译者注意到了这一点，不把 Dasein 译作 being-there；而是干脆移用原词。西文之间，这种移用行得通，到中文里，就一定得想个译名才好。的确，汉语里英语里都没有一个词像德语里的 da 那样不大偏于这里也不大偏于那里，不过，硬说起来，da 无论如何更偏向于"这里"，海德格尔的 Dasein 亦如是，例如第 102 页说"Der Platz ist je das bestimmte'Dort' und'Da'des Hingehoerens eines Zeugs"，再例如，紧接着"这个'Da'可解作'这里'或'那里'"这段话，海德格尔就说："一个'我这里'的'这里'总是从一个上到手头的'那里'来领会自身的"。第417页更明确说"Dasein向来已从某种被揭示了的'那里'〔Dort〕为自己指派了某种daseinsmassiges Hier"。至于洪堡的考察,更不表明da应当表示"你",因为海德格尔不以这些"原始语言"为准,他的确用da来称我而非称你。综上所述,虽说Dasein非必在此非必在彼,但总归在此多于在彼,译作"此在"虽不中,亦不太远。

另一些人并不反对"此在"这个译名,但他们更喜欢"亲在"。像熊伟先生的其他许多译名一样,"亲在"有其神韵。但学界中人,不只迷其神韵,而且提出不少学理上的理由,劝我不要改掉这个译名。翻译《存在与时间》的时候,王庆节君就很愿说服我保留熊译,现在仍不改初衷。他在"亲在与中国情怀"(载《自由的真谛》,中央编译出版社,1997年,第398页)中写道:

倘若我们从海德格尔在《存在与时间》中对Dasein之da的三重结构(现身情态,筹划领会,沉沦)的生存论分析出发来展开对Dasein的理解,就不难看出熊先生选用"亲在"翻译Dasein的一番苦心。首先,"亲在"的"亲"当在"亲身"、"亲自"、"亲爱"、"亲情"的意义上使用,这与Befindlichkeit(情感状态上的现身在此)的意义相投。例如,当我们用中文说"亲身感受一下","亲自做一下",无不是要打破理论或范畴层面上的局限,进入一种现时现地现身现事的情境。同时,这种"亲"的情境,并非西方传统心理学意义上的主观情感,而是在中国传统哲学的背景下,一个不分主客,先于主客,乃至先于个体分离状态的亲情交融。《孟子》与《中庸》解仁为亲亲就有这层意思。其二,"亲"可在"新"的字义下使用,例如《大学》首句,程颐读为"大学之道在明明德,在亲(新)民,在止于至善。”朱熹解为，“新者，革其旧之谓也，言既自明其明德，又当推以及人，使之亦有以去其旧染之污也。”如此以“新”解“亲”，既合古铭训“苟日新、日日新”之意，也与海德格尔所解 Dasein 之 da 为永不止息地向其可能性之筹划的“能存在”相契。第三，《说文》解“亲”为“至”，并解“至”为“鸟飞从高下至地也”，这也正合海德格尔的 da 的第三重建构“沉沦”，而又很少有海德格尔反对的传统西方形而上学中极强的超验性含义。

庆节君的理由大致都成立，但这些理由考虑的都是海德格尔怎样理解 da。而我则对另一个方面考虑得更多。如果一个哲学家生造出一个词来，我们就只需考虑什么译名最适合传达这个哲学家的意思。但若他用的是传统术语，甚至就是日常用语，同时突出或挖掘出某种特别的意思，我们就不得不考虑这个用语在别的哲学家那里乃至在日常交往中是怎样用的。只要海德格尔用的是旧名，那么无论他的理解多新，甚至多么更加正确，我们仍然该沿用旧名。既然他不肯生造一个词而从别人那里或日常语汇里挑一个词来表达自己的意思，强调这个词的某种意义，我们若换个词来翻译，好意迁就他的理解，实际上却抹煞了作者的苦心。

从这一点说，用“此在”来翻译 Dasein 比较妥当。在康德那里，在黑格尔那里，我认为同样可以把 Dasein 译作“此在”，但我们在那里也可以译作“亲在”吗？我们愿意把德国人时时在说的 da 译作“亲”吗？我们愿把 Der Platz ist je das bestimmte“Dort” und“Da”des Hingehoerens eines Zeugs（第 102 页）这句话里的 Da 译作“亲”吗？海德格尔不是偶然谈到这个地点副词，他后面不远就谈到这个副词和“我”的联系（第 119 页）。所以，虽然我像有些朋友一样，也很喜欢“亲在”这个译法，但考虑到 da 在各种行文中的连续性，我认为还是把 Dasein 译作“此在”更严格些。

张祥龙君现把 Dasein 译作“缘在”，作为译名，我以为胜于“亲在”，但也难免同样的缺点：太偏重于一个概念在一个哲学家那里的特定用法，而不是一个语词在一种语言里的基本用法。不过，像 Dasein 这样的基本概念，两三个基本译名同时共存，让中文读者能从几个重要方面来体会，也有好处，只要不是一人一译，各逞一得之见，把翻译变成了六经注我。

4. Existenz，existenzial，existenziell

此在总对自已有所确定，但无论确定成什么，作为确定者的此在总已经超出了被确定的东西，这就是领先于其 essentia〔Wassein、是什么、所是〕的 existentia〔去是、去存在〕（第 43 页）。Existenz 通常译作“存在”，但在海德格尔这里，Existenz 不用于一般事物，只用在人身上，指人的存在，指其超出自身、领先于自身的存在，所以，无论译作“存在”，还是像台湾通行的那样译作“实存”等等，都太容易引起误解——换成汉语，海德格尔绝不会说只有人才存在或只有人才实存。我们把 Existenz 译作“生存”。这个译法在本书行文中碰不上什么麻烦，但这还远不能使我们满意，因为我们主张，一个译名最好能够在翻译所有哲学著作乃至翻译所有原文的场合都通行。普通德国人没闹明白 Existenz 的希腊文源头，不像海德格尔那样只把这个词用在人身上，他们可能错了，然而，一般德国人理解不到的东西——假如真有这种东西——，我们竟指望通过翻译体现出来，我们就未免自许太过了。把 Existenz 译作“生存”,不是由于译者理解得深刻,只是不得已,让原则受了委屈。而且“生存”这个译名和“存在主义”〔Existenzialismus〕这个已经定型的译名也不一致。不过,海德格尔虽然通常被尊为存在主义的鼻祖,他自己却不承认是个存在主义者。

existenzial 和 existenziell 相对,一如 ontologisch 和 ontisch 相对,前者译作“生存论上的”,后者译作“(实际)生存上的”。Existenzial 经常加冠词用作名词,这时依上下文译作“生存论上的东西”、“生存论环节”、“生存论性质”等。Existenzialität 最初在第 43—44 页使用,意思是生存论性质的整体,直译可作“生存论性”、“生存论上的东西之为生存论上的东西”,我们译作“生存论建构”。

5. Sorge, Besorge, Fürsorge, Angst

Sorge 以及和它联系在一起的 Besorge 和 Fürsorge 也是最难译的一组词。首先是因为 Sorge 在本书中是个主导概念,标识此在各组建环节的统一。筹划、沉沦和言谈统一于 Sorge。和世界打交道叫 Besorge,和他人打交道叫 Fürsorge,两者也统一于 Sorge。本书要从时间性来解释此在,而从此在的准备性分析到时间性分析,桥梁是 Sorge。若以一言而蔽此在,此在就是 Sorge。

Sorge 是德文常用词,意思大致是关心。我们先须注意,中文的“关心”虽然用的是“心”字,却不只是一种心情;只要够得着,有所关心的人就会有所行动。在这点上,关心和 Sorge 是一致的,这时 Sorge 也说成 Umsorge 和 Fürsorge,提供实际帮助以解脱他人的困境。然而反过来,仅仅提供外部条件不一定就是关心,我们会说,“别看他每月给他妈寄钱,其实他对他妈一点也不关心”。可见关心多于义务。关心所指的是心情和行动的统一。在这一点上，关心和 Sorge 也是一致的。

然而 Sorge 这个词比关心来得强烈，明确具有担心、忧虑、焦虑不安的意思。海德格尔把人的本质规定为 Sorge，有一点道理是显而易见的。西方传统在规定人的时候，过分突出了理性和认识，而海德格尔则强调关切。没有关切，谈不上认识，谈不上认识得正确不正确。

熊伟先生把 Sorge 译作"烦"，相应把 Besorge 和 Fürsorge 译作"烦心"和"麻烦"。"烦"这个译法，我想是从佛教术语 Klesa（烦恼）来的。我初译此书的时候，想不出什么更好的译法，就沿用了先生的译名。像熊伟所选择的很多译语一样，"烦"这个选择颇有其传神之处。有所关心，就难免烦，我们活着，无论作出多么无所谓的样子，其实总有所留恋有所关心。所以细审之下，我们竟如佛教所断，无时不在烦恼之中。以"烦"来规定我们生存的整体性，不亦宜乎？从中译文了解海德格尔的读者，很快就大谈特谈生存即烦了，从此也可见"烦"这个译语的力量。熊译还有一个好处。我一般倾向于用双音现代词来翻译术语，但原文 Sorge 作词根，外加词缀形成 Besorge 和 Fürsorge；以"烦"对"烦心"和"麻烦"，连这一点也传达出来了。

然而从学理上说，译 Sorge 为"烦"是有疑问的。佛教是从否定的角度来看待烦恼的，认为本真的生存应当克服烦恼。在这点上，海德格尔使用 Sorge 的用意几乎和烦恼相反。而我们现代人说"烦"，主要指一种不快的心情，既没有直接讲出关心，更没有表达出准备行动的意思。把 Sorge 译作"烦"，就有点把中国思想中对“心学”的注重强加给海德格尔的嫌疑了。

“烦心”和“麻烦”这两个译名也有疑问。“烦心”似不能体现与各类事物打交道的意思,“麻烦”则与 Fürsorge 相去甚远。于是我在初版本中把这两个译名分别改为“烦忙”和“烦神”。“烦忙”虽不是个现成的汉语词,但意思显豁。“烦神”呢?似乎没表达出 Fürsorge 是对他人的关系这层的意义。不过海德格尔对他人的整个分析原本不尽不实,Fürsorge 在本书中远不如 Besorge 出现得那么频繁,倒更像是拿来对偶凑数的。

如果不管这三个德文词的词根联系,可以考虑把 Besorge 译作操心、操持、操劳,但这些都不是完全的及物动词;料理、照料又太少“烦”的意味。把 Fürsorge 译作关照;Sorge 呢,勉强译作关切。今照顾到原文的词根联系,不得已译作操心,操劳,操持。

这里顺便提一下 Angst 和 Sorge 的关系。Angst 浅近的意思就是害怕,但在害怕的种种成分之中,它又特别突出焦虑的意思。别的语言里很难找到和 Angst 相应的词,英语就直接把 angst 吸收进去作外来语。Angst 和 Sorge 没有字面上的联系,但通过焦虑担忧这层意思,两者其实相当接近。Angst haben um jmdn. 是 sich sorgen um jmdn. 的另一个说法,翻译过来.都是为某人担心害怕的意思。

6. Transzendental, transzendent

Transzendenz 是中世纪的主要哲学概念之一,译作“超越”颇为妥帖:超出于事物之外而在事物之上。有一派观点认为上帝内在于万物,另一派观点则认为上帝是超越的。Transzendenz 的形容词有时写作 transzendent，有时写作 transzendental。然而，后来康德对 transzendent 和 transzendental 加以区分，用 transzendent 表示原本的意思，同时赋予 transzendental 一词以新的含义，这种含义与康德的特定理论相适配，用来描述先于经验而使经验成为可能的必要条件，所以通常译作“先验的”。与此相应则把 transzendent 译作“超验”的。胡塞尔继承了康德关于先验的提法，胡塞尔哲学一般也被认作一种先验哲学，至于中世纪意义上的超验概念，胡塞尔很少涉及。然而，海德格尔虽是胡塞尔的弟子，却很少在胡塞尔意义上沿用胡塞尔的术语，他完全在中世纪传统意义上使用 Transzendenz 和 transzendental 这些语词，根本不管康德和胡塞尔一系已经赋予 transzendental 以特别含义。为了应付这种复杂的局面，我们在十处把 transzendental 译作“超越的”，但在涉及康德著作的四处则译作“先验的”。transzendent 只出现过两次（H326 和 H366），看不出与 transzendental 有什么不同，译作“超越的”。

附 录 二

德—汉语词对照表

本表体例：

操心——烦：表示上一版译作“烦”，本版改为“操心”。

日常状态、日常生活：表示有时译作“日常状态”，有时译作“日常生活”。

命题，(陈述)：表示通常译作“命题”，少数译作“陈述”。

aussprechen 道出，等：尽量译作“道出”，有时则依上下文翻译。

Existenz 生存，见讨论 4：附录一第 4 节对这个词作了讨论。

Abwesenheit　不在场
aletheia　去蔽，(无蔽)——无蔽
Alleinsein　独在
alltäglich　日常的
Alltäglichkeit　日常状态、日常生活、日常性
Als　“作为”
Als-Struktur　“作为结构”
der Andere　他人
Anderes　他者
Andersheit　他性
Angst　畏，见讨论 5
Anschauung　直观
Anschein　假象
an-sich　自在
ansichhalten　守身自在
An-sich-sein　自在存在
Ansprechen und Besprechen　着眼于……谈及……、谈及与意涉
anweisen　指派、指定
anwesend　在场的
Anwesenheit　在场
apophantisch　展示的——句法上的、构词法上的
a priori　先天
artikulieren　分环勾连、解说——勾连
Aufenthalt　滞留

aufgehen　消散——融身、混迹
aufhalten　持留
aufrufen　唤起
aufschlissen　公开
aufweisen　展示
Augenblick　当下即是——眼下
Ausgelegtheit　解释(所得的)讲法
auslegen　解释
ausrichten　定向
Ausrichtung　方向
Aussage　命题,(陈述)——陈述,(命题)
aussagen　陈述
Ausser-sich　出离自己
aussprechen　道出,等
Ausstand　亏欠——悬欠

Bedeutsamkeit　意蕴
bedeuten　意谓着、其含义是
Bedeutung　含义
Befindlichkeit　现身情态、现身
begegnen　照面、相遇
begreifen　(从概念上)理解
Begriff　概念
behalten　居持
bei　寓于——寓于、依存
Beisammen　共寓
besorgen　操劳——烦忙,见讨论 5
Besprechen　见 Ansprechen
bestimmen　规定、确定
bevorstehen　悬临
Bewandnis　因缘
bewenden　因……而缘
Bewendenlassen　了却因缘
Bezug　关联、牵涉

Charakter　性质
charakterisieren　标画(其特征的工作)、是……的特点
Da　此
dagewesen　曾在此
das Daseiende　存在在此者
Dasein　此在,见讨论 3
Da-sein　此之在、在此、此在
daseinsmässig　此在式的
datieren　定期
Dauer　绵延
das Dazu　所用、用于此
Destruktion　解构——解析
Ding　物、物体、物件
Dort　那里
Durchschnittlichkeit　平均状态
durchsichtig　透视的、透彻明晰的

echt　真切、真实
eigen　本己的
eigentlich　本真的,(本来的、真正的)
einai　存在、是
Einfühlung　移情——共鸣
Ekstase　绽出
Ende　终结
endlich　有限的、有终的
entdecken　揭示
Entdecktheit　被揭示状态
entfernen　去远、去其远

entfernt　相去相远的、被去远的（东西）
Entfernheit　相去之远
Entfernungen　其远几许——其远几何
entfremden　异化
entgegenwerfen　对抛
cnthüllen　绽露
Entrücken　放浪
entscheiden　判定、决定（采用）
Entschlossenheit　决心
Entschluss　决定
Entweltlichung　异世界化
entwerfen　筹划
Entwurf　筹划
erkennen　认识
Erkenntnis　知识
Erscheinung　现相——现象
erscheinen　现相为
erschliessen　开展
Erschlossenheit　展开状态
Evidenz　明白确凿，等
Existenz　生存，见讨论 4
Existenzial　生存论性质、生存论环节，见讨论 4
existcnzial　生存论上的，见讨论 4
Existenzialität　生存论建构——生存论状态，见讨论 4
existenziell　（实际）生存（状态）上的、生存中的——生存状态上的，见讨论 4
Existenzverfassung　生存建构——生存法相
existieren　生存
Exstase　绽出

faktisch　实际的
Faktizität　实际性、实际状态、实际
Faktum　实际情况、实际、实是
fallen　沉沦
Fundamentalontologie　基础存在论
Furcht　怕、惧怕、害怕
Fürsorge　操持——烦神，见讨论 5
für-wahr-halten　持以为真

das Ganze　整体
die Gänze　整全
Gegend　场所，（场地）
Gegenstand　对象
Gegenwart　当前
gegenwärtig　当前的
gegenwärtigen　当前化，（摆到当前、唤到当前）
Gelichtetheit　明敞
Geltung　通行有效、通行——有效
Gerede　闲言
geschehen　演历——演历、历事
Geschichte　历史
Geschichtlichkeit　历史性
Geschick　天命
gesatimmt　带有情绪的
Gestimmtheit　情绪状态
gewärtig　有所期备
gewärtigen　期备
das Gewesen　曾在

Cewesenheit　曾在性、曾在状态
gewesen sein　曾存在
gewiss　确知
Gewissen　良知
Gewissheit　确定可知
Gewisssein　确知的存在、是确知的
Geworfenheit　被抛境况——被抛状态
gliedern　分成环节、分章、分节、勾连
Grund　根据
gründen　奠立根基
Grundsein　根据、作为根据的存在

handlich　手头的、手的、称手的
hereinatehen　悬浮而入
Hermeneutik　诠释学
hinsehen　观看、审视、看过去
Historie　历史学
Horizont　视野——境域、地平线

Ichheit　我性、我之为我
idea　理念
ideal　观念上的
Idee　观念
In-der-Welt-sein　在世界之中存在、在世、在世的存在
Inheit　“之中”
innerweltlich　世界之内的、世内的
innerzeitig　时间内的
In-Sein　“在之中”、存在于其中
Interpretation　阐释
Inwendigkeit　“之内”

Jemeinigkeit　向来我属性、总是我的

Kategorie　范畴
Konstituens　组建因素
konstituieren　组建
Konstitution　建构——法理、建制
Körper　体、身体、物体

Leere　空无
Leib　肉身
Leiblichkeit　肉身性
Licht　光(明)
lichten　敞明
Lichtung　明敞——澄明

das Man　常人
meinen　意指
melden　呈报、报到
Mit-dabei-sein　共在群集
Mitdasein　共同此在
mit-da-sein　共同在此
Miteinandersein　共处同在——杂然共在
Mitsein　共在
mitteilen　传达、分享、交流
Mitwelt　共同世界

Nachsicht　顾惜——照顾
Neugier　好奇
Nicht　“不”
Nichtcharakter　不之特性

Nichtheit 不性
nichtig 具有不性的
Nichtigkeit 不之状态——“不性”
Nichts 虚无
das Niemand 无此人
das Noch-nicht 还不

öffentlich 公众的
Öffentlichkeit 公众意见、舆论
ontisch 存在者层次上的——存在者状态上的,见讨论 2
ontologie 存在论,见讨论 2
ontologisch 存在论(上)的,见讨论 2
Ort 地点、处所

Person 人、人格,等
Phänomen 现象
Phänomenologie 现象学
Platz 位置,(处所)

Raum 空间
räumlich 具有空间性的、在空间中的
Rede 话语——言谈
reden 谈、言谈
Rücksicht 顾视——顾惜
Ruf 呼声
rufen 呼唤

Sache 事质、事情、实事
zu den Sachen selbst 面向事情本身
sachhaltig 关乎实事的,就课题而论——适用于事实的、包含事情的
Schein 假象、显象
scheinen 显似
Schicksal 命运
Schuld 罪、罪责、债责
schuldig 有罪的、有责的、有债的
seiend 存在着的、作为存在者,等,见讨论 1
das Seiende 存在者,见讨论 1
sein 是、在、存在,见讨论 1
Sein 存在,见讨论 1
Sein-bei 寓在、寓而存在
Seinkönnen 能在、能存在
Sein zum Ende 向终结存在
Sein zum Tode 向死存在
selbig 自一的
das Selbige 自一者、自一的东西
Selbst 自身、本身、自己
Selbständigkeit 独立自驻性、持驻于自身的状态
Selbsterkenntnis 自我认识
Selbst-ständigkeit 自身常驻性、常驻于自身的状态
Sichkennen 自我识认
Sicht 视、顾视、视见,等——视
Sich-vorweg 领先于自身
Sinn 意义,(官感)
Situation 处境
Sorge 操心——烦,见讨论 5
Sprache 语言
ständig 常驻的、持续的,等

Stimmung 情绪
Subjekt 主体、主语
Substanz 实体

Temporalität 时间状态
Tod 死亡、死
transzendent 超越的，见讨论 6
transzendental 超越的、先验的，见讨论 6

Umsicht 寻视
Umwelt 周围世界
das Umwillen 为其故、为此之故、缘故
das Um-zu 为之故、为了做、用向、用途，等

unausdrücklich 未曾明言
unbezüglich 无所旁涉
unheimlich 无家可归、竦然无亲
Unselbst-ständigkeit 常驻于非自身的状态
ursprülich 源始的

vereinzeln 个别化
Verfallen 沉沦（于世的境况），（沉溺）
Verfassung 建构——法理、法相、机制
Vergangenheit 过去
vergegenwärtigen 再现
verhalten 关联行止、行为、作为、举止、活动、态度，等

Vernehmen 知觉
Vernunft 理性
veröffentlichen 公众化
Verstand 领会——领悟
verständig 知性的
Verständigkeit 知性、知性理解
verstehen 领会
verweisen 指引
Verwiesenheit 受指引状态
voraussetzen 设为前提
Vorauasetzung 前提
Vorbegriff 先行概念——预备概念
vorfinden 发现……摆在那里
vorgängig 率先
vorgeben 先行给予、先行给定
Vorgriff 先行掌握
Vorhabe 先（行具）有
vorhanden 现成的、现成在手的
das Vorhandene 现成事物、现成的东西
Vorhandenheit 现成性、现成在手状态
Vorhandensein 现成存在
vorlaufen 先行
Vorsicht 先（行视）见
vorstellen 表象
Vorstellung 表象、观念
Vor-struktur 先在结构
vorweg 领先
vulgär 流俗

Wahrheit 真理

Wahrnehmen 感知、觉知
Welt 世界、世
"Welt" "世界"
weltlich 世界的，(世间的)
Weltlichkeit 世界性、世界之为世界
werfen 抛
Wesen 本质、本在、本质存在
Wiederholung 重演、置提、重复、重温
wirklich 现实的
das Wobei 何所寓、何所依
das Wofuer 何为、何所为
das Womit 何以、何所藉、何所随
das Worumwillen 为何之故
das Wozu 何所用

Zeichen 标志
zeigen 显示
sich zeigen 显现
Zeit 时间
zeitigen 到(其)时(机)
Zeitigung 到(其)时(机)、时机
zeitlich 时间性的
Zeitlichkeit 时间性
Zeitrechnung 计时
Zeug 用具、器具、器物、东西、工具
Zugang 通路、通达
Zugangsart 通达……的方式
zugänglich 可通达的、可接触的
zuhanden 上手的、上到手头的——上手的、当下上手的
das Zuhandene 上手事物、上手的东西
Zukunft 将来
Zusammenhang 联系
zu-sein 去存在
Zu-tun-haben 与之相关、有干系、打交道
zweideutig 两可、模棱两可
das Zwischen "之间"

附　录　三

汉—德语词对照表

被抛境况　Geworfenheit
本己的　eigen
本真的　eigentlich
本质　Wesen、Essenz
表象　Vorstellung
“不”　Nicht
不性　Nichtheit
不在场　Abwesenheit
不之特性　Nicht-Charakter、Nicht-charakter
不之状态　Nichtigkeit

操持　Fürsorge
操劳　Besorge
操心　Sorge
曾存在　gewesen sein
曾在　das Gewesen
曾在、曾在状态　Gewesenheit
阐释　interpretieren
常人　das Man
敞明　lichten
超越的　transzendental、transzendent
沉沦　verfallen、fallen
持以为真　Für-wahr-halten
筹划　entwerfen、Entwurf
此　da
此在　Dasein
此之在　Da-sein
存在　Sein
存在〔是，在〕　sein
存在论　Ontologie
存在论上的　ontologisch
存在着　seiend
存在者　Das Seiende
存在者层次上的　ontisch
存在者状态上的　seiend

到〔其〕时〔机〕　zeitigen、Zeitigung
当前　Gegenwart
当前化　gegenwärtigen
当下即是　Augenblick
定期　datieren
定向　ausrichten
动变　Bewegtheit
独在　Alleinsein
对象　Gegenstand

分成环节 gliedern
分环勾连 artikulieren
付诸音声 Verlautbarung

概念 Begriff
个别化 vereinzeln
根据 Crund
公众意见 Öffentlichkeit
共同此在 Mitdasein
共同世界 Mitwelt
共在 Mitsein
共在群集 Mit-dabei-sein
勾连 gliedern、artikulieren
关联 Bezug
观念 Vorstellung、Idee
关系 Relation、Beziehen、Verhältnis
顾惜 Nacbaicht
过去 Vergangenheit

含义 Bedeutung
好奇 Neugier
呼唤 rufen
呼声 Ruf
话语 Rede
唤起 aufrufen

计时 Zeitrechnung
假象 Anschein、Schein
见证 bezeugen
建构 Verfassung、Konstitution
将来 Zukunft
揭示 entdecken
解释 auslegen
解释(所得的)讲法 Ausgelegtheit
解说 artikulieren,Explikation
具有不性的 nichtig
决定 Entschluss
决心 Entschlossenheit

开展 erschliessen
空间 Raum
空无 Leere

理解 begreifen
理性 Vernunft
历史 Geschichte
历史性 Geschichtlichkeit
历史学 Historie
良知 Gewissen
领会 verstehen、Verstand、Verständnis
领先于自身 Sich-vorweg

绵延 Dauer
明白确凿 Evidenz
明敞 Lichtung、Gelichtetheit
命题 Aussage
命运 Schicksal

怕 Furcht
抛 Werfen

期备 gewärtigen
情绪 Stimmung
去远 entfernen
诠释学 Hermeneutik
确定可知 Gewissheit

确知 gewiss

日常的 alltäglich
日常状态 Alltäglichkeit
肉身 Leib
肉身性 Leiblichkeit

上手的 zuhanden
生存 Existenz、existieren
生存论环节 das Existenziale
生存论上的 existenzial
生存上的 existenziell
失落于常人的境况 Verlorenheit in das Man
时间 Zeit
时间内的 innerzeitig
时间性的 zeitlich
实际的 faktisch
实体 Substanz
视 Sicht
世界 Welt
世界性、世界之为世界 Weltlichkeit
世内的 innerweltlich
受指引(状态) Verwiesenheit

"它存在" das Dass
他人 der Andere
他性 Andersheit
他者 das Anderes
天命 Geschick
通达 Zugang

畏 Angst
我性 Ichheit
无 Nichts
无此人 das Niemand

先天 a prion
先行 Vorlaufen
先〔行〕见〔到〕 Vorsicht
先〔行具〕有 Vorhabe
先行掌握 Vorgriff
闲谈 Gerede
显示 zeigen
显似 scheinen
现成的、现成在手的 vorhanden
现成状态 Vorhandenheit
现身(情态) Befindlichkeit
现象 Phänomen
现相 Erscheinung
向来我属 Jemeinigkeit
向死存在 Sein zum Tode
向终结存在 Sein zum Ende
寻视 Umsicht

演历 geschehen
因缘 Bewandnis
异世界化 entweltlichen
意义 Sinn
意蕴 Bedeutsamkeit
有罪的、有责的 schuldig
语言 Sprache
寓在 Bei sein、Sein bei
源始的 ursprünglich
愿有良知 Gewissenhabenwollen

用具 Zeug

在场 Anwesenheit
在世、在世的存在、在世界之中存在 In-der-Welt-sein
“在之中” In-Sein
再现 vergegenwärtigen
展开 Erschlossenheit
绽出 Ekstase
照顾 Rücksicht
照面 begegnen
真理 Wahrheit
“之间” das Zwischen
“之内” Inwendigkeit
“之中” Inheit
知觉 vernehmen
知性 Verständigkeit
指引 verweissen
终结 Ende
主体、主语 Subjekt
自在 An-sich
组建 konstituieren
罪责 Schuld
“作为” Als

附　录　四

人名索引*

（本表所标页码均为德文本页码，请查检中译本边码）

* 等同为英译本人名索引。

图书在版编目(CIP)数据

海德格尔文集．存在与时间 /(德)海德格尔著；陈嘉映，王庆节译．—2版(修订本)．—北京：商务印书馆，2016(2019.5重印)
ISBN 978-7-100-12135-4

Ⅰ．①海…　Ⅱ．①海…②陈…③王…　Ⅲ．①海德格尔，M.(1889～1976)—哲学思想—文集②海德格尔，M.(1889～1976)—存在主义—哲学思想—文集　Ⅳ．①B516.54-53

中国版本图书馆CIP数据核字(2016)第063624号

海德格尔文集

存在与时间

(中文修订第二版)

陈嘉映　王庆节　译

熊伟　校　陈嘉映　修订

商务印书馆出版
(北京王府井大街36号　邮政编码100710)
商务印书馆发行
北京冠中印刷厂印刷
ISBN 978-7-100-12135-4

2016年9月第1版　　开本 787×960 1/16
2019年5月北京第2次印刷　　印张 40½
定价：168.00元